中国历代
名医传

古方验方、医术医道、医典医案全记录

宋月航◎著

華文出版社
SINO-CULTURE PRESS

图书在版编目（CIP）数据

中国历代名医传 / 宋月航著. -- 北京 : 华文出版社, 2017.1（2022.2重印）

ISBN 978-7-5075-4605-7

Ⅰ. ①中… Ⅱ. ①宋… Ⅲ. ①医学家—生平事迹—中国 Ⅳ. ①K826.2

中国版本图书馆CIP数据核字（2017）第004612号

中国历代名医传

著　　者：宋月航
出版策划：李金水　蔡荣建
责任编辑：潘　婕
出版发行：华文出版社
社　　址：北京市西城区广外大街305号8区2号楼
邮政编码：100055
网　　址：http://www.hwcbs.cn
电　　话：总 编 室 010-58336239　　发 行 部 010-58336267　58336238
责任编辑 010-63429159
经　　销：新华书店
印　　刷：三河市明华印务有限公司
开　　本：710×960　1/16
印　　张：23.25
字　　数：392千字
版　　次：2017年8月第1版
印　　次：2022年2月第2次印刷
书　　号：ISBN 978-7-5075-4605-7
定　　价：49.00元

序 言

中华民族五千年繁衍生息，孕育了光辉灿烂的华夏文明，也创造了绵延数千年的中华医药文化。中华医学的历史天空群星灿烂，历代医林先贤名家辈出，留下了无数悬壶济世、泽被苍生的杏林美谈。

中国历朝历代涌现的名医，是中华医学发展先河中一颗颗璀璨夺目的明星，他们以自己艰苦的劳动，以治病救人、拯救苍生的赤子之心，创造出了无数医学奇迹，在中外医学史上立下了不可磨灭的功勋，千百年来受到人们的高度评价和崇拜。

中华名医不仅给我们留下了宝贵的医学文化遗产，也给我们留下了值得借鉴的珍贵医方。在当今高科技的医疗技术下，虽然有些可能已经被摒弃，但是其中还蕴藏着很多珍贵的中医之道。今天我们能够有幸看到这些秘而不宣的医学典籍和秘方，从中获取有益的医学知识，要感谢那些在治病救人的过程中，不忘整理经验、著书留存后世的名医们。

中华名医在中医的历史上起着举足轻重的作用，作为应用学科的医学而言，只有医生的历史才是一部临床史，是他们很好地完成了治病疗疾、救死扶伤的历史使命，实现医学的最终目标，创造中医学的巨大财富。为了弘扬中华博大精深的医学遗产，诠释中国历代名医的追求、信念、智慧、医术，本书以时代为序，以广阔的视野，遴选了中国历史上名气最大、影响最深的56位医学名人，通过讲述名医的生平事迹、奋斗历程、医学贡献及其产生的深远影响，引领读者回到历史的长河中，看看那些历代的名医们是怎样从一个极其普通的人，成长为一代医学大师。同时，让读者能够与大师一起，踏觅他们的成长历程，感悟人生的真谛，体会成功的智慧。

全书取材广博，亦庄亦谐，妙趣横生，融医学、药学、史学、文学于一炉，集学术性、知识性、实用性、资料性、趣味性于一体，寓医学理论、中医药常识、偏方验方、名医轶事于一书，是一部帮助读者快速了解历代名医的必备工具书。一卷在手，品味咀嚼，不啻一顿美味可口的药膳快餐，不仅使广大中医药爱好者在阅读中增加了对名医的了解及医药知识的摄取，还可以收到愉悦心灵、升华境界、提升自我之功效。它是初窥医学奥秘者登堂入室的叩门之作，更是普通读者，尤其是全国中医、中药、卫生院校的学生、各地医院、医护工作者了解中华医学文化的上佳读本和案头必备读物。

在编写过程中，编者力求着眼于从大量的医籍、药典、史书、中医药报刊、网络等医书典籍及媒体中撷取诸多精华，让这些医学遗产能够古为今用，对今人有所借鉴和参考，让这些名医自强不息的奋斗精神和治病救人的医德，引领和鼓舞后人前行，这也是编写本书的宗旨所在。由于时间仓促和资料、内容所限，本书还不能把中国历代名医无一遗漏地列举，书中自然不免舛错失误之处和漏珠之嫌，还恳请专家、学者、读者多加批评指教，不胜感谢！

目 录

为天下苍生尝遍百草——神农

【名医传记】

神农，即炎帝，亦称神农氏、烈山氏，汉族神话人物。名伊耆，姜。生辰：古历4月26日。传说生于距今5500～6000年前姜水之岸（今宝鸡市境内），远古传说中的太阳神，华夏太古三皇五帝之一，农业的发明者，医药之祖。

炎帝在民间传说中被尊崇为中华民族的祖先之一。有文字记载的出现时代是在战国以后。他不仅是传授人类播种五谷方法的农业祖先，也是传授人们尝百草以药治病的医学发明人，不但能保佑农业收成、人民健康，更被医馆、药行视为守护神。被世人尊称为“药王”“五谷王”“五谷先帝”“神农大帝”等。

传说神农氏的样貌很奇特，人身牛首，身材瘦削，身体除四肢和脑袋外，都是透明的，因此内脏清晰可见。三岁知稼穑，长成后，身高八尺七寸，龙颜大唇。神农氏尝尽百草，如果药草是有毒的，服下后他的内脏就会呈现黑色，因此什么药草对人体哪一个部位有影响就可以轻易地知道了。故此，古有“神农尝百草，一日而遇七十毒”的传说。

关于神农的死因，说法不一。一说，神农氏由于服太多种毒药，积毒太深，终于身亡。一说，一日他尝草时误食了毒草（穿肠草）而死。

著有《神农本草经》一书，原书已佚，现行本为后世从历代本草书中集辑的。

《神农本草经》，简称《本草经》或《本经》，是我国现存最早的一部药学专著。《神农本草经》大约成书于公元前1世纪，即秦汉时期，也并非出自一时一人之手，而是秦汉时期众多医学家总结、搜集、整理当时药物学经验成果的专著，只是托名为神农所作而已，这已经是医学史界比较公认的结论。

《神农本草经》记录了365种中药，其中有植物药252种，动物药67种，矿物药46种（此据顾观光辑本统计之数，其他各版本有出入）；它将药物分为上、中、下三品，是中药学按功用分类之始。上品120种，无毒。大多属于滋补强壮之品，如人参、甘草、地黄、大枣等，可以久服。中品120种，无毒或有毒。其中有的能补虚扶弱，如百合、当归、龙眼、鹿茸等；有的能祛邪抗病，如黄连、麻黄、白芷、黄芩等。下品125种，有毒者多。能祛邪破积，如大黄、乌头、甘遂、巴豆等，不可久服。

《神农本草经》对每味药的性味、主治、异名及生长环境均有记载。如“当归味甘温，主咳逆上气，温疟寒热洗洗在皮肤中，妇人漏下，绝子，诸恶疮疡金疮，煮饮之。一名干归。生川谷”。这些内容以当时的水平来衡量，是比较切实的。它所述的药物主治病症大部分是正确的，有一定的科学价值。如水银治疥疮、麻黄平喘、常山治疟、黄连治痢、牛膝堕胎、海藻治瘿瘤。不但确有实效，而且有一些还是世界上最早的记载。如用水银治皮肤疾病，要比印度和阿拉伯早500～800年。

同时。他还在其《序录》中简要地提出了药有酸咸甘苦辛五味，又有寒、热、温、凉四气及有毒无毒。提出“疗寒以热药，疗热以寒药，饮食不消以吐下药……各随其所宜”等基本理论及用药原则，并总结了“药有君臣佐使”“有单行者，有相须者，有相使者，有相畏者，有相恶者，有相反者，有相杀者”等药物配伍方法。为保证药物质量，还指出要注意药物的产地，采集药物的时间、方法、真伪。

【后世影响】

《神农本草经》是汉以前劳动人民在实践中所积累的用药经验的总结，它的问世，对中国药学的发展影响很大。历史上具有代表性的几部《本草》，如《本草经集注》《新修本草》《证类本草》《本草纲目》等，都是渊源于《本经》而发展起来的。同时，该书还教人种植五谷、豢养家畜，使中国农业社会结构日趋完成。

神农最早发现泥灸养生。远在两千多年前春秋战国时，人类已经开始利用泥土祛邪治病和养生保养，并运用泥灸温敷治疗疾病，达到治疗和缓解症状的目的，为近现代养生学发展奠定了基础。

【故事征引】

神农尝百草

上古时候，五谷和杂草长在一起，药物和百花开在一起，哪些是可以吃的粮食，哪些是可以治病的草药，谁也分不清。黎民百姓靠打猎过日子，天上的飞禽越打越少，地下的走兽越打越稀，人们就只好饿肚子。如果有人生疮害病，无医无药，不死也要脱层皮啊！

老百姓的疾苦，神农氏看在眼里，疼在心里。怎样给百姓治病？神农苦思冥想了三天三夜，终于想出了一个办法。

第四天，他带着一批乡民，从家乡随州历山出发，向西北大山走去。他们走了很久，腿走肿了，脚起茧了，还是不停止，整整走了七七四十九天，来到一个地方。只见高山一峰接一峰，峡谷一条连一条，山上长满了奇花异草，很远就闻到了香味。神农和乡民们正往前走，突然从峡谷里蹿出来一群狼虫虎豹，把他们团团围住。神农马上让乡民们挥舞神鞭，向野兽们打去。打走一批，又涌上来一批，一直打了七天七夜，才把野兽赶跑。那些虎豹蟒蛇身上被神鞭抽出一条条一块块伤痕。后来渐渐地变成了皮上的斑纹。

这时，乡民们说这里太危险，劝神农回去。神农摇摇头说："不能回！黎民百姓饿了没吃的，病了没医的，我们能回去么？"说着领头进了峡谷，来到一座大山脚下。

这座山半截插在云彩里头，四面是刀切崖，崖上挂着瀑布长着青苔，溜光水滑，看来没有登天的梯子是上不去的。乡民们又劝他说："算了吧，还是趁早回去吧。"

神农摇摇头："不能回！黎民百姓饿了没吃的，病了没医的，我们能回去么？"

他站在一个小石山上，对着高山，上望望、下望望、左瞅瞅、右瞄瞄，思主意、想办法。后来，人们就把他站的这座小山峰叫作"望农亭"。

忽然，他看见几只金丝猴顺着高悬的古藤和横倒在崖腰的朽木爬过来。神农灵机一动，有了！他当下把乡民们喊来，叫他们砍木杆、割藤条，靠着山崖搭成架子，一天搭上一层，从春天搭到夏天，从秋天搭到冬天，不管刮风下雨，还是飞雪结冰，整整搭了一年，搭了360层，才到了山顶。据传说，后来人们盖楼使用的脚手架，就是从神农那儿学来的办法。

神农带着乡民，攀登木架，上了山顶。山上真是花草的世界，红的绿的白的黄的，各色各样，密密丛丛。神农高兴极了，他叫乡民们提防狼虫虎豹，自己采摘花草，放到嘴里尝。为了在这里尝百草，为百姓找吃的，找医药，神农就叫乡民在山上栽了几排冷杉做城墙防野兽，在墙内盖茅屋居住。后来，人们就把神农住的地方叫“木城”。

白天，他领着乡民们到山上尝百草，晚上，他叫乡民生起篝火，他就着火光把它详细记载下来：哪些是苦的，哪些是甜的，哪些热，哪些凉，哪些能充饥，哪些能医病，都写得清清楚楚。

有一次，他把一棵草放到嘴里一尝，霎时天旋地转，一头栽倒。乡民们慌忙扶他坐起，他明白自己中了毒，可是已经不会说话了，只好用最后一点力气，指着面前一棵红亮亮的灵芝草，又指指自己的嘴巴。乡民们慌忙把那红灵芝放到嘴里嚼嚼，喂到他嘴里，神农吃了灵芝草，毒气解了，头不昏了，会说话了。

从此，人们都说灵芝草能起死回生。乡民们担心他这样尝草，太危险了，都劝他说：“我们还是下山回去吧。”

他又摇摇头：“不能回去啊！黎民百姓饿了没吃的，病了没医的，我们能回去么？”说罢，他又接着尝百草。

他尝完一山花草，又到另一山尝，还是用木杆搭架的办法，攀登上去。一直尝了七七四十九天，踏遍了这里的山岭。他尝出了麦、稻、谷子、豆子、高粱能充饥，就叫乡民把种子带回去，让黎民百姓种植，这就是后来的五谷。他尝出了365种草药，写成《神农本草》，叫乡民带回去，为天下百姓治病。

神农尝完百草，为黎民百姓找到了充饥的五谷，医病的草药，来到回生寨，准备下山回去。他放眼一望，遍山搭的木架不见了。

原来，那些搭架的木杆，落地生根，淋雨吐芽，年深月久，竟然长成了一片茫茫林海。神农正在为难，突然天空飞来一群白鹤，把他和其他几位乡民，接到天庭去了。从此，回生寨一年四季，香气弥漫。

为了纪念神农尝百草，造福人间的功绩，老百姓就把这片茫茫林海，取名为“神农架”，把神农升天的回生寨，改名为“留香寨”。

延龄草

一次，神农氏在深山老林采药，被一群毒蛇围住。毒蛇一起向神农氏扑去，有的缠腰，有的缠腿，有的缠脖子，想致神农氏于死地。神农氏寡不敌众，终被咬伤倒地，血流不止，浑身发肿。他忍痛高喊：“西王母，快来救我呀。”王母娘娘闻听呼声后，立即派青鸟衔着她的一颗救命解毒仙丹在天空中盘旋窥瞰，终于在一片浩瀚森林里找到了神农氏。毒蛇见到王母的使者青鸟赶到了，都吓得纷纷逃散。

青鸟将仙丹喂到神农氏口里，神农氏逐渐从昏迷中清醒。青鸟完成使命后翩然腾云驾雾归去。神农氏感激涕零，高声向青鸟道谢，哪知，一张口，那仙丹就从他口中滚落到地上，立刻生根发芽长出一棵青草，草顶上长出一颗红珠。神农氏仔细一看，与仙丹完全一样，放入口中一尝，身上的余痛全消，便高兴地自言自语：“这下可好了，有治毒蛇咬伤的药方了！”于是，神农就给这味草药取名为“头顶一颗珠”。

后来，药物学家给这味草药更名为“延龄草”。

神奇的獐狮

从前，凡是开办中药店的，都要在柜台上摆一个小狮子，有的是玉石雕成，有的是精巧的陶制品，口中含一颗黑珠子，神态庄重，有“药不过獐狮不灵”的说法。

相传，神农采药时，在一座深山里得到这个奇兽。它周身透明，好像水晶做的一样，五脏六腑，骨骼经络，可以看得一清二楚。

令人称奇的是，獐狮不但能吃百草，而且还能吃百虫，各种药性，都能从它的脏腑，经络中看个明明白白。原来神农只能尝百草，而对鸟、兽、虫、鱼能不能当药，却没有办法断定。自从有了獐狮，神农识药再也不用发愁了。

一天，神农走进一座高山，看见一条黑油油、闪闪发亮的虫在地上爬着。一听到声音，它身子一蜷，像颗圆溜溜的黑珠子，滚下山去。神农从未见过这种怪虫，他捡了一个放在手心，滚来滚去，样子很招人喜爱。他想，这也是药吗？递给獐狮。獐狮闻了又闻，龇了龇牙。

神农说："吃吧，小畜生！"獐狮一口吞在嘴里，嚼了嚼，又赶快吐了出来，哪知道这条虫的毒汁已进入獐狮的肠胃。霎时它遍体发黑，口吐白沫，黏涎不断流，眼睛直瞪瞪，祈求地望着神农，滚出泪水。神农连忙拿药为它解毒，结果也无济于事。不一会儿，獐狮四脚蹬了几下，就死了。神农含着眼泪，心疼得直叹气，说："獐狮呀！是我害了你，不该叫你吃这个毒虫。你是我心爱的宝贝呀……"

原来，那个虫，叫作"滚碌珠"，又叫作"滚坡虫""千脚虫"，毒性大得很。这种虫子入了药，以毒攻毒能治各种肿毒和恶瘤。

后来，中药店供一獐狮，是为了给医生一个警示：千万不要乱用药，错用药！

江边一碗水

在神农架的高山峡谷里，长着一种像荷叶的药草，独茎圆叶，形如小碗，碗边有锯齿，开白色小花；叶中常聚满露水、雨水，能为采药人解渴。这种药草的名字更为奇特，叫作"江边一碗水"。

相传，神农采药时，在岩上爬上爬下，脚底下的石头松了，"哗啦"一声，他滚下深沟，摔个半死。等他清醒过来，觉得疼痛难忍，口渴得要命，想喝点水，又动弹不得。后来，勉强挣扎起来，爬到沟边，只见沟中有流水，但是浑浊不堪，腐草烂叶泡在水里发臭，实在难喝。左看右看，沟边生着几棵像荷叶一样的药草。

他爬过去一瞄，里面盛着清亮亮的露水。神农赶忙捧着叶儿一气喝个干净，顿时觉得身上的伤痛轻了许多，恢复了元气。神农大喜，赶紧把那荷叶形、开小白花的药草吃了下去，伤势立刻痊愈。

神农就采下这棵救了性命的药草，给他取了个名字叫作"江边一碗水"。同时，也记下了这种药草具有散瘀活血、止血止痛、可治跌打损伤的功能。

九龙盘毒蛇

神农架有一种稀奇古怪的药草，叫作九龙盘，生长在峭壁陡崖的地方。这种药长得像一条盘龙，有头有尾，根紧扣崖壁，像龙爪；头生两匹翠叶，像龙角。它只有小茶盘大，金色略带翠绿。这药的生长有个特性：朝北要背山，山色要带瓦翠色。天下连阴雨，它不烂，天旱3年，它不变色。有起死还阳，接骨斗臼的功效。

但是，这种药很难采到，除山高难攀之外，还有毒蛇守护，人不敢靠近。毒蛇都是由九节组成，头节逃命，丢了几节还可以长出新的来，人称为“脆蛇”，也是一种稀奇好药。被毒蛇咬伤了，非九龙盘入药是治不好的。

相传，当年神农采这种药的时候，费了不少周折，差点丢了性命。那天，神农采药来到一个高岩上，看到九条像小龙的蛇，围住一个什么东西。仔细一看，原来是一种药草。他心里急得慌，就是不能下手，怎么办呢？他正要捡石头去打，九条蛇一齐向他扑来，都分成数节，像乱棍齐打。神农招架不住，脚上手上也被毒蛇咬了几口，疼痛难忍。幸好几个徒弟赶来，才把神农救走。因为神农尝过百草，能消蛇毒，只起了几个疙瘩，敷了点药，慢慢也就好了。

九龙盘采不到手，不能知道它的功效，师徒们不肯罢休，于是一起商量如何擒蛇得药的事。有个徒弟比较聪明，想起那日尝花椒时，把舌头都麻僵了，便说：“咱们也用花椒毒蛇吧。”

神农一听，高兴地说：“有道理。”

他们马上采来花椒，用石头砸烂，用水浸泡，然后把花椒水悄悄带在身边，洒到九条毒蛇身上，毒蛇一沾上花椒水，麻得乱蹦乱跳，结果断成无数个节，动弹不得，麻昏过去了。神农和徒弟们趁机采了九龙盘，把毒蛇打死，一起带下山去。

后来，人们说：“吃长虫肉放不得花椒，一放就乱跳乱蹦，收拾不住。”就是从神农那时起留下来的。

会跑的仙人脚

天麻为多年生草本植物，分布于中国大部分地区。其干燥块茎亦称天麻，是一味常用而较名贵的中药，临床多用于头痛眩晕、肢体麻木、小儿惊风、癫痫、抽搐、破伤风等症。天麻过去一直依赖野生资源，20世纪70年代野生变家种成功后，家种天麻成为主要商品来源。关于天麻的来历，还有一段神奇的传说。

相传，神农当年采药时，天麻产量极少，是很不容易采挖到的。有时连续几天在山里转悠，都寻觅不到它的踪影。

一次，神农偶然挖到了一棵天麻，见它下无根须，上无秧苗，长有尺余，活像一个肥大的人脚。他正要用手拿起来，一眨眼，它就不见了。

奇怪，哪里去了呢？

神农连忙挖土寻找，连影子也没有。神农不甘心，挖呀挖呀，几乎把一面山坡挖遍了，终于找到了它。从这以后，神农就有了准备，只要天麻一露面，就一竹剑扎下去，牢牢扎住，天麻就再也跑不了了。

但是，等神农喘过气来，再去拔他的竹剑时，怎么也拔不掉了。竹剑与天麻长到一起，成了天麻的茎秆了。

从那时起，天麻才发芽长秆。虽然它野性难改，喜欢在大山里跑动，但人们却还是能找得到它。

后来，天麻就有了“仙人脚”的美名。

开启华夏医学先河的针灸之祖——黄帝

【名医传记】

黄帝（前2717～前2599），所处时代为原始社会末期，古华夏部落联盟首领，华夏民族共同的祖先，五帝之首，被尊为中华“人文初祖”。史载黄帝因有土德之瑞，故号黄帝。

据说他是少典与附宝之子，本姓公孙，后改姬姓，故称姬轩辕。居轩辕之丘，号轩辕氏，建都于有熊，亦称有熊氏。也有人称之为“帝鸿氏”。

相传黄帝诞辰是农历三月初三，黄帝即位据说是在公元前2698年，即位时20岁，据此推算黄帝出生于公元前2717年。

黄帝刚出生，就显得异常的神灵。出生没多久，便能说话。到了15岁，已经无所不通了。公元前2698年，20岁的黄帝继承了有熊国君的王位。在黄帝成为氏族首领之后，有熊氏的势力得到迅速发展，并形成一个独立的黄帝部落。

黄帝部落在从姬水向东发展的过程中，继承了神农以来的农业生产经验，将原始农业发展到高度繁荣阶段，使本部落迅速发展壮大。因他发明了轩冕，故称之为轩辕。

黄帝以统一华夏部落与征服东夷、九黎族而统一中华的伟绩载入史册。黄帝在位期间，播百谷草木，大力发展生产，始制衣冠、建舟车、制音律、创医学等。

传说他的发明创造很多，如：养蚕、舟车、兵器、引箭、文字、衣服、音律、算术等，我国古文献也多有黄帝创造发明医药之记载。《帝王世纪》说：“黄帝使岐伯尝味草木，典医疗疾，今经方、本草之书咸出焉”，《通鉴外记》亦说："（黄）帝以人之生也，负阴而抱阳，食味而被色，寒暑荡之于外，喜怒攻之于内，夭昏凶札，君民代有，乃上穷下际，察五色，立五运，洞性命，纪阴阳，咨于岐伯而作《内经》，夏命俞跗、岐伯、雷公察明堂，究息脉；巫彭、桐君处方饵，而人得以尽年。"

所以《内经》也称《黄帝内经》，反映了人们对黄帝的尊崇仰慕之情。现存《内经》即系托名黄帝与岐伯、雷公等讨论医学的著作。此书治疗方法多用针刺，故对针刺的记载和论述亦特别详细，对腧穴和刺阖、刺禁等记录较详。

《黄帝内经》又称《内经》，是中国最早的典籍之一，也是中国传统医学四大经典之首。相传为黄帝所作，因以为名。但后世较为公认此书成于西汉，作者亦非一人，而是由中国历代黄老医家传承增补发展创作而来。正如《淮南子·修务训》所指出的那样，冠以"黄帝"之名，意在溯源崇本，借以说明中国医药文化发祥之早。实非一时之言，亦非一人之手。《黄帝内经》涉及养生、预防、针灸、调摄等诸多方面，至今都有效地指导着人们防病治病。

黄帝被尊奉为"华夏始祖"。黄帝和炎帝时期逐渐形成华夏族，因而视他们为华夏民族共同的祖先，故中国人自称"炎黄子孙"。每年在陕西黄帝陵举行祭祀活动，在河南新郑有拜祖活动。

据记载，祭祀黄帝始于公元前442年。自唐大历五年（770）建庙祀典以来，一直是历代王朝举行国家大祭的场所。黄帝陵是全国重点文物保护单位，历朝历代历经多次修复，2004年开始每年在黄帝陵举行国家公祭。包括刘彻、朱元璋、孙中山、蒋介石、毛泽东等名人都曾参与拜谒或撰写祭文活动。

【后世影响】

《黄帝内经》是中国传统医学四大经典著作（《黄帝内经》《难经》《伤寒杂病论》《神农本草经》）之一，是我国医学宝库中现存成书最早的一部医学典籍，是研究人的生理学、病理学、诊断学、治疗原则和药物学的医学巨著。

《黄帝内经》作为中国传统文化的经典之作，不仅仅是一部经典的中医名著，更是一部博大精深的文化巨著，以生命为中心，从宏观角度论述了天、地、人之间的相互联系，讨论和分析了医学科学最基本的命题——生命规律，并创建了相应的理论体系和防治疾病的原则和技术，包含哲学、政治、天文等多个方面学科的丰富知识，是一部围绕生命问题而展开的百科全书。

《黄帝内经》分《灵枢》《素问》两部分，以朴素的唯物主义观点和辩证思想，通过黄帝、岐伯、雷公对话、问答的形式，阐述人与自然以及生理、解剖、病理、诊断和养生防病治病方面的原则问题，成为中国医学的基石，中医理论体系的源泉，临床各科诊治的依据，后世奉为“经典医籍”，为学中医者必读之书，是研究中医学的重要文献，也是中华民族宝贵的文化遗产。作为中国传统医学的理论思想基础及精髓，在汉民族近两千年繁衍生息的漫漫历史长河中，它的医学主导作用及贡献功不可没。它的理论对于现代中医临床仍然具有非常重要的指导意义。它所确立的独特养生防病视角，决定了它不仅为保障人民健康，繁衍中华民族作出了巨大贡献，而且，还将一如继往地为人类的健康事业保驾护航。

《黄帝内经》在中国医学界有很高的地位，后世历代有所成就的医家，无不重视此书。曾被译成日、英、德、法等文字，对世界医学的发展也产生了不可忽视的影响。

【故事征引】

“鼎湖”的由来

黄帝在的晚年时，发明了鼎。当第一个鼎被铸造出来时，天上突然飞下来一条龙，那条龙有着不怒自威的眼睛和长长的、闪着银光的龙须，整个龙身透着金光，降临时好像带来万匹的金锻，笼罩了整个天空。黄帝和大臣都很吃惊。

那条龙慢慢靠近黄帝，眼神变得十分温和，忽然开口对黄帝说：“天帝非常高兴看到你促使中华文明又向前迈进了一步，所以特地派遣我来带你升天去觐见天帝。”黄帝一听，点了点头，就跨上龙背，并且对群臣说：“天帝要召见我了，你们多保重，再会了。”“请让我们追随您去吧！”大臣们说完，就一拥而上，希望爬上龙背，随黄帝一起走。可是那条龙却扭动身躯，把那些人都甩了下来。

金龙带着黄帝快速飞上天空，一下子就消失在云雾中。群臣没有办法，只好眼睁睁地看着黄帝升天而去。一位大臣看着天空，若有所思地说道："并不是每个人都上得去的啊！只有像黄帝那样伟大的人，才有资格呢！"后来，人们为了纪念这位帝王，就把黄帝升天的地方叫作"鼎湖"。

龙去鼎湖而升天，后人因以"龙去鼎湖"谓帝王去世。

中医切脉诊断术始祖——扁鹊

【名医传记】

扁鹊（前407～前310），姬姓，秦氏，名越人，又号卢医，勃海郡郑（今河北任丘）人，一说为齐国卢邑（今山东长清）人，春秋战国时期名医。由于他医术高超，被认为是神医，所以当时的人们借用了上古神话的黄帝时神医"扁鹊"的名号来称呼他。

少年时期的扁鹊，在家乡开了一家旅馆。当时，在他的旅馆里，有一位长时间居住的旅客，名叫长桑君，扁鹊认为他是一个奇人，时常恭敬地对待他。他俩过往甚密，感情非常融洽。在十多年的交往中，长桑君觉得扁鹊是一位勤奋好学、很有发展潜质的人。于是，经过长期考验之后，长桑君决定把祖传的医术及秘方传授于扁鹊。同时，他从怀中拿出一种药给扁鹊，并说："用草木上的露水送服这种药，30天后你就能知晓许多事情。"扁鹊按照他说的服药30天后，竟然能看见墙另一边的人。在给别人诊视疾病时，能清清楚楚地看出五脏内所有的病症。从那时起，扁鹊就离开旅馆，悬壶行医，足迹遍及当时的齐、赵、卫、郑、秦诸国，为百姓诊脉治病，解除痛苦。

扁鹊行医生涯中，不仅表现出高超的诊断和治疗水平，还表现出高尚的医德。他谦虚谨慎，从不居功自傲，终成一代名医，是先秦时期医家的杰出代表。扁鹊成名后，周游各国。他擅长各科，遍游各地行医，在赵国为"带下医"（妇科），至周国为"耳目痹医"（五官科），入秦国则为"小儿医"（儿科），医名甚著。

扁鹊在诊视疾病中，已经应用了中医全面的诊断技术，即后来中医总结的四诊法：望诊（看看病人的脸色等）、闻诊（听听病人最近做了什么事情后生病）、问诊（问问有没有做可以导致生病的一些事情）和切诊（号号病人的脉搏），当时扁鹊称它们为望色、听声、写影和切脉。这些诊断技术，充分地体现在史书所记载的扁鹊的一些治病的案例中。在四诊法中，扁鹊尤擅长望诊和切脉技术，他能通过望色和切脉判断病症及其病程演变和预后，因此名扬天下。

扁鹊看病行医有“六不治”原则：一是依仗权势，骄横跋扈的人不治；二是贪图钱财，不顾性命的人不治；三是暴饮暴食，饮食无常的人不治；四是病深不早求医的不治；五是身体虚弱不服药的人不治；六是相信巫术不相信医道的人不治。他的一言一行，彰显了他高尚的医德和反对迷信巫术的唯物主义思想。

在平时，扁鹊还始终注重“传、帮、带”的教育方法，无私地把自己的医术传授给门徒。后来，他的徒弟子阳、子豹、子越等都有所成就。

遗憾的是，扁鹊后因医治秦武王病，被秦国太医令李醯妒忌杀害。

在《史记·扁鹊仓公列传》《战国策·卷四秦二》里载有扁鹊的传记和病案，并推崇其为脉学的倡导者。据《汉书·艺文志》载，扁鹊有著作《内经》和《外经》，但均已失传。

【后世影响】

扁鹊医术高超，早在公元前5世纪就已全面运用望、闻、问、切的方法诊断疾病。他尤其擅长切脉，开创了我国中医脉学理论的先河，奠定了祖国传统医学诊断法的基础。扁鹊精于内、外、妇、儿、五官等科，应用砭刺、针灸、按摩、汤液、热熨等法治疗疾病，被尊为医祖。

他用一生的时间，认真总结前人和民间经验，结合自己的医疗实践，在诊断、病理、治法上对中医学做出了卓越的贡献。扁鹊的医学经验，在我国医学史上占有承前启后的重要地位，对我国的医学发展有较大影响。因此，医学界历来把扁鹊尊为我国古代医学的祖师，说他是“中国的医圣”“古代医学的奠基者”。司马迁称赞他说：“扁鹊言医，为方者宗。守数精明，后世修（循）序，弗能易也。”《史记》称赞扁鹊是最早应用脉诊于临床的医生，并且提出了相应的脉诊理论。

范文澜在《中国通史简编》中称扁鹊是“总结经验的第一人”。

【故事征引】

扁鹊授传

扁鹊从小就是一个勤奋好学、不耻下问的人，常常受到左邻右舍的赞扬。

有一位名叫长桑君的老中医，医术高明，四乡驰名。他发现扁鹊是棵好苗子，就有意将自己的医术传授给他。

一天，老中医长桑君把扁鹊叫到面前，开门见山地说："你如果愿意跟我学中医，就到南山采药去吧，一年之后再来见我。"扁鹊毫不犹豫地点了点头。

第二天一早，扁鹊就带着工具和药样出发了。他翻过一座座险峻峥嵘的山峰，穿过一片片遮天蔽日的森林，采啊，挖啊。不知不觉，一年过去了，他不仅认识了许许多多药材，而且基本掌握了这些药材生长、采挖的规律。

长桑君见扁鹊满载而归，微微一笑："你还要去民间给人们切脉，不完成五千例不能回家。"

扁鹊二话没说，又背起药箱奔走四方。他为各种各样的人切脉，从脉象的变化中，细细揣摩人体的病症。当他完成任务返回老师住处的时候，不禁大吃一惊，只见长桑君正躺在床上低声呻吟。原来，在扁鹊外出期间，长桑君不幸中风偏瘫，右半身不能动弹。

扁鹊不顾旅途劳累，放下行李就给长桑君烧水煮饭，熬汤煎药。晚上，他又端来一大盆热水，蹲在床前给长桑君洗脚，洗着洗着，长桑君左脚一蹬，把盆子踢翻了，水浇湿了扁鹊的衣服、鞋子。扁鹊一点也不在意，转身铲来一些灶灰，撒到了湿漉漉的地上，接着，又忙着安顿长桑君入睡。正在这时，长桑君突然觉得喉中瘙痒，"呸"，一口痰不偏不倚吐到了扁鹊的脸上。扁鹊仍然不急不躁，默默地掏出手帕把痰擦掉了。

夜深了，长桑君把扁鹊唤至床前说："你已经经受住了三次考验。上山采药，对你识药用药大有好处；按脉切诊，对你断病治病甚有帮助；今天，我又亲眼看到你对病人体贴入微，胜似亲人。作为一个好医生必须具备的三点，你都有了。现在，我可以放心了。"说到这里，老人用颤抖的左手从枕下摸出自己珍藏多年的医书，小心翼翼地交给了扁鹊。

从此，扁鹊边攻读，边实践，医术提高得更快了。

“讳疾忌医”的由来

扁鹊医术高明，经常出入宫廷为君王治病。

有一天，扁鹊巡诊去见蔡桓公。礼毕，他侍立于桓公身旁细心观察其面容，然后说道：“我发现君王的皮肤有病。您应及时治疗，以防病情加重。”

桓公不以为然地说：“我一点病也没有，用不着治疗。”

扁鹊走后，桓公很不高兴地对左右的人说：“医生总爱在没有病的人身上显能，以便把别人健康的身体说成是被医治好的。我就不信这一套。”

10天以后，扁鹊第二次去见桓公。他察看了桓公的脸色之后说：“您的病到肌肉里面去了。如果不治疗，病情还会加重。”桓公不信。扁鹊走了以后，桓公对“病情正在加重”的说法深感不快。

又过了10天，扁鹊第三次去见桓公。他看了看桓公，说道：“您的病已经发展到肠胃里面去了。如果不赶紧医治，病情将会恶化。”桓公仍不相信。他对“病情变坏”的说法更加反感。

又隔了10天，扁鹊第四次去见桓公。两人刚一见面，扁鹊扭头就走。这一下倒把桓公搞糊涂了。他心想：“怎么这次扁鹊不说我有病呢？”于是，桓公派人去找扁鹊询问原因。

扁鹊很伤心地对来者说：“一开始桓公皮肤患病，用汤药清洗、火热灸敷容易治愈；稍后他的病到了肌肉里面，用针刺术可以攻克；后来桓公的病患至肠胃，服草药汤剂还有疗效。可是目前他的病已入骨髓，人间医术就无能为力了。得这种病的人能否保住性命，生杀大权在阎王爷手中。我若再说自己精通医道，手到病除，必将遭来祸害。”

5天过后，桓公果然得了重病，浑身疼痛难忍而不能起床了。他看到情况不妙，这时也想起了扁鹊，就主动要求找扁鹊来治病。派去找扁鹊的人回来后说：“扁鹊已经离开了齐国，往秦国去了。”这时，桓公后悔莫及。他的病情也随之越来越重，最后不能医治，挣扎着在痛苦中死去。这也是成语“讳疾忌医”的由来。

扁鹊的医术

自从扁鹊见桓公望而知病的故事传开以后，他的医名也就响遍了列国。

有一天，魏文王询问扁鹊说：“你们家兄弟三个都从医，都精于医道，但是到底谁的医术最好呢？”

扁鹊回答说：“长兄最好，中兄次之，我是兄弟三个中最差的一个。”

文王惊讶地问：“那为什么你却是你家三兄弟中最出名的一个？”

扁鹊回答说：“我的长兄治病，是治疗在病情未发作之前，由于一般的人都不知道他能够观疾病于未起之先，及时将疾病的本因清除，默默地积累玄德于无形之间，所以他的医术是别人无法知晓的，他的名气也就无法传播开来，只有我们家里的人，才知道他的这些本领。而我的中兄的医术和治疗，是最擅长于治疗患者的病情初起之时，及时将疾病清除于未祸之先。一般的人都以为他只能治疗一些轻微的小毛病。所以他的名气只是在本乡小范围内传播。但是，我治疗的疾病病例，大都是治疗于患者病情严重之时。一般的人都看到我在病人经脉上扎针或放血，在皮肤上敷药或者动手术，操作过程能够眼见目睹。所以大家都以为我的医术非常高明，名气也就传遍了全国。”

因此，所谓良医化解病，庸医治疗病。患者在还没有呈现发病征兆，能够找出病因加以医治，这是最有效也是最自然的办法。若等到病情严重才去医治，即便能够治好，身心已经受过很大的伤害了。

这个故事给后人的启示是：事后控制不如事中控制，事中控制不如事前控制。

给皇太子治病

扁鹊不但医道高明，能药到病除，起死回生，而且手中那包银针更神得出奇，不管多么难缠扎手的病，到了他的针下，那真叫死胡同里截毛驴——没跑儿。

张村有个老太太，瘫了多年，听说来了神医，让儿子用小车推着她去看病。谁知这老太太怕针比怕蛇还厉害，说什么也不让扎。

扁鹊笑了笑说：“来呀，把她抬到太阳底下，我自有办法。”

老太太被抬到院子里，日头当空，地上投下了老太太的身影，扁鹊手捏银针，对着影子“噌”“噌”“噌”，扎上了两排针。嘿，简直神透了，一袋烟的工夫还没用，老太太慢慢地坐了起来，伸伸胳膊摞摞腿，蹬蹬地跟着儿子走了。

有一年，三岁的太子突然得病，先是不吃不喝，后来又神志不清。国王忙召御医诊治，御医们都看不透太子这种蹊跷病。国王又命人遍请名医。一剂药不好，咔嚓一声就动刀杀人。午门之外，天天都有人头落地。眼看太子病情越来越重，国王发了狠，传旨四方，治不好太子的病，天下医生都斩尽杀绝。吓得四方医家纷纷东躲西藏。

扁鹊知道了这件事，就骑上小毛驴，独自闯到王宫里。

扁鹊来到太子的床边，拿眼角一扫太子，连脉也没号，说道："这是相思病，好治!"

国王一听，立时翻了脸："胡说！三岁顽童，如何得这种病？推出去砍了！"

扁鹊面不改色，微微笑道："哼，杀我还不容易，就像掐根草。可太子离了我没救！"说完，头一昂，就往外走。

娘娘救子心切，一听这口气，忙对国王说："哎呀，你先让他治治嘛，治不好再杀也不晚啊！"

国王一想也是，忙唤他回来，说道："给你三天期限，治好了重重有赏。"

扁鹊冷笑道："我不是为赏赐来的。要我治，好说，不过得依我两件事。"

国王忙说："只要能治好，别说两件，两千件我也依，快说！"

扁鹊说道："第一件，不许再杀召来的医生，统统放回去；第二件，三天内不管是谁，都必须得听我的。"

国王救子心切，连忙答应。

一天过去了，扁鹊并没给太子用一针一药，却与宫娥搭讪闲聊起来。又一天过去了，扁鹊还没给太子治病。娘娘可沉不住气了，几次差人去催扁鹊，扁鹊摇摇头说："不忙。"

转眼到了第三天，动真格的时候到了！刀斧手提着明晃晃的鬼头大刀杀气腾腾地在一边伺候，国王的脸像刷了层浆子，绷得紧紧的。

扁鹊大踏步走进来，一没拿针包，二没提药囊。他一看这架势，轻蔑地笑了笑，不慌不忙，从怀里掏出一对明晃晃的小铜锤在太子头前"啪、啪、啪"敲了三下，一反手，把小铜锤藏到了身后头。太子听到响声，慢慢地睁了睁眼，四处看，国王、娘娘立时露出了笑脸儿，忙来托太子的头。太子看了一会儿，见没有他想要的东西，又慢慢地闭上了眼。

扁鹊又拿出小铜锤，"啪、啪、啪"敲了三下，太子又睁开了眼。扁鹊提着绳儿，在太子头前晃了几圈，嘿嘿地逗太子玩起来。太子伸出小手抓铜锤，挣扎着要。扁鹊给了他，太子笑了，拿过小铜锤，"啪！""啪！"地敲着玩了起来。

这时，文武百官你看看我，我看看你，大眼瞪小眼，都看直了眼。国王、娘娘可乐坏了，喝退刀斧手，传令备酒宴。

原来，扁鹊不但会按摩、针灸、切脉，还会望诊。他一看太子的模样儿，就知道得了相思病。三岁孩子能想什么呢？头一天，他就钻进了太子的玩具堆里，一件件地清理着。找来找去，找到一只单咣咣，这是外国进贡的宝物，样式精美，小巧玲珑。他拿起来敲了敲，声音又甜又脆，真是好听极了。再找另一只，却怎么也找不着。他把这只小铜锤揣进怀里，心里有了数。他又把平日看护太子的宫娥找来，一个个地询问，其中有一个人说了实话。

有一天，太子在莲花池边玩，太子把一只心爱的小铜锤掉进了池里。当时太子哭着要，可是没捞上来。从这时起太子就病了。这下扁鹊心里更有了底。

第二天，扁鹊便让人从莲花池里捞上了这只铜锤。

扁鹊治好了太子的病，国王赏他黄金百两、彩缎千匹，朝中官职任他挑。进行封赏这一天，国王命人去请扁鹊，找遍了王宫，连个影儿也没有，原来在三天前扁鹊就骑着毛驴走了。

扁鹊给医家免了这场灾难。从此以后，凡是沾个“药”边的，贴个“医”字的都视他为祖师爷，家家都供着他的神位。

妙招除郁症

有一年，齐国的国王生了一种怪病，终日昏昏沉沉，蒙头大睡，叫也不醒。王宫里的御医用了不少药，也不见好转。文武大臣急得团团转，王后和太子也愁得日夜啼哭。这时，有个太监说：“听说扁鹊是个神医，何不请他来看看，也许可以治好。”

王后和太子立即派人把扁鹊请来。扁鹊看了看齐王，搭了搭脉，对王后和太子说：“大王的病可以治好。不过，我治好了大王的病，大王会处死我的。”

王后和太子连声说：“哪有这个道理，你治好了大王的病，一定要重重赏你，哪会处死你呢？”

扁鹊说：“既然如此，隔几天我再来。”

一天，天下大雨，扁鹊来给齐王看病。一路上，扁鹊既不坐轿，也不打伞，冒雨步行，弄得一身泥水。

扁鹊走进王宫，来到齐王寝宫，只见齐王仍然蒙头大睡，叫了几次也没叫醒。扁鹊一不脱鞋，二不脱衣，就爬到了齐王床上，把齐王推过去翻过来地折腾开了。

齐王睁开眼睛一看，见一个浑身泥水的人趴在床上摆弄他，顿时勃然大怒，坐起来指着扁鹊破口大骂。外面的文武大臣听了，连忙赶进寝宫。齐王见了众人，再望望湿淋淋的扁鹊，觉得有失威严，更加恼怒，大喝道："来人！快把这畜生拉出去斩首示众！"

武士把扁鹊推了出去，扁鹊对王后和太子道："大王今日发了此番大火，病已不治自愈，不必再服药了。我犯了辱君之罪，大王要处死我，我也预料到了。不过，我有个请求，不要杀我的头，把我罩在大钟内闷死好了。"王后和太子把扁鹊的要求回报了齐王，齐王同意了。

扁鹊被罩在钟内，时间一长就要闷死。他用手在钟边挖泥土，挖出一个通气孔道，自己就端坐在钟内静心养神。

三天后，齐王的病完全好了，他想起被他下令处死的扁鹊，心中十分后悔。便同王后、太子一同来到钟边，叫人把大钟吊起来，只见扁鹊正端坐养神，面色红润，安然无恙。

齐王见了很是惊讶。王后和太子问扁鹊为什么要用那样粗野无礼的办法给大王治病，扁鹊说："大王之病，是因操劳国事过度，众多烦恼之事闷在心头，积郁成疾，实为'郁症'。这种病只有激发他生气狂怒，把胸中积郁，发泄出来就会好了。"

齐王听了，称赞道："真乃神医也！"于是，厚赐了扁鹊。

丑　宝

人们很长时间并不知道牛黄到底是怎么来的？牛黄被发现，并被用进药里，是一次偶然的机会，遇上这个机会的不是别人，正是扁鹊。

青年时代的扁鹊，跟一位良医学了十几年的医术，成了一名能"心见五脏症结"的优秀医生，在当地非常有名。他的足迹踏遍陕西、山西、黄河中下游，替当地民众解除疾病，深受百姓的尊重。

有一天，他刚从药罐中取出炮制好的青礞石，准备研末替一位名叫阳文的邻居治疗中风偏瘫。这时，门外传来一阵喧闹声，扁鹊问其因由，原来是阳文家中养了一头十几年的黄牛，不知何故近来日渐消瘦，吃草少，喝水多，行走无力，眼睛发红失神，以致不能耕作，故阳文的儿子阳宝请人把牛宰杀了。

谁知，阳宝发现牛胆里有块石头。扁鹊对此颇感兴趣，叮嘱阳宝把石头留下，以便进一步研究。阳宝笑了："先生莫非想用它做药？黄牛之病源于结石，这结石乃病根也，哪能治病？"扁鹊一时也答不出来，随手把结石和桌上的青礞石放在一起。

正在此时，阳文的病又突然发作。扁鹊赶到阳文家时，只见阳文双眼上翻，肢冷气急，十分危险。扁鹊一边扎针一边叮嘱阳宝："快！去把我家桌上的青礞石拿来。"阳宝气喘吁吁地拿回药来，扁鹊很快研末给阳文灌下。不一会儿，阳文停止了抽搐，气息平稳，神志清醒。事毕，扁鹊回到自己家里，发现青礞石还在桌上，而牛结石却不见了。他忙问家人："何人动了牛结石？"

回答是："刚才阳宝来取药，说是您吩咐的呀。"这个偶然的差错却引起了扁鹊的深思："难道牛的结石有祛痰定惊的作用？"

于是，第二天，他有意识地在给阳文服用的中药里，将青礞石改换为牛结石。三天后，阳文奇迹般地痊愈了，不但止住了抽搐，而且偏瘫的肌体也能动弹几下，喜得阳文连声称谢。扁鹊说："不用谢我，还是谢谢你的公子吧。"于是扁鹊将牛结石代青礞石的经过讲了一遍，并说："此石久浸于胆汁中，凉人心肝，有清新开窍、镇肝熄风之效。"

阳文问道："这药叫什么名字呢？"

扁鹊思索片刻："此结石生在牛身上，凝于肝胆而成黄，就叫它'牛黄'吧。"又说，"牛黄有此神效，堪称一宝，牛属丑，再给它取个别名，叫作'丑宝'吧。"

自从扁鹊用牛黄治好阳文的病之后，便一传十，十传百，越传越神。因为牛黄具有清热解毒、开窍豁痰、熄风定惊之功，故广泛地应用于高热、昏迷、抽搐、癫痫等病症，从而使药材商觉得牛黄有巨大的商机，便派人到各地征收牛黄。"一枚牛黄就是一条牛的生命"，由此引发了"宰牛取黄"之祸。

那是宋徽宗当政时，户部下令在全国各地购买牛黄，以供皇家惠民和剂局配药使用。由于"令下如山倒"，急如星火，各州县百姓竞相屠牛以取牛黄，但仍与所求的数量相去甚远。地方官吏趁机从中敛财行贿，中饱私囊，百姓叫苦不迭。独有山东莱州掖县知县直言上疏说："牛遇岁疫，则多病有黄。今太平日久，和气充塞，县境牛无黄可取。"结果，朝廷给掖县优惠待遇，可不用进贡牛黄，掖县百姓无不感激知县。

起死回生

有一次，扁鹊路过虢国，看见全国上下都在举行祈祷，一打听，方知是虢太子死了。太子的侍从告诉他，虢太子清晨鸡鸣时突然死去。

扁鹊问："已经掩埋了吗？"

侍从回答说："还没有。他死了还不过半日呢！"

扁鹊请求说："能否让我进去看看？"并说，"虢太子也许还有生还的希望。"

侍从睁大了眼睛，怀疑地说："先生，你该不是跟我开玩笑吧！我只听说上古时候的名医俞逾有起死回生的本领。若你能像他那样倒差不多。要不然，连小孩儿也不会相信的。"

扁鹊见侍从不信任自己，很是着急，他灵机一动，说："你要是不相信我的话，那么，你去看看太子，他的鼻翼一定还在扇动，他的大腿内侧一定还是温暖的。"

侍从半信半疑地将话告诉了国王。国王十分诧异，忙把扁鹊迎进宫中，痛哭流涕地说："久闻你医术高明，今日有幸相助。不然，我儿子的命就算完了。"

扁鹊一面安慰国王，一面让徒弟子阳磨制石针，针刺太子头顶的百会穴。一会儿，太子竟渐渐苏醒过来，扁鹊又让弟子子豹用药物灸病人的两肋，太子便能慢慢地坐起来！经过中药的进一步调理，二十来天就康复如初。

这件事很快被传遍各地，扁鹊走到哪里，哪里就有人说："他就是使死人复活的医生！"

扁鹊听了，谦逊地笑着说："我哪里能使死人生还呢，太子患的是'尸厥'症，本来就没有死，我只不过是使他苏醒过来罢了。"

以后，人们常用"起死回生"这个词来形容医生技艺高超。有些病家有时为了感谢医生，送上一块"扁鹊再世"的横匾，也是颂扬医生医技高超的意思。

洗肠沟

一个太子得了重病，几乎把有名的医生都请遍了，始终也不见效，就是专给皇上治病的太医也瞪着眼睛没办法。

眼看太子就要病死了，最后找到了扁鹊。扁鹊一看，知道是太子的肠子上有了病。征得国王的允许，他便把太子带到了郎家庄北边一条河沟里，剖腹医治。及至医治将完，忽然发觉太子的肠子缺了一段，于是他就顺着河边寻找起来。河水虽然清澈见底，可是流得非常急，扁鹊在河水中紧赶慢赶，跑了很长时间也未找到。

后来，赶到焦家庄庄北，碰到一位洗衣姑娘，就问她说："姑娘，你看到一段肠子没有？"

"在那！"洗衣姑娘不慌不忙地指给扁鹊看。

扁鹊顺着姑娘手指的方向一看，原来太子的那段肠子，就放在她的洗衣石板上。

扁鹊道了谢，拾起肠子回来，又把它装在太子的肚子里，太子的病果然好了。当时的人们为了纪念这段有趣的故事，就把郎家庄庄北的那条河沟起名叫作"洗肠沟"。

国医圣手，手到病除——淳于意

【名医传记】

淳于意（前205～？），姓淳于，名意，别名仓公。西汉初齐临淄（今山东淄博东北）人，西汉医家。曾任齐太仓令，精医道，辨证审脉，治病多验。曾从公孙光学医，并从公孙阳庆学黄帝、扁鹊脉书、药论等书，于望、闻、问、切四诊，尤以望诊和切脉著称。撰写了中国医学史上第一部中医医案——《诊籍》。

淳于意家境贫寒，少时就喜读医书。初行医时，所用药方却没有疗效，为此十分苦恼，无奈只好外出向名医求教。经人介绍拜淄川的名医公孙光为师，公孙光非常喜欢淳于意的谦虚好学，很器重他，就把自己的精方、妙方全部传授给他。

不久，公孙光发现已没什么医术可教淳于意的了，并预言淳于意将来一定是著名的国医。为了能让他继续深造，公元前180年，又推荐他去拜自己的胞兄公孙阳庆为师。年过70岁的公孙阳庆也非常欣赏淳于意的质朴上进，便将自己所藏的所有秘籍、古方倾囊相授。他先让淳于意把过去所学的医方都彻底“删除”，然后把自己珍藏的黄帝、扁鹊脉书，根据五色诊断疾病、判断病人预后的方法以及药物方剂等书“拷贝”到淳于意的脑子里。三年后，淳于意正式出师行医。

出师后的第二年，淳于意开始挂牌行医。三年后，他能够预先判断人的生死，一经下药，无不应验。因此名声大噪，成为著名的医生。但是，淳于意并没有满足现状，而是依然潜心苦读经典医书，达到了随意熟读成诵的地步。但在诊病时，则视病人的实际情况，不盲目地死搬硬套，断章取义。

在随后的行医过程中，他逐渐感到为了更加有效地治愈疾病并适当控制其流行，有必要积累医案，为此他开始对前来就医患者的姓名、住址、职业、病名、病理、症状、脉象、治疗方式与过程、预后推断及效果等予以详细记录。当时称这种记录为“诊籍”。淳于意先后记载“诊籍”25案，分属内、妇、外、牙等科。在诊断中，他还十分注意望色和切脉，在25案“诊籍”中，有10案是通过脉象来断定患者的病情。《史记·扁鹊仓公列传》记载了他的25例医案，称为“诊籍”，是中国现存最早发明和使用病史记录的病历，距今已有两千多年历史。

淳于意为使自己专志医术，辞去官职，不营家产，长期行医民间，对封建王侯却不肯趋承。赵王、胶西王、济南王、吴王都曾召他做宫廷医生，他都一一谢绝了。因常拒绝去朱门高第出诊行医，被富豪权贵罗织罪名，送京都长安受肉刑。其幼女淳于缇萦毅然随父西去京师，上书汉文帝，痛切陈述父亲廉平无罪，自己愿意身充官婢，代父受刑。文帝受到感动，宽免了淳于意，且废除了肉刑。这就是历史上流传千古、家喻户晓的《缇萦救父》的孝行故事。

与古代大多数名医不一样的是，淳于意心胸开阔，没有把医学经验的传授限定在神秘而狭小的范围内。因为中医方术历来秘而不宣，父子相传为己有，所以秘方特别多，此风气至今不衰。可是，淳于意不但是一个著名的医学家，而且是一位热心传播医学的教育家，他像秦越人一样，广收弟子，因材施教，精心传授医术，公开医药知识，将方药告知天下百姓。据《史记·扁鹊仓公列传》记载，他的学生有宋邑（临淄人）、冯信（临淄人）、唐安（临淄人）、高期、王禹、杜信以及齐丞相府的宦者平等数人，是秦汉时期文献记载中带徒最多的一位医家。

虽然淳于意一生桃李满天下，但始终是寂寞的。他寂寞地钻研医术，寂寞地治病救人，寂寞地言传身教。他应该自始至终没有想过流芳百世，否则的话，他完全有时间，有精力写一本医学经典。正是这种甘于奉献、甘于寂寞的精神，才把他打造成一代国医圣手。

【后世影响】

医圣张仲景在《伤寒杂病论》序文中说："上古有神农、黄帝、岐伯；中古有长桑、扁鹊；汉有公孙阳庆、仓公；下此以往，未之闻也。"可见，对淳于意的评价是极高的。

淳于意发明了病历。记病历在当今医疗中是最为平常的事，也是对一个合格医生的起码要求。他写出了中国医学史上第一部医案——《诊籍》，即中国历史上第一部病历合集。据载，《诊籍》中共有25例病例：其中治愈15例，不治10例，涉及现代医学的消化、呼吸、心血管、内分泌、脑血管、传染病、外科、中毒以及妇产科、儿科。这在当时，无疑是惊世之举，而到迄今各大医院仍在使用。

淳于意发明了物理降温疗法。用冰袋或冷毛巾敷额或用酒精擦浴，是现代高热病人常用的降温方法，简称物理降温。但在两千年前的汉朝，不啻是一发明创造。

【故事征引】

巧手妙治有故事

淳于意，对于一般大众来说，无疑是一个陌生的名字。但他在中国古代医学史上，绝对可进入一流国手之列。大史学家司马迁特别推崇他的医术，并为之列传。而医圣张仲景在《伤寒杂病论》的序言中，把淳于意与扁鹊相提并论。透过历史的风烟，我们可以看见一位醉心医学，不喜纷争的好大夫。然而，这样一位国医圣手，名气远远比不上他的小女儿；他的贡献，在现代社会看来非常普通，但在两千多年前，却处于世界一流。

淳于是一个极罕见的姓氏，相传为上古时炎帝的后裔。作为正宗炎黄子孙的淳于意曾任齐太仓令（管理都城仓库的官，即"仓管"），因此后人都尊称他为"仓公"。他死后葬于山东省泰安市岱岳区满庄镇淳于村。目前，此墓周围古树参天，给人以庄严肃穆之感。

淳于意年轻时就喜好医术。汉高祖八年（前180年），同郡元里的公孙阳庆传他医术。这时公孙阳庆已70多岁，把自己掌握的秘方全部传给了他，并授他黄帝、扁鹊的诊脉书，以及观察面部不同颜色来诊病的方法，使他能预先知道病人的生死，决断疑难病症，而且精于用药。学习三年后，淳于意为人治病，预断死生，多能应验。

约公元前165年秋天，西汉济北王刘宽召来淳于意，要他对府中的女仆做健康普查。名医让王府中的女仆排好队，依次接受诊断。结果，大多数女仆都很健康，没有什么奇怪病症。

轮到一个叫“竖”的女仆时，淳于意观察良久，然后对济北王说：“此女有病，不能过度劳累，否则就会吐血死去。”济北王见竖脸色正常，精神饱满，没有丝毫像有病的样子，便没把淳于意的话放在心上。

第二年春天的一天晚上，济北王上厕所，竖捧着一把剑在外面等候。济北王那天肚子不舒服，在厕所待了很久。出来后，他发现竖倒在地上，呕血而亡。济北王不由感叹道：“真不愧是名医呀！”

淳于意救治的病人很多，上至皇帝皇后，下至平民百姓，因此流下许多巧手妙治的故事，其中《史记》就记载了近十个。

某一次，齐国中郎官生了病。恰巧淳于意路过，他经过望、闻、问、切，对中郎官说，你是骑马速度过快伤了肺，要找几种极罕见、极贵重的药才能治好；如果不这样治，十天后就会尿血而亡。这话听来怎么都像街上卖狗皮膏药的郎中所言。所以，庸俗的中郎官也以为淳于意是在危言耸听，讹诈钱财，根本没当回事，敷衍几句后便把他“请”出了府。不料十天之后，中郎官尿血而亡。

一次，汉淄川王生病，淳于意受命前去诊疗。原来，淄川王因为洗头发未干即入睡，受风而引起头痛、身热、肢痛、烦闷，相当于今天的风寒感冒。

淳于意立即用冰水敷其额头，同时针刺足阳明经的陷谷、丰隆等穴道，以散体热。病一时三刻就好了。用冰袋或冷毛巾敷额或用酒精擦浴，是现代高热病人常用的降温方法，简称物理降温。在当时，不啻是一发明创造。

编著首部病历《诊籍》

淳于意的诊断术，主要在于切脉，关于这一点，有着神话般的传说。

有一天晚上，淳于意做了一个梦，梦见来到蓬莱山上，不知不觉来到一所宫院，只见雕梁画栋、金碧璀璨、光辉耀眼，正觉惊异之际，来了一位小童，双手捧着一盏清水，恭恭敬敬地对他说：“仓公，走累了吧？想必口渴了，请用水。”

淳于意也觉得口渴，接过那一盏水，一饮而尽，刹那间感到寒透肺腑、遍体凉爽，这时抬头一看，只见大殿上面悬挂一块匾，上面写着四个大字“水池仙馆”，他忽然领悟到他刚才所喝的就是传说中的“上池水”。上池水是一种仙水，饮了这种水可以看穿人的肺腑，所以自此之后，淳于意善于察色诊脉。淳于意在救治病人的过程中，总结出不少经验，也取得了让时人瞩目的成就。

成就之一是发明了病历。记病历在当今医疗中是最为平常的事，也是对一个合格医生的起码要求。初创却并非易事。汉文帝曾经有意为难淳于意：“听说你给人治病，疗效很好。你的病人是哪里人？得的什么病？施药之后，病情如何？你能列举几例吗？”话音刚落，淳于意如数家珍般娓娓道来。

缇萦救父

《新三字经》中有“缇萦女，救父亲”的句子，这个句子和一个耳熟能详的成语“改过自新”都是淳于意的“杰作”。

公元前175年，身材臃肿的齐王患肥胖病，气喘、头痛、视物模糊，最后居然达到不想走路的地步。淳于意应召前往。经过认真诊断，他认为齐王形气俱实，应当少饮食、多运动，以便于舒筋活血。齐王认为淳于意的法子太慢，是在推卸责任——什么都让我自己去做，还要你们医生干什么？于是，他随即另找了一位医生。这位庸医见风转舵，为迎合齐王，便使用针灸法。三针两灸下来，齐王病情加重一命呜呼。这件本与淳于意无关的事情，却成为王公贵族们打击他的由头。

原来，淳于意脾气有些坏，一生起气来，竟然不愿给人治病，不管人家出多少钱，真有点“见死不救”的架势。此外，淳于意生性有些倨傲，赵王、胶西王、济南王请他治病也爱理不理。齐王之死，他们落井下石，诬告说淳于意没有医者之心，病人们都怨恨他，齐王之死是必然。真可谓欲加之罪，何患无辞！

衙门自古朝南开，有理无钱莫进来。官府听信诬告，把淳于意传到长安受肉刑。当时的肉刑共分三种：一为黥，就是面上刺字；二为劓，就是割鼻；三为断左右趾，就是把足趾截去。官差到家时，淳于意大惊失色。他平时也隐隐觉得自己的行为有些出格，但没想到后果如此严重。淳于意在动身去长安之前，只得把家人集中到客厅，悲戚地望着自己的五个女儿，叹气说：“唉，我一共有五个女儿，可惜一个男孩也没有，关键时刻有了急事，没有一个能帮我一点点呀？”

听了这话，几个女儿伤心得直哭。只有最小的女儿缇萦慷慨地说：“女孩子怎么没有用？我一定随父亲到长安，想办法搭救您。”

年方15岁的幼女缇萦挺身而出，发誓愿意随父西入长安。一路上，她除了照顾老父的起居外，还思考着写一纸状书。缇萦到了长安，托人写了一封奏章，亲自到皇宫门口，请求卫兵转呈给皇帝。汉文帝听说上书的是个小姑娘，非常重视。他接过奏章，只见上面写道：“我是太仓令淳于意的小女儿，名叫淳于缇萦。齐地的老百姓都知道我父亲是个清官。现在他犯了法，应当受到处罚。但是肉刑是一种可怕的刑罚，就像一个人死了不能复生一样。被判肉刑的人，割去鼻子不能再长出来，砍了脚不能再接上，成了残废，以后就是想改过自新，也没有办法了。我情愿让官府收为奴婢，替父亲赎罪，让他有个改过自新的机会。”后来的成语“改过自新”便是由此引申出来的。

这封上书言辞哀婉，汉文帝觉得其情可哀。当时官府中的奴婢生活是相当凄惨的，她们日夜劳作没有丝毫人身自由，和囚徒没什么两样。缇萦为父亲免遭酷刑的这种千里迢迢冒死上书的胆识孝心和这种甘为奴婢的自我牺牲精神，深深地感动了宽仁贤德、爱民恤民的汉文帝。同时，汉文帝也充分认识到，继续沿用秦代的肉刑，不利于经济的发展和社会的稳定，更不利于政权的稳固。

汉文帝为缇萦的言行所感动，亲自诏问了此案。于是，他下令免除了淳于意的刑罚，也没有让缇萦去当奴婢。淳于意蒙赦免罪刑，父女双双望阙叩谢恩典以后，欢天喜地返回临淄。从此，他痛改矜持作风，专心济世救人，随到随看，视病犹亲，赢得口碑载道。

再说汉文帝感叹缇萦的孝心之余，发觉肉刑过于残酷，于是第二天下令废除此刑。这次刑制改革是中国古代刑制从野蛮时期到文明时期的转折点，为隋唐封建五刑制的定型奠定了基础。这些都是淳于意意料之外的“特殊贡献”。

心系百姓的皇封药王——邳彤

【名医传记】

邳彤（？～30），字伟君，信都（今河北冀州）人，能文善武，东汉开国功臣、光武帝刘秀手下云台二十八将之一。医学家。历任太常、少府、左曹侍中。建武六年（30）去世，葬于祁州（今安国县）南关。

邳彤出身官宦之家，他的父亲邳吉曾经担任辽西郡的太守。邳彤忠心耿耿辅佐刘秀打天下，为创立和捍卫东汉江山立下了不朽功勋。邳彤在王莽新朝时期担任了和成（一说和戎）卒正（王莽篡位后，把巨鹿郡的一部分独立划分为和成郡，郡治在下曲阳城，太守改称卒正），他自幼学医，酷爱医学，精通药理，曾在安国倡导和扶植医药行业，为当时的黎民百姓采药、种药、制药、行医，颇受军民拥戴。邳彤经常扮作游医的样子，行走民间收集药方，给百姓治病，疗效颇佳，被称为“药王”“神医”。

北宋建中靖国元年（1101）追封邳彤为侯，后改封公。

公元30年（建武六年），邳彤辞去官职，回到封国。同年病逝。据《祁州志》载，邳彤死后被葬在祁州（今安国）南关，人们修造“邳王庙”作为祭所。北宋太平兴国年间（976～984），祁州建立“药王庙”。《祁州志》记载：“考安国药王庙，即邳彤庙。”清朝时体仁阁大学士刘墉又特为“药王庙”书匾。

【后世影响】

关于邳彤，《后汉书》《东观汉记》有传，《资治通鉴》有事迹记载。

汉明帝永平年间，明帝追忆当年随其父皇打下东汉江山的功臣宿将，命绘28位功臣的画像于洛阳南宫的云台，邳彤名列第27位。

清朝中叶，人们将邳彤附会为安国县信奉的神医“皮王”（邳与皮同音），从此之后，邳彤被尊为“药王”，位于安国县的药王庙是中国现存规模最大的纪念医圣的祠庙建筑群，亦为全国重点文物保护单位。

在《东汉演义》等通俗小说及民间流传的评书、评话等民间曲艺之中，邳彤，字天彩，是28星宿之中的翼火蛇。

【故事征引】

邳彤医母病

有一年，药王邳彤听说南方瘟疫流行，便离开家乡祁州前往南方为百姓治病。

邳彤离家后，母亲得了重病，百医无效。家人捎信给邳彤，邳彤在南方的病人很多，又离不开。母亲病中又十分思念邳彤，哥哥邳祝只好带母亲去南方。邳彤见到母亲后，赶紧为母亲诊治，依然不见好转，只好让哥哥带母亲回家。临别时，邳彤流着泪说：“不是儿子不孝，确是儿子不才。我治好过那么多人的病，今天却治不好母亲，因为治这种病的药世间难以寻找，但若天地有情，念我为世人治病之医德，或许有缘能碰到。母亲保重，就看命运如何了。”

这天，哥哥邳祝搀着母亲走在半路上，母亲口渴难忍，可前不着村，后不着店，哪里去讨口水喝。邳祝将母亲安置在路边，四处寻找，哪里有水的影子？后来走到一片槐树林里，看见一个死人头骨，里面存有雨水，有两条细细的小蛇在水中嬉戏。邳祝轰走小蛇，把水端给母亲：“您就闭上眼睛把这点雨水喝下去吧。”母亲实在渴极了，也顾不上干净不干净，闭上眼一饮而尽，觉得心里好受多了。

来到一个村寨，母亲又觉饥饿难挨，小村里又没有饭铺，邳祝只好上门讨饭。可巧有一家生了一对双胞胎，这家的婆婆是个瞎子，公公是个拐子，这样的人家一胎添了两个胖小子，自然十分高兴，一听有人讨饭，赶紧把产妇吃剩下的一碗薏米饭、一个鸡蛋，还有半碗阿胶汤给了邳祝，没想到那鸡蛋还是一个双黄蛋。母亲吃了薏米饭和双黄蛋，身上觉得有力气多了，然后把阿胶汤也喝得一干二净，终于回到了家乡。又过了一段时间，竟然完全好了。

不久，邳彤托人捎来一封家信，信上写道：

“如母亲能喝到二龙戏珠天然水，吃到一胎双子双黄蛋，拐公瞎婆做成的饭，产妇喝的阿胶汤，自然病除。这四种药非人力可为，若母亲命大，自然巧成药到，不知母亲一路如何，十分悬念。”

邳祝看了信，回想母亲在路上的遭遇，才知道喝的吃的正是弟弟开的方子，赶紧写信告诉了弟弟。邳彤接到哥哥的信，感叹道：“真是神灵天佑，我邳彤理应顺天行事，普济众生，以报天恩才是。”

故事可能略带有神话色彩，但是其中所提到的阿胶却确有其事。据记载，阿胶至今已经有两千五百多年的药用历史，中国首部药学专著《神农本草经》将阿胶列为上品。李时珍在《本草纲目》中写道：“阿胶，《本经》上品，弘景曰：‘出东阿，故名阿胶’……阿胶，圣药也”，称：人如果长期服用阿胶可达到美颜润肤、生血滋补、延年益寿。

目前现有的医学研究证明，阿胶含有明胶原、骨胶原、多肽、蛋白质、硫酸皮肤素、生物酸及金属钙、钾、钠、镁、锌、铁、铜、锰等27种元素，蛋白质水解能产生18种以上氨基酸，如赖氨酸、组氨酸、精氨酸、天冬氨酸、苏氨酸、丝氨酸、谷氨酸、甘氨酸、亮氨酸等多种氨基酸。这些都是人体营养重要物质，具有养颜美容、抗衰老、延年益寿的明显疗效。

据临床观察研究发现，阿胶对血红蛋白和红细胞增长速度的疗效优于铁剂，它适用于一切血证，可治便血、尿血、气血亏损、流鼻血、胃肠溃疡出血、血小板减少症紫癍，甚至吐血。同时对缺铁性、失血性、营养性、再生障碍性贫血等多种原因引起的贫血患者的疗效更是非常明显。

药　丸

宋朝年间，祁州（今日安国）的邳彤医术精湛，经常扮作游医给百姓治病，疗效颇佳，被称为“神医”。至今，在安国还流传着这样一个故事。

有一年，邳彤游历京城，恰巧遇到皇帝最宠爱的公主得了重病，经过太医治疗不见好转，终日昏昏入睡，病入膏肓。宫里御医束手无策。爱女心切的皇帝无奈，令人将皇榜贴满大街小巷，寻民间名医为公主诊疗，皇榜上写：“谁能治好公主的病，愿索金银者，必然重赏；愿招为驸马者，即可娶公主为妻。”

皇榜贴出数日不见有人揭榜，急坏了守榜特使。

一天，邳彤路过这里，见很多人在围看皇榜，但没有一个人敢揭榜，便上前伸手揭下皇榜。守榜特使立即将他领进宫内，经过一番望、闻、问、切后，邳彤弄明白了公主的病情，断定公主是消化不良，导致胃口闭锁。

他回到住处后，将挠下的雪花头皮和身上的陈年污泥搓成小药丸数枚交与太监，并对太监说：“此乃家传秘方，包治百病，吾乃土医，不便见公主玉容。”太监心想也是，便将妙药灵丹捧走。

公主服下灵丹片刻后，肚中便翻江倒海，一阵剧烈的恶心，呕吐之后，慢慢地能进食水，不几日，食欲正常，神色好转。樱桃小口虽沾满污物，嘴里却直嚷嚷说：“我好饿！我好饿！”一边嚷一边从床上爬起来找吃的。

皇帝龙颜大悦，喜命召见神医，太监速去速回：“回禀皇上，神医不愿领赏已回祁州……”皇帝急命御林军前往祁州请神医，欲兑现诺言并招为驸马。

原来，公主整日大鱼大肉，从来没有见他运动过。长此以往，导致肚中停积食物胃口闭塞，而太医们自作聪明，仍以人参鹿茸等为公主治病，真是庸医误事，坑了公主了。

谁知，皮匠的泥丸是正宗的泻药，歪打正着，治好了公主玉体。但是，邳彤怕皇上知道“药丸”的内情怪罪下来，连夜逃出京城奔回故里。皇上念其为公主治病有功，便传圣旨：封邳彤为药王，并在其家乡祁州立“药王庙”。

就这样，邳彤被世人尊崇为“药王”。从那以后，“药王庙”香火不断，各地药商纷纷携药前来沐浴神灵。

精通心理疗法的宫廷太医——郭玉

【名医传记】

郭玉（1~2世纪），字通宜，东汉广汉雒（今四川广汉北）人。汉和帝时最负盛名的医学家、针灸学家，当世名医。

郭玉从小就师从程高学医术，为涪翁再传弟子。《后汉书·方技传》中记载，郭玉的老师叫程高，亦精通医学，尤擅针术。程高的老师是一位隐姓埋名的民间隐士医生，由于其家境贫寒，故游历各地行医，还经常钓鱼于涪水之上，因号涪翁。涪翁特别精于针灸，遇有疾痛患者，便随时扎针施灸，无不应手而愈。后来，他就撰著《针经》《诊脉法》两书，在世上流传。程高花了多年时间，到处寻访名师，终于访到了涪翁。几经周折考验，涪翁才将全部医术传授给他。程高学成之后亦隐居不仕，安心在民间行医，后来也获得了很高的医学成就。

郭玉性格沉稳，头脑敏捷，拜师后，他虚心求教，勤学好问。每次给病人看病、开方，都十分精心，深思熟虑。后来，经他治疗过的病人，十有八九能痊愈。

郭玉不仅在宫廷疗病，而且也不辞辛苦为劳苦大众治疗，《后汉书》上说其拯救大众，不分贵贱，不问贫富，一视同仁，“虽贫贱厮养，必尽其心力”，故深受百姓的爱戴。但郭玉在治病中出现了一个非常奇怪的现象：那就是“病者虽贫贱，亦必尽其心力诊治”。他凡是治疗贫苦老百姓的疾病，无不随治随好，应手而瘥。可是当他医治达官贵人时，情况却大不相同了，疗效不很理想，甚至“时或不愈”。因此，总结出来了为富贵人不愈的“四难”原因。在当时，郭玉的医术、医德和对针灸与诊法的贡献，为朝野所叹服。

后来他年纪大了，在做官的任期内辞世而去，具体年代不详。

【后世影响】

郭玉正确估计了存在于东汉王公贵族的生活和思想行为对疾病诊治的不良影响，同时也科学地揭示了医生诊治不同社会地位的患者所存在的心理障碍，是继扁鹊之后又一个对医疗社会与心理有研究的医家。

【故事征引】

郭太医巧对皇上

郭玉在乡间行医，为穷苦百姓治病，切脉诊病，施针灼艾，医术高超，广为民众所称道。皇上得知后，深感其技之神，半信半疑后，便将他召入宫中，封为太医。

郭玉刚进入皇宫那天，皇上决定亲自考核一下他的真才实学。于是挑选了一名自已宠爱的宫女和一名手腕与宫女差不多的侍臣，杂坐于一个帷幕中，各伸出一只左手和右手，乔装成一个人，让郭玉诊脉。对郭玉只说："锦帐中有一个妃子生病了，请太医隔帐坐脉一下。"随后，便询问患的是什么病？

郭玉按脉以后十分诧异，觉得非一人之脉象，便直言对皇上说："帐中一手为阴脉，一手为阳脉，阴脉乃女人之脉；阳脉是男人之脉。臣断帐中非妃子一人，乃男女两人也。"皇上一听大喜，惊讶赞叹不已，认为郭玉的医术确实不凡。

宫中的皇亲国戚、王公大臣们，听说郭太医料病如神，纷纷前来治病。事不凑巧，郭玉给他们治病，治一个，一个不灵，治十个，十个不灵。大臣们都说郭太医是骗子、庸医，请求皇上将他赶出宫去。

皇帝很是纳闷，便召郭玉上殿，问道："为什么同样是治病，你给贫苦人施治效果很好，而给群臣治病，一个个都不灵？"

郭玉答道："医之为言意也，腠理至微，随气用巧，针石之间，毫芒即乖。神存于心手之际，可得解而不可得言也。夫贵者处尊高以临臣，臣怀怖慑以承之，其为疗也有四难焉：自用意而不任臣，一难也；将身不谨，二难也；骨节不强，不能使药，三难也；好逸恶劳，四难也。针有分寸，时有破漏，重以恐惧之心，加以裁慎之志，臣意且犹不尽，何有于病哉！此其所以为不愈也。”

郭玉说的这段话的意思是，医生给人治病必须有充分发挥他聪明才智的条件，才能做到诊断正确，治疗适当；施针灼艾，运用自如。人的肌肤腠理十分精微，调整气血的方法也非常巧妙，针刺艾灸，关键在于手法，失之毫厘，谬以千里，毫芒之间，一不经心，就会发生差错。施针时必须凝神用意，手脑并用，其中的奥妙是很难用语言来形容的。为什么给权贵治病效果总是不大好呢？因为那些达官贵人养尊处优，不时的盛气凌人，他们颐指气使已成了习惯，医生怀着惶恐惧悚的心理给他们看病，治疗起来顾虑重重，就会产生四大难处：他们只相信自己而不相信医生，认为在治病方面自己也要比医生高明，一意孤行而不遵医嘱，此为其一；饮食起居没有规律，膏粱厚味，不晓调理，此乃其二；身体羸弱，经不起充分和足够的治法，这是其三；四体不勤，好逸恶劳，从来不锻炼身体，气血瘀滞，经脉不通，这是其四。加之针刺深浅有分寸，志意调节有奥旨，施针时机有忌宜，这些都是医生匠心独运的。如果医生怀着畏慑恐惧的心理，小心谨慎有余，充分施治不足，思考问题拘束，治疗意志动摇，信念不足，施治不力，又怎么能对付复杂的疾病呢？这就是对达官贵人之病疗效不太好的根本原因。”

皇上听后，觉得说得也有道理，又赏识他敢于直言，因此不但未加罪于他，反而更加器重他。

郭玉的这番话寓意深刻，十分耐人寻味，至今读来也有一定的哲学内涵，对于病人求医和医生的诊疗均有借鉴作用，很值得医生和病人们深思。

妙手回春的外科鼻祖——华佗

【名医传记】

华佗（141～208），东汉人，一名旉，字元化。沛国谯（今安徽亳州）人。东汉末年三国时著名医学家，与董奉、张仲景（张机）并称为“建安三神医”。早年游学于徐州一带，钻研医术而不求仕途。因为他兼通数经，通晓养生术，尤其擅长外科，精于手术，被后人称为“外科圣手”“外科鼻祖”。沛国相陈珪和太尉黄琬先后荐举或征召他出来做官，都被他拒绝了。

华佗一生主要在今安徽、江苏、山东、河南一带行医，深得群众的信仰和爱戴。华佗由于治学得法，医术迅速提高，名震远近。

他的同乡曹操，常患头风病，请了很多医生治疗，都不见效。听说华佗医术高明，就请他医治。华佗只给他扎了一针，头痛立止。曹操怕自己的病再发，就强要华佗留在许昌做自己的侍医，供他个人使唤。

原来，曹操早年得了一种头风病，中年以后，日益严重。每发，心乱目眩，头痛难忍。诸医施治，疗效甚微。华佗应召前来诊视后，在曹操胸椎部的鬲俞穴进针，片刻便脑清目明，疼痛立止。曹操十分高兴。但华佗却如实相告：“您的病，乃脑部痼疾，近期难于根除，需长期攻治，逐步缓解，以求延长寿命。”曹操听后，以为华佗故弄玄虚，因而心中不悦，只是未形于色。

华佗禀性清高，不慕功利，不愿做这种形同仆役的侍医。加上他“去家思归”，就推说回家乡找药方，一去不返。曹操几次写信要他回来，又派地方官吏去催。华佗又推说妻子病得厉害，不肯回来。曹操为此大发雷霆，专门派人到华佗家乡去调查。他对派去的人说：“如果华佗的妻子果然有病，就送给他们小豆四十斛，宽假限日，要是‘虚诈’，就逮捕治罪。”

不久，华佗被抓到许昌，严刑拷问。面对曹操的淫威，华佗坚贞不屈，矢志不渝。

曹操仍旧让他治病。华佗诊断之后，说：“丞相的病已经很严重，不是针灸可以奏效的了。我想还是给你服麻沸散，然后剖开头颅，施行手术，这才能除去病根。”曹操一听，勃然大怒，指着华佗厉声斥道：“头剖开了，人还能活吗？”他以为华佗要谋害他，就把华佗关到牢里去准备杀掉。

在华佗下狱后，曹操手下的头号谋臣荀彧为华佗求情，说：“佗术实工，人命所县，宜含宥之。”意思是说，华佗医术高超，世间少有，天下人命所系重，望能予以宽容。而曹操不从，并说：“不忧，天下当无此鼠辈耶？”到了这个时候，曹操对华佗的鄙薄之意已然溢于言表。竟然下令把这位在医学上有重大贡献的医生在狱中处决了。

临死前，华佗把在狱中整理好的医著《青囊经》交给牢头说：“此可以活人。”没想到，这个牢头害怕，不敢接受。华佗只好忍痛，“索火烧之”。

可叹华佗一代神医，枉然有一流医术，却死于玩弄权术的曹操之手！

华佗生平著作多种，均已亡佚，今传《中藏经》《华佗神医秘传》等，皆为后世托名之作。他曾把自己丰富的医疗经验整理成一部医学著作，名曰《青囊经》，可惜没能流传下来。

【后世影响】

华佗一生不求名利，不慕富贵，因此得以集中精力在医药的研究上。《后汉书·华佗传》载：华佗“兼通数经，晓养性之术”，尤其“精于方药”。华佗创制了“麻沸散”，施行剖腹刳背手术，这在世界医学史上遥遥领先，为我国医学的发展做出了巨大的贡献。他还是医疗体育的倡导者，仿照虎、鹿、熊、猿、鸟五种动物创立一套行之有效的“五禽之戏”来预防疾病，增强体质，为我国的养生学开辟了新的方向。

近现代医学界对华佗的评价极高，尊称其为“外科始祖”“神医”。《历代名医图赞》中以诗概括：“魏有华佗，设立疮科，剔骨疗疾，神效良多。”明代陈嘉谟在《本草蒙筌》中引用此诗，对华佗医德医术予以推崇。至今，

“华佗再世”“元化重生”乃是对医者医术精湛的高度评价、肯定之词。

华佗的医学成就不仅是中国历史的骄傲，更在世界范围内闪耀。近代西方学者皆认为华佗是古代东方医学杰出代表者，能与西方医学之父希波克拉底相媲美。欧美全身麻醉外科手术的记录始于18世纪初，比华佗晚1600多年。美国《世界药学史》中便指出阿拉伯人使用麻药是由中国传出去的，并称“中国名医华佗最精此术”。

【故事征引】

拜师学艺

华佗小的时候，父亲教书，母亲在家养蚕织布，那时是东汉末年，宦官豪强当道，鱼肉乡里，民不聊生。加上苛捐杂税，徭役频繁，兵荒马乱，瘟疫流行，家家顾命不得，谁还有心让孩子上学？这样一来，华佗父亲的书也就教不成了。

一天，华佗的父亲带华佗到城里“斗武营”（指当时富豪家练武或斗拳比武的地方）看比武。回家后忽然得了肚子疼的急病，医治不及，不久就死了！

华佗娘俩悲痛欲绝，设法把父亲安葬后，家中贫困得更是无法生活下去。那时华佗才7岁，娘把他叫到跟前说：“儿呀！你父已死，我织布也没有本钱，今后咱娘俩怎么生活呀？”

华佗想了一想说：“娘，不怕，城内药铺里的蔡医生是我爸爸的好朋友，我去求求他收我做个徒弟，学医，既能给人治病，又能养活娘，不行吗？”娘听了满心欢喜，就给华佗洗洗脸，换了件干净的衣服，让他去了。

华佗拜了师傅，就跟蔡医生学徒，不管是干杂活，采草药，都很勤快卖力，很得师傅赏识。

一天，师傅把华佗叫到跟前说：“你已学了一年，认识了不少药草，也懂得了些药性，以后就跟你师兄学抓药吧！”华佗当然很乐意，就开始学抓药。谁知师兄们欺负华佗年幼，铺子里一杆戥秤，你用过我用，从不让他沾手。华佗想，若把这事告诉师傅，责怪起师兄，必然会闹得师兄弟之间不和，但不说又怎么学抓药呢？俗语说：“天下无难事，只怕有心人。”华佗看着师傅开单的数量，将师兄称好的药逐样都用手掂了掂，心里默默记着分量，等闲下时再偷偷将自己掂量过的药草用戥秤称一称，对证一下，这样日久天长，手练熟了。

有一回，师傅来看华佗抓药。见华佗竟不用戥秤，抓了就包，心里很气愤，顿时怒形于色，严厉地责备华佗说："你知道吗？抓药是人命关天的大事。你这个小捣蛋，我诚心教你，你却不长进，你这样随手就抓，你知道药的分量吗？这岂不是拿人的性命开玩笑，拿错了会药死人的。"

华佗笑笑说："师傅，错不了，不信你称称看。"

蔡医生半信半疑地拿过华佗包的药，逐一称了分量，跟自己开的分量分毫不差。他又开了个新药方，让华佗再抓几付，结果还是准确无误。师傅十分惊奇，反复询问华佗的好手艺是怎样练出来的。华佗见隐瞒不住，只好如实讲了。师傅听了，激动地说："能继承我医道的，必定是华佗啊！"从此以后，便专心教华佗学医看病。

一次，丁家坑有个李寡妇的儿子在涡河里被淹了，李氏急得哭天嚎地的来找蔡医生，蔡医生见孩子双眼紧闭，肚子胀得像鼓，便叹气说："孩子难救了。"李氏听了哭得死去活来，华佗过去摸了摸脉，低声对师傅说："孩子还有救！"

蔡医生不信，华佗叫人牵头水牛来，把孩子先伏在牛身上控出水，然后用双腿压住孩子的腹部，提起孩子的双手，慢慢一起一落活动着，约莫一刻钟的工夫，孩子渐渐喘气，睁开眼了。华佗又给开了汤药，给孩子治好了。

于是，华佗起死回生的消息像风一样的传开了。蔡医生羞愧地对华佗说："你已青出于蓝而胜于蓝，我没本事教你了，你出师开业吧！"华佗出了师，也不开业，却游学徐土一带，寻访高明的医生请教，记录民间治病的单方，探学医理，给病人治病。

据说华佗死后，亳县盖的华祖庵，就是李氏为纪念华佗救活自己的孩子捐钱修建的。

青苔炼膏

华佗出名了，求医人更多了。那真是有病的想请华佗一把抓好，无病的想看看华佗怎样断病如神。

华佗也是不怕辛苦，只要你来瞧病，他就是不吃饭也得给你瞧。这一天，华佗正给一个咯血的人配药，只听门外"哎哟，哎哟"传来一阵女人的呻吟，抬头一看，只见一个年轻女子用白绢捂住左眼，两个女子架着她走进来，嘴里还不住声地喊“华佗”。

华佗急忙放下药碾子，迎上前去，问道：“这位大姐，得了什么病了？”旁边一个女人说：“她拿竹竿去够桑叶，被马蜂蜇了眼，疼得撑不住，快请华先生给治治吧。”华佗拿开病人脸上白绢一看，那只眼肿得像个桃儿。

这下，华佗作难啦，他啥病都见过，就是没治过马蜂蜇。沉吟了一会儿，又不能不懂装懂，不会装会的，华佗只好说：“这位大姐，你先回家去，我还没有啥好法子能立时止疼，真是对不起。”

病人走了，华佗心里很不是滋味，暗自嘟囔道：“华佗呀华佗，马蜂蜇你都治不了，还是名医呢。”越想越不安。正在这时，耳边听得“嗡”的一声，抬头一看，是只马蜂向墙边飞去。

顺势一看，墙角旮旯里，正好有张蜘蛛网，一只大蜘蛛网在网边探头探脑地张望。那只马蜂飞得疾速，一头撞进了蜘蛛网里，一对翅膀结结实实地粘在了网上，越“扑棱”粘得越紧。

华佗正看得有趣，那只大蜘蛛飞快地爬到网子中间，上去就对马蜂咬一口。马蜂用身子和蜘蛛拼斗，片刻功夫，马蜂一钩子刺中了蜘蛛肚子，蜘蛛一个斤斗从网上掉了下来，躺在地上挣扎。华佗叹了口气，心中说：“完了，一个人都被蜇肿一大块，一个小蜘蛛能有多大能耐。”

正在叹息，只见蜘蛛慢慢爬到水缸旁的一块石头上。石头上长满了青苔，蜘蛛把肚子在青苔上摩擦起来。过了一小会儿，蜘蛛来了精神，没事一般又顺着丝儿爬上了网。华佗暗暗惊奇。

这一回，马蜂肚子里毒水放尽了，再蜇蜘蛛也不怕了。蜘蛛扑上去趴在马蜂身上，大吃大嚼了一顿。

华佗心里一动，用药刀铲了一块青苔，用手一摸，凉丝丝的。光是凉也不行啊，它到底能不能治蜂毒呢？非得试试不行啊。华佗一狠心，一咬牙，取出了棉袄顶着头，往后花园走去。

后花园棘针上有一窝马蜂，华佗一竹竿捣掉了马蜂窝，蜂子“嗡”一声炸了营，华佗用棉袄蒙了头，伸出一只手掌。一只马蜂在华佗大拇指头上蜇了一下，华佗疼得钻心。他赶紧取过那块青苔，把大拇指放在青苔上摩起来。刚摩了几下，就觉得火辣辣疼的手指头上透进一丝凉气儿；又摩了几下，觉得生出一股热气，再摩几下，你说稀奇不稀奇？不疼啦。

这回总算找到治蜂蜇的方法了！华佗心里别提多高兴了，原来青苔能解蜂毒！又一想，要是平时出门看病，总不能带着青苔呀？用青苔熬成膏行不行呢？华佗想试试，赶快架起砂锅，铲一块青苔，又增添了白芍等几味中草药熬起来。不大功夫，熬好了青苔膏，急忙给上午来看蜂蜇的妇女送去。一试果然效果很好。

从那以后，华佗的“青苔炼膏”就流传民间了，一传直到现在。

乌鸡白凤丸

有一年，华佗正在徐土（徐州西部一带）游学行医，母亲叫他堂兄用小车推着来找他。华佗见母亲动则气喘，面黄肌瘦，知是得了重病，心中万分惊恐。华佗叙述了自己游学的经过，母亲听了高兴，说：“儿呀，只要你能学到本事，能除去百姓的痛苦，当娘的九泉之下也瞑目了。这些天，我感到实在不行了，临死前想再见你一面，咱们娘儿俩说几句话。”

华佗听母亲这样一说，含着热泪把母亲的病细察一遍，脉跳沉滞无力，知道已成不治之症。当即用人参汤喂了母亲几口，对母亲说：“母亲，孩儿长期在外，未能尽孝，良心上实在过不去，我们回家吧。先叫哥哥推你头里走，我把几家病人安排好，随后追赶。”母亲点点头说：“好，我要死在家里。你到家把我埋了以后，要赶快回来给人家治病。”

华佗流着泪答应了，把堂兄叫到一旁说：“哥，我娘的病十分危险，六脉欲绝，估计不出三日就要……请你路上多加小心。我给你拿着人参汤，路上歇息时，你给她喝。”兄长答应着走了。

华佗自母亲走后，心中十分焦急，等把所有病人安排停当，动身回家已是第三天。他估计母亲已经去世，便忍住悲痛，走了一天一夜，来到家中。一看母亲不但没死，还坐起来和人们说话呢，华佗又惊又喜。喜的是母亲未死，惊的是母亲的精神已不像病态，心中不由猜疑起来：“难道是我辨症有错，医术不到家吗？”

他问堂兄：“你在路上都给我母亲吃了什么饭？喝了什么汤？吃过什么药？”

堂兄想了一会儿说：“我推着婶子，回来的当天晚上，住在一个小庄上，这个庄只有9户人家。婶子说：‘孩子，我是快死的人了，光想喝点鸡汤。’我想，老年人病重，能吃一口东西也是好的呀，就在庄上问有没有鸡，想给老人家买一只。问来问去，全庄9户人家都有鸡，但都是母鸡，舍不得卖。9家只有一只公鸡，商量半天，才把这一只鸡卖给了我。我借个锅，把你拿的人参加在鸡汤里熬一熬，给她老人家盛一碗喝了，她感到很舒服。半夜里又喝一碗，剩一点天明喝完了。来到家，她老人家说：'孩子，我的病好多了。'说罢竟然坐起来了。"

华佗又问："你买的是什么样的鸡呀？"

"白鸡黑肉皮，头上羽毛如凤。"

华佗听罢，心想：白鸡黑肉皮，头上羽毛如凤。是它起的作用吗？又过了几天，母亲能站起来走了。华佗非常高兴，到街上买了一只白毛黑肉皮的凤头鸡，按原法煎煮，给母亲喝了，母亲的病彻底痊愈了。后来华佗按此法治好许多人，就把汤命名《九户鸡鸣汤》，记在《青囊经》里。

华佗的医书失传了，后人根据这一传说，又经过多次的试验和加工，制成了今天的"乌鸡白凤丸"。

灵感来自水獭

一年夏天，华佗带着徒弟在一条河边采药，忽听河湾里哗哗啦啦水响，掀起一层层波浪，一看，原来是一只水獭逮住了一条大鱼。水獭把大鱼叼到岸边。吃了好一阵，把大鱼连鳞带骨通通吞进肚里，肚皮撑得像鼓一样。水獭撑得难受极了，一会儿翻滚折腾，一会儿钻进水里，一会儿又爬上岸，显得很难受。后来，只见水獭挣扎地爬到岸边一块紫草地边，大口大口地吃了一些紫色的草叶，又爬了几圈，不久便好像没事了，跳跳蹦蹦地回到了河边，一会儿便舒坦自如地游走了。

看到这个情景，徒弟只是感到有趣，华佗的脑子里却产生出疑问：为什么水獭吃了紫草就逐渐舒服了？

过了几天，是重阳节。华佗带着徒弟到镇上一个酒铺里饮酒。只见几个少年在比赛吃螃蟹。他们狂嚼大吃，蟹壳堆成了一座小塔。华佗想，这伙少年无知，螃蟹性寒，吃多了会生病。他便上前好言相劝。那伙少年吃得正来劲，哪听得进华佗的良言！一个少年还讽刺地说："老头儿，你是不是嘴馋了，我掰一块给你尝尝。"华佗生气地叹了两声，便回身和徒弟饮酒去了。

哪知过了一个时辰，那伙少年突然都喊肚子疼，有的疼得额上冒汗珠，喊爹喊妈地直叫；有的捧着肚子在地上翻滚。酒店老板吓坏了，忙问："怎么啦，得了什么病？”

“唉，是不是这螃蟹里有毒？劳您去请个医生来给我们看看吧。”

这时，华佗在旁边说话了：“我就是医生，我知道你们得的什么病。”

少年们都很惊异：原来这老头是个医生！想到刚才自己的失礼，不好开口求救。但除了这条道无路可走，只好放下架子向老人央求：“医生，刚才是我们的不是，冒犯了先生，请您大人不记小孩过，发发善心，救救我们吧。”

华佗是个治病救人的名医，哪里计较一两句言辞，他正想着用什么药给少年们治疗呢！听了少年们的请求，他回答道：“请别急，稍等一等，我去取药来给你们治。”

华佗和徒弟出了酒店，徒弟以为是回家取药，便说：“师傅不用您操劳了，告诉我取什么药，我自己去取吧。”

“不用回家，就在这酒店外的洼地里采些紫草叶子给他们吃。”

“哪本书上这样写的？”

“书上没有讲过，我只是试一试。”华佗道。

华佗和徒弟很快从洼地里采回一抱紫草叶，请酒店老板熬了几碗汤，叫少年们服下。

可也真灵，少年们服用后，不一会儿，肚子果然不疼了。他们可高兴了，再三向华佗表示感谢，并到处向人们讲华佗医道如何高明。

徒弟心里疑惑，问道：“老师，您可从没有用紫草来治过病，您怎么知道紫草能治吃螃蟹中毒的病？”

“难道你忘了，前不久我们不是看到水獭吃紫草叶治病的情况吗？那种紫色的草叶能解鱼的毒，一定也能解蟹的毒。鱼属凉性，紫草属温性。今天少年们吃的螃蟹也是凉性，我用紫草来解毒，这是向水獭学的。”

徒弟听了老师的述说，心里顿时开了窍，没想到今天出来，又向老师学了一招，真是处处皆学问啊！他更加佩服老师的高明，也知道了增长才干和学问的诀窍。

后来，华佗为了记住这种草药，就给他取了个“紫舒”的名字，意思是服后能使腹中很舒服。因为字音相近，又属草类，后人就把它称作“紫苏”。

绝技惊千古

原广陵相的夫人怀孕六个月，腹痛不得安宁，华佗为她按脉说：“胎儿已经死了。”让人用手探摸胎儿的位置，在左边是男婴，在右边是女婴。摸者说：“在左。”于是华佗配药打胎，果然打下来一个男婴的形体，病人立刻痊愈了。

县吏尹世，苦于四肢发热，口中干燥，怕听到人说话的声音，小便也不顺利。华佗说：“做热饭试试看，吃后如果出汗，病就可以好，如果不出汗，三天后就会死去。”于是家人立即做了热饭给病人吃，吃后没有出汗，华佗说：“五脏的生机已在体内断绝，可能会哭着断气。”结果同华佗所说的一样。

郡府中的官吏倪寻、李延一起来找华佗看病，两人都是头痛发热，表现的症状完全一样。华佗说：“倪寻应当下泄，李延应当发汗。”有人提出疑问说为什么同病而治疗方法不同。华佗说，“倪寻的身体外实内虚，李延的身体内实外虚，所以治疗他们应当用不同的方法。”随即给两人不同的药物，次日早晨两人的病都好了。

严所同几个人一起拜访华佗，刚到，华佗对严所说：“您的身体好吗？”

严所说：“和平常一样。”

华佗说：“从脸上看出您有急病，不要多喝酒。”

严所等人坐车回家，走了几里路，严所突然头晕从车上掉了下来，人们扶着他乘车回家，第二天夜里就死了。

前督邮顿子献患病已愈，又到华佗处诊脉。华佗说：“身体还虚弱，尚未复原，不要做过于劳累的事，如行房事就会死去。如果死去，会吐出舌头几寸长。”

顿子献的妻子听说丈夫的病已经好了，就从百里以外赶来探望他。结果夜晚留住那里交媾，只间隔了三天就发病了，同华佗说的一模一样。

督邮徐毅得了病，请华佗前去看病。徐毅对华佗说：“昨天叫医曹吏刘租在胃管扎针之后，便不时咳嗽感到难受，想睡也睡不好。”

华佗说：“针没有扎到胃管，却错扎到了肝上，饮食会一天天地减少，五天后就会死，无救了。”结果同华佗说的一样。

东阳县陈叔山的小儿子两岁时得了病。泻肚子之前常常先啼哭，一天比一天衰弱。家人急的去问华佗，华佗说：“小儿母亲怀胎的时候，阳气内护胎儿，结果因乳汁内阴虚寒冷，小儿吃了母亲寒冷的乳汁，所以病不能很快就好。”华佗给了四种药物合成的女宛丸，十天后病症即消失了。

彭城夫人夜间上厕所，被蝎子蜇了手，呻吟呼喊，无法可治。华佗叫人把汤药加热，让夫人把手浸泡在汤中，这样就可以睡觉了，只是需要叫别人不断更换热汤，保持汤的温度，到天亮时病就好了。

军吏梅平得了病，解职回家，他家住在广陵，还没有走200里，住宿在亲戚家中。不久，华佗偶然来到主人的家里。主人让华佗给梅平看病，华佗对梅平说：“您如果早些见我，还不至于到这种地步。现在疾病已成绝症，赶快回去还可以与家人相见，再过五天就要死了。”梅平即刻回家，死的日期同华佗预计的完全一样。

又有一位士大夫身体不舒服，华佗说：“您的病很严重，应当剖腹切除。但是您的寿命也不过十年，疾病不至于伤害您的生命。如您能忍受十年的病痛，寿命和疾病都会一同结束，不必特意去切除。”士大夫忍受不了痛苦，一定要切除它。于是华佗为他做了手术，所患疾病很快就好了。这位士大夫在十年后死了。

李将军的妻子病得很厉害，召唤华佗诊脉。华佗说：“伤了胎，但胎儿没有离开母体。”

将军说：“确实伤了胎，但胎儿已经打了下来。”

华佗说：“从脉象看，胎儿还没有打下来。”将军认为不是这样。华佗开了处方离去。妇人吃过华佗开的药，病情日渐好转。过了一百多天后疾病复发，又请华佗诊断。

华佗说：“按照这脉的惯例判断，还有未产下的胎儿。前次应当生下两个婴儿，一个胎儿先生出来，出血很多，后一个胎儿还没有生出来。母亲自己不觉得，别人也不了解，再也没有接生，所以没有生下来。现胎儿已死，母亲的血脉不再营养胎儿，胎儿必定干枯而附在母亲的脊上，因此使母亲的脊时常疼痛。现在应当给汤药，并用针扎一个地方，这个死胎必定会出来。”汤药和扎针全部施用，妇人剧烈疼痛像临产时一样。华佗说：“这个死胎干枯已久，不能自己产出，应当让人掏出它。”果然经过手术掏出了一个已死了的男婴，手足齐全，颜色发黑，体长一尺左右。

军吏李成苦于咳嗽，昼夜不能入睡，经常吐脓血，他来华佗处医治。华佗说：“您患的是肺痈，咳嗽时吐的脓血，就是从肺里面来的。给您两钱散剂，应当吐两升脓血，然后就不吐了，如心情愉快，善于保养，一个月即可小好，好好调养，一年就可健康如初了。过十八年还会有一次小小的发作，再服这个散剂，病即会痊愈。如果得不到这种药，就会死去。”华佗又给了李成两钱散药剂。

李成拿到药后，过了五六年，亲戚中有人患了李成同样的病，对李成说："你现在强壮了，我眼看就要死了，怎么忍心无病而收藏药物，以备将来有病呢！先拿出来借给我。我的病好了，再为你向华佗索要。"李成把药给了他。事后，因故到谯县，正赶上华佗被拘押，内心恐慌，不忍心向华佗求药。十二年后，李成的旧病终于发作，无药可服，以致死去了。

妙方治心病

一次，华佗受广陵太守陈登的邀请，到陈登家里给他母亲治病。不想，走在半路上被一个中年人拦住。中年人请他去给老娘看病，并说："为了老娘的病，自己在此等候了一年，今天才遇到先生，所以无论如何请他去一趟。"

华佗念他是个孝子，便随中年人来到他家中。中年人的母亲已病了两年，华佗给她诊脉后，即道："老人家，你得的是心病，可不好治啊！"

中年人一听，吓坏了，流着眼泪哀求道："请你一定行行好，救救我娘！"

老婆婆道："我们穷，儿子三十多岁了，还没有娶上媳妇，我天天心焦啊！"

华佗一听这话，心中明白了，又见他母子伤心的样子，想了一下就说："叫你儿子跟我走一趟，取药去。"说罢，就带着中年人到陈太守府上去了。

华佗给陈太守的母亲看完了病，老太太见华佗大老远地跑来给自己看病，心中很过意不去，想要谢谢他。可华佗没有搭腔，眼睛却老是围着几个丫鬟转。老太太一见心里明白了，以为华佗想讨个小，就说："华太医想要什么，尽管说。"

华佗说："我想要个丫鬟，给我义子做媳妇。"

老太太一听，原来如此，就说："好，你自己选吧。"

华佗就选了一个老实贤惠的丫鬟，交给中年人带回去。那人的老娘，一见儿子娶了个年轻漂亮的媳妇回来，喜得合不拢嘴。她的心事一了，病也就好了。

睢宁有个读书人张全，由于家贫，人到三十还未娶上老婆。张全有个舅舅，在曹操手下做将军。一次他回家探亲，一见外甥这副穷样，心中不忍，就送给他七间房子，五十亩好地。张全一高兴，便狂笑不止，成天大喊："我有房子有地啦，哈哈哈……"从此，得了一个狂笑的怪病。张全的父亲立即找郎中给他治疗，总不见效。

后来，老汉听说华佗的医名，就带了儿子去找华佗。华佗听完老汉的介绍，又替张全诊了脉，摇头叹道："他已病入膏肓，只能活十天，我已无能为力了。"

张家父子大惊失色，急忙跪下，求他救命。华佗说："我的徒弟吴普，住在徐州，他有治这种病的秘方。我替你写封信，你去找他，也许有救。"华佗写好信交给老汉，又再三叮嘱千万不可在途中拆看，否则很难救治了。张家父子拿了华佗的信，水陆兼程，用了八天时间赶到徐州，找到吴普，交上华佗给他的信件。吴普看信后哈哈大笑起来。

张家父子被他笑得丈二和尚摸不着头脑，便问他："这人命关天的事，你笑什么？"吴普把信给他们看，只见上面写道："来人因乐极而狂笑不止，药物难以奏效，我故意说他病危，使其焦虑，当他二人到达徐州之日，病即愈矣。"张家父子这才明白，都有说不出的高兴。张老汉感激地对吴普说："你师父真不愧是一位神医啊！"

焦郡有户人家，婆媳不和，常因芝麻小事闹得不可开交。一天，双方又起争端，媳妇突生歹念，竟去求神医华佗给她配一剂慢性毒药给婆婆吃，并能在其致命后，无法验出死因。华佗深知事态严重，却不便直说，写下处方：葛根熬鸡汤，每日服三次，用心侍候好，百日见阎王。并再三嘱咐媳妇，一定要亲自服侍婆婆吃此药，更要和颜悦色，使其安心服用才能有效。若途中中断，则不灵验。媳妇持方感谢离去。回家之后，按华佗嘱咐侍候婆婆服药。服到99天的时候，媳妇又来求华佗。奇怪的是，这次媳妇前来，不是催命，而是向华佗求解药，为婆婆续命的。原来，婆婆吃了"毒药"后，一改常态，不再对媳妇恶言恶语，而是同媳妇轮流做家务，有好东西让着吃，疼爱媳妇如己出。这般好的婆婆，媳妇怎能忍心让她中毒死掉呢？明日就是最后期限了，媳妇只好来求神医搭救。

华佗闻言，不禁莞尔一笑，又开出一方：葛根熬鸡汤，解毒最灵光，每日服三次，长寿又健康。之后嘱咐媳妇继续让婆婆服用。原来，"葛根熬鸡汤"并非毒药，而是滋补佳品。故而三月之久，婆婆的身心越来越健康，不但化解了婆媳的怨恨，婆媳感情也融洽起来，自然和好一家人了！

独创五禽戏

华佗为了给百姓治病，终日忙得觉也睡不成，饭也吃不好。虽然这样，病人还是不见少，他治好了张三又病了李四，华佗为这事很着急。心想人为什么老有病呢？要是能有一种办法，使人强心健壮不生疾病，该有多好呀！

一天，华佗正在山里采药，看到很多的云鹤在空中飞呀，叫呀！成群的猿猴在山上蹦呀，跳呀！他看到眼里，记在心上，心想：这些禽兽，它们的身体为什么那样灵巧、结实，而且又不大爱生疾病呢？他终于把道理想出来了。它们不生病，是因为它们爱起早、爱飞跳、爱活动的缘故。人们要是每天都学飞禽走兽一样起早飞叫，一样爱好蹦跳，疾病一定也会少的。他一边采药，一边注意看：鹤是怎样飞的，猿是怎样跳的，虎是怎样跃的……他看着记着，采好药以后，回到家里，他就按照在深山老林里所见到的虎、鹿、猿、熊、鹤五种禽兽的姿态和动作，编了一套强心健体的“五禽戏”。

开始，只他独个学，一人练，练了一段时间，感觉自己的身体确实比以前壮实了，精神也增加了。

于是，他就教一些有慢性病的人来学习锻炼。这个法子还真灵，没过半年，好多患慢性病的人，有的病好了，有的病轻了，大家都说这个法子好。一传十，十传百，学习“五禽戏”的人越来越多。

华佗的“五禽戏”将肢体运动和呼吸吐纳有机结合起来，其设计是比较科学的，由于虎、鹿、猿、熊、鹤这五种动物的生活习性不同，活动方式也各有特点，或雄劲豪迈，或轻捷灵敏，或沉稳厚重，或变幻无端，或独立高飞。从中医的角度看，鹤、鹿、虎、猿、熊五种动物分属于金木水火土五行，又对应于肺、肝、肾、心、脾五脏。通过模仿它们的姿态进行运动，起到了锻炼关节、脏腑的作用，能令全身气血流畅，祛病长生。

华佗有两个弟子，一个叫樊呵，一个叫吴普，他们二人都向华佗请教养生之法，华佗传给樊呵一张服食秘方，名漆叶青粘散，属于药物养生。以此养生，一百多岁时毛发仍然乌亮，精力充沛；传给吴普的另一养生术是“五禽戏”，据后汉书方术列传记载，华佗曾对吴普说：“是以古之仙者，为导引之事。”熊颈鸱顾，引挽腰体，动诸关节，以求难老，意思是说，人要像熊那样晃动脖子，像鸟儿一样转动眼睛，让腰身关节经常活动，才能长寿，这段话中的熊颈鸱顾也是最早关于“五禽戏”的文字描述。华佗将“五禽戏”传授给吴普，吴普坚持锻炼，至九十多岁时仍耳聪目明，牙齿完整。华佗的弟子以不同的养生方法都得到高寿，可见其养生术的效果是十分显著的。

“五禽戏”的动作主要是模仿虎的扑动前肢，借以锻炼下肢；熊的伏倒站起，以锻炼躯干部分；鹿的伸转头颈，锻炼头颈的肌群、椎关节和改善大脑的血液循环状况；猿的脚尖纵跳，以锻炼下肢；鹤的展翅飞翔，以锻炼上肢关节和胸部肌肉，帮助呼吸。这些动作连贯起来就可以锻炼全身，达到舒展筋骨、畅通经脉的目的。

2000年后的今天，这源远流长的健康术，已经由最初的五个招式加入了虎、鹿、猿、熊、鹤的更多姿态丰富到20个招式。今天盛行的太极、八卦等传统健身方式，最早就源于华佗创编的“五禽戏”，以至于太极传承至今还留有“五禽戏”的痕迹。其在医疗保健方面的历史作用无疑是巨大的。

麻沸散的由来

最早发明麻醉药的是我国东汉时期的名医——华佗，不过当时的药名不是叫麻醉药，而是叫麻沸散。

魏、蜀、吴三国鼎立时，战争频繁，军队和老百姓受伤、生病的很多。华佗是当时最有名的医生，伤病人员都请他治疗。那时没有麻醉药，每当进行破腹、截肢等手术时，病伤员忍受不了手术的痛苦，有的晕厥了，有的痉挛了，呼爹喊娘的惨状使人目不忍睹！

华佗为了减轻伤病员的痛苦，想了许多办法，做了不少试验，总是收不到预期的效果，一次一次的失败了。但他不灰心，继续摸索。

有一次，华佗为一个患烂肠痧的病人破腹开刀。由于病情严重，前后忙了几个时辰，才把手术做好。手术做好后，华佗累得筋疲力尽。为了解除疲劳，他叫老婆打了一斤酒，炒了两个菜，自斟自饮地喝了起来。谁知华佗因劳累过度又加上空腹多饮了几杯，一下子喝得个酩酊大醉，弄得人事不知。他老婆可吓坏了！就用扎银针的办法进行抢救。人中穴、百会穴、足三里都扎了。可是华佗总是没有什么反应，好像失去了知觉似的。他老婆看了更是着急！随手摸摸脉搏、按按心窝，跳动的还都正常。这时才明白华佗真喝醉了。

过了两个时辰，华佗醒了过来。他老婆就把刚才他醉后给他扎针的经过讲了一遍。华佗听了甚为惊奇！为什么给我扎针我不知道呢？难道说，喝醉酒能使人麻醉失去知觉吗？

第二天，华佗就对他老婆说：“今天我再喝醉酒试验一下，你再给我扎针，看看我有没有感觉？”试验结果，先扎针还是没知觉，后来肌肉打哆嗦，最后才知道有点痛了，就这样，又反复地试验多次，得出结论，酒也有麻醉人的作用。后来动手术时，华佗就叫人先喝酒来减轻痛苦。可是有的手术时间长，刀口大，流血多，光用酒来麻醉还是不能解决问题。

有一次，华佗到乡下行医，碰到一个患奇怪病症的人：病人牙关紧闭，瞪着眼，口吐白沫，手攥拳，躺在地上不动弹。华佗上前看看神态、按按脉搏、摸摸额头，一切正常。又问病人过去有什么疾病。病人家里的人说："他身体非常健壮。什么疾病都没有。就是今天他误吃了几朵臭麻子花（又名洋金花），才得了这种病症的。"

华佗听了患者家人的介绍，连忙说道："快找些臭麻子花拿来给我看看。"

患者的家人把一棵连花带果的臭麻子花送到华佗面前，华佗接过臭麻子花闻了闻，看了看，又摘朵花放在嘴里尝了尝，顿时觉得头晕目眩，满嘴发麻："啊，好大的毒性呀！"

华佗摸清了病人得病的原因，就对症下药，用清凉解毒的办法把病人救了过来。华佗临走时，就要了一捆连花带果的臭麻子花背着走了。

从那天起，华佗开始对臭麻子花进行实验，他先尝叶，后尝花，然后再尝果根。实验结果表明，臭麻子果麻醉的效果很好。华佗到处走访了许多医生，收集了一些有麻醉作用的药物，经过多次不同配方的炮制，终于把麻醉药试制成功。他又把麻醉药和热酒配制，麻醉效果更好。因此，华佗给它起了个名字——麻沸散。

华佗制成麻沸散的消息很快传遍了各地，"有了麻沸散，治病如神仙"。这话可一点也不假。自从华佗制成麻沸散以后，不论是开刀，还是破腹，他先让病人喝麻沸散，失去知觉后，再开刀做手术。这样，病人就减少了痛苦。手术做完后，在刀口上敷些金疮膏，病人的伤口就愈合得快多了。真是妙手回春呵！

这一带的老百姓一提起华佗，都夸他医道高明，手到病除呢！可惜的是华佗的麻沸散自他死后就失传了。

万世景仰的中华医圣——张仲景

【名医传记】

张仲景（150～215，一说154～219），名机，字仲景，东汉南阳郡涅阳县（今河南省南阳市卧龙区，一说为河南省邓州市穰东镇）人，东汉名医。中国古代伟大的医学家、世界医史伟人。

张仲景出身于一个没落的官僚家庭，其父张宗汉曾在朝为官。由于家庭条件的特殊，他从小就接触了许多典籍。他从史书上看到了扁鹊望诊齐桓公的故事后，对扁鹊产生了敬佩之情，立志长大后做一名救死扶伤的医生。

张仲景天赋聪颖，勤奋好学，尤其偏爱医学，“博通群书，潜乐道术”。当他10岁时，就已读了许多书，特别是有关医学的书。年轻时，还曾拜同郡张伯祖门下学医。张伯祖见他学医非常用心，无论是外出诊病、抄方抓药，还是上山采药、回家炮制，从来不怕苦、不怕累。张伯祖非常喜欢这个学生，把自己毕生行医积累的丰富经验毫无保留地传授给他。张仲景博览医书，广泛吸收各医家的经验用于临床诊断，进步很大，很快便成了当地一个小有名气的医生。他的同乡何颙赏识他的才智和特长，曾经对他说：“君用思精而韵不高，后将为良医。”（《何颙别传》）。后来，以至于“青出于蓝而胜于蓝”，超过了他的老师。当时的人称赞他“其识用精微过其师”。

自196年汉献帝开始，战乱频仍，张仲景的家族原来有200多人，在不到10年的时间里，就有2/3死于瘟疫，其中又有7/10是死于伤寒病。张仲景痛定思痛，他决心要控制瘟疫的流行，根治伤寒病。从此他“勤求古训，博采众方”，刻苦研读古代医书，继承《内经》等古典医籍的基本理论，广泛借鉴其他医家的治疗方法，搜集古今治病的有效方药，甚至民间验方也尽力搜集。他对民间喜用针刺、灸烙、温熨、药摩、坐药、洗浴、润导、浸足、灌耳、吹耳、舌下含药，人工呼吸等多种具体治法都一一加以研究，广积资料。

他先后仔细研读过《素问》《灵枢》《难经》《阴阳大论》《胎胪药录》等古代医书，其中《素问》对他的影响最大。《素问》说："夫热病者，皆伤寒之类也。"又说"人之伤于寒也，则为病热"。张仲景根据自己的实践对这个理论作了发展。他认为伤寒是一切热病的总名称，也就是一切因为外感而引起的疾病，都可以叫作"伤寒"。他还对前人留下来的"辨证论治"的治病原则认真地加以研究，从而提出了"六经论伤寒"的新见解，并于建安十年（205）开始着手撰写《伤寒杂病论》。

这时候，东汉王朝四分五裂，张仲景官不能做，家也难回。于是他就到岭南隐居，专心研究医学，撰写医书。经过多年的奋斗，到建安十五年，终于写成了划时代的临床医学名著《伤寒杂病论》（又名《伤寒卒病论》《仲景伤寒论》），共16卷。《伤寒杂病论》系统地概括了"辨证施治"的理论，为我国中医病因学说和方剂学说的发展做出了重要贡献。后来该书被奉为"方书之祖"，张仲景也被誉为"经方大师"。

这部著作在205年前后写成而"大行于世"。到了晋代，名医王叔和又加以整理。到了宋代，才渐分为《伤寒论》和《金匮要略》二书。

这时的张仲景已是医名大振，成为中国医学史上一位杰出的医学家了。明代《李濂医史》称："仲景之术精于伯祖，起病之验，虽鬼神莫能知之，真一世之神医也。"

张仲景写成该书后仍专心研究医学，直到219年与世长辞，终年69岁。晋武帝司马炎统一天下后的285年，张仲景的遗体才被后人运回故乡安葬。

河南省南阳还为他修建了"医圣祠"。新中国成立后，翻修了"医圣祠"，并修建了"张仲景纪念馆"，以纪念这位奠定中国中医治疗学基础的医学家。

张仲景的著述除《伤寒杂病论》外，还有《辨伤寒》10卷，《评病药方》1卷，《疗妇人方》2卷，《五藏论》1卷，《口齿论》1卷，可惜都早已散佚不存。

【后世影响】

张仲景的医学理论对中国古代医学的发展和人民的健康做出了巨大的贡献，而且对东南亚各国的影响也很大。后人研究他的医理，敬仰他的医术和医德，称他为“医圣”。

他著的《伤寒杂病论》是一部奇书，是人类医药史上第一部经验总结性的临床医学典籍，融“理、法、方、药”为一体，创中医临床医学之体。书中有许多可贵的医疗经验，例如对肺痈、黄疸、痢疾等病的辨证和治疗，在今天仍然有很高的实用价值。人工呼吸法也最早见于这部著作。张仲景第一次系统完整地阐述了流行病和各种内科杂症的病因、病理以及治疗原则和治疗方法，并为后世临床各科的发展奠定了坚实的理论基础，被后世医家誉为“万世宝典”，也被称为“医方之祖”。

自隋唐以后，张仲景的著作和学说远播海外，对亚洲各国，如日本、朝鲜、越南、蒙古国等及东南亚一些国家影响很大。特别是日本，历史上曾有专宗张仲景的古方派，直至今天，日本中医界还喜欢用张仲景方。日本一些著名中药制药工厂如小太郎、内田、盛剂堂等制药公司出品的中成药（浸出剂）中，伤寒方一般占60%以上（其中有些很明显是伤寒方的演化方）。可见《伤寒杂病论》在日本中医界有着深远的影响，在整个世界都有着深远的影响。

自晋朝至今，中外学者整理、注释、研究、发挥《伤寒论》《金匮要略》而成书的已超过1700余家，留下了近千种专著、专论，这在世界史上亦属罕见。后世医学者称张仲景为“医圣”，奉《伤寒论》《金匮要略》为医经。

坐落在豫西南历史文化名城南阳市东关温凉河畔的医圣祠是张仲景的墓祠纪念地，是全国重点文物保护单位。

【故事征引】

蜂蜜治便秘

张仲景从小跟随同乡名医张伯祖学医。张伯祖既是他的老师，又是他的伯父，对他要求很严。张仲景聪颖博达，白天随伯父给乡亲治病，晚上在松明灯下刻苦攻读医书，医术长进很快。

一天，一辆牛车，送来一位唇焦口燥，高热不退，精神萎靡，额头烧得烫手的病人。老师张伯祖诊断后认为病人属于“热邪伤津，体虚便秘”所致。张伯祖看了后说：“病邪已入胃肠，热盛伤津，大便干枯不下，只有用泻药才能使大便通畅。可是病人年纪大了，身子又极虚，吃强烈的泻药能受得了吗？”张伯祖沉思半晌，一时竟没了主张。

张仲景站在一旁，见老师束手无策，便开动脑筋思考。忽然，他眉宇间闪现出一种刚毅自信的神情，他疾步上前对老师说：“学生有一法子！”他一五一十地谈了自己的想法，张伯祖听着听着，紧锁的眉头渐渐舒展开来，并高兴地说：“行，你快给病人治吧！”

张仲景取来一勺黄澄澄的蜂蜜，放进一只铜碗里，一边就着微火煎熬，并不断地用竹筷搅动，渐渐地把蜂蜜熬成黏稠的团块。待其稍冷，张仲景便把它捏成一头稍尖的细条形状，然后将尖头朝前轻轻地塞进病人的肛门。

过了一顿饭工夫，病人的肚子里发出了咕噜噜的响声，不一会儿，病人排出一大堆腥臭的粪便，病情顿时好了一大半。由于热邪随粪便排净，病人没过几天便康复了。张伯祖看到学生用这样奇妙的治法为病人医好了病，大加赞赏，逢人便夸。还时常兴奋地说：“了不起，学生如此大胆创新，中医后继有人了！”张仲景使用的这种办法，实际上是世界上最早使用的药物灌肠法。

以后，张仲景在总结自己治疗经验，著述《伤寒杂病论》时，将这个治法收入书中，取名叫“蜜煎导方”，用来治疗伤寒病津液亏耗过甚，大便结硬难解的病证，备受后世推崇。

神断预后

古代的神医往往通过“察颜观色”就可以决生死，知未来。这并非仅仅是一种占卜术的神机妙算，而是对人体病理的科学把握和多年临床经验的娴熟运用。

东汉医学家张仲景被人们称为中医的“医圣”。他预言王仲宣生死的故事，可谓神奇。

一次，张仲景偶遇王仲宣，那时王仲宣只有二十岁出头，张仲景对他说：“你有病，到四十岁时眉毛脱落，半年后就将死亡。你从现在起服用玉石汤，可以幸免一死。”

“可能吗？”王仲宣听了这样不顺耳的话，心中当然不快，虽然接受了张仲景开的药方却没有真的服药。

过了三天，仲景又见到了王仲宣，就问他："汤药吃了吗？"

王仲宣回答："已经服过了。"

仲景说："看你的神情面色好像并没有服药，你为何轻视自己的生命呢？"王仲宣本不相信仲景所言，就避而不答。

20年后，王仲宣果然眉毛脱落，在眉落后187天死去，果真证实了张仲景的预言。

中医有句术语叫作"其华在面"，华，光彩之意，即指显露于面部的色泽变化。由于头部的血脉极为丰富，所以人体气血的盛衰极易表现于面部。一个人如果身体强健，则面色红润而有光泽，气血虚弱则面色苍白无华。面色如同生命的一面镜子，可以时刻反映出身体的健康状况。张仲景就是通过对王仲宣的面色观察而对他进行诊病的。

襄阳访医

张仲景年轻的时候，在医学上就有了名望。但他仍勤奋好学，四处查访名医，登门求教。

有一年，张仲景的弟弟出外做生意，临行时说："哥哥，我这次出远门，你给我看看，日后有没有大症候！"

哥哥给弟弟抚了抚脉，说："唉！明年只怕你要长个搭背疮！"

弟弟惊讶道："哎呀！常听你说，疮怕有名，病怕无名，长个搭背疮，我眼看不见，手摸不着，怎样治呀！"

张仲景说："不要怕！我给你开个药单，服了这付药，把疮挪到屁股的软肉上好了。日后谁治好了，给我来个信。"弟弟放心地走了。

就这样，张仲景的弟弟到湖北做了一年生意。

第二年在襄阳，一天突然觉得脊背上疼痛，忙照哥哥开的药方取付药吃了。不几日，疮真的从屁股上发了。他求遍襄阳的郎中，这个说是疖子，那个说是毒疮，都不识得。后来，同济药堂有个名医"王神仙"，看后笑了笑说："这原是个搭背疮嘛！是谁把它挪到屁股上啦？"

张仲景的弟弟回答说："是我哥哥挪的。"

王神仙说："他既然能挪，一定能治啦！"

张仲景的弟弟说："他远在南阳，远水不解近渴。还望先生劳神给治治吧！"

王神仙当即开了药方。张仲景的弟弟吃了药，又贴了几张膏药，不多久，疮就好了。他随即给哥哥写了封信。张仲景接到书信，十分高兴，立即准备盘费，打点好行装，步行奔襄阳而来。

这天一清早，襄阳同济药堂的大门前，站着一位身背行李、手拿雨伞的年轻后生，他向官家央求道："我从河南来，生活没有着落，请贵店收留我当个伙计吧！"

王神仙闻声从药店走出来。他见后生年轻利落，就说："好吧！我这里缺人，就收你当个炮制药材的伙计吧！"这个后生，就是张仲景。

从此，张仲景就在同济药堂住了下来。他聪明好学，药理纯熟，不但熟悉各种中草药的性能，而且炮制药材，做得又快又好，没几天，就被王神仙替换到药铺里当司药。他管司药，又管看病，店里的人有个头疼发热，都来找他诊治，大伙都称赞他是二先生！

王神仙看二先生确有两手哩，就让他做自己的帮手。王神仙抚脉看病，他抄药单；王神仙遇着疑难病症，抚了脉再叫他摸摸，教他明了病在哪里，怎样医治。张仲景把好多医理深深地记在心里，写在本子上，就这样度过了一年。

这一天，一个骑驴的老者，匆匆来到药店，说他儿子得了急症，请王神仙去治。

约莫半个时辰，老者拿回个药方，来到药店取药。张仲景见药方内有毒药藤黄，知道病人肚内有虫，这味药是治虫的。但又见藤黄只开了五钱，就迟疑了一下，那人抓了药就走了。

一会儿，王神仙回来了。他下了驴，就要到后院歇息。张仲景忙走上前道："先生歇好！病人很快还要来请的！"

王神仙惊奇道："病人好啦，还来做什么？"

张仲景说："恕学生直言。藤黄能毒死病人体内的虫，但要一两的量才行。先生只开五钱，只能把虫毒昏，等它返醒过来，再用药也不灵了，只怕病人还有性命危险哩！"

王神仙听了，正在半信半疑，忽然那老者急匆匆地跑来，呼叫道："王先生！不得了啦！我儿疼得死去活来，你快去看看吧！"

王神仙顿时慌了手脚，急得额头直冒冷汗，在店里左转右转不敢去。张仲景看了，笑着上前道："先生，不管是吉是凶，学生冒昧，替先生去一趟吧！"当下骑着毛驴走了。

这时候，病人疼得在地下直打滚。张仲景一看就知道是虫在作怪。只见他不慌不忙，掏出三寸银针，叫病人脱下衣服，看准穴位，捻动手指，照着虫的头部刺了进去。

虫头被刺中，死命地挣扎。只听病人疼得“哎哟！”一声，昏了过去。老者一看大惊失色。张仲景却呵呵笑着说：“别害怕，虫已经被刺死了！”说罢只听见病人呻吟两声，醒了过来。

张仲景又开付泻药，让病人吃下。顷刻，一根尺把长的大虫被排泄出来，病人完全好了。

王神仙知道后，又惊又喜，问道：“二先生，你到底是什么人？”

张仲景说：“我姓张字仲景，拜师学医来啦！”

王神仙说：“哎哟哟，可不敢当！”立刻摆宴款待。

后来，张仲景回到南阳，两人还相互交往，成了医学上的好朋友。

巧治病婴

一天，张仲景行医来到一座府城。只见城门口人头攒动，争相观看一张告示。他挤上前一看，原来是五十七岁的知府十世单传的一个儿子，一出娘胎就生了病。如果有人能医治好，定有重赏。张仲景思索良久，伸手把告示撕下，被公差带进了府衙。

知府见撕告示的是个二十多岁的年轻人，衣衫褴褛，像个叫花子，不免产生几分怀疑。但见他眉清目秀，沉稳大方，似乎胸有成竹的样子，心想既然来了不妨让他试一试，就把他让进了内室。

内室已站满了府城里有名的医生，只是个个愁眉不展，望着床上的婴儿束手无策。他们上下打量张仲景，一齐露出鄙夷的神色。张仲景也不搭话，低着头仔细地观察病婴。只见他掰开婴儿的小嘴看了一下，拿起小手抚摸一会儿，沉吟片刻，轻轻地点了下头，随即吩咐家人在砖地上铺一领芦席，泼上两桶井水，把婴儿放在上边，又扯下一根头发，插进婴儿的鼻孔，轻轻地捻动着，不到半个时辰，婴儿手脚舞动起来，“哇”的一声哭了。

众人哗然，个个惊叹不已，知府忙问病因，张仲景解释道：“乃是婴儿母亲怀孕期间，饮酒过度，故胎儿酒醉未醒。”众医生面面相觑，自愧不如，一个个溜走了。

知府也算是个清正之官，尤其慕贤爱才。他问明张仲景是南阳涅阳人氏

（今稂东），已经外出行医一年有余。本想款留他住上几日，见张仲景惦念家中，也只好作罢。知府又以重金相赠，张仲景坚辞不受，只求知府借匹马骑骑。知府满口应允，却给他牵来了一匹又瘦又弱的拐腿老马。

张仲景毫不介意，骑着拐腿老马踏上归路，逢村过店，沿途为老百姓治好了许多疑难疾病。一个多月后，才回到家乡。

当他走进家门时，一下子愣住了，他的家里完全变了样。唤过妻子问明缘由，这才恍然大悟。

原来那知府趁他骑着拐腿老马赶路之际，已派人运来木石材料，为他建造了住房和药店，购置许多药物，并在药店门楣上悬挂一幅匾额，上书五个大字："医圣张仲景"。

身怀绝技

古代封建社会，迷信巫术盛行，巫婆和妖道乘势兴起，坑害百姓，骗取钱财，不少贫苦人家有人得病，就请巫婆和妖道降妖捉怪，用符水治病，结果被病魔无辜地夺去了生命，落得人财两空。张仲景对这些巫医、妖道非常痛恨。每次遇到他们装神弄鬼，误人性命，他就出面干预，理直气壮地和他们争辩，并用医疗实效来驳斥巫术迷信，奉劝人们相信医术。

有一次，他遇见一个妇女，一会儿哭一会儿笑，总是疑神疑鬼。病人家属相信巫婆，以为这是"鬼怪缠身"，要请巫婆为她"驱邪"。张仲景观察了病人的气色和病态，又询问了病人的有关情况，然后对病人家属说："她根本不是什么鬼怪缠身，而是'热血入室'，是妇人在经期或产后感受外邪，邪热乘虚侵入血室，与血相搏所出现的一种病症。她的病完全可以治好。真正的鬼怪是那些可恶的巫婆，她们是'活鬼'，千万不能让她们缠住病人，否则病人会有生命危险。"在征得病人家属同意后，他研究了治疗方法，在病人的"期门"穴扎了一针，开了一剂小柴胡汤，几天后，那妇女的病就好了起来，疑神疑鬼的症状也消失了。张仲景又为她治疗了一段时间，不久就痊愈了。从此，一些穷人生了病，便不再相信巫医的鬼话，而是来找张仲景治病。

为了使更多的病人能从巫术迷信中解脱出来，早日康复，张仲景刻苦探索，创立了许多新的医疗方法。

一次，有个病人大便干结，排不出，吃不下饭，很虚弱。张仲景仔细做了检查，确认是高热引起的一种便秘症。当时碰到便秘，一般是让病人服用泻药。但是这个病人身体很虚弱，如果服用泻药，他会经受不住。但不用泻药，大便不通，热邪无法排除。怎么办呢？张仲景经过慎重考虑，决定做一种新的尝试：他取来一些蜂蜜将它煎干，捏成细细的长条，制成“药锭”，慢慢地塞进病人的肛门。“药锭”进入肠道后，很快融化，干结的大便被融开润滑，一会儿就排了下来。大便畅通，热邪排出体外，病人的病情立刻有了好转。这就是我国医学史上最早使用的肛门栓剂通便法。这种方法和原理至今还被临床采用，并拓展到其他一些疾病的治疗。

还有一次，张仲景外出，见许多人围着一个躺在地上的人叹息，有个妇女在悲惨地啼哭。他一打听，知道那人因家里穷得活不下去就上吊自杀，被人们发现救下来时已经不能动弹了。张仲景得知距上吊的时间不太长，便赶紧吩咐把那人放在床板上，用棉被为他保暖。同时叫了两个身强力壮的年轻人，蹲在那人的旁边，一面按摩胸部，一面抓起双臂，一起一落地进行活动。张仲景自己则叉开双脚，蹲在床板上，用手掌抵住那人的腰部和腹部，随着手臂一起一落的动作一松一压。不到半个时辰，那人竟然有了微弱的呼吸。张仲景叮嘱大家不要停止动作，继续做下去。又过了一会儿，那人终于清醒过来。这就是现在在急救中广泛使用的人工呼吸。

“辨证施治”也叫“辨证论治”，是中医学的专业术语。就是说，首先要运用各种诊断方法，辨别各种不同的症候，对病人的生理特点以及时令节气、地区环境、生活习俗等因素进行综合分析，研究其致病的原因，然后确定恰当的治疗方法。

中医看病，都非常重视“辨证施治”。但在张仲景之前，尚未形成系统完整的一套临床方法。张仲景把自己积累的经验进行了科学的总结，才形成了比较完善的体系。

有一次，两个病人同时来找张仲景看病，都说头痛、发热、咳嗽、鼻塞。经过询问，原来二人都淋了一场大雨。张仲景给他们切了脉，确诊为感冒，并给他们各开了剂量相同的麻黄汤，发汗解热。

第二天，一个病人的家属早早就跑来找张仲景，说病人服了药以后，出了一身大汗，但头痛得比昨天更厉害了。张仲景听后很纳闷儿，以为自己诊断出了差错，赶紧跑到另一个病人家里去探望。病人说服了药出了一身汗，病好了一大半。张仲景更觉得奇怪，为什么同样的病，服相同的药，疗效却不一样呢？他仔细回忆昨天诊治时的情景，猛然想起在给第一个病人切脉时，病人手腕上有汗，脉也较弱，而第二个病人手腕上却无汗，他在诊断时忽略了这些差异。

病人本来就有汗，再服下发汗的药，不就更加虚弱了吗？这样不但治不好病，反而会使病情加重。于是他立即改变治疗方法，给病人重新开方抓药，结果病人的病情很快便好转了。

这件事给他留下了深刻的教训。同样是感冒，表征不同，治疗方法也不应相同。他认为各种治疗方法，需要医生根据实际情况运用，不能一成不变。

冬至吃饺子

东汉时大医学家张仲景在长沙做了几年太守，这一年告老还乡，正是寒风刺骨、雪花飘飘的冬天。他走到白河岸边，看到那些为生计奔忙的乡亲们，面黄肌瘦，衣不蔽体，有好些人的耳朵都冻烂了，他心里很难受。

张仲景一到家，登门求医的人很多，官宦人家、乡里豪绅，还有那些富得流油的生意人，整日里把张仲景围个不透风。张仲景虽然很忙，可心里总挂记着那些冻烂耳朵的穷乡亲。他叫他的弟弟在南阳东关的一块空地上搭起医棚，盘上大锅，在冬至的那天开了张，给穷人舍药治冻伤。舍的药叫“祛寒娇耳汤”，做法是把羊肉、辣椒和一些祛寒药放在锅里煮熬，等煮好后把羊肉捞出来切碎，用面皮包成耳朵样的“娇耳”下锅。娇耳熟后，分给来乞药的人们，每人给一大碗汤，两只娇耳。人们吃了娇耳喝了祛寒汤，只觉得浑身发暖，两耳起热。天天如此，舍药一直舍到大年三十，人们的耳朵都医治好了。大年初一，人们庆贺新年，就仿照娇耳的样子做起了过年的食物。有人把这种食物称“饺耳”，也有叫作“饺子”，还有叫作“扁食”的。人们吃着饺子，不忘张仲景舍“祛寒娇耳汤”的恩情。

张仲景在长沙做官的时候，就经常为长沙百姓除疾医病。那年瘟疫盛行，他在衙门口盘上大锅，舍药救生，受到了长沙百姓的爱戴。他告老还乡后，长沙的人们想念他，每年都推选几位德高望重的老人，带着乡亲们的心意来看望他。

后来，张仲景身染重病，命在旦夕，看来不久将辞别人世。长沙老人说，长沙有块好地方，他寿终后可葬在那里。南阳的人哪里肯依！两下就争执起来。张仲景说：“我吃过长沙水，不忘长沙父老情；我生于南阳城，不忘家乡养育恩。死了，你们抬着我的棺材，向长沙方向走去，灵绳在哪里断了，就把我葬在哪里算了。”众人一听，也就不再争论了。长沙来了精壮的小伙子，南阳人选出了有力气的后生。冬至那天，张仲景寿终了，人们就按他的遗嘱，棺左是长沙小伙肩扛，棺右是南阳后生的肩扛，起棺出城往东走。灵柩到了当年舍“祛寒娇耳汤”的地方，灵绳忽然断了。戴孝送殡的众百姓忙回家去，拿上挑子担土垒坟。你一挑，我一挑，川流不息，昼夜不停，把张仲景的坟垒得很大。他们又在张仲景的坟前修庙供奉，这就是现在的医圣祠。

张仲景为人们医病，舍“祛寒娇耳汤”的事一直在民间流传。人们都说他成了仙，灵光附在了他的医书药方上。人们有了病，照着他的药方配付药煎熬下肚就会除病。

后来，每到冬至这天，人们就仿“娇耳”的样子，做一种食品，称之为“饺耳”，也有些地方叫作“扁食”“汤面饺”。天长日久，相沿成风，甚至传说吃了冬至的饺子就不会冻耳朵了，因此到了冬至这一天家家都包饺子吃，用来纪念医圣张仲景。

给自己开一剂笑方

东汉时期，南阳有个70多岁的名医沈槐，他终身未娶，因此膝下无儿无女。眼看着自己的身体一日不如一日，沈槐也就日渐忧愁，他不甘心自己的一身好医术就这样后继无人。如此一来，整日愁眉不展地沈槐身患重病，眼看着就要离开人世。

沈槐的邻居是个好心人，很是同情沈槐的境遇，他知道张仲景是当世名医，就以枕槐的名义请张仲景前来看病。张仲景本来和沈槐就有交往，现在又见他身染沉疴，二话没说，背起药箱就来到沈槐的住处。经过一番诊断后，张仲景很快就开出了方子：粳米、小豆、麦、大豆、黄黍各一斤，煮熟后搓成团，外用朱砂涂上，一顿吃完。

病中的沈槐接过药方，不觉大笑：“我行医50多年，这样的药方还是第一次见到！”待张仲景走后，他并没有按照张仲景的嘱咐吃下这副药，而是请邻居叫将方子做成了丸药，挂在窗前。以后，每次有人来探望，沈槐第一句话指着药丸大笑：“你看，这就是张仲景给我开的药方呢！你见过五谷杂粮能治病吗？真是天大的笑话！哈哈哈……”沈槐只顾着笑话张仲景，竟把无人继承自己衣钵的事儿彻底忘了。

就这样，沈槐笑话了张仲景大半年。而在大半年后，沈槐的病却在不知不觉中痊愈了。听说沈槐身体康复，张仲景前去探望。看着满面红光的沈槐，张仲景意味深长地说："医者，悬壶济世治病救人也。先生虽无子女，吾等晚辈不是您的子女吗？先生哀从何来？"张仲景的一席话，让沈槐恍然大悟："张先生果然是名医呀，原来，你给我开的是一剂忘忧愁的笑方，这才是真正的对症下药啊！"

天下本无事，庸人自扰之。正如林清玄说的那样："我知道人生有一副最好的补药，就是使自己放松、开心，去除掉担心与烦恼的意念，放下那些不足与过剩的心。"其实，就如沈槐一样，生活中很多烦忧原本就是我们自己制造的。身处困境之中，不妨给自己开一剂笑方，也许，你的世界从此会云开雾散，雨过天晴。

编纂方书之祖《脉经》——王叔和

【名医传记】

王叔和（201～280），名熙，字叔和，以字行世。汉族，祖籍高平（今山西省高平市），生于山阳郡高平上寺村（今山东省微山县两城镇）。魏晋之际的著名医学家、医书编纂家（因为史书《三国志》《晋书》都无其传记，故其生平、籍贯都是后世专家合理推测得来的）。

王叔和从小勤奋好学，谦虚稳重。三国初期的高平因为地处要冲，所以战争频发，兵祸连绵，民不聊生。王叔和目睹战争和瘟疫带给人民的无尽灾难后，心有不忍，便立志悬壶济世，以解万民之苦。王叔和开始行医时，由于家境贫寒，衣衫破旧，被许多人瞧不起。可是，他不管世人如何看待，自己默默地治病救人，同时“究研方脉，静意诊切，调识静养之道”，于是声名渐起。

王叔和年轻时，为避战乱，便千里迢迢投奔荆州的远房亲戚王粲。当时，荆州依长江之险，在州牧刘表的治理下，堪称乱世中的一块净土。在这里，王叔和意外地碰到了多年前的朋友卫汛。卫汛本是河东（今山西省内）人，早年拜张仲景为师，得到真传。王叔和目睹大师行医和著书的风采，深受感染；经卫汛推荐，拜张仲景为师。从此，王、卫二人白天行医，晚上或受恩师指点，或相互切磋医术，进步很快。渐渐地，王叔和的医名传遍荆州。

乱世之中，世外桃源也难得宁静。208年，曹操南下攻荆州，王叔和随主公刘琮（刘表之子）投降朝廷。求贤若渴的曹操聘请王叔和为随军医生。王叔和到北方后，一面受命治病救人，一面潜心研究关于切脉的理论，声名渐渐传遍许昌城和洛阳城。由于成绩显著，王叔和先后任魏王府侍医、皇室御医等职；

222年，魏国建立后，他被任命为国家的太医令（太医令相当于今天的最高级医院的院长），职涯达到顶峰。

王叔和其实对太医令这个职务并不感兴趣，他在乎的是太医令可以任意出入王府，也可以借阅历代的著名医典和医书。他夜以继日地阅读医学书籍，长年整理前辈医师的竹简，并以此为乐。当太医令一年多来，他除了救死扶伤外，大多数时间就是整理恩师张仲景的《伤寒杂病论》。

经过连年的战争，许多书简都散落佚失或残缺不全了，即使是几十年前才完成的被称为“方书之祖”的《伤寒杂病论》同样面临这种命运。作为太医令的王叔和深知这部医学巨著的伟大价值，心中十分不忍，便下定决心使这部旷世的奇书恢复其真正的面貌。于是，他四处收集老师的旧证，到各地寻找该书的原本，又通过亲朋好友寻求旧医书，终于成功地得到了全本的《伤寒杂病论》。资料到位后，他进行细心地整理和修复，历时三年才完成了原书中的“伤寒论”部分。让他伤心的是，原书中的“杂病论”部分分散在各种竹简和帛书中，要完全编纂将是一个很烦琐的工作，这就是他临竹嗟叹的主要原因。

直到唐朝，人们发现了一本已经被虫蛀了的小册子，里面的一部分内容正与《伤寒论》相同；另外还有一些内容，是论述杂病的文句，当时尚未面世，但其文风和辞藻却与《伤寒论》极为相似。从形式上来看，这本小册子是一种摘抄本，并非完整的内容。虽然有些遗憾不能得到原本，但终究是一大收获，于是太医令花了几年时间整理，将伤寒部分的内容删去，将杂病部分整理出来，并按老师的原意把此书取名为《金匮玉函要略方》。“金匮”意思是重要且珍贵，“要略”意思是简明扼要；从取名中可以知道这本书内容精要，价值珍贵，绝非一般的市井医书。的确，此书所述病证以内科杂病为主，兼有部分外科、妇产科等病证，为世之罕见。虽然只是不完整的内容，但这部分关于杂病的论述，为后世医家处理许多棘手的医学问题提供了极大的帮助，而王叔和对《伤寒论》的整理使得《伤寒论》能够流传至今，功莫大焉。后来，《金匮玉函要略方》经北宋医家进一步整理后，命名为《金匮要略》，并流传至今。

王叔和在出任太医令期间，还花了大量时间对脉学进行了研究。脉学在我国起源很早，春秋时代的扁鹊所提出“望、闻、问、切”四大诊断手法中，切的就是脉。由于当时科技落后，人们比较迷信，医生不重视脉学从而导致误诊——这种事情医圣张仲景就在《伤寒杂病论》中屡有记载。基于此，王叔和经过几十年的潜心研究，在吸收扁鹊、华佗等名医所著医学脉诊理论的基础上，结合自己多年的临床经验，终于在250年前后完成了我国第一部完整而系统的脉学专著——《脉经》。

《脉经》共10卷98篇，10多万字，记录了诊脉的部位和方法，对24种脉象及其主病作了详尽的描绘阐述，同时根据五脏六腑、阴阳营卫阐述了各种病理的变化。此书集魏晋以前医学之大成，对后世脉学有重要指导意义，也对世界医学的发展有推动作用。王叔和也因此被公认为中华脉祖，并名列鄂东五大名医榜首（另四人为李时珍、庞安时、万密斋、杨济泰）。

值得一提的是，王叔和在养生方面也有一些精辟的见解，这些理论是我国早期对饮食制度养生的最早的较系统的论述。他提出，如要想长寿，在日常生活中要注意四个问题：饮食不能过杂，切忌贪食多饮；饮食有所禁忌，一年四季饮食要区分开；饮食要因人而异，进食前要有所选择；饮食要去劣节优，即使好食物也不能吃得过量。

晚年王叔和辞官回到襄阳（今湖北省内），在一个美丽如画的小山村结庐而居，济世救人。由于他医德高尚，医术高明，被当地人称为“神医”，找他治病的人络绎不绝。

约270年，这位编纂“方书之祖”的大功臣，在偏僻的山村溘然长逝，享年80余岁。王叔和的后人把他葬在药王冲（今湖北省麻城市白果镇老爷山上），另一些受其恩惠的村民则在岘山之麓（今湖北省襄阳市城南）建了衣冠冢以作纪念。

一代名医虽去，但被人们称为“药王坟”的墓茔历经1800年风雨洗礼，至今巍然长存！

【后世影响】

王叔和在中医学发展史上，做出了两大重要贡献，一是整理千古奇书《伤寒论》，一是著述传世佳作《脉经》。二书曾被作为唐代太医署和宋代太医局医学生的教科书。

王叔和的《脉经》为我国脉学奠定了基础，在中国医学史上产生了深远的影响，同时对世界医学也产生了一定的影响。公元8世纪初，日本颁布大宝律令，规定《脉经》为医学生必修的教科书，日本医家编撰的《大同类聚方》

100卷，其脉学内容也源于王叔和的理论。公元10世纪，《脉经》传入阿拉伯，阿拉伯医学之父阿维森纳所著之《医典》，内里有关脉学的记载大多取自《脉经》。与此同时，《脉经》传入西藏地区，并被译成藏文，对藏医产生了深远影响。

《金匮玉函要略方》是中国现存最早的一部诊治杂病的专著，为后世医家处理棘手的医学问题提供了相当大的帮助。

王叔和在养生学上属于医家养生流派，主张从起居饮食方面进行调摄，以求得长寿，祛病延年。他提出饮食不可过于杂乱，要适量，是我国早期对饮食制度养生的最早的较系统的论述。正如宋代林亿所说："仲景之书及今八百余年，不坠于地者，皆王叔和之力也。"

【故事征引】

灾星魔头

1700多年以前，高平有个小村子叫作王寺村，村里有家世代相传的医药铺子，主人姓王。王记药铺传到王叔和的时候，规模没比从前大多少，家产没比以前多多少，但那治病救人的名气却比从前大得多了。

王叔和幼年时代是在缺衣少食的贫寒中度过的。严酷的生活现实使他从小就养成了勤奋好学、谦虚沉静的性格。他特别喜爱医学，读了不少古代医学典籍，并渐渐学会了诊脉治病的医术。他在开始行医的时候，因为家境贫穷，衣衫破旧，人们瞧不起他。他只好背着药箱四处流浪，常常食宿无着。由于他对脉学很有些研究，慢慢也治好了许多疑难病人，请他看病的人也就越来越多了，他的名声也就越来越大，逐渐传遍了整个洛阳城。上至王孙公子，下到庶民百姓，千里迢迢来高平王寺村就医的络绎不绝。王叔和秉承祖德，不尚虚名，不贪金银，山下修一盘药碾，村边摆一副药臼，家中开一间药铺，日常里或为人治病，或上山采药，或潜心研究他的《脉经》，倒也悠然自在。

可惜好景不长，到了魏末晋初，北方战争频发，瘟疫流行，老百姓的生活苦不堪言。穷苦百姓得了病，还要挣扎着去做工挣钱，直到病入膏肓熬不过了，这才不得不求医。试想这等病人哪有好治的！王叔和是个直性子人，既不会说那好听的绕弯话，又不会把麻烦事推出手，依旧是尽心尽力为人治病，却不料看一个死一个，瞧两个死一双，一时倒叫人心浮动，人们因怀疑他的医术而不敢上门了，过去门前车水马龙的情景不见了。

再说高平城里有间杂货铺，铺子里有两个年轻伙计，一个叫大二，一个叫小三。这一天，伙计俩正在铺子里站柜，忽然看见王叔和从铺门前走过，免不了议论一番，大二说："这王先生可是越来越不行了，先前是个济世活人的菩萨，如今变成了要命的阎王。"

小三道："这话不对，那些病人原是他自己病的没救了，如何怨得王先生的医术！"

大二道："你也好笑，没病谁个求医，求医原为活命，难道为了找死？"

小三道："照你这么说，便是好人经王先生搭手也要亡命了，我今天偏要请王先生诊脉，看看我死了死不了！"伙计怄了满肚子气，就吃饭去了。

那小三是个一根筋，和大二拌了嘴，心里很不痛快，下死劲地吃着小米捞饭，刚放下碗，就看见王叔和又从铺前走过，小三心里一急，喊一声："王先生！"

一个箭步从里屋跳到当街上，接着，身不由己地躺倒在地上，大喊："我肚痛！我肚痛！"

王叔和见地下躺着的愣小子，热汗满面，就地打滚，忙蹲下抓住他的手腕切了脉，叹口气道："此人无救了。"

那大二一听此话忍不住笑道："真是大白天碰上勾命鬼！我师弟半点病症也没有，原不过怄气，打赌考考你，你就真当他要死了，这样的庸才还吹什么'太行山上……'"话没说完，只听小三呼了一声就不动了。

那大二上前伸手一探，已没了气，心下大惊，连叫"怪！怪！王先生真真把个活愣愣的小伙子给看死了！"

原来，那小三本因吃饭过饱，又猛力一蹦，使胃肠崩裂，但那些街头看热闹的不去细究其因，亦不听王叔和的解释，只附和大二的说法，立刻一传十，十传百，加枝添叶，把王叔和描绘成了灾星魔头瘟祖宗，别说谁来找王叔和治病，就连他原先的街坊邻居，也唯恐避他不及。

这样一来，王叔和在家乡一时难以立足，感慨一番，挑起个药担儿云游去了。

棺里人没死

太行山下有个济州城，城里有家"济生堂"药店，这店里前些日子新聘了位坐堂医生。那坐堂的虽说新来乍到，治病配药颇具神通，特别精于内科诸症。

一天，济州城里有一家出殡，那口薄板棺材从济生堂抬过时，沥下几点鲜血。正在柜台前坐堂的先生，瞥见血迹，陡然一惊，再定睛细看就大叫："那出殡的，如何将活人往外抬？"出殡队里各司其职，无人理会。

坐堂先生一急，上前拉住拉灵幡的半大孩子不放行，一连声地嚷道："棺里是活人，棺里人没死！"

出殡的队伍乱了套，几个后生以为他有意胡闹，扯住他就要打。吹鼓手是个老者，见多识广，看坐堂先生不像作恶的，制止年轻人，唤过一位中年汉子叫他裁夺。

中年汉子姓午名逢生，棺里殓的正是他的妻子贾氏，年仅28岁，因产中血崩脱阳暴亡。当地风俗，年轻女人死于流血等症，统称"血光之灾"，为不连累家人街坊，须及早入殓安葬。当日贾氏刚刚昏死，族中长者便硬张罗出殡。这午逢生中年丧妻，无限悲伤，听坐堂先生一说竟也异想天开，甘愿开棺验尸。此言一出，几个愣小子一拥上前，"嘎吱"一声把棺盖撬开，坐堂先生掐起死者的人中、关元等穴，顷刻之间，那贾氏时而换气，继而呻吟，再而略睁双目，半欠身子意欲起动。

这一件医案，顷刻轰动了济州城，一打听才知道是太行山上的王叔和，一时间，一传十，十传百，把王叔和传成了当今扁鹊、再世华佗。种种奇异传闻，传到了都城许昌，王公大臣们便三聘五请，硬把王叔和弄到京都里当了太医令。

悠悠千载，沧海桑田，王叔和当年用过的石碾、药臼，惹得那尚古的不断来观摩，多事的常好说："太行山上的王先生……"

大器晚成的针灸大师——皇甫谧

【名医传记】

皇甫谧（215～282），幼名静，字士安，自号玄晏先生。三国西晋时期著名学者、医学家、史学家。他一生以著述为业，后得风痹疾，犹手不释卷。其著作《针灸甲乙经》是中国第一部针灸学的专著。他还编撰了《历代帝王世纪》《高士传》《逸士传》《列女传》《元晏先生集》等书，在医学史和文学史上都负有盛名，被誉为“针灸鼻祖”。

皇甫谧出生于东汉名门世族，曾祖皇甫嵩因镇压黄巾起义有功，官拜征西将军，太尉。六世祖皇甫棱为度辽将军，五世祖皇甫旗为扶风都尉，四世祖皇甫节为雁门太守。皇甫节之弟皇甫规是个文武全才，时为安羌名将，官至度辽将军、尚书，封寿成亭侯，为凉州四明之一。皇甫谧的祖父皇甫叔献，当过霸陵令，父亲皇甫叔侯，仅举孝廉。

皇甫谧出生不久，母亲便与世长辞，从此家道中落；接着，他被过继给叔父，并迁居到新安（今河南渑池县）。叔父、叔母，尤其是叔母，很疼爱他。而皇甫谧自幼贪玩，无心向学，人们笑他是傻子。他所处的时代，统治阶级内部争权夺利，诸侯之间战乱频繁，百姓流离失所。皇甫谧在战乱中度过了童年和少年。

皇甫谧的本名叫皇甫静。但年轻的他不但不“静”，反而和许多纨绔子弟一样，东游西荡，游手好闲，像匹脱缰的野马，根本没心思学习。17岁的皇甫谧，人高马大，不通文墨，竟是个“头脑简单，四肢发达”的二流子。亲戚和邻居对此，或嗤之以鼻，或视而不见，或连连摇头。叔母任氏知道侄儿的

“如此调皮捣蛋的事迹”后，非常气愤，痛心不已，一直在思虑着如何匡正他的行为。

234年的一天下午，皇甫谧和狐朋狗友在酒馆里胡吃海喝后回到家，竟遭到叔母狠狠地训斥。从此，皇甫谧改过自新，先拜同乡名医席坦为师，继而发奋读书，夜以继日，像换了一个人似的。

皇甫谧从此改弦易辙，矢志发奋读书；26岁时（241），以汉前纪年残缺，遂博案经传，旁采百家，著《帝王世纪》《年历》等；40岁（254），叔父有子既冠，丧所生后母，遂还故乡；42岁（256）前后得风痹症，悉心攻读医学，开始撰集《针灸甲乙经》；46岁（260）时已为声名鹊起的著名学者，魏相司马昭下诏征聘做官，不仕，作《释劝论》，仍耽玩典籍，忘其寝食，时人谓之书淫；51岁时（267）晋武帝续诏不仕，相传曾到陕西陇县龙门洞、平凉崆峒山避诏；53岁时（269），武帝频下诏敦逼，上疏自称草莽臣，乃不仕；54岁时（270），又举贤良方正，不起，自表就帝借书，武帝送书一车；61岁时（277），帝又诏封为太子中庶、议郎、著作郎等，皆不应，著惊世骇俗的《笃终论》。

后来，他不趋炎附势，不愿做官，而是专心致志治病救人和闭门著书立说，终于写出《黄帝三部针灸甲乙经》（也称《针灸甲乙经》）、《皇甫谧集》《玄晏春秋》《鬼谷之注》等书。

282年，《皇帝针灸甲乙经》刊发经世。

这一年是西晋太康三年（282），68岁时，皇甫谧在张鳌坡去世。其子童灵、方回，尊父笃终遗训，择不毛之地，将其俭礼薄葬于塬边。世人称之为“皇甫冢子”。明朝嘉靖年间，皇甫谧得以从祀景惠殿三皇庙。

1700多年以来，《皇帝针灸甲乙经》一直为针灸医生提供了临床治疗的具体指导和理论根据。此书一传到国外，便受到各国尤其是日本和朝鲜的重视。701年，日本法令《大宝律令》明文规定，《黄帝三部针灸甲乙经》是医生的必读教材之一。

【后世影响】

《针灸甲乙经》问世后，很快得到了医学界的高度评价和重视，一直被视为学医者的必读之书，对我国针灸学的发展产生巨大影响。从晋到宋的1000多年中，针灸书几乎没有超出它的范围。唐代医署就开始设立针灸科，并把它作为医生必修的教材，而唐代医家王焘再三强调此书“是医人之秘宝，后之学者，宜遵用之”。明清时期的针灸名著也都以它的内容为主要骨干。现在我国的针灸疗法，虽然在穴名上略有变动，但原则上仍参考和取材于《针灸甲乙经》。该书在国外医学界也具有深远的影响，尤其是对日本和朝鲜影响较大，被列为他们国家的医学教材。直至现在，它还被法国等列为学习针灸的参考资料，国际针灸学会也把它列为必读之书。

李巨来《书古文尚书冤词后》：“考晋时著书之富，无若皇甫谧者。”

【故事征引】

二十知学未为晚

我国现存最早的一部针灸学专著《针灸甲乙经》的作者是晋代著名医家皇甫谧，不过谁会想到这位名医早年曾是一位终日游荡的浪子呢。

皇甫谧的家族原是东汉的望族，自六世祖以来一直在朝廷中担任要职。至其祖、父两代，家境日渐衰落。皇甫谧年幼父母双亡，从小就寄养在叔父家。他从小懒散，不愿劳动，又不肯读书，特别贪玩，整天和一些游手好闲的“大头孩子”鬼混，养成好逸恶劳的公子哥儿的习惯，整天东游西逛，不学无术。叔父母的话根本就听不进去，直到20岁还成天东游西逛，无所事事，他的叔叔和婶婶见他这个样子，深为他的前程担忧。周围邻居们都对他议论纷纷，有人说，“皇甫家怎么出了个败家子！”有人说他是“朽木不可雕也！”也有人说他“恐怕是个痴呆！”

尽管皇甫谧不争气，但他的婶母任氏看在眼里，痛在心上，待他仍然很好。他对婶母也算孝敬，有时从外面弄到一些瓜果，总要拿回家，请婶母尝鲜。婶母觉得侄子越长越大，这样下去，很难成器，决心找机会狠狠地刺激他一下。

有一次，皇甫谧到瓜市上去玩，有个卖瓜的人给了他一个甜瓜。皇甫谧很高兴，拿着瓜正准备往嘴里送。这时，他忽然想起婶婶批评自己不知道学习，不懂事，拿瓜的手垂了下来。他想，今天我把瓜送给婶婶吃，孝敬孝敬她，她准会说我懂事了。

回到家里，他把瓜送给婶婶任氏。谁知婶婶仍然不高兴地说："你以为拿点瓜果回来就算是孝敬吗？《孝经》上说：'三性之养，尤为不孝。'每天早晚都能给长辈送上牛肉、羊肉、猪肉，也不算孝。你都二十几岁了，还是不务正业，不认真学习，不懂得道理，我怎么能感到安慰呢？现在你送什么给我吃，我也不高兴！"说罢，她长长地叹了一口气。

婶婶见他不说话，接着一边叹气，一边流着眼泪地开导他说："先前孟子的母亲为了孟子学好，三次搬家；曾子用杀猪的办法教子；现在你这样不成器，究竟是何原因呢？我虽然比不上他们，但我已费尽了苦心。你怎么一句也听不进去？你什么时候才能知道用功学习呢？其实，学问、道德，学了都是你自己的东西，同我有什么相干！我养你这么大，不过是白辛苦罢了！"说着，婶婶伤心地哭了起来，也不理皇甫谧，回房织布去了。

皇甫谧听着织布机的声音，一下一下好像打在自己的心上，他受了感动，愧悔交加。

精诚所至，金石为开。婶婶的耐心教育，感动了皇甫谧。他想：孟子能成为有用的人，为什么我就不能？他当即向婶婶表示："婶婶，你别伤心了，是我不懂事，从今以后我再也不贪玩了，抓紧时间学习，做个有用的人。"

第二天，他便不再游荡，并和那些游手好闲的子弟断绝了来往。他拜了附近的学者席坦为师，经常向他讨教做人的道理。在席坦老师的指教引导下，皇甫谧努力学习，日渐长进。并且人也变得勤快了，常常帮助叔叔到田里干活，帮助婶婶做家务。这样日复一日，年复一年，他便博览了各种典籍诗文，学业大有长进。品德也为乡人所敬仰。浪子回头，众人刮目相看，都说皇甫谧是个有志向的人。

由于过度劳累，皇甫谧得了风痹疾，行动不便，给他的学习带来困难。可是，他还以坚韧不拔的毅力，孜孜不倦地学习，别人劝他注意身体，他却说："我就是早晨学到了知识，到晚上死了也心甘情愿。"皇甫谧多次拒绝了魏元帝曹奂和晋武帝司马炎请他做官的诏书，坚持一心著书立说。皇甫谧一生著书较多，除医书外，还撰写了《帝王世纪》《高士传》《烈女传》《玄晏春秋》等。这个20岁以后发奋读书的人，成了有名的学者。

当时，很有名气的诗人左思写了《三都赋》，特地去向皇甫谧请教，皇甫谧大加赞赏，并为他写了序。消息轰动洛阳，人们争相传抄，一时大街上的纸张紧张起来，商人趁机提价。"洛阳纸贵"这个成语便出于此。

人的思想是不断变化的，有时也会有反复。皇甫谧虽然成了名人，但思想上有时也仍会出现问题。皇甫谧成名以后，不幸得了半身麻痹症，经庸医治疗，病情反而加重，病魔缠身，无限痛苦，为了解脱病痛，他想自杀。任氏这次又教育帮助他说："你读了那么多书，就是要为世界做点事；随便就死，过去的辛苦不是白费了吗？现在虽然痛苦，但是怎么就知道病一定不能治好了呢？"

皇甫谧听了婶母的话，重新振作起来。医生医治无效，他就自己找医书看。终于看到针灸可以治痹痿症的记载。同时，他仔细研究了《素问》《针经》《明堂孔穴针灸治要》等有关医学书，并在自己身上反复实践，最后皇甫谧不但医治好了自己的病，还写成了一部《针灸甲乙经》。《针灸甲乙经》是我国历史上第一部完整的针灸专著，为祖国的医学事业做出了卓越的贡献。

该书采用归类的方法，把散见于《素问》等三部医籍各篇章的同类内容汇集到一处，使对每一个问题的论述较系统地联系在一起，并系统地总结了前代针灸治疗经验，既方便研读，又切合实用。同时，还厘定了腧穴数目，对《内经》十二经循经取穴法进行改革，创用了按头、面、项、胸、腹、四肢等部35条线路检取穴位的方法。

《针灸甲乙经》问世后，很快得到了医学界的高度评价和重视，一直被视为学医者的必读之书，对我国针灸学的发展产生巨大影响。从晋到宋的1000多年中，所有的针灸书几乎没有超出它的范围。明清时期的针灸名著也都以它的内容为主要骨干。

至今在厘定某个穴位和进行临床治疗时，也往往参考和取材于《针灸甲乙经》。该书在国外医学界也具有深远的影响，尤其是对日本和朝鲜影响较大，被列为他们国家的医学教材。直至现在，它还被法国等列为学习针灸的参考资料，国际针灸学会也把它列为必读之书。

医术高尚，誉满杏林——董奉

【名医传记】

董奉（220～280），字君异（一说字君平，《大越史记全书》说字“昌”），号拔墘。《词源》说是侯官（今福建长乐）人。《中医大辞典》说是三国时期吴国人。东汉末年及三国时代著名医师。

少年时，刻苦钻研医学。年轻时，曾任侯官县小吏，不久归隐，在其家村后山中，一面练功，一面行医。由于医术高明，人们把董奉同当时谯郡的华佗、南阳的张仲景并称为“建安三神医”。

董奉住杜燮府中，后杜燮阴谋反叛朝廷，担心董奉泄漏其密谋，欲害之。董奉利用气功装死，骗过杜燮后逃走。晚年到豫章（今江西）庐山下隐居，继续行医。

吴天纪四年（280），董奉逝世。

【后世影响】

董奉医术高明，与华佗、张仲景齐名，并称“建安三神医”。医术记载较少。

后世以“杏林春暖”“誉满杏林”称誉医术高尚的医学家，据载今江西九江董氏原行医处仍有杏林。

【故事征引】

“杏林”美称的由来

人们在感谢和称赞医生救死扶伤的美德时，常常用到“杏林春暖”一词。“杏林”是怎么来的呢？

三国时候，吴国有个地方刺史官，中毒得病，请了一个叫董奉的医生去治疗。可董奉赶到时，病人已死去三天了。董奉是一个实打实的人，就是人已死了，也要诊一诊，瞧两瞧。当他诊了病人的脉后，脸上突然出现喜容：“这人脉还在跳，还有救，有救！”他忙从药囊中取出三粒丸药来，塞进死者嘴里，再喂温水，抱着头轻轻摇动。过了一会儿，死者四肢慢慢舒展，脸上显现血色，没过几天，渐渐恢复了健康。

董奉治好了一例例疑难病症，都不要人一文钱。他提出一个要求，凡是被他治好的病人，都给他种植杏树，病重的种五株，病轻的种一株。数年以后，他的园子里共种植了十多万株杏树。杏子出卖时，董奉也不要人家给现钱，只是要粮食来换，他换得了许多粮食，用来周济劳苦饥饿的百姓。

董奉这种高尚品德，人人有口皆碑。从此“杏林”二字便成了称赞医生美德时的专用词。

茶治瘾病

金秋八月的一天，董奉正在杏林草堂前翻晒杏干、杏花，几个汉子用门板抬着一个书生前来求医，其母哭哭啼啼向董奉下跪求救。

董奉立即放下手中的活计，将老妇人搀扶起来，董奉一边为书生细细切脉，一边视患者的神、色、态之反应变化，问其症状的产生和发展经过。他回望了一下刚刚翻晒的杏花，不禁眉头一皱，计上心来，拿笔开了杏干加庐山云雾茶的药方单独交与老妇人轻声嘱咐道：“以杏干和云雾茶用开水同泡成杏茶汤，饮后必见效。再往令郎便桶中置入杏花一把，称是其所泻下之虫，必痊愈。”同时，董奉又交代书生：“喝完汤药之后，以杏茶为题作诗一首，必痊愈。”

回家之后，书生服其茶，少顷腹痛难忍，入后堂坐便桶，待观其所排之“虫”后，胸腹顿感舒坦，乃回书房题诗一首：

“儿患顽疾母心慌，董仙妙手赐神方，

杏干云雾显奇效，疫虫尽去身自康。”

董奉看了此诗，将最后一句改成“此诗作罢身自康”，意在神形合一，心理调节。

原来，书生因腹中积食不消，疑为早年在庐山流行的“大肚病”之患，故生惊厥卧床不起，董奉诊断主症为食积气滞，忧郁愁闷引起。选杏干与云雾茶同泡的杏干茶具导滞、清肠、通便的功效，还需安神消疑，故再以杏花充虫惑之，吟诗聚神，使书生从躯体到精神都得以康复。

遗世独立的炼丹大家——葛洪

【名医传记】

葛洪（284～364），东晋道教学者、著名炼丹家、医药学家。字稚川，自号抱朴子，汉族，晋丹阳郡句容（今江苏句容县）人。三国方士葛玄之侄孙，世称小仙翁。他曾受封为关内侯，后隐居罗浮山炼丹。著有《神仙传》《抱朴子》《肘后备急方》《西京杂记》等。

他的父亲曾在东吴做官，担任会稽太守。东吴被晋消灭之后，他又做了晋朝的郡陵太守。祖父葛云，也曾做过东吴的大官，以炼丹著名，人称葛仙公。葛仙公的弟子是郑隐，葛洪就是从郑隐处学习了炼丹术。后来葛洪又从师鲍玄，鲍玄见他年轻有为又聪慧上进，就把自己的女儿——著名的女灸法家鲍姑嫁给了他。

葛洪自幼十分好学，13岁时，父亲去世，家境败落，十分贫苦，他靠上山砍柴换取文具，用来学习。他经常写字，常抄书直到深夜。也从不与别人嬉戏，沉着稳重，又十分好学。

葛洪治学严谨，几十年如一日，自经史百家到短杂文章，共读了近万卷。就以他编写《玉函方》（后缩短摘要写成《肘后方》）来说，就阅读了张仲景、华佗等医书和百家杂方近千卷，“收拾奇异，捃拾遗逸选而集之”（《肘后备急方》自序）。他对苦读常常流露出得意之情。他说：“孜孜而勤之，夙夜以勉之，命尽日中而不释，饥寒危困而不废，岂以有求于世哉，诚乐之自然也。”（《抱朴子外篇·勖学》）。

葛洪在中年时，晋元帝及晋成帝都曾赐召他高官厚爵，都被他拒绝了。

后来，他厌于在家中总被人催请做官，又听说了交趾（今越南北部）一带有炼丹的原料，就主动要求到那里去做县令。皇帝以为这很辱没他的才能，但他并非为了高官厚禄，而是为了方便取得炼丹的原料。上任时，在他经过广州的时候，刺史邓兵留住了他，提供给他炼丹的原料，于是他就隐居在罗浮山，从事炼丹术。

葛洪不但重视学习书本知识，而且重视学习群众的实践经验。他乐于拜有知识的人做老师。他的从祖葛玄，在吴之时，炼丹学道，有一套本事，曾授给弟子郑隐。葛洪知道后，就去拜郑隐为师，把那套本事学了过来。后来，到了广东，他又拜南海太守鲍靓为师。鲍靓精于医药和炼丹的技术，见葛洪虚心好学，年轻有为，不但把技术毫无保留地传授给他，并且把精于灸术的女儿也嫁给了他。

葛洪在对炼丹术的研究上继承和发展了前人的成果，把炼丹术具体化、系统化了。他在罗浮山日夜厮守丹炉，进行了汞与丹砂还原变化的许多实验。他在《抱朴子·内篇》中说："丹砂烧之成水银，积变又还成丹砂。"丹砂，又称朱砂，就是红色的硫化汞，将它加热后，分解出汞（水银）；汞再与硫化合，又生成红色硫化汞。这可能是人类最早用化学合成法制成的产品之一，是炼丹术在化学上的一大成就。

葛洪还在实验中发现了多种有医疗价值的化合物或矿物药。至今，中医外科普遍使用的"升丹""降丹"，正是葛洪在化学实验中得来的药物。

晚年，他隐居在广东罗浮山中，既炼丹、采药，又从事著述，直至去世。享年81岁。

对他的一生，明代陈嘉谟在《本草蒙筌》中引用了《历代名医像赞》的一首诗来概括："陷居罗浮，优游养导，世号仙翁，方传肘后。"但这只说出了他炼丹采药，隐逸求仙的一面。其实，他是古代一位鼎鼎有名的科学家，在医学和制药化学上有许多重要的发现和创造，在文学上也有许多卓越的见解。他的著作，约有530卷。尚有《金匮药方》100卷、《神仙服食方》10卷、《服食方》四卷、《玉函煎方》5卷存世。不过，大多已经散佚，流传至今的，主要有《抱朴子》和《肘后备急方》。

《抱朴子》是一部综合性的著作，分内篇20卷、外篇50卷。内篇说的是神仙方药，鬼怪变化，养生延年，禳邪祛病等事，属于道教的著作，但其中《金丹》《仙药》《黄白》等部分是总结我国古代炼丹术的名篇；外篇说的是人间得失，世道好坏等事，其中《钧世》《尚博》《辞义》等篇，是著名的文论著作。

《肘后备急方》，也称《肘后救卒方》（一作卒救），简称《肘后方》，是他在广东编著的一部简便切用的方书。记载了他对各种病症长期观察的结果，其中有许多是医学文献中最早的记录。收录的方药大部分行之有效，采药容易，价钱便宜。而且，篇帙不大，可挂在肘后随行（即今天所说的袖珍本），即使在缺医少药的山村、旅途，也可随时用来救急。所以，受到历代群众的欢迎。

从《肘后备急方》中可以找到他临证细看的生动事例。例如，对沙虱病的记载："山水间多有沙虱，甚细，略不可见。人入水浴，及以水澡浴，此虫在水中著人身，及阴天雨行草中，亦著人，便钻入皮里。其诊法：初得之皮上正赤，如小豆黍米粟粒，以手摩赤上，痛如刺。三日之后，令百节强，疼痛寒热，赤上发疮。此虫渐入至骨，则杀人。"这种病，是由一种形似小红蜘蛛的恙虫的幼虫（恙螨）做媒介而散播的一种急性传染病，流行于东南亚一带、中国台湾和东南沿海各省。到20世纪20年代，国外才逐渐发现了恙虫病的病原是一种比细菌小得多的"立克次体"，并弄清了携带病原的小红蜘蛛的生活史。而他早在1600年以前，在没有显微镜的情况下，就把它的病原、病状、发病的地点、感染的途径、预后和预防，弄得较为清楚，还指出此病见于岭南，与今天临床所见竟无二致，这不能不说是个奇迹。

书中还记载了一种叫瘈犬咬人引起的病症，病人非常痛苦，只要受到一点刺激，听到一点声音，就会抽搐痉挛，甚至听到倒水的响声也会抽搐，因此，有人把这种病叫作"恐水病"。葛洪首创应用狂犬的脑敷贴在被咬伤的创口上，以治疗狂犬病的方法治疗此病。狂犬脑中含有抗狂犬病物质，到19世纪法国巴斯德才作了证明。书中对天花（天行斑疮）症状、结核病（尸注、鬼注）等的记载，都是医学文献中最早的记录。他不仅明确记载了病状和发病过程，而且还明确无误地指出它们的传染性。所以，称他为"传染病学专家"，一点也不过分。

书中还记载了被狂犬咬过后用狂犬的脑子涂在伤口上治疗的方法，该方法比狂犬疫苗的使用更快捷，而且有效，从道理上讲，也是惊人的相似。另外，对于流行病、传染病，书中更是提出了"疠气"的概念，认为这绝不是所谓的鬼神作祟，这种科学的认识方法在当今来讲，也是十分有见地的。书中对于恙虫病、疥虫病之类的寄生虫病的描述，也是世界医学史上出现时间最早、叙述最准确的。

【后世影响】

诺贝尔奖的先驱：《肘后备急方》培育出了中国诺贝尔奖获得者——屠呦呦。其实，在中国中医史上，涌现出过很多名医，也出现过不少传世医学典籍，在这些典籍里记载了不少治病的验方，是值得现代人挖掘的宝库。据屠呦呦称：她就是从《肘后备急方》一书中看到“青蒿一握，以水二升渍，绞取汁，尽服之”的提法（渍的意思是浸，沤。意思是说，不要加热，直接喝青蒿的浸汁）才恍然大悟，得出了青蒿不能加热的结论。实践证明，青蒿素受热就会失去活性，必须用乙醚才能提取。

免疫学的先驱：在葛洪的《肘后备急方》中，关于治疗狂犬咬伤，有这样一段话：“杀所咬犬，取脑敷之，后不复发。”当然，他的这一疗法，是在中医“以毒攻毒”思想指导下提出的，此法施后，若再被狂犬咬伤，是不会再发病的，这种非常朴素的免疫学思想，不仅在当时的历史条件下是非常可贵的，而且，对以后免疫学的创立和发展，具有重要的作用。

流行病学、寄生虫病学的先驱：《肘后备急方》记载有肺痨病的传染情况，书上说，害了肺痨病要经年累月才死亡，死了也能传染旁人，甚至传染家族中任何人，所以有人称这病为尸注病。葛氏还在《肘后备急方》中，提到了六种疟：即疟疾、老疟、温疟、瘴疟、劳疟、疟兼痢，并且提出治疗方法，其中常用者有常山、豆豉、蒜、皂荚、鳖甲等。而更为可贵的是，他提出了应用青蒿抗疟的方法。远在1600年前对传染病便有这样明确的认识，是很难得的。

炼丹术的先驱：葛洪的炼丹术，后来传到了西欧，也成了制药化学发展的基石。葛洪在实验中发现了多种有医疗价值的化合物或矿物药。至今，中医外科普遍使用的“升丹”“降丹”，正是葛洪在化学实验中得到的药物。

【故事征引】

葛洪洗药池

罗浮山冲虚观上面不远，有个八角形的小池，池中生满了荷花，池旁有一块巨石，台湾丘逢甲在石上题有“仙人洗药池”五个大字。据说葛洪（晋代炼丹术士，医学家）在冲虚观修炼时，为给黎民百姓治病，上山采药，就在这个小池中洗药。所以池中水也沾满了“仙气”，能够治病。

传说离罗浮山百里之遥有个村子，村中有一家姓丁的，母子二人过日子，儿子名叫阿寿是个孝子，侍奉老母十分尽心。有一天，阿妈说眼睛疼，到晚上就什么也看不见了，阿寿急得茶饭不思，到处求神问卜，找了好几个医生，都说无法医治了。可是，阿寿不死心，仍然四处打听哪里有名医。后来，他听人说罗浮山有位“活神仙”葛洪，医术高明，药到病除，而且心地善良，给穷人治病分文不取。阿寿十分高兴，背起阿妈连夜向罗浮山走去，走了两天一夜，到了罗浮山。可是，葛洪已在两天之前“仙逝”了，一听这话，阿寿的身子一下子软了，他将阿妈放在洗药池旁，蹲下身，捂着脸，放声哭起来。

阿妈劝他说：“阿寿呀，别哭了，你拼死拼活将阿妈背到这里，尽了心啦。是阿妈命该如此，眼睛治不好啦！阿妈好渴，你给阿妈舀点水喝吧。”

阿寿只好擦干眼泪，从背褡里拿出个椰壳碗来，他看洗药池的水碧绿洁净，便舀了一碗捧给阿妈。阿妈喝完了水，觉得眼睛发干，就用手指蘸了点水擦眼睛，这时，奇迹出现了，她双目复明了！她又惊又喜，四处张望，对阿寿大喊起来：“阿寿呀！我看见你了！阿妈这不是做梦吧？”

阿寿看着阿妈那双发亮的眼睛，也高兴地说：“阿妈呀，这是真的，这不是做梦！葛仙把你眼睛治好了。”

母子俩跪在地下，对着洗药池，对着罗浮山连连叩头，感谢葛仙救了他们。

这消息像长了翅膀一样传向四面八方，惊动了四府八县，来罗浮山讨“仙水”治病的人络绎不绝，一伙又一伙，小路都被踩平了，踩宽了。这消息也惊动了山下一个大土豪黑老虎，他想这可是发财的好机会呀，他立即派打手上山，霸占了药池，又派人在洗药池周围建了围墙，只留一个小门出入，讨一盅“洗水”收纹银五两。

可是自从黑老虎占领药池之后，就把“仙气”冲了，池里的水也不能治病了。

药物分类学始祖——陶弘景

【名医传记】

陶弘景（456～536），字通明，自号隐居先生或华阳隐居，卒后谥贞白先生，丹阳秣陵（今江苏镇江一带）人。陶氏生活于南朝，历经宋、齐、梁三朝，是当时一个有相当影响的人物，博物学家，对本草学贡献尤大。陶弘景的一生，跨宋、齐、梁三代，经历可谓复杂。梁武帝对其恩遇有加，《南史》也有“山中宰相”之誉。

陶氏为世医出身，祖父及父亲皆习医术，且有武功。他自幼聪慧，年四五岁乃好书，“恒以荻为笔，书灰中学字”。9岁开始读《礼记》《尚书》《周易》《春秋》《孝经》《毛诗》《论语》等儒家经典，颇以属文为意。10岁得葛洪《神仙传》，深受影响，“昼夜研寻，便有养生之志”。及长，“神仪明秀，朗眉疏目”，“读书万余卷，一事不知，深以为耻”。15岁作《寻山志》，倾慕隐逸生活。17岁以才学闻名，与江斅、褚炫、刘俣合称升明四友。

宋升明元年（477）22岁时，领军将军萧道成（即齐高帝）发动兵变，除宋后废帝刘昱，控制朝政，后二年代宋称帝，建南齐王朝。齐高帝萧道成及其子萧赜在位时，陶弘景曾先后出任巴陵王、安成王、宜都王等诸王侍读；兼管诸王室牒疏章奏等文书事务的书记职务。由于官场的倾轧，仕途不顺。36岁仍任六品文官“奉朝请”，心甚怏怏。遂于齐永明十年（492）上表辞官，挂朝服于神武门。后辞官隐居江苏句容句曲山（茅山），不与世交，并遍历诸有名大山，访求仙药。陶弘景一生爱松，尤其喜欢听松涛。他闻松涛声如闻仙乐，有时仅一人进深山，专去山野谷壑听松涛，人们因而称他为“仙人”。

天监十三年，梁武帝在茅山为陶弘景建朱阳馆。天监十五年又为其建太清玄坛，“以均明法教”。当时，他深受梁武帝萧衍的信任，虽则他时梁武帝多次赠官不受，屡请不出。但念其旧功，“恩礼愈笃，书问不绝”。梁武帝每当遇到有关国家吉凶征讨大事都要前往向他咨询，请他参与决策。平时月中常有书信往来，所以时人对他有“山中宰相”的称号。

永明十年（492）正式归隐茅山后，便着手整理弘扬上清经法，撰写了大量重要的道教著作，并对天文历算、地理方物、医药养生、金丹冶炼诸方面有一定研究，且有所著述，据统计，全部作品达七八十种。惜多亡佚。至今尚存者有《真诰》《太玄真一本际经·道性品》《真灵位业图》《登真隐诀》《肘后百一方》《本草集注》《陶隐居本草》《药总诀》《导引养生图》《养性延命录》《合丹药诸法节度》《集金丹黄白方》《太清诸丹集要》，以及《天文星算》《帝代年历》《华阳陶隐居集》等。

陶弘景编订的第一部道教神仙谱系称《真灵位业图》，包括天神、地祇、人鬼和诸多仙真，大约3000名，以7个等级排列。

他曾整理编写的《神农本草经》，增收魏晋间名医所用新药，成《本草经集注》7卷，共载药物730种，并首创沿用至今的药物分类方法，以玉石、草木、虫、兽、果、菜、米实分类，对本草学的发展有一定的影响（原书已佚，现在敦煌发现残本）。其内容为历代本草书籍收载，得以流传。在编写过程中，他有时用“黑”字写，有时就用“红”字写。所以，后人有“本草赤字”之称。

在养生方面，有《养性延命录》《养生经》，在本草学方面，除上述外，还有《药总诀》等。陶弘景在医学上也是有突出成就的。古代医药并不分家，是本草学家，在医理上也必然精通其道，陶弘景正是如此。他首先整理了葛洪的《肘后方》为《补阙肘后百一方》，并著有《效验方》。

他隐居茅山达45年之久，享年81岁。梁武帝诏赠中散大夫，谥贞白先生。

【后世影响】

陶弘景的一生颇具传奇色彩，他推崇葛洪的著作，其经历也和葛洪有异曲同工之妙。《本草经集注》在中国医药学发展过程中书写了重要的一页，诸多创新与发展是勤劳聪敏、博学广识的先贤在中医药学方面的重大贡献，也成了后世学习、借鉴和研究的珍贵资料。

陶弘景继承老庄哲理和葛洪的仙学思想，糅合进儒家、佛教观念，主张道、儒、释三教合流，并进一步整理道教经书，对道教颇有贡献。他是释、道、儒三家融于一体的代表人物。

陶弘景一生执迷道教的“神仙之术”，固不足取，然而陶弘景知识渊博，精通天文历法、山川地理、医术药物、琴棋书画乃至阴阳五行，在药物、冶炼、天文、地理、生物、数学等古代科技多个方面都有一定贡献。

陶弘景为寻仙访药，常漫游于名山大川中。行至山幽水静的美景之处，陶弘景便坐卧其间，吟诗作赋，作有许多优美诗文。南朝时，散文有了长足的发展，内容上出现了叙事、言情或寄情山水的文章，形式上则出现追求对偶、排比、用典，讲究辞藻华丽和声律求工的骈文。

【故事征引】

菜园求学

古代的时候，对自然界产生很多误区，人们相信蜾蠃是将螟蛉变成自己的儿子这个荒唐的传说，还把领来的儿子叫作“螟蛉子”。但是，陶弘景对此表示怀疑。

他在村边的菜园子里找到一窝蜾蠃，蹲在菜地里聚精会神地整天观察。陶弘景发觉它们有雄也有雌，经过许多天细致的观察，陶弘景终于揭穿了蜾蠃衔螟蛉的秘密。

原来蜾蠃也有自己的后代，螟蛉是被衔到窝里给幼虫当食物的，根本不存在“螟蛉义子”这回事!

从此，陶弘景更感到，凡事最好亲自观察，绝不能人云亦云。

陶弘景与“淫羊藿”

在中药里，有一味强阳补肾的中药——淫羊藿。相传，这个名字的得来和入药还颇有一番不同寻常的经历呢!

据记载，南北朝时的著名医学家陶弘景是个业精于勤、对中医药具有执着追求的人。一日采药途中，他忽听一位老羊倌对旁人说："有种生长在树林灌木丛中的怪草，叶青，状似杏叶，一根数茎，高达一二尺。公羊啃吃以后，阴茎极易勃起，与母羊交配次数也明显增多，而且阳具长时间坚挺不痿。"

谁知说者无心，听者有意。陶弘景暗自思忖：这很可能就是一味还没被发掘的补肾良药。

于是，他不耻下问，虚心向羊倌实地请教，又经过反复验证，果然证实这野草的强阳作用不同凡响。后将此药载入药典，并由此得名"淫羊藿"。

本草赤字

陶弘景整理医籍，十分尊重原作，绝不乱涂乱改，也不信口雌黄，即使有补充，也把自己的说法和原书的说法区分开来。如果搜集到的365种药加入《神农本草经》，他就用"黑"字写，有的就用"红"字写。所以，后人有"本草赤字""本草黑字"之称。赤字是本经正文，黑字是后来加入的。他开创的这种做法，后来的注释家争相学习。

为皇帝炼丹的"山中宰相"

在魏晋时期，服食金石之风更为盛行，炼丹术因此发展很快。服石与炼丹早在先秦时候就已经萌芽，在秦汉时期更加发展，秦始皇曾经多次派人去寻求长生不老的仙丹，汉武帝也曾经服食"玉屑"而求长生。魏晋时期道教兴盛，道教推行的神仙思想也是对炼丹术的一个推广。陶弘景因为博学多识，对医学研究颇深，在当时很有影响，得以在宫中做官，后来他辞官开始隐居生活，陶弘景与后来的梁武帝萧衍有很深的交情，梁武帝起兵伐齐夺取政权时，经常会向山中隐居的陶弘景讨教国家大事，请陶弘景为他出谋划策，为此，陶弘景还得了"山中宰相"的雅称。

陶弘景10岁时就已经读了葛洪的《神仙传》，葛洪是当时最有名的炼丹家，受其思想影响，陶弘景也潜心于研究炼丹之术。梁武帝萧衍称帝以后，更加器重陶弘景，一直想让陶弘景出山做官，但陶弘景始终没有答应。梁武帝也是迷恋炼丹的皇帝，他赐给陶弘景黄金、朱砂、曾青、雄黄等炼丹的原料，陶弘景就用这些原料炼出一种叫作"飞丹"的丹药，献给梁武帝。

陶弘景在炼丹寻仙药的同时，也倾心研究本草药学，写就《本草经集注》3

卷，这本书是对《神农本草经》的一次总结和完善，记载的药物种类达730种，按玉石、草木、虫兽、果、菜、米食及有名未用等分为7类，除有名未用类，其他每类再分成上、中、下三品。强调了药物的性味、产地、采集、鉴别等内容，书中为区分药物的寒热性味，用朱点标注为热，墨点标注为冷，无点则为平。还总结了治疗疾病的一些通用药物，比如治疗水肿的药有大戟、甘遂、泽泻、葶苈、芫花、巴豆、猪苓、苇根等，治疗黄疸的药有茵陈、栀子、紫草、白薇等。另外在书中还特别提出了药物的配制、加工炮制方法。

陶弘景还非常重视养生，他的另一本著作《养性延命录》也是集合前人对养生保健的论点加以总结而成的，书中很多的观点对于现代的养生都非常有意义。

断病如神的宫廷御医——姚僧垣

【名医传记】

姚僧垣（498～583），字法卫。吴兴武康（今浙江省德清县西）人。南北朝至隋初时期声誉卓著的宫廷御医。

姚僧垣为吴国太常卿姚信的第八世孙。其曾祖姚郢，为宋国员外散骑常侍，五城侯。其父亲姚菩提，为梁国高平令。曾经医治儿童老人疾病多年，平时非常留心药物治疗的效果以及医术经验的积累。梁武帝喜爱医道，故常常诏见姚菩提，与其谈论有关医学病理的问题，也很敬重这位老医者。

姚僧垣年少聪明，学识渊博，敬礼重义，于24岁时接手其医家之业。梁武帝召其进宫，面试医学之道，姚僧垣见多识广，对答如流，令梁武帝很惊奇，十分欣赏这位年轻人。

大通六年（534），姚僧垣为临川嗣王国左常侍，大同五年（540），任骠骑庐凌王府田曹参军。大同九年（544），姚僧垣返京城任殿中主医。当时，武陵王葛修华患病已久，经多位名医数次治疗都不见效果。梁武帝亲令姚僧垣主治。姚僧垣切脉诊断，详细了解病情，并做记录病症的日记，向梁武帝说明了此症状及病因。梁武帝赞道："卿用意绵密，乃至于此，以此候疾，何疾可逃？朕常以前代名人，多好此术。是以每恒留情，颇识治体。今闻卿说，益开人意。"大同十一年（546），姚僧垣转任正太医，加任文德主帅，直阁将军。

简文帝在东宫做太子的时候，就对姚僧垣很是礼重，一年四季常常给其赏赐。太清元年（547），姚僧垣转任西湘东王府中记室参军。侯景叛乱时，叛军围攻建业，姚僧垣毅然舍妻弃子前往参战，其英勇的表现受到梁武帝的嘉奖，并授戒昭将军，东湘王府记室参军。后来宫城陷落敌手，百官逃散，姚僧垣由小路归退。回到吴兴，遇郡守张嵊，与其彻夜会谈，僧垣泪流满面对张嵊说："吾过荷朝思，今报之以死。君是此邦大族，又是朝廷旧臣。今日得君，吾事辩矣。"不久，侯景叛乱大军攻至，经过数日抗战，郡城失守。姚僧垣逃避经久，仍被拘捕。侯景将军侯子鉴早闻姚僧垣的大名，对其非常敬重，所以释放了姚僧垣。

侯景之乱中，梁武帝被囚饿死。简文帝即位，姚僧垣又回到建业，复任中书舍人。后来侯子鉴到广陵任职，姚僧垣也随之到了江北。后来，简文帝最终仍然死于侯景之手。

梁元帝萧绎平定侯景之乱后，召姚僧垣至荆州，改任晋安王府咨议。当时虽然局势平定，但朝政混乱，任用人才不当，也没有恢复纪刚。姚僧垣常深怀忧虑，对曾共事的同僚说："吾观此形势，祸败不久。今时上策，莫若近关。"但同事听到了都是掩口偷偷取笑他。

梁元帝曾经患有心腹病，召集全国名医讨论治疗之法。众医生都认为皇上至尊至贵，不可轻脱，宜用平药，将可渐渐复元。姚僧垣则认为皇上脉洪而实，此有宿食。非用大黄，必无差理。梁元帝听从姚僧垣的建议，果然药到病除，梁元帝大喜，一次就赏赐百万钱币给姚僧垣。

到魏军攻克荆州，姚僧垣一直待在梁元帝身边，日夜不离左右，直到侍卫军人来到梁元帝身旁，姚僧垣才哭泣而去。

不久，周文帝派遣使者请姚僧垣到军营，被燕公于瑾召见，以大礼接待。周文帝派人去接姚僧垣，但燕公于瑾不让，让使者转告周文帝说："吾年老衰暮，疹疾婴沉，今得此人，望与之偕老。"周文念在燕公于瑾功高望重，也就不了了之。第二年，姚僧垣随于瑾到长安。

北周武成元年（559），姚僧垣任小畿伯下大夫。

天和元年（566），北周武帝即位，姚僧垣被加授车骑大将军及仪同三司之职。

天和六年，姚僧垣升任伯中大夫。

建德三年，姚僧垣任骠骑大将军，开府仪同三司。

建德四年，周武帝任姚僧垣为华州刺史。

周武帝驾崩后，周宣帝即位。宣帝当初在东宫的时候，经常有苦心的痛病发作。就召令僧垣为其诊治，结果是药到病除。宣帝为此很高兴，对僧垣甚为喜爱。其登帝即位之后，对僧垣更是器重，优厚礼待。宣帝问僧垣："常闻先帝呼公为姚公，有之乎？"僧垣回答说："臣曲荷殊私，实如圣旨。"宣帝又说："此是尚齿之辞，非为贵爵之号。朕当为公建国开家，为子孙永业。"即封姚僧垣为长寿县公，邑食一千户。册书封命当日，又厚赐金带和衣物等奖赏。

大象二年（580），姚僧垣任太医下大夫。宣帝患病，并且越来越严重。姚僧垣日夜待在宣帝的身旁。宣帝对群臣说："今日性命，唯委此人。"僧垣明白宣帝病重垂危，已无回春之药，就回答说："臣荷恩既重，思在效力，但恐庸短不逮，敢不尽心。"宣帝也理解僧垣的意思。

宣帝驾崩后，周静帝宇文阐即位，任姚僧垣上开府仪同大将军职。

隋朝开皇元年（581），姚僧垣进而封爵为北绛郡公。

姚僧垣于开皇三年（583）去世，终年85岁。他遗嘱子孙后人不要将官服入殓，简朴的白衣即可，灵前只置香，出殡前每日设清水祭祀便可。朝廷追赠姚僧垣本官，加荆州、湖州二州刺史。

姚僧垣医术高明精妙，为当时人所推崇，一生治验不可胜记，前后治好的，记也记不完。声誉极盛，远传到边疆诸国，外域诸蕃都信服，竞相邀请姚僧垣为其治病。姚僧垣行医数载，都留心搜集民间异方，记录和对比治愈的患者。

姚僧垣就参校治好病的处方编辑《集验方》12卷，又撰写《行记》3卷，在世上流行。今佚，部分佚文尚存《外台秘要》《医心方》等书。姚僧垣有二子，长子姚察（533～606），字伯审，历史学家。次子姚最（537～603），字士会，隋代学者。

【后世影响】

姚僧垣一生经历了齐、梁、北周、隋4个朝代，9位皇帝，在梁、北周、隋三朝先后担任22个官职，但使他名垂青史的还是那部《集验方》。

《集验方》系北周名医姚僧垣积累多年临证经验，搜采奇异，参校征效，编撰而成。其内容囊括临床各科诸多病证，是一部在历史上有一定学术地位的六朝方书，曾与仲景齐名。《集验方》中最早提出子宫下垂与举重物有关。

姚僧垣本人精医术，为当时人所推重，因此在金州追慕者盈门，而佛教得以在安康一地扩大影响，其功为最。

【故事征引】

三服药

北周武成元年，姚僧垣任小畿伯下大夫。金州刺史伊娄穆因病回到京城，请姚僧垣看病，告诉他自己的病情："从腰到肚脐好像有三道绳索缠绕一样，两只脚抖个不停，根本不能控制。"

姚僧垣为他诊脉，然后给他开了三服汤药。伊娄穆服用第一服后，感觉上面的束缚没了，服用第二服后，感觉中间的束缚没了，服用第三服的时候，三道束缚都没了，但脚还是又痛又麻痹，而且没有力气。姚僧垣再给他开了服药，服下后脚稍微能够屈伸了。姚僧垣说："等到霜降后，这病就好了。"

到九月时，伊娄穆果然能下地行走了。

断病如神

大将军窦集忽然得了风疾，精神错乱，先前给他看病的医生都说不能治了。姚僧垣诊断之后说："要治疗确实很困难，但也不至于死。如果专门让我给他治的话，我能治好。"他的家人就请姚僧垣治病。姚僧垣为窦集调制汤药，吃下去就好了。永世公叱伏列椿患痢疾很长时间了，但还是坚持上朝。于瑾问姚僧垣："窦集和叱伏列椿两个人都得了难以治愈的病，依我看来，叱伏列椿的病要轻些。"

姚僧垣回答说："疾病有深浅，但并不代表深的一定会死，而浅的一定会痊愈。窦集病虽然重，但最后还是能治愈。叱伏列椿病虽然轻些，但肯定免不了一死。"

于瑾问道："您预见他会死，那是什么时候的事呢？"姚僧垣回答："不会超过四个月了。"结果果然如他所说。

太后卧床不起，医生说法都不一致。皇帝召见姚僧垣，对他说："太后的病不轻，所有医生都说不用担心，他们的意思我能体会得到，但君臣之间，不应该相互隐瞒。卿认为到底如何？"姚僧垣说："我为太后感到害怕。"皇帝流着泪说："您既然都这样说了，我还能说什么呢？"太后没过多久就死了。

次年，周武帝讨伐北齐，在河阴患病，说不了话，眼睛也睁不开，一只脚变短，路也没法走。姚僧垣认为皇帝五脏都有病，不能同时治疗。治理军队最重要的事莫过于语言，于是用药，很快周武帝就能开口说话了；然后又治眼睛，也能看见东西了；最后治脚，也好了。到了华州，皇帝的病全好了。后来周武帝去云阳宫的时候得了病，让姚僧垣医治，有人私下问医治结果如何，姚僧垣说："唉，没办法了，没有人是不死的。"不久，周武帝就死了。

苍生大医，中华药王——孙思邈

【名医传记】

孙思邈（581～682），京兆华原（今陕西省耀县）人，唐代著名的医师与道士，是中国乃至世界史上伟大的医学家和药物学家，被后人誉为“药王”，许多华人奉之为“医神”。

他从小勤奋好学，7岁读书，每日背诵1000多字，有“圣童”之称。由于自己体弱多病，18岁立志学医。

到了20岁，已精通诸子百家学说，既“善谈庄、老”，又“兼好释典”，学问非常渊博。尤其对古典医学有深刻的研究，对民间验方十分重视，一生致力于医学临床研究，对内、外、妇、儿、五官、针灸各科都很精通，有24项成果开创了我国医药学史上的先河，如第一个完整论述医德；第一个倡导建立妇科、儿科；第一个发明手指比量取穴法；第一个创绘彩色《明堂三人图》；第一个将美容药推向民间；第一个扩大奇穴，选编针灸验方；第一个提出复方治病；第一个提出多样化用药外治牙病；第一个提出用草药喂牛，而使用其牛奶治病；第一个提出并试验成功野生药物变家种；首创地黄炮制和巴豆去毒炮制方法；首用胎盘粉治病；最早使用动物肝治眼病，动物肝富含维生素A；首创以砷剂（雄黄等）治疗疟疾病，比英国人用砒霜制成的孚勒氏早1000年；第一个提出“防重于治”的医疗思想；首用羊靥（羊甲状腺）治疗甲状腺肿；第一个发明导尿术等。特别是论述医德思想、倡导妇科、儿科、针灸穴位等都是先人未有。一生致力于药物研究，曾上峨眉山、终南山，下江州，隐居太白山等地，边行医，边采集中药，边临床试验，对中国传统的医学有深入的研究，同时对民间的药方非常重视，并终身致力于临床研究。他是继张仲景之后中国第一个全面系统研究中医药的先驱者，为祖国的中医发展建树了不可磨灭的功勋。他不但精通内科，而且还擅长外科、妇科、儿科、五官科以及按摩、卫生保健、饮食治疗、方法、老年养生等。

他写的《千金要方》和《千金翼方》两部医药学著作，是中国医药学史上的重要典籍。其中，医学巨著《千金要方》是中国历史上第一部临床医学百科全书，被国外学者推崇为“人类之至宝”，对唐朝以后医药学的发展和日本、朝鲜等国医药学的发展，都有着极其重大的影响。

孙思邈是中国第一个全面系统研究中医药的先驱者，也是系统、全面、具体论述药物种植、采集、收藏的第一人。他有渊博的医药学知识。

孙思邈不仅具有高超的医术，而且具有高尚的医德。对病人一视同仁，“皆如至尊”，“华夷愚智，普同一等”。他在《千金要方》中专门写了“大医习业”和“大医精诚”两篇文章，详细地论述了作为一个医生必须具有的医疗态度和医学品德。他以身作则，身体力行，在行医过程中时刻以这些道德规范来严格要求自己。他不仅是我国医德思想的创始人，还被西方医学界称之为“医学论之父”，是与希波克拉底齐名的世界三大医德名人之一。

孙思邈同时又是一个出色的炼丹化学家，他所编著的《丹经内伏硫黄法》一文，记载了中国早期的火药配方。30岁的时候，孙思邈隐居在太白山，成功地炼成了太一神清丹。这种丹药，是用雄黄、雌黄、曾青、磁石等，经升华而得的，其实这就是氧化砷。后来这种方法经阿拉伯西传，在欧洲曾有较大影响。

他的一生以治病救人和著书为己任，为我国和世界的医疗事业做出了不可磨灭的贡献。虽然孙思邈一生淡泊名利，隋文帝时召为国子博士，被其拒绝，但是仍然获得了统治阶级的赞赏。显庆四年（659），唐高宗召见孙思邈，欲授以谏议大夫，他辞谢不受。唐太宗李世民称赞孙思邈“凿开径路，名魁大医。羽翼三圣，调和四时。降龙伏虎，拯衰救危。巍巍堂堂，百代之师”。上元元年（674），孙思邈以疾病为由请求回乡，朝廷赐以良马代步，又将京城光德坊一所旧宅赐给他居住。于是，孙思邈只得再次居留下来。当时的知名之士如宋令文、孟诜、卢照邻等人，皆以孙思邈为师尊，请教学问。

孙思邈90余岁，仍神采丰茂，视听不衰。回到故乡，住在磬玉山。这里山势巍峨，古柏茂密，胜迹颇多。他继续从事医药研究，坚持著述，于逝世前又撰成了《千金翼方》30卷，书名取“輗軏相济”“羽翼交飞”之意，借以对30

年前撰成的《千金要方》进行补充并对新的学术经验作一总结。

永淳元年（682），年逾百岁的孙思邈与世长辞（有的考证活了102岁，有的考证活了141岁）。

临终前，他嘱其家人“薄葬，不藏明器，祭去牲牢”。意思是，要薄葬，不藏冥器，不须宰杀牛羊来举行祭祀活动。但他“功在生民，则民祀之”。人们为了纪念孙思邈，把他当作“神仙”，尊称为“药王”。他的家乡人民给他修庙立碑，把他隐居过的“五台山”改名为“药王山”。山上至今保留了许多有关孙思邈的古迹，如“药王庙”“拜真台”“太玄洞”“千金宝要碑”“洗药池”等。“箫鼓年年拜药王”，已成了孙思邈故乡人民千百年的习俗，这也说明历代人民对他的感情是多么深厚。

孙思邈一生著述很多，如《摄扬枕中方》《福禄论》《保生铭》《存神练气铭》《会三教论》《太清丹经要诀》等。这些著作大都亡佚，尚有部分佚文可见，只留下《千金要方》和《千金翼方》各30卷存世。

【后世影响】

孙思邈是中华医学发展先河中一颗璀璨夺目的明星，在中外医学史上建立了不可磨灭的功勋，千余年来一直受到人们的高度评价和崇拜。

他写的《千金要方》和《千金翼方》两部医药学著作，是中国医药学史上的重要典籍，起到了上承汉魏，下接宋元的历史作用。其中，医学巨著《千金要方》是中国历史上第一部临床医学百科全书，列为妇科、幼儿疾病科书首，并倡立了脏病、腑病等分类，具有新的分类系统性，在医学上贡献很大，被国外学者推崇为“人类之至宝”，对唐朝以后医药学的发展和日本、朝鲜、美、德、法等国医药学的发展，都有着极其重大的影响。

【故事征引】

皓首研经络

被尊为“药王”的唐代大医学家孙思邈，在临床上针药并重。但他起初并不在意针灸的作用。后来在临床实践中认识到针灸的妙处后才开始重视，宋人高保衡称他："苟知药而不知灸，未足以尽治疗之体，知灸而不知针，未足以极表里之变。如能兼是圣贤之蕴者，其名之良乎，有唐真人孙思邈者，乃其人也。"可见他对孙思邈的这种学术思想评价之高。

孙思邈是当时德高望重的医界先辈，有人送给他一位名家甄权的著作《名堂人形图》，他当时对于针灸及经络并不是很精通，所以也就对这本书不当回事。当时有深州的刺史成君卓突然得了急性咽喉炎，颈部肿得很严重，喉中闭塞，连水都不能饮下已经3天了，就告诉孙思邈，孙思邈想用药物已经没有什么作用了，因为饮水都进不去，所以就请甄权来为之治疗，当时甄权就在成君卓的右手次指端的商阳穴上刺了一针，约有一顿饭的时间，病人气息已经通畅了，第二天饮食谈吐已如正常时那样。可见针灸及经络学说之神奇了。

孙思邈在其100岁后曾感慨地说："吾十有八而志学于医，今年过百岁，研综经方，推究孔穴，所疑更多矣。"

从这段话里，一方面可以看到经络学说的博大精深，而另一方面也能看出孙思邈作为一代名医，皓首穷经的精神不愧为医界千古楷模。

另外，还能看出他作为一代医家的博大胸怀，自己用药物没有什么好方法，而能够推荐位在自己盛名之下的甄权去为患者治疗，正与他自己在《大医精诚》里说的一样：不作"功夫形迹之心"，不考虑个人名誉得失。真可谓名副其实的"苍生大医"啊！

川芎

关于川芎的来历，还有一段离奇的传说。

唐朝初年，药王孙思邈带着徒弟云游到了四川的青城山，披荆斩棘采集药材。

一天，师徒二人累了，便在混无顶的青松林内歇脚。忽见林中山洞边一只大雌鹤，正带着几只小鹤嬉戏。药王正看得出神，没过一会儿，突然听到几只小鹤不断地惊叫。药王师徒一瞧，原来那只大雌鹤头部低垂，双脚颤抖，不断哀鸣。小鹤们看见"妈妈"扑扑颠颠，也吓得凄楚怪叫。药王心里明白，这只雌鹤一定患了急病。

没过多久，天空中传来一阵阵鹤鸣，只见几只白鹤落下，从它们嘴里掉下几片叶子落入病鹤巢中。徒弟捡起落在地上的叶子，发现形状很像红萝卜的叶子，便满不在乎地丢在地上，但药王却若有所得，命徒弟把叶子捡起来保存好。

第二天清晨，天刚亮，药王师徒又到青松林。在离鹤巢不远的地方，巢内病鹤的呻吟声清晰可辨。

又隔了一天，药王师徒再次来到青松林，但已听不到病鹤的呻吟声了。抬头仰望，只见几只白鹤在空中盘旋，嘴里又掉下几朵小白花。徒弟依然不觉得稀奇，药王却又命徒弟捡起来保存好。

几天过去了，药王发现病雌鹤的身子竟已完全康复，率领小鹤们嬉戏如常了。

药王观察到，白鹤爱去混无顶峭壁的古洞，那儿长着一片绿茵茵的野草，野草的花、叶都与往日白鹤嘴里掉下来的一样。

药王本能地联想到，雌鹤的病愈与这种药有关。经过他对这种药草进行尝试后发现，其根茎苦中带辛，具有特异的浓郁香气。根据他多年的经验断定，他发现这种植物有活血通经、祛风止痛的作用，于是，他便让徒弟携此药下山，用它去为病人对症治病，果然灵验。

药王兴奋地随口吟道：

“青城天下幽，川西第一洞。仙鹤过往处，良药降苍穹。这是仙鹤衔来的良药就叫川芎吧！”

“川芎”由此而得名。

巧治脱肛

唐朝贞观年间，河南府某少尹受钦命出使东女国。这少尹平素身体健壮，但近一年来患了脱肛病，就是咳嗽一声也会脱出，不时伴有梦遗滑精、头昏眼花等症。遍请名医，屡服良药都不见好转。

凑巧，孙思邈途经此地顺道探望近亲。少尹闻讯，急令相请。孙思邈坐定，按其脉沉细无力，察舌胖嫩，苔少而润，再顾少尹周围，美貌妾侍不下十人，已知是房劳过度耗伤肾阳所致，便起身告辞。

这下慌得少尹连忙拽住衣袖，苦苦哀求。孙思邈见火候已到，便说：“大人若有诚意，不知可否屈尊遵守医命？”少尹连连应允。

孙思邈遂令其千日内独居，不近女色。少尹羞涩答应。孙思邈这才从怀中掏出一小瓶，嘱早、晚各取瓶内粉末少许揉于鼻内，以喷嚏数十为度。少尹一试，顿时喷嚏大作，泪涕俱下。

孙思邈微笑道："欲速则不达。每次只需少许药粉揉入即可，否则喷嚏过多恐贵体不支！"

随后又让取来少尹用过的药方，见多是补气升提之品，就顺手抽出一方，在上添了些补肾壮阳药，嘱其肛收即停服。

后来少尹专程赴京谢恩并请教。孙思邈笑道："大人纵欲太过，致使肾阳虚衰。肾阳虚不能助脾阳，则中气弱，气不举而下陷，不能禁固则脱肛。所送之药不过是一瓶'通关散'，能令人嚏，嚏则引气上行。加之大人千日不近女色，清心寡欲，更佐以补肾益气之品，如此三管齐下，再顽之症亦岂有不愈之理？大人切记，病虽愈亦须节欲养身。"少尹频频点头。据说因其注意了养生之道，竟活了100多岁。

名声大振

传说孙思邈死后升天，成了药王菩萨。药王庙挂有两块匾，左边是："妙手回春"，右边是"药到病除"，真说得神乎其神。其实，药王用药，也闹过不小的笑话。民间就传说他：背了时，甘草闹死人；走了运，砒霜治好病。

一次，有位老婆婆来找药王要毒药。药王问她："你要毒药做什么用？"婆婆说："养个忤逆不孝的儿子，打骂老人，要这种畜生何用？索性把他毒死算了。"药王心想：人命关天，非同小可，就抓了一付甘草，冒充毒药。婆婆回家，专为儿子煨了一罐鸡汤，准备在汤里下毒。

恰好，她儿子提回一条活蹦乱跳的大鲤鱼，要尝新鲜。婆婆就汤下面，把甘草投了进去，儿子一吃，七窍流血，顿时毙命。

药王得知，大吃一惊，甘草药性平和，怎会闹死人？越想越不明白，后来偶然间听一个道士谈道：甘草和鲤鱼犯忌，不能合在一起吃，这才恍然大悟。

药王用药闹死人，在当地待不下去了，就搬了家。那个地方老鼠多，为了毒老鼠，封了少量砒霜，另作收藏。一天遇急事出门，忘了跟家里说。恰好，有个患膨胀病的病人来就诊，药王的妻子误把砒霜给他了。

药王到家，得知妻子误把砒霜送给了别人，吓得不得了，心想前回误用甘草，闹出了那么大的岔子，这回用了剧毒之物，更加不堪设想，忙唤妻子，收拾行装，准备一走了之。

谁知刚出门，就被病人的家眷拦住，叩头就拜活菩萨："是什么妙药？真灵效，一剂就把大肚子消了！"药王心想：怪哉，怪哉！甘草闹死人，砒霜却治好病，这是什么道理？后来经过反复推敲，方才懂得，这就叫：以毒攻毒。只要剂量恰当，砒霜确实对膨胀病有效。

药王名声越来越大，到处传闻他能起死回生。有一天，几个年轻小伙抬来一位老爹，发心绞痛，疼得死去活来。药王一按脉，确实已经无效，就叫把病人抬回去，准备办理后事。

几个年轻小伙苦苦哀求："你就行行好吧！死马权当活马医吧。"

药王无奈，就说："快去找二龙戏珠的水来喝。"

"哪里有二龙戏珠的水呢？"明明是句推托话。众人抬着老爹回去，走到半路，病人心里发热，口冒青烟，喊着要水喝。附近又没有池塘，只有一个污水塘子，只得舀了一碗水，勉强对付一下。哪知病人喝了还要喝，再去舀水，才发现池子里有两条蛇缠住一只青蛙。

众人猜测，药王所说的二龙戏珠，想必指的就是它？于是一连舀了七碗，让病人喝个够。病人喝水以后，上吐下泻了一阵子，说也奇怪，病却好了。

从这以后，药王的名声也就越传越神了。

牵线诊脉

一次，唐王的公主得了病，御医诊治无效，听说孙思邈医术高明，就派大臣去请孙思邈。

孙思邈径直进宫，突然被太监拦住。太监说道："孙先生医术高超，公主传旨不必进宫诊脉，就在这外殿牵线切诊。先生诊得出病，自有重赏，若是诊不出病，马上赶出宫去。"

孙思邈没料到太监竟然这般刁钻，拈着胡须笑道："在宫外牵线诊脉也行，请将红线拴在公主腕上。"

一会儿，太监拉着一根长长的红线交给了孙思邈："你切诊吧。"

孙思邈左手挽起线，右手三指搭在线上。随口叫太监拿笔墨纸砚来。写下了四句话：线系枯木，脉自不通，误了公主，尔等小心。

太监们大吃一惊。没料到孙思邈果然医术不凡。赶忙进到里面，解下系在桌子脚上的丝线，拴在公主手腕上。

孙思邈诊罢，心里十分惊诧。太监们围拢来询问，孙思邈理也不理，道："本医请见皇上！"

公主性命关天，太监哪敢怠慢。马上进宫禀报。

皇上召孙思邈进宫，道："公主病况如何？"

"启禀万岁，公主之病，乃是身怀有孕，并是死胎。"

皇上一听大为惊怒，道："好个庸医，一派胡言乱语，公主尚未出嫁，哪来的身孕！来人呐……"

"万岁息怒，臣治病救人，性命关天，怎敢有妄言？臣随身带有灵药，请公主服下，打出死胎要紧。如非臣所言，再治罪不迟。"

皇帝细细思量，想到公主近日来茶饭不思，脸色蜡黄，身轻体瘦，也确有怀孕的迹象，便答应了给公主服药。

果然，药服下，公主生下了一个肉疙瘩，皇上怕出丑，马上命人把肉疙瘩埋掉。然后对孙思邈道：

"卿家，为何这许多御医未能诊出此病？"

"不是他们诊不出病，只因为官禄在身，不敢直言，臣乃山野村夫，无官禄荣辱之忧，才敢吐露真言。"

皇帝点了点头道："卿言之有理，卿言之有理！"皇上感念孙思邈为公主治好了病，便封孙思邈为"药王"。

这便是孙思邈被称为"药王"的由来。

葱管治尿闭

孙思邈非常提倡医德，强调医生要时刻为病人着想。

一次，一位得了尿闭症的病人找到他，痛苦异常地说："救救我吧，医生。我的肚子胀得实在难受，尿脬都快要胀破了。"

孙思邈仔细打量着病人，只见他的腹部像一面鼓一样高高隆起。病人双手捂着肚子，呻吟不止。

孙思邈见状心里非常难过，他想：尿流不出来，大概是排尿的口子不灵。尿脬盛不下那么多尿，吃药恐怕来不及了。如果想办法从尿道插进一根管子，尿也许就能排出来。

孙思邈决定试一试。可是，尿道很窄，到哪儿去找这种又细又软、能插进尿道的管子呢？正为难时，他忽然瞥见邻居家的孩子拿着一根葱管吹着玩。孙思邈眼睛一亮，自言自语道："有了!葱管细软而中空，我不妨用它来试试。"

于是，他找来一根细葱管，切下尖头，小心翼翼地插入病人的尿道，并像那小孩一样，鼓足两腮，用劲一吹，果然，病人的尿液从葱管里缓缓流了出来。待尿液放得差不多后，他将葱管拔了出来。病人这时也好受多了，直起身来，连连向孙思邈道谢。

在医学史上，孙思邈是世界上第一个发明导尿术的人。

敬德追袍

孙思邈被封为药王之后，唐太宗要留他在朝廷负责太医院的工作，但他不愿在朝做官，立志漂泊四乡采集药材，为百姓舍药治病。唐太宗不能强留，便送给他满斗金，满斗银，作为酬谢。孙思邈以看病为生，四海为家，要那么多金银也是无用，婉言谢绝了。

唐太宗见他既不慕官位，又不要金银，便赐给他“冲天冠”一顶，“赭黄袍”一件，白马一匹，金牌一面，任他去采集药材为黎民百姓治病，任何人不得阻拦。孙思邈穿戴着王袍、王冠，拜别了唐太宗，出了皇城，扬鞭走马向东而去。谁料想孙思邈被封为药王，穿戴着王袍王冠，却引起开国元勋尉迟敬德的不服。敬德暗想：我多年南征北战，东挡西杀，受尽千辛万苦，拼着性命帮着唐王夺来这万里江山，结果只封了个国公。你孙思邈进宫出宫只几天时间，不过为万岁治好了病，竟然得到这样大的荣誉。我主太宗办事实在太不公道。敬德越想越生气，就决定要将孙思邈的王袍、王冠夺回。他披甲上马，带领了几骑铁甲兵，神不知鬼不觉地追赶孙思邈去了。

孙思邈当时在金殿上从敬德的神色就看出了他对自己被封为“药王”不服气，他出了长安城以后，就一直在思考这个问题。他想，敬德性情直爽，他既然不服，多半要前来追赶闹事。我本来不慕名位，何不将王袍、王冠脱下，一来避免与敬德发生矛盾，二来到群众中去看病也比较方便。这时，他已来到灞桥桥头，便下马到柳荫之下休息，卸去了王冠，脱去了王袍，换上平常穿戴的粗布衣帽。

果然不出所料，当他卸下王冠王袍，在柳荫下休息时，只见大路西头尘土飞扬，几骑铁甲兵向灞桥奔驰而来，为首的正是尉迟敬德。只见他手执钢鞭，怒发冲冠。当他来到离灞桥不远处看见孙思邈以后，望了望孙思邈的穿戴，却不由自主地勒住了马，站在那里不走了。“奇怪！我明明看见他头戴‘冲天冠’，身穿‘赭黄袍’，下殿而去，怎么他现在仍然是山野医生的打扮；想他必定早就猜想到我的行动，脱去了王袍，卸去了王冠，既然如此，我又何必再找他寻事呢？还是勒转马头回朝去吧！”

正当敬德与随从勒马转回之际，孙思邈却连忙起身赶到敬德面前说道：“我早就望见国公了，请国公下马稍停。”

他又看了看敬德的铠甲，问道：“请问国公全身披挂，不知又要到哪路征剿？”

敬德被他这样一问，不觉又是一怔，但又立即镇定下来，下了马，走到孙思邈跟前，说：“我是专门前来追赶先生，想讨一些灵丹妙药。”

孙思邈知道他是用这话遮掩，不觉哈哈大笑，紧接着又问道：“国公身强力壮，精力充沛，并未患病，不知要灵丹妙药何用？”

“孙先生乃是神医下凡，药力奇效，能够起死回生。听说先生配有一种金丹，能够预防各种疾病，我要这种金丹好预防疾病的发生。”

孙思邈就答应了他的要求，随手从药囊里取出了18丸“八卦如意丹”交给了敬德，并叮咛道：“这是18丸灵丹。能够强筋壮骨，预防疾病，人畜皆可服用。你今回去要妥善保管，以便到适当时机服用。”

后来敬德又一次出征，便将孙思邈送他的那18丸“八卦如意丹”服了10丸，并把剩下的8丸给他的战马服了。在好多年的南征北战中，果然人强马壮，没有患过疾病，又为大唐建立了不少战功，受到了唐太宗的褒奖。

从此以后，敬德对孙思邈更加敬佩，深感他被封为“药王”当之无愧，后悔自己当初不该对他妒忌不服，孙思邈后来在故里华原县五台山太玄洞去世以后，敬德为了报答他以前赠药之恩，还前去为他站班。因此，后人在给药王塑像时，都要同时塑上给他站班的敬德。

伏虎似坐骑

孙思邈养了一头毛驴，到深山采药或到远处为群众治病时，就赶上这头毛驴为他驮载药囊、药材等；他走乏了，就骑上毛驴代步。他非常喜爱这头毛驴，一时也离不了它。

一年夏天，他同徒弟赶着这头毛驴到离家乡不远的五台山去采集药材，他们来到一处山谷，发现药材很多，就将毛驴拴在树上，然后走进山沟采挖药材去了。

他们走了不大一会儿，忽然一只猛虎大吼一声，从树林里蹿了出来，直扑毛驴。用两只前爪将毛驴压倒在地，张开血盆大口，吃掉了这只毛驴。

当孙思邈和他的徒弟闻声赶来后，老虎已经跑得无影无踪了，只见地上血肉模糊，剩下一大堆横七竖八的驴骨头。这头毛驴被老虎吃掉，眼下采集的一大堆药材如何运回去呢？今后采药，出诊又怎么办呢？孙思邈看到这种情景，非常生气。

说来奇怪，那只吃毛驴的老虎走了没有多大工夫，又慢慢地走了回来。它立在孙思邈的面前，垂下了头，眼中流露出哀求的神色，口角流着鲜血，温顺得像只猫。

孙思邈仔细观察了一会儿，看出这只老虎嘴中有了伤，是前来找他治疗的。这只老虎吃掉了他的毛驴，孙思邈很生气，便不理睬它，转过身向远处走去。可是老虎也跟着他走，眼里流着泪水，看样子喉咙实在疼得难以忍受了。

孙思邈看见老虎有悔过的样子，便叫徒弟去看看虎口里有什么病。徒弟走到老虎跟前，将医铃放入虎口，把虎嘴撑开，定睛一看，原来一根骨签扎在了老虎的喉壁上，他就伸进一只手去，把那根骨签取出来。

老虎的伤被治好以后，孙思邈就指着老虎训斥道："你这个作恶多端的野兽，吃掉了我的毛驴，被骨签刺伤了喉咙，乃是自作自受。我本来不愿给你医治，但见你疼痛难忍，且有悔改之意，才给你治好了病。你现在快走吧！"

老虎走去不远，又返回来走到孙思邈的面前卧了下来，做出让孙思邈乘骑的姿势。

孙思邈与徒弟看见老虎的动作，想了一会儿也就明白了。徒弟对老虎说："你若是愿意代替毛驴为我师傅驮药的话，就把头点三下。"他刚说完，老虎果真点了三下头。于是，徒弟便将他们采集的药材搭在老虎背上。老虎这时看了看孙思邈，还是不走。

徒弟又对它说："你难道还要把我师傅一起驮上吗？"老虎听后又点了三下头。孙思邈见老虎愿意驮他，就骑在老虎背上。

这时，老虎才站立起来，迈步向前赶路了。从此以后，这只老虎就经常给孙思邈驮载药囊、药材，还让他骑在背上到各地给人看病。他们师徒二人有时在深山老林里遇见了盗匪、猛兽，由于有这只老虎跟着他们，盗匪、猛兽也不敢前来伤害他们。

现在，耀县药王山上还有一块地方叫作"老虎坪"，在给孙思邈塑像时，总要塑一只老虎在身边，就是这个原因。

巧医龙王

古城西安西北隅有个窑洞叫药王洞。里面塑着药王孙思邈手托龙头替龙王治病的塑像。过去每年农历二月初二龙抬头这天，这里有盛大的庙会。这个地方为啥叫作药王洞？窑洞里塑像又是怎么一回事呢？

据说唐太宗把唐代大医学家孙思邈封为药王后，还要为他兴建一座药王府，供他居住。被他婉言谢绝了，仍旧住在现在西安城西北隅的一座窑洞里，替人治病。他医术高明，救活了不少濒于死亡的病人，加上他给穷人治病不收分文，还送针送药，因之他的名声越来越大。

一次，孙思邈正在窑洞里给人治病，突然闯进一个王者打扮的人来，此人腰阔体肥，身材高大，在那矮小的窑洞里，他只得低头弯腰而行。他一进窑洞就大声喊道："药王，快给寡人治病吧，寡人的腰都弯折了！"

孙思邈指指周围坐着待医的人们说："请尊客稍等，待这些病人治完后再给你治。"说完仍低下头去诊病。

王者暴躁地说："这些都是些草芥贱民，寡人把他们轰出去就是了。"说着就要动武。

孙思邈立即制止他说："来我这里的都是病人，没有高低贵贱之分。你若在此施威，我就不给你治病了。"

王者听后诺诺连声，乖乖地坐在后边等候。

孙思邈诊治完了其他病人之后，才对这位王者说："你是何异类？从实道来。"

王者见他识破自己的面目，连忙上前施礼说："药王真神人也！寡人实非人类，乃上界司雨之龙王也。"

孙思邈听说他是龙王，就对他说："你身为司雨龙王，为什么不为人间及时播雨，致使今年久旱成灾，民不聊生，你有何面目前来求医？"

龙王回答说："药王错怪小龙了。小龙由于病痛缠身，无力布云播雨……"

孙思邈问了龙王得病的原因。龙王说："那日小龙到下界游玩，不意撞了蜈蚣窝，晚上小龙睡熟以后，蜈蚣王便率领一大群蜈蚣钻进了小龙的每一叶鳞片下面，蜈蚣王则钻进了小龙头部的顶鳞下面，直吸脑髓，非致小龙死命不可。恳请药王速救小龙一命。哎——唷，痛煞我也！"龙王一下痛得倒在地上，现了原形。

孙思邈心想，这可是个绝症，用什么法子治呢？

孙思邈经过苦苦思索，终于想出了一个办法。他让龙王在屋里等着，自己到鸡市上买了七七四十九只大公鸡，利用一物降一物的道理，给龙王治好了病。龙王病愈以后，拜谢了孙思邈，腾身入云，降了一场透雨，救活了地上的禾苗。

以后一连好几年风调雨顺，五谷丰登。这是龙王为了报答孙思邈救命之恩及时布云播雨所致。为了纪念孙思邈，人们把他在西安住过的窑洞称为药王洞，并在窑洞前修建了药王庙，塑下了药王替龙王治病的塑像。时间久了，药王庙周围这一大片地方，就被人们称为药王洞了。

巧识脚气病

长安城内有几个富翁身患一种奇怪的疾病，只见脚胫日趋水肿，浑身肌肉酸痛麻木，身倦乏力，众医诊治均束手无策。于是，请孙思邈诊治，经药石下肚，仍不见转机，孙思邈由于难揭其谜，终日甚感不安。

有一天，严太守也患此病请孙思邈治疗，为了查明病因，他住进严府中仔细观察了十几天，只见严太守的贴身家僮也同样精神萎靡不振，下肢照样水肿，只是比严太守稍轻些。孙思邈仍百思不得其解，他又到厨房内调查，厨师说严太守不喜欢大鱼大肉，但他对粮食精制特别讲究，派人将米面反复加工精碾细磨后才作为主粮食品。

随后孙思邈又去拜访了其他几位同样症状的富翁，发现都有同样喜食精粮的习惯，此时孙已领悟出其中的玄妙了。孙思邈立即建议严太守将每日主食全改成粗粮糙米，并且将一些细谷糠、麦麸皮煎水服用，半月之后这种疑难病竟神奇的康复了，病人精神好转，水肿全消退了。消息一传出，长安城内外市民一片震惊，赞扬孙思邈真是天下神医！

孙思邈终于将谜底揭晓，他用食疗方法成功治愈因精粮引起的“脚气病”，在他潜心编写的医学巨著《千金要方》和《千金翼方》中有详细的记载。其中《千金要方》中收载有果实、蔬菜、谷米、鸟兽共计154种食物和性味、功能及主治病症的内容，最先提出用食物治病的科学理论，为传统医学“食疗法”的发展奠定了基础。

孙思邈在《千金要方》中专列谷、肉、果、菜等食物治病的作用，还专门介绍用赤小豆、乌豆、大豆等治疗脚气病；用谷皮（褚树皮）煮粥常吃以预防脚气病。孙思邈还特别指出："若能用食平疴，释情遗疾者方称为良工。"这些重大的发现，推动了中国医学养生学的发展，做出了重要贡献。

现代医学研究认为脚气病为维生素B_1缺乏症，主要表现为肢端感觉减退、异常，深反射减退或消失等多发性神经炎的症状，常伴有下肢水肿、食欲减退、胃肠功能紊乱。严重者可引起心力衰竭，影响心肌功能等。补充维生素B_1及长期进食糙米，即可预防脚气病的发生。

巧医心虫病

唐太宗带领将士，东征高丽，那里山多，气候也时有多变。

有一次，正值炎夏，一连行军好几天，沿途所过之处尽是光秃秃的山丘，多见石头，少见人，没有村庄、树木，也没遇上河流，大热天，饥渴难忍，将士们一连几天只啃点干粮充饥，嗓子眼儿里直冒火。战马也渴得嘶嘶长鸣。

一天，天还没亮，军马开进一个山谷，忽然发现一个大水坑。遇到了救命水，那个高兴劲儿就甭提了，于是用大碗舀来，咕咚咕咚地喝了起来，一个兵士舀来一碗，恭恭敬敬递给皇上。

唐太宗早就口渴如焚，难以忍受，也不管三七二十一，顺手接过来一饮而尽。顿时觉得腑内畅快，口舌生津。军士们也都一股脑儿喝了个饱。

谁知天亮一看，哎呀，不好，原来这是一坑污水，细瞅污水内还有很多游动的小细虫子。太宗暗吃一惊，心想，这水不能喝呀，喝了，人会生病的，他虽然有这个想法，但见将士们已将水喝了个痛快，喝罢精神抖擞，也就没有吭声，骑上马带领将士走了。

不久，太宗征服了高丽，班师回朝。回朝以后，他食不厌精，烩不厌细，吃得好，喝得美，也悠闲得多了。俗话说：无事生非。每当端起山珍海味，他就触景生情，想起高丽那一坑污水，眼前浮现出那些又细又长的小虫子，心里像吃个蝇子一样恶心。心想那个污泥坑里的水，我也喝了，肚里会不会有虫呢？

就这样，一天比一天疑心，一天比一天忧虑。有时，他饿了，吃得多一些，他就说："看！一定是虫子在作怪呀？"

有时，他吃得少一些，他也嚷嚷道："唷哟！是虫子在作怪呀！怎么连饭也吃不进去了。"满腹狐疑，左右不是，久而久之，便真的病了。

皇上有病，忙坏了满朝文武大臣。请太医来诊治，太医认真看过，道：

“陛下，您很健康，没有病呀！”太宗摇摇头，斥责道：真乃庸医也！又请另一个太医来看，看后说：“万岁，您身体很好，没有疾患。”太宗当场又把他训斥一顿，说他医道低下，硬叫太监们把他撵出宫去，从此再也不叫太医来给自己诊治了，而“病”却日复一日，越来越严重了。

这时，大臣们把乡间名医孙思邈请进宫来，给太宗医病，孙思邈仔细给太宗抚了脉，又详细询问了病因，略微沉思一会儿，说：“嗯，不错。是有小虫在陛下肚里作怪，不除掉它们，再让它们作孽，可不得了呀！”

太宗一听大喜：“爱卿，你看得准，看得好！”暗想，我这奇症总算遇上神郎中了。

孙思邈想了想，又对太宗说：“等我做些药丸，请万岁吃下，害虫就会被杀死的。”他便暗里用蜡，做成十个蜡丸，每个蜡丸里面，包着一条细长的虫子，做好拿来对太宗说：“这蜡丸你每天吃一个，十天吃完，为了查看害虫是否被药毒死，万岁的粪便要留下来，让臣检验。”

唐太宗随即按照孙思邈的吩咐，每天服用一个蜡丸，十天服完，第十一天头上，孙思邈找来太宗的粪便。因为蜡在人体内不会被消化，便用水将粪便冲去，十个蜡丸，依然完好。他又将每个蜡丸切开，露出小虫，这才拿到太宗面前，说：“万岁，你瞧，虫被药死，排出来了。”

太宗一见虫子，惊喜道：“啊呀，就是这些虫子，害得我好苦呀！爱卿真是妙手回春，你说，还要不要再用药了？”

孙思邈说：“药力很大，已经将虫排完。不再用药，你的病好了！”

“是呀，这会儿我就觉得爽快得多！”太宗说着哈哈大笑起来。

为了犒赏孙思邈，太宗大摆宴席，还一再要他在朝中做官。孙思邈婉言谢绝后，第二天就离朝还乡了。

锯末治腹痛

孙思邈刚开始行医时，就在故乡孙家原村。

有一次，邻里的一对中年夫妇抱着小孩急急忙忙地找他看病。小孩呕吐不止，手捂腹部喊痛，父母慌得不知所措。孙思邈仔细诊断后，认为是受寒而得。这时，看到旁边有一堆锯末，他忽然有所醒悟：檀香木理气止痛，其锯末也有同样效果。

于是，他抓了一把锯末，让父亲加点生姜作为引子，当即熬药服下。夫妇半信半疑地回到家，照他说的方法煎药，孩子喝了后，果然呕停痛止，病很快就好了。夫妇俩高兴地逢人就说："孙思邈医术高明，救了小孩的命。"

从此，他在乡里声名大振，得到周围村庄乡亲们的信任，一生病便前来就医。

为亲治病

药王孙思邈学医的最初动机是为了给父母治病。

孙思邈出生于陕西耀县的一个贫苦人家，他的父亲是一名木匠。在他7岁时，父亲得了雀目病（即夜盲症），母亲患了粗脖子病。

有一次，父亲在锯木时，看到他在一边发呆，便问他："孩儿，你长大了也要做木匠？"孙思邈回答说："不，我要做一名医生，好给父母亲治病。"父亲见他一片孝心，心里十分感动。

第二天就带孙思邈去城外一座大窑里上学。当孙思邈12岁时，父亲送他到附近的药农张七伯家去当学徒。孙思邈走进张七伯家，只见院子里里外外堆满了药草，十分高兴，心想：要是在这些草药里找到治父母亲病的药，那就太好了！在张七伯家当学徒的三年，他经常向师父问这问那，常常使师父十分为难。

后来，他才知道师父只会用一些土方治病，根本不懂药理。师父也懂得徒弟的心思，就对他说："你聪明好学，我不能耽误你的前程，从这里北去40里的铜官县有位名医，是我的舅舅，你到他那里去学医吧！"说完，还送了他一本《黄帝内经》。

孙思邈到了铜官，找到了这位名医。在他那里学了一年并研究《黄帝内经》，医学知识长进了不少。但这位名医也不知道如何治雀目病和粗脖子病，这使他十分失望。

第二年，孙思邈回到家乡开始给乡亲们治病。在行医时，他不贪财物，对病人同情爱护，渐渐地在家乡有了点名声。

有一次，他治好了一位病人的痼疾，病人到他家来答谢，得知孙思邈父母也身患痼疾，就对孙思邈说："我听说在太白山麓，有一位叫陈元的老医生能治你母亲的病。"孙思邈听了非常高兴，第二天就动身前往太白山。

从家乡到秦岭太白山有400里路程，孙思邈走了半个月才打听到陈元医生，并拜他为师。陈元见他一番孝诚之心就收他为徒。在那里，孙思邈终于学到了治粗脖子病的祖传秘法，可是如何治雀目病却毫无头绪。

一天，孙思邈问师父：“为什么患雀目病的大多是贫苦人家，而有钱人家却很少见这种病？”

陈元听后说：“你的话很有道理，不妨给病人多吃点肉食试试。”

孙思邈按照师父的话，要一位病人每天吃几两肉，但病人试了一个月仍不见效。于是他再翻遍大量医书，终于找到“肝开窍于目”的解释，他就给那位病人改吃牛羊肝，不到半个月果然见效。孙思邈回家时立即用在太白山学到的方法给父母亲治病。不久，他父母亲的雀目病和粗脖子病都痊愈了。

富贵面前不动心

孙思邈少年时代本来酷爱文学，立志写出流芳百世的文章。可后来突然发生的一场天灾人祸，使他改变了志向。

这一年，华原一带大旱，井水干涸，庄稼枯死，接着又瘟疫流行，许多村庄成了“无人乡”。孙思邈也染上了疫症，幸亏一位云游郎中路过此处，用几剂良药救了他的性命。这件事引起了孙思邈的深思。他想，在猖獗的瘟疫面前，自己的满腹诗书一点用也没有；两榜进士出身的华原县令也逃之夭夭，把十几万黎民百姓丢给了张着血盆大口的瘟神。相比之下，那云游郎中就显得高尚多了。于是，他决心抛却功名，做一个为天下黎民百姓赐药治病的好医生。

可时过不久，朝廷突然传下圣旨，急宣孙思邈进京，授官国子监博士。

乡亲中有的暗暗替孙思邈高兴，说他进京当了大官，就能享一辈子富贵荣华了。

谁知孙思邈却根本不把高官厚禄看在眼里。他向钦差施了一礼，辞谢道：“请钦差大人回复圣上，思邈不才，且弃文习医多时，不能应诏赴京……”

钦差笑着劝说道：“圣上知你能诗善赋，特命下官前来诏请。请不要过谦，马上随下官进京吧！”

孙思邈还是再三推辞。钦差“刷”的变了脸，怒喝道：“不必多说。限你三日内进京面君，违了期限，以欺君论罪。”说罢，催马而去。

当天晚上，孙思邈辗转反侧，冥思苦想：三天之后我若还不赴京，朝廷必定不肯罢休。看来，要实现自己的志向，只有远走高飞、浪迹天涯了。

就这样，孙思邈毅然告别慈母，离开了故乡。

为什么病人到药店买药叫作“抓药”

有了药方，就要到药店去抓药。在药店里，你可以看到司药人员把处方放在柜台上，手里拿着戥子，到身后的药柜上一个格子一个格子的小抽屉里去抓药。如果是位老药工，他一看是几克，在小格里用手一搓，用戥子一量，准是几克。人常说熟能生巧，这种过硬本领是靠成年累月的抓药实践练出来的。新药工抓药，就达不到这样的水平了。

提起抓药，还有一段动人的传说。

孙思邈经常外出行医采药，无论走到哪里，只要有好的药材，他就不畏艰难困苦地去采药，或进入深山老林，或攀登悬崖绝壁，或穿越河川峡谷。因为采的药材很多，它们的性味功用又不相同，所以不能混杂放在一起。为了便于分类放置和使用，他就特意做了一个围身，在围身上缝制了许多小口袋，凡采到一种药材，就装到一个小口袋里，使用起来就方便多了。

一次，孙思邈行医采药来到一个村庄。忽然间传来一阵狗叫，只见有一妇女躺在地上，嘴里不断发出“哎呀哎呀”的痛苦喊声。原来这位妇女的小腿被狗咬伤了，鲜血直流。他急忙从围身口袋里拿出一种药来，给这位妇女敷上，不大一会儿，这位妇女小腿上的血止住了，疼痛也减轻了许多。她的丈夫赶来，见此情景，十分感激，忙拜谢药王的救治之恩。

药王就是这样，采药走到哪里，行医治病就到哪里。他给病人诊治后，就从口袋里拿出药来，因为药物配伍不需要很多，总是从小袋里一小撮一小撮地抓出来，所以人们就把这种行为叫“抓药”。

后来，人们开药店，为了使众多药物不易混杂，更便于分类取药，店主也仿照药王的办法，将药柜内做成一个格子一个格子的小抽屉，小抽屉里再隔成三个或四个方格，来贮藏放置各种药材。小抽屉的外边写上中药名称，以便记取，免于混淆。直至今天，病人到药店买药时，有的地方仍叫作“抓药”。

药王拜师

殊不知当年，药王孙思邈还曾拜过两位山姑为师呢。

有一次，唐太宗患病，太医们束手无策。于是，太宗传旨召孙思邈进宫。孙思邈为唐太宗诊过脉，开了药方。一剂下去，不见起色，又服一剂，仍不见效。

唐太宗没有责怪他，让他先回家去。孙思邈心里很不痛快，行走了半天，他来到一座山下，向山民讨口水喝。这户山民只有姐妹俩，以卖药材为生。她们对这位远来的客人很热情，姐姐用黄色花为他冲了一碗金花茶，妹妹用白色花为他冲了一碗银花茶。

孙思邈每样茶喝一口，觉得味甘清淡，止渴清热，就说："这两种花都可以入药。"姐妹二人听罢，笑了起来。姐姐解释说："这两种药是同一种药，刚开时白色，盛开时变黄，它叫金银花。莫说你，就是孙思邈也不认识假药呢，这次他在万岁爷面前丢尽了面子。我们进城卖药，那些太监把我们的药全都拿走，只给一点点钱。我们气不过，就用假药骗他们，为此连孙思邈也治不好万岁爷的病。"

孙思邈听罢，恍然大悟，当下"亮明"了自己身份，拜两位山姑为师，跟她们学习采药、制药，了解各种药性。然后，他采了些新鲜药回宫，一剂就把唐太宗的病治好了。唐太宗接受了他的忠告，要太监上市买卖公平，并封孙思邈为"药王"。

后来，"药王"以金银花为"君"；甘草、生地黄、桔梗为"臣"，配制成"甘桔汤"方剂。至今，凡中医师开"甘桔汤"，都会自然而然想起虚心好学的"药王"孙思邈。

巧治男人"月经不调"

唐太宗李世民执政晚年，居功自傲，不容异见，万事独断独行而又轻信谗言，排斥异己。宰相魏征被奸臣谗言诬陷，罢官贬为庶民，归隐林泉。因含冤忍辱，心绪忧郁，造成性情不畅，故而积闷成疾，精神恍惚，惶惶不可终日，于是想起了老朋友孙思邈的高明医术，便去做心理咨询。

孙思邈见魏征面容憔悴而又愁眉不展，闻其声软而无力；问其病历，没有"前科"，只是对当今朝政不满；切其脉搏，时浮时沉。经过一番"望、闻、问、切"诊断，孙氏对魏征的病症成竹在胸，于是半开玩笑地说："丞相的病无妨，只是'月经不调'而已。"

"月经不调"，魏征听了，愣住半天没有吭声，真叫他哭笑不得。好在彼此都是老朋友，语气轻重无妨。便问："孙大夫您到底是名医？庸医？还是俗医？自古以来哪来男人行经之理。"

孙思邈说："都非也。我是半介'明'医、一介'心'医。"

魏征说："管你明医也罢，心医也罢，是医都应了解人的生理功能。老叟是个堂堂男子汉，哪来的'月经不调'。"

这时，孙思邈态度严肃起来了："你就是'月经不调'。"说罢拿起笔给魏征开了一张处方，递给他就拂袖而去了。

"嘿嘿，火气还不小。"

孙思邈走后，魏征越想越感到好笑，"哈哈哈哈，我倒要看看这处方写得是什么灵丹妙药。"拆开一看，没写什么黄芪、党参、芍药之类的药名。只是写了四句打油诗：

劝君按时服此药，十剂百剂不为多。
宰相肚里好撑船，天塌下来有人托。

魏征念罢，仔细琢磨："对呀，朝中的事，上有皇帝老子，下有文武百官。我一个人操哪门子心，万事得过且过，退一步海阔天空，何况官贬家犹在，回来优哉游哉，坐享天伦之乐，岂不善哉!"心理平衡了，再琢磨孙思邈说的"月经不调"，又"哈哈"大笑了一阵子，天天想到这句话就觉得好笑。

日日笑，天天笑，一笑解百愁，魏征一下子变得风趣乐观起来，先前压在心中的烦恼一扫而空。

这时，孙思邈不请自来，见到魏征就拱手祝福："宰相爷你的病已康复了，恭喜恭喜。现在是否可把我的秘方公布于世了呢？!"

魏征问："此话怎讲？"

孙思邈说："你原来是忧国忧民，思虑过度，致使肝气郁结，血脉不调，经络阻滞不通。当时我若说了实话，便会火上加油。所以我同你开了个玩笑，说你患了'月经不调'症。你听了这话，认为我是庸医，不懂人的生理，感到可笑。于是把注意力集中到琢磨我这个人算什么医的方向来了。又认为作为一个名医竟说出那种无知的话来，实在好笑。笑笑笑，笑中取乐，乐以忘忧。你就是服用了我开的'月经不调'秘方药，才解郁散结，再用'笑'这个疏肝理气'极品'，使你精神振奋，所以奏效。"

魏征这才恍然大悟，十分敬佩孙思邈这种心理疗法，乃赠金字牌匾一块，并亲自提笔书写：

药王治病有方，
医术万古传扬。

受到宰相这样的称赞，那还了得。金字牌匾一经挂出，立即名扬四海。好多求医求药的人不远千里而来，一下子孙思邈门庭若市，人山人海，孙思邈忙得不可开交。直到孙思邈病逝，跨鹤西归，不少患者还到他坟墓前去跪拜、磕头、烧香、供果，祈求偿赐治病药方。

久而久之，各府衙州县大小城池都造起了药王庙，雕塑了孙思邈的神像供人朝拜，祈祷药王菩萨保佑祛病益寿延年。

蚂蟥吸血疗疾病

有一天，一个小伙子的一只眼睛被什么东西撞了，立时，那只眼肿得就像一个熟透的桃子，痛得他直喊。

小伙子被人搀扶着来找孙思邈治疗。孙思邈一看患处已经发青，充满瘀血。他认为应先排除瘀血，然后再用药。但是伤患的地方在眼部，用针挑吧，一不小心就会把眼球刺坏，太危险，不行。他又苦思冥想，终于想出了一个好办法。

只见他急忙跑到后院去，在水池边捞了一会儿，捉了几条虫拿回来，叫病人躺在炕上，将那虫放在瘀血上边，旁人一看，原来是几条蚂蟥。用它怎么治病呢？真是感到稀奇。

眨眼之间，只见那蚂蟥蜷曲了几下，便叮破了红肿的瘀血，吸吮起来。不一会儿，蚂蟥的身子越来越粗，病人的瘀血越来越少，快要吸完了，孙思邈马上把蚂蟥拿掉，用清水洗净患处，再给敷上些药膏，叫病人休息着。

不过一个时辰，小伙子就完全轻松不痛了。他起身对孙思邈感谢道："孙医生，我的眼睛刚才肿得那么厉害，一会儿工夫就被您老人家治好了，真是神仙一把抓呀!您这种治疗方法真是奇妙，我还从来没听说过呢!"

孙思邈笑着说："这也是以前从百姓中学来的，今日恰好给你用上了。"此后，孙思邈利用蚂蟥吸血肿的神奇妙法一时盛传，他的名声也就更大了。

"阿是穴"的来历

终南山里有一位老猎人患了脚疼病，病发时疼痛难忍。他多方求医无效，愁自己后半辈子不能上山打猎，怎样维持生活？

有一天，他在村头路边听人说长安城有个曾给唐太宗治好病，并被唐太宗封为"药王"的孙思邈，这个人不但医术高明，而且给穷苦人治病，还分文不收。他就带了一些珍藏多年的鹿茸、虎皮等，前来长安求医。他来到长安后，一打听，说孙思邈回到五台山原籍去了。老猎人治病心切就来到五台山。他正行走时，迎面走来一位四十开外的中年人。这个中年人见老猎人行走不便，就关切地说："老人家，你的右腿有病吧？请到敝舍歇息片刻。"

老猎人见这人貌不出众，但却也整齐净洁，就回答说："谢谢先生的好意。我从终南山来到华原，是为了求药王治病，请先生指点药王府所在，老汉就感激不尽了。"

那人说："药王名叫孙思邈，有家无府，他不过是个云游四海、采药看病的云游郎中，只要你让人给他捎个口信，他自会上门治病的，何劳老人家远道来寻？"老猎人见他贬低药王，有些生气。这时，那个人才不得不说明自己就是孙思邈，并将老猎人搀扶到自己家里。

老猎人在孙思邈家里住下以后，孙思邈就给他精心治疗，每天服药、扎针，但一连治了将近半个月，病也不见好转。老猎人感到自己得了不治之症，要告辞回山。孙思邈见老猎人要走，更是着急，他劝告老猎人再住半个月，决心要给老猎人把病治好。他想，半月来给老猎人吃的是一般的舒筋止痛汤，扎针的穴位都是十四经内的穴位，但毫无疗效。是不是可以超出十四经的穴位，另寻新的穴位试试呢？他又担心新穴位会出什么危险，治坏了老猎人怎么办？就先在自己身上试扎了数次。然后，他请老猎人躺在土坑上，手指在老猎人腿上一分一寸地掐试针穴，并不停地问道："这里疼不疼？是不是这里疼？"

老猎人不断地回答："不是，不是……"

当他掐试到三阴交穴上方的一个部位时，老猎人突然大叫道："啊，是!"孙思邈一面掐住这个痛点，一面思索着这个部位在自己身上试针的针感，肯定了这里不是扎针的危险区，而且针感极佳，于是毫不犹豫地把一根细长的银针扎入这个穴位，过了一会儿，这位老猎人便呼吸均匀，腿疼减轻了。因为疗效显著，孙思邈就记下了这个新穴位。

谁知第二天孙思邈再在那个穴位上扎针时，又不起作用了。孙思邈就运用掐试法，又找到了一个疼痛点。

就这样，扎了七天针，换了五个穴位，老猎人的腿疼病终于痊愈了。老猎人万分高兴，临走时，拿出带来的鹿茸、虎皮、麝香等珍贵礼品，送给孙思邈表示感谢。

孙思邈婉言谢绝说："治病救人乃是医家本分，我怎能收你这样的厚礼呢？请老人家还是带回去吧!”

老猎人过意不去，就把虎皮放回背篓，把鹿茸等药材让孙思邈收下，以便治病救人。孙思邈见盛情难却就收下药物，按市价给老猎人付了银子，还赠给老猎人盘缠银两、干粮，送老猎人上路回家。

孙思邈送走老猎人以后，想给这个新发现的穴位起个名字。想啊，想啊，怎么也想不出一个合适的名字。他想起在老猎人身上刚找到这个穴位时，老猎人喊了声：“啊——是!”于是就给这个经外奇穴起名叫“阿是穴”。

因此，这个穴名一直沿用到今天。

“苍生大医”与卢照邻

唐高宗咸亨四年（670），已90岁高龄的孙思邈在他的住所——光德坊接待了一位30多岁的中年人，此人即是初唐文坛“四杰”之一的卢照邻。卢照邻字升之，号幽忧子，原籍幽州范阳（今北京大兴一带），为四川新都县尉。这一年他因事进京，也住在光德坊，因此二人才有机遇相会。

卢照邻对孙思邈这位“苍生大医”的医术和博学十分钦佩，称其“道合今古，学有数术，推步甲子，度量乾坤，飞炼石之奇，洗肠胃之妙”，因此“执师资之礼以事焉”。此前，卢照邻自觉全身发痒，请了不少医生诊治也未见好转，故求教于孙思邈。孙思邈当即为他切脉，看过肤色和脸色，又让卢照邻脱下衣服检查了痛痒的部位，然后告诉他“你果然患有恶疾啊”，卢照邻忙问：“是什么病？”

“就是疠风。”

听了这句话，卢照邻顿时目瞪口呆，面无人色。因为他知道，所谓疠风，就是人们常说的麻风病，是一种不治之症。接着又问：“这病你能治吗？”

孙思邈安慰他说：“你放心吧，我一定想方设法为你治疗，你就住在我这里，我可以随时照看你。”就这样，卢照邻在孙思邈的住宅里留了下来接受治疗。

一日，二人在一起聊天，卢照邻说：“我曾被人陷害，坐过牢，现在又患了恶疾。我的命运真有点像院子里那棵生了病的梨树。前日，我把我的感想写成了一篇文章，取名叫《病梨树赋》，请老师过目指教。”

孙思邈读后，摇头道：“你对疾病太悲观了，形体有可愈之疾，天地有可消之灾。我前后医治过600多个疠风病人，其中有1/10恢复了健康。贞观年间，我把一位重病人带进太白山，按时给他喂药，亲自给他料理生活，100天后，他重新长出了眉毛、胡子。你的病虽然重，但只要耐心地让我长期治疗，不是没有痊愈的希望的。”他要卢照邻树立战胜疾病的信心。

但时事难以预料，正当卢照邻安下心来接受孙思邈的治疗时，唐高宗要到甘泉避暑，命孙思邈同行，不得不中断治疗，卢照邻也回到四川新都。不久，孙思邈又告老还乡，从此两人天各一方，未再见面，仅有书信来往。大概五年以后，卢照邻以病辞官，去到孙思邈曾指示的太白山养病。此时，他的病情越来越严重，麻风病的各种症状更多地显露出来，开始是一只手麻木，后来一只腿也难以行走了。可他却听信了当地一个道士的蛊惑，服了他的“仙丹”，所谓“仙丹”的主要成分是有毒的汞（水银）、砒霜、铅等，不但没有治好他的旧病，反而使他得了新病，他痛苦不堪，写下了《五悲》《释疾文》等作品来叙述自己的不幸。永淳元年，恩师孙思邈逝世的消息，更给了他精神上新的打击。不久，他的病情进一步恶化。他想，与其全身溃烂，苟延生命，还不如及早了却一生，于是在武则天临朝后的一个秋风呼呼、枯叶纷飞的黄昏自杀了。

孙思邈虽然未能医好卢照邻的疠风病，但他“手疗六百”疠风病人，尽心竭力为卢照邻诊治恶疾的故事，千百年来被传为佳话。

葫芦头泡馍

孙思邈与葫芦头泡馍的趣闻，在西安民间广泛流传。葫芦头泡馍是西安著名的食品之一。有趣的是，外地人往往顾名思义，以为葫芦头就是葫芦的头部。其实，它是一种荤菜，基本原料是猪肚子和猪肠子，据说，葫芦头泡馍是名医孙思邈发明的小吃。

西安，唐代叫作长安，大医学家孙思邈曾经住在长安城里的光德坊里。那时，他虽说已有90多岁了，脸上爬满了一道道皱纹，胡须变得像银子一样白，可是，依然经常出诊，为病人解除痛苦。由于腿已不大灵便，就拄了一根龙头拐杖，在拐杖顶端的龙嘴里，拴了一个金黄色的药葫芦。长安城里的居民们都见过这个葫芦，也都认识这个葫芦。

孙思邈的住宅旁，有一家小小的饭馆，主要经营一种用猪肠子、肚子做的猪杂碎汤，叫作“猪杂糕”，也卖几样素食。可是，很少有顾客来吃，生意冷冷清清，眼看就要“关门大吉”。孙思邈出诊回来，有时候来不及叫家人做饭，就到这家饭馆吃饭。他是上了年纪的人，消化力弱，不吃荤腥，只吃素食。饭馆的掌柜十分崇敬他，从来不收他的饭钱。

有一天，孙思邈在这里吃过饭后，掏出了长长的一串铜钱，放在桌子上，对掌柜说："我在你这儿已经吃过十顿饭了，可是，你没收过一枚钱，今天，我一并拿来了，这一次，你说啥也得收下。"

掌柜把钱拿起来，塞到孙思邈怀里："别人的饭钱我是要收的，可是您的我不收。"

孙思邈很为难："我怎么能白吃呢？"

掌柜诚恳地说："您老人家给穷人治病时，从来也没收过诊金。我不收您的钱，一是为了表表我的一点敬意，二是权当代替穷人付一些诊金。"

"你的心意我领了，可是钱你得收下，因为你的本钱并不多，而且生意也不兴旺呀！"

"您老人家能来，就是给我的饭馆添了光彩。我的日子再艰难，也不能收您的钱。"

这一次，掌柜依然没收钱。孙思邈觉得过意不去。回到家后，想道：我得想个办法，帮助这位掌柜渡过难关。

第二天，他又来到饭馆，问掌柜："为什么你的猪杂糕总卖不出去呢？"掌柜长长地叹了一口气，"顾客都嫌腥味大，油腻多"。

孙思邈想看看这里是怎样做猪杂碎汤的，便走进厨房。他见厨师将肠子、肚子里里外外只洗一遍，不禁摇了摇头。

孙思邈对掌柜及厨师讲道："要想去腥去腻，必须经过十二道手续：捋肠子、捋肚子、刮肠子、翻肚子、摘肠子，回翻肠子，二次按肠子、漂洗肠子，二次捋肠子、笊肠子、三次捋肠子，煮肚子。只洗一遍就下锅，是不行的。"

厨师按照孙思邈的指点，重新处理了肠子和肚子。肠子、肚子下锅后，孙思邈从拐杖上解下那个药葫芦，向锅里倒下去了花椒、大料、上元桂等调味品。

这一次做成的猪杂糕，和以往的大不一样了，闻一闻，香气扑鼻，尝一尝，肥而不腻；吃过后，嘴里还留有香气呢。掌柜和厨师都眉开眼笑地向孙思邈道谢。

孙思邈将葫芦系在一根棍子上，插在饭馆门口，就走了。葫芦在阳光照射下，发出黄澄澄的光彩。

人们看见孙思邈的药葫芦挂在这一家饭馆的门口，都很诧异。为了弄个究竟，纷纷走进了门。饭馆里，猪杂糕的香气使他们流下了一道道涎水，都觉得不能不买些吃。吃过以后没有一个不赞美的。

顾客们问掌柜："为什么孙先生的葫芦挂在了你的门口？为什么你的猪杂糕突然做得这样好吃了呢？"

掌柜一五一十地回答后，有个顾客说："掌柜，既然这种汤已经和原来的大不一样了，依我看，就不应再叫'猪杂糕'，应该另外起个名字。"

掌柜说："好！"

又有一个顾客说："没有孙先生，咱们就尝不到这种美味。新菜名一定要把孙先生的功劳点出来。"

大家齐声说："对！"

顾客们七嘴八舌地一连拟了好几个名字，但掌柜一再摇头。

有个顾客望着挂在门口的葫芦灵机一动，回过头来说："咱们是孙先生的这个葫芦的把儿引来的。再说，菜的模样也有点像葫芦，依我看，新名字应该叫——'葫芦头'。"

掌柜和顾客们都翘起拇指："起得好！"

就这样，葫芦头的美名一传十，十传百，很快传遍了长安城。人们也成群结伙来到这家饭馆饱尝这种美味。从此以后，这个饭馆的生意一天比一天兴旺起来。

孙思邈与葫芦头泡馍的故事已流传了上千年，这段关于葫芦头泡馍的传说也深入民心。除此之外，孙思邈在民间还留下了许多趣闻与轶事，仍然令世人津津乐道。

世界食疗学的鼻祖——孟诜

【名医传记】

孟诜（621~713），平昌人氏。汝州梁县新丰乡子平里人（今河南省汝州市陵头镇孟庄村），曾在朝廷中任凤阁舍人。长安三年（703），官拜同州刺史，加银青光禄大夫。唐代著名学者、医学家、饮食家。其著作《食疗本草》是世界上现存最早的食疗专著。《食疗本草》集古代食疗之大成，与现代营养学相一致，为我国和世界医学的发展做出了巨大的贡献。孟诜被誉为“世界食疗学的鼻祖”。

孟诜进士及第，睿宗在藩时，召为侍读。长安（701~704）中为同州刺史，故世称孟同州。进士及第后，初任长乐县尉。曾于垂拱（685~688）初年在朝廷中任凤阁舍人（中书省官员，掌官进奏，参议表章，起草诏书，劳问有功将帅，察天下冤狱等事）。

青年时好医药、养生之术，与名医孙思邈过从甚密。孟诜精通医药、养生之术，在家居住期间，常去伊阳山里采集草药，按方炮制，济世救人。他年纪虽大，但力如壮年。有人问他是怎样保养身体的，他说：“要想保身养性，必须善言不离口，良药莫离手。”人们听了十分信服。

710年，相王李旦当了皇帝，十分想念孟诜，便下诏叫他入朝做官，孟以年老为由婉言谢绝。

次年，睿宗不忘旧好，赐给孟诜绸缎百匹，又命河南府（洛阳）于春秋二季送羊、酒、食物给孟诜。

开元（714~741）初，河南府尹毕构认为孟的高风亮节可与东汉有名的隐士向长（字子平）相媲美，遂将孟诜居住的村庄命名为“子平里”。

有一天，孟诜在凤阁侍郎刘祎之家里见到武则天赐给刘的银子时说：“这是用药（银）水涂抹的假银子，一烧便知。”刘放入火中一烧，银子顷刻化成锡水。武后知道了这件事，对孟诜很不满意，便将他降为台州司马，后又升为春官侍郎（礼部副职）。太子相王李旦仰慕孟的才学，召他为侍读，负责讲解经学。长安三年（703），拜同州刺史，加银青光禄大夫。

神龙（705～707）中，孟诜告老还乡，致仕归伊阳之山，日以药饵为事，卒于713年，享年93岁。

孟诜著有《食疗本草》《必效方》《补养方》各三卷，其中《补养方》三卷，经张鼎增补，改名《食疗本草》三卷，现于敦煌莫高窟内发现之古抄本残卷及近人辑佚本。又撰有《必效方》三卷，今佚，在《外台秘要》《证类本草》等书中多有引录。尝创用白帛浸于黄疸患者尿中，晾干并按日推列对比，以观察黄疸病疗效。另著《家祭礼》一卷、《丧服正要》一卷、《锦带书》等，均佚。《旧唐书》《新唐书》均有传。

《食疗本草》是一部食治本草专著，是对唐以前食疗药物及食治验方的系统总结，惜原书早佚。《旧唐书·孟诜传》及《新唐书·艺文志》都载此书为孟诜所著。可惜其书早佚。

【后世影响】

《食疗本草》是世界上现存最早的食疗专著，更是一部研究食疗和营养学的重要文献，对研究本草文献及饮食疗法发展史，具有里程碑的意义。

《食疗本草》集古代食疗之大成，与现代营养学相一致，为我国和世界医学的发展做出了巨大的贡献。其中，不少品种为唐初本草书中所未录，在食疗方面做出了一定的贡献，受到后人的称赞。诚如赵燏黄为《食疗本草》作序时说：“孟诜虽为孙思邈弟子，然其《补养方》（即《食疗本草》）并不拾孙氏《千金·食疗》之牙慧，而有独出之心裁。”

【故事征引】

孟诜以食疗养生

在我国古代众多的养生家中，有这么一个流派，他们既不主张呼吸吐纳，运动锻炼，也不主张悦意琴棋，服食药饵，他们提倡食疗。这一派人中有南唐的陈士良、元代的忽思慧以及明代的卢和等，但其中最负盛名的要数唐代的著名医药学家孟诜了。

孟诜从年轻时就喜好医药，后来更精研食疗与养生术，他曾对人说："若能保身养性者，常须善言莫离口，良药莫离手。"根据自己几十年的实践经验，他搜集了241种兼具医疗作用与营养价值的食品，编成了我国第一部食疗学的专著《食疗本草》。

书中记载了许多常见的食疗品。鸡：光粉诸石为末，和饭与鸡食之，后取鸡食之，甚补益。人毒热发，可取三颗鸡子白（蛋清），和蜜一合，服之差（差，好的意思）。黄雌鸡，补丈夫阳气，治冷气。瘦着床者，渐渐服之良。鸭：主补中益气、消食。消12种虫。白鸭肉补虚。鹅：卵，补五脏，亦补中益气。多发痼疾。鲫鱼：食之平胃气，调中益五脏。羊奶：补肺肾之气，和小肠。亦主消渴。治虚劳，益精气。萝卜：服之令人白净肌细。茶叶：利大肠，去热解痰。煮取汁。用煮粥良。柿子：补虚劳不足。红柿，补气，续经脉气。干柿，厚肠胃，温中，健脾胃气，消宿血。黑豆：令人长生，又益阳道。

在孟诜的食疗品中，日常生活中的鸡、鸭、鱼、肉、水果、蔬菜无所不包，真可谓品种齐全，琳琅满目。

在古代，药又被称作"毒"，这里的"毒"指的是药物的偏性，如寒热温凉、酸苦辛咸等，使用得好当然能治病，但若把握不好，反倒招灾引祸。

因此，古代许多医学家提倡"祛邪用药，补养用食"。五谷杂粮、大米白面，这是人类在漫长的历史过程中，从无数食品中，遴选出的性味最平和而营养最丰富的"良药"，它治的正是人类如何生存这个大"病"。食疗学家孟诜发现了这个大秘密，善于用日常食品养生、保健，既避免了药物的偏性，又使身体强健，寿命延长。

病因证候学大师——巢元方

【名医传记】

巢元方，隋代著名医学家，生活于6～7世纪间。史书缺传，其生卒年及籍贯缺乏考证。隋大业年间（605～618），他曾任太医博士，后升为太医令，有丰富的实践经验，高深的医学理论造诣。据《开河记》记载，609年，主持开凿运河工程的开河都护麻叔谋在宁陵（今河南境内）患风逆病，全身关节疼痛，起坐即头晕作呕，诸医诊治无效。

隋炀帝命令巢元方前往诊治。巢元方诊后认为是风入腠理，病在胸臆。须用肥嫩的羊，蒸熟掺药食下，就可治愈。麻叔谋依方配药，蒸而食之，药未尽病就治愈了。巢元方又叮嘱他用杏酪五味并佐以羊肉，一天吃几枚，可使疾病不复发。大业六年（610），巢元方奉皇帝命令主持编撰了《诸病源候论》。这与当时隋炀帝下令编撰的方书《四海类聚方》形成了一个鲜明的对比，即前者专述理论，后者专述治疗，两者相辅相成，形成了较为全面的医学配套著作，可惜《四海类聚方》早已佚失，使我们不得探其真面目。

《诸病源候论》又称《巢氏病源》，足见巢元方对这部巨著问世刊行之功高不可没。《诸病源候论》全书50卷，按病因证候分为67门，共载列专论1720条。书中每条专论包括疾病发生原因、病理转归、病变表现，专论后附有导引按等外治方法，却不同于历代方书那样列法载方，以示本部巨著专为探讨诸病之“源”“候”而设。

《诸病源候论》的问世，标志着中医病因学、证候学理论得以系统建立。它“荟萃精说，沉研精理，形脉证治，罔不该集”，唐代孙思邈撰著

《千金要方》《千金翼方》、王焘编著《外台秘要》，宋代大型方书《太平惠方》，其中关于疾病病因及证候的论述及分析，大都以《诸病源候论》为宗。

《诸病源候论》的医学成就和贡献主要有以下特点。

1.书中主论病因证候，不载方药：书中以病为纲，每类疾病之下，分述病证概念、病因、病机和证候。收罗病证之全前所未见，对病因病理的阐述和对证候的描述具有较高水平。

2.发展了中医病因学理论：提出“乖戾之气”是传染性疾病的致病因素，并提出预先服药可以预防疫病感染。书中记载了多种人体寄生虫病，详述其形态及感染途径；并提出疥疮与疥虫侵染有关；炭疽病为传染所致；漆疮系“禀性畏漆”引起的过敏；山区瘿病是饮用了“沙水”致病。书中的许多新观点和记载比之前人有较大进步。

3.在病理方面：书中对多种疾病的病变、转归有详细记载和系统描述，突出了各病的特殊证候，在临床鉴别诊断上有重要意义。

4.在证候分类学方面：对病症分门别类，使之系统化。如妇产科分杂病、妊娠病、将产病、难产病、产后病五类。这种分类更加细致、明确，有利于临床应用。

【后世影响】

《诸病源候论》是我国第一部系统总结疾病病因、病理、证候的中医病因证候学专著，也是第一部由朝廷组织集体撰作的医学理论著作，在中国医学史上占有重要地位，对后世影响十分深远。它不仅是我国历史上第一部专述病源和证候的书，书中虽没有记载治法和方药，却有很强的资料价值，为医者的案头常备用书，而且还是一部记载了当时医学发展水平的重要著作。从该书所载的对于病因的认识方面的内容看，当时的医学对于疾病的认识已经达到了全面周到、分析透彻的程度。医学史上，多数医家更加重视对于理、法、方、药等方面的研究和著述，这方面的专著非常少。而《诸病源候论》内容的全面和周到恰恰弥补了这一空缺，直到今天的医学发展水平，它仍称得上是一部完备的好书，并对隋以后两代医学的发展产生了巨大的影响，对我国医学的发展有突出贡献，为历代医家所推崇。

【故事征引】

钻研病因的太医博士

巢元方在医学理论方面很有建树。他主持编撰了我国第一部论述疾病成因的书籍《诸病源候论》，针对内科、外科、妇科、儿科和五官科等疾病的病因、病理和证候做了详细的分析，虽然没有对治疗做详细的论述，但是研究病因是治病的第一步，因此该书对于医生治疗的指导作用非常大。

《诸病源候论》中对于病因的分析有很多都具有创造性。比如对于疫疠，就是我们今天说的传染病的发病原因，指出是因为自然界中存在一种“乖戾之气”，人传染上就会生病，病发后的症状都是相似的。而通过预先服药，是可以预防这种病的。在当时能够对传染病的特点有如此的分析，并且还能够指出预防的概念，确实是非常难得的。对于一些过敏性的疾病，巢元方书中说跟人的秉性素质有关，实际上表明了一些人存在着过敏性体质。这些观点，为医家更好的治疗提供了更准确的理论依据。

书中在叙述病因的同时，也对一些病证的预防、保健等有所分析。特别是对小儿科和妇科的很多观点都非常朴实，诸如说小儿的护理不能娇生惯养，要顺其自然，新生儿皮肤娇嫩，要多进行日光浴；还主张穿薄衣服，这样冬天才能够耐寒，增强体质；在饮食方面，在孩子稍大一点时，吃母乳的同时还要添加辅食；对于护理，还提出慎护风池的简易方法，要多抚摩孩子的风池穴位等。还提到妇女怀孕的时候也应该做一些运动，才能增强骨气，对于养胎十分有利，同时巢元方还探讨了妇女生产的产式及难产的原因等，这些观点在我们今天的生儿育女中也有所应用。

巢元方对一些病证的描述非常精辟，一看就能知道是我们现在所说的哪种病证。比如说消渴症，就是渴不止，小便多，病变时经常会长疮或者有口发甜的现象，而且此病都是由肥胖贪吃引起的，一看这些症状就知道是糖尿病。比如石淋，症状是小便时石出，细的像麻豆，大的像皂荚的核儿，病发时疼痛难忍，而石排出后疼痛马上就会停止，这跟我们今天的肾结石或输尿管结石的症状是十分吻合的。这些症状的准确描写，如果没有深入广泛的临床实践是难以做到的。

中日医学交流的使者——鉴真大师

【名医传记】

鉴真（688~763），俗姓淳于。唐朝僧人，祖籍广陵江阳（今江苏扬州），持戒律最严的律宗南山宗祖师，也是日本佛教南山律宗的开山祖师，著名医学家。日本人民称鉴真为“天平之甍”，意为他的成就足以代表天平时代文化的屋脊（意为高峰）。

鉴真幼时家境清贫，长安元年（701）14岁时，随父在扬州大云寺（后改名龙兴寺）出家。702年，鉴真入扬州大云寺为沙弥。唐中宗神龙元年（705），他从道岸禅师受菩萨戒。景龙初年（708）随师到洛阳、长安，屡从名师受教。709年，随道岸禅师入长安（今西安），在实际寺荆州弘景律师门下受具足戒，跟随他学习南山律宗。在长安期间，鉴真勤学好问，不拘泥于门派之见，广览群书，遍访高僧，除佛经之外，在建筑、绘画，尤其是医学方面，都具有了一定的造诣。开元元年（713），27岁时回扬州大明寺，被推举为住持，从此建寺舍、造佛像、修塔宇、兴戒坛、讲法诵经、写经刻石乃至广施医药，普济众生，不遗余力。这时，他已成为对佛学具有较深造诣的高僧，并以这里为中心，开始了他此后30年在淮南地区广泛的宗教活动和社会活动。

46岁时即成为继道岸、义威（佛教领袖、大明寺方丈）之后的一方宗首，持律受戒，独秀无伦，前后受戒度人略计四万有余，泽及遐迩，道俗归心，时人誉其“江淮之间，独为化主”。

唐开元二十一年（733），日本遣僧人荣睿、普照随遣唐使来我国留学，并邀请高僧赴日弘法受戒。天宝元年（742），日本留学僧人荣睿、普照到达扬州，受日本佛教界和政府的委托，恳请鉴真东渡日本传授“真正的”佛教，为日本信徒受戒。当时，大明寺众僧“默然无应”，唯有鉴真表示“是为法事也，何惜身命”，并欣然应允。

从当年开始至天宝七年，七年中，鉴真和他的弟子祥彦、道兴等先后五次率众东渡，由于海上风浪、触礁、沉船、牺牲以及某些地方官员的阻挠而失败；尤其是第五次遭到恶风怒涛的袭击，在海上漂了14天，最后漂到海南岛的振州（今崖县）。

七年之内五次泛海，历尽艰险，均未成功。第五次东渡失败后，62岁的鉴真大师双目失明，他的大弟子祥彦圆寂，邀请他的日本僧人也病故了，但他东渡宏愿始终不移。唐天宝十二年（753）十一月十五日，他率弟子40余人第六次启程渡海，同年在日本萨秋妻屋浦（今九州南部鹿儿岛大字秋月浦）登岸，经太宰府、大阪等地，于次年入日本首都平城京（今日本奈良），受到日本朝野僧俗的热烈欢迎。

鉴真是我国第一位到日本开创佛教律宗的大师。当时日本天皇、皇后、皇太子和其他高级官员都接受了鉴真的三师七证受戒法，皈依佛门。此后，鉴真在日本不辞辛劳地活动了十年，传播了唐代多方面的文化成就，被日本人民誉为“文化之父”“律宗之祖”。

唐乾元二年（759），即日本天平宝字三年，鉴真在奈良郊区创建招提寺，并著有《戒律三部经》刻印流传，是日本印版之开端。

鉴真通晓医学，精通本草，他把我国中药鉴别、炮制、配方、收藏、应用等技术带到了日本，并传授医学，热忱为患者治病，至德元年（756，日本天平胜宝八年），鉴真及弟子法荣治愈圣武天皇病，当时鉴真虽已双目失明，但他以口尝、鼻嗅、手摸来鉴别药物真伪，辨之无误，因此他在日本医药界享有崇高的威望，人称为汉方医药始祖，日本之神农。日本医史学家富士川游在《日本医学史》中指出：“日本古代名医虽多，得祀像者，仅鉴真与田代三喜二人而已。”

唐肃宗宝应元年（763），由于鉴真长期积劳，致病重。5月6日，大师双腿盘空，面向西方的祖国圆寂。终年76岁。葬于日本下野药师寺，立塔立方形，正面题“鉴真大和尚”五个字。他在日本传法传艺，最后长眠在异国的土地上。《日本国见在书目》中，著录有“鉴上人秘方一卷”，又作《鉴真秘方》，其书久佚，佚文可在《医心方》中考见。

大师虽去世，但他为促进中日文化交流、发展中日友谊事业所做的贡献却永垂青史，他胸怀博大，品德高尚、饱经风霜，百折不挠的崇高形象一直受到中日两国人民的敬仰。鉴真的弟子在大师圆寂后所塑造的鉴真“夹纻干漆”座像，一直供奉在奈良唐招提寺中，并被日本奉为“国宝”。

【后世影响】

鉴真不仅为日本带去了佛经，还促进了中国文化向日本的流传。在佛教、医药、书法等方面，鉴真对于日本有极其深远的影响。

在医学方面，鉴真熟识医方，当年光明皇太后病危之时，唯有鉴真所进药方有效验。据日本《本草医谈》记载，鉴真只需用鼻子闻，就可以辨别药草种类和真假，他又大力传播张仲景的《伤寒杂病论》的知识，留有《鉴上人秘方》一卷，因此，被誉为“日本汉方医药之祖”。按照日本汉方野崎药局主席野崎康弘的说法，以下34种药草都是鉴真带往日本推动使用的：麻黄、细辛、芍药、附子、远志、黄芪、甘草、苦参、当归、柴胡、川芎、玄参、地黄、紫苏、丹参、黄芩、桔梗、旋覆花、苍术、知母、半夏、芫花、栀子、五味子、黄柏、杏仁、厚朴、肉桂、杜仲、唐木瓜、大枣、蜀椒、花椒、吴茱萸。

17、18世纪时，日本药店的药袋上，还印着鉴真的图像，可见影响之深。鉴真在中、日两国都享有很高的声誉。当其圆寂的消息传回扬州的时候，扬州僧众全体服丧三日，并在龙兴寺行大法会，悼念鉴真。在日本，鉴真也享有国宝级人物的待遇。1963年是鉴真去世1200年，中国和日本佛教界都举行了大型纪念活动，日本佛教界还将该年定为“鉴真大师显彰年”。1980年，在邓小平的斡旋之下，唐招提寺住持森木孝顺奉鉴真漆像“回乡探亲”，扬州大明寺因此得以重修，成为中日邦交史上一件盛事。

【故事征引】

脚　印

鉴真大师刚刚遁入空门时，寺里的住持让他做个谁都不愿做的行脚僧。每天他都很勤奋地做着住持交给他的工作，两年来，每天如此，从来没有一次让住持对他的工作产生不满。可是他一直想不明白，为什么别人都在做着很轻松的活，而自己却一直在做寺里最苦最累的工作，而且一做就是两年的时间。

一直以来，他都不能接受，认为自己很委屈，觉得住持分配得一点都不公平。有一天，已日上三竿了，鉴真依旧大睡不起。住持很奇怪，推开鉴真的房门，只见床边堆了一大堆破破烂烂的瓦鞋。住持很奇怪，于是叫醒鉴真问："你今天不外出化缘，堆这么一堆破瓦鞋干什么？"

鉴真打了个哈欠说："别人一年都穿不破一双瓦鞋，我刚剃度一年多，就穿烂了这么多的鞋子。"

住持一听就明白了，微微一笑说："昨天夜里刚落了一场雨，你随我到寺前的路上走走吧。"

寺前是一座黄土坡，由于刚下过雨，路面泥泞不堪。

住持拍着鉴真的肩膀说："你是愿意做一天和尚撞一天钟，还是想做一个能光大佛法的名僧？"鉴真回答说："当然想做光大佛法的名僧。"

住持捻须一笑接着问："你昨天是否在这条路上走过？"鉴真说："当然。"

住持问："你能找到自己的脚印吗？"

鉴真十分不解地说："我每天走的路都是又干又硬，哪里能找到自己的脚印？"

住持又笑笑说："今天再在这路上走一趟，你能找到你的脚印吗？"

鉴真说："当然能了。"

住持听了，微笑着拍拍鉴真的肩说："泥泞的路才能留下脚印，世上芸芸众生莫不如此啊。那些一生碌碌无为的人，不经历风雨，就像一双脚踩在又平又硬的大路上，什么也没有留下。"鉴真恍然大悟。

藏族医药学奠基人——宇陀·元丹贡布

【名医传记】

宇陀·元丹贡布（708～833），又名宇陀宁玛·元丹贡布，藏族，西藏堆龙给那（今西藏堆龙德庆）人。唐代藏医学家，藏医药学完整理论体系的创始人。

708年出生于拉萨西郊堆龙德庆的医学世家。他的曾祖父洛哲希宁是藏王松赞干布的御医，祖父斋杰加或巴扎是藏王贡日贡赞和芒松芒赞的御医。

宇陀3岁时，从父琼布多杰学习藏文写读、读经，5岁时随父受“日露化学”和“药师佛修习法”等佛教密宗之开许仪轨。宇陀·元丹贡布表现出非凡的天赋，受到父亲的悉心教育培养。8岁即开始攻读医学典籍，不久就开始行医。14岁时，他曾治好学者绕顿·贡却金的象皮病，该学者后来也学了医学，并在前藏地区得到卫巴达札的进一步医治，且获得他授予的一部《四部医典》。为了报答宇陀的医病之恩，他将此经典著作转赠给宇陀，同时赠与的还有他自己对此经典的注疏。宇陀如获至宝，悉心钻研，在医学方面就已有相当深厚的基础。18岁起，他先后六次赴印度、尼泊尔、斯里兰卡等地学习，拜当地许多贤达为师，学到古印度不少医学典籍，丰富了自己的知识。

同时，宇陀·元丹贡布与王室太医、内地医家东松冈瓦有着深厚的师徒情谊，东松冈瓦将自己的医著《医治痫症·生命轮》《医治狂犬证·匕首轮》《医治痉症·相轮》三部书相赠。

在青年时期，宇陀·元丹贡布曾先后两次去印度等地求学，第一次留学历经四年之久，第二次游学，往返共一年零八个月，且学问大增。返回西藏后，一面医治病人，一面向门徒传授医术。

38岁时，宇陀第三次到印度各地游学四年，广投名医。特别在名医美旺尊前，聆听了《医六十万》《医续晶鉴》《月王药诊补遗》等，在班钦·旃陀罗比尊前，受了《仙人耳传》和《八支论》等众多医学论著。返回吐蕃，行医授徒，成绩卓著。藏王赤松德赞召其至桑鸢寺与其他侍医答辩，获胜，名噪遐迩。由此，赤松德赞聘其为王朝保健医生。

后来，赤松德赞还赐予他塔、工、琼三处封地，作为医学科研的重要基地。并在工布曼隆沟修建寺院，培养医生，加工药材，炮制成药，行医治病，搜集民间药方。史载，刚开始时，培养的学生就有数百人，后来甚至达到了上千名藏医学博士的规模。

嗣后，他带领门徒往内地五台山朝佛，向僧医阿尔雅恳求医道，听受了《配方宝》和《内科藏义》等很多特殊的医训教言。他又曾认真仔细地研读前代存留下来的医著《医学大典》《无畏的武器》《月王药诊》及天竺的古印度吠陀医著。

45岁时，宇陀·元丹贡布以早期吐蕃医学为基础，吸收了汉地、印度和各方医学的精华，历经二十多年的研究及实践，结合个人的长期体会，著成名传千古的医学巨著《四部医典》一书。其书涉及藏医学之理论基础、诊断、胚胎、解剖、临床各科、治疗原则、方药、养生等内容，是一部奠基性的藏医学著作，其影响所及，至今仍然是学习藏医的必读课本。鉴于宇陀·元丹贡布在藏医学上的杰出成就，他被后代藏族人民所敬重，尊称他为“医圣”“药王”和“第二个药王菩萨”。

相传宇陀·元丹贡布活了125岁，833年才仙逝，被智慧仙女接引，白日飞升，直接进入了药师佛净土。

宇陀·元丹贡布的医学著作十分丰富，其中较重要的有《脉学师承记》《原药十八种》《大小八支集要》《马鸣医学集总注·观察宝鉴》《切脉学五章》《小续甘露精要》《秘方三纸卷》《验方小卷》，还有一些其他托名之作。

【后世影响】

《四部医典》的内容极其丰富，包括各种疾病的分类以及生理、病理、诊断治疗、药物配方等，详述了藏医学的基本理论，集印度医、中医、藏族传统医学等中外医学之精华，收录单科药材911种，治病配方在《秘诀续》中收录5856种，《后补续》中录630种。被誉为医学临床百科全书，是学习藏医学的必修课本，在国内外影响极大。《四部医典》在著成以后，依密宗始祖莲花生大师的劝诫，由藏王赤松德赞埋藏在山南桑耶寺下。在后来朗达玛灭佛时，幸免于难，得以保存完整。

【故事征引】

元丹贡布治眼疾

一次，赤松德赞患了眼疾，非常严重，让老宇陀为他诊治。检查后，老宇陀说："赞普的眼疾的确严重，但病根不在您眼里，而在您的臀部，因为那里面长了一个犄角。"

赤松德赞忙问："这可如何是好？"

元丹贡布说："要想治好眼疾，得先治好臀部上的病根。如果您经常用手去揉揉臀部上的骨头，那个角就会消失，您的眼病也就不治而愈了。"

赤松德赞按老宇陀的话办了，过了一段时间，他的眼疾果真好了。赤松德赞不解其中的奥妙，问道："臀部上的犄角与眼疾有什么关系？"

老宇陀笑答道："陛下的眼疾，是因为经常用手擦眼睛造成的。我说您臀部长了犄角，让您用手去摸它，您自然不会再去擦眼睛。如此一来，您改掉了用手擦眼睛的坏习惯，眼疾也就自然而然地好了。"

《四部医典》的修订

老宇陀著成《四部医典》后，并未曾流行，而是被王室秘藏，后被人发现而流入民间。经贡却觉献给小宇陀后，才回到宇陀家族手中。宇陀·元丹贡布把自己多年积累的经验与原书相结合进行了彻底的修订，不全的予以补充，而且把《月王药治》中有关脉诊、尿诊、五行生克等内容补充进去，对原书的注文、正文都作了校正，把全书分成18支。这才使《四部医典》定型而流传于后世。

《四部医典》的诞生，奠定了完整的藏医学理论基础，开创了藏医学完善的学术体系，成为藏文化的一块瑰宝。

造福一方的“医灵真人”——吴夲

【名医传记】

吴夲（tao）（979～1036），字华基，别号雪东。又称吴真人、吴真君、大道公、花轿公、英惠侯、真人仙师、吴公真仙、保生大帝等。北宋福建泉州府同安县白礁村人（现为漳州市角美镇白礁村），宋代名医。由于受其恩惠者无数，且其医术高明，医德高尚、闻名遐迩，民间又称其为吴真人，尊为“神医”。

保生大帝，原是周代泰伯皇帝的后裔，在列国时分土金陵，建国吴县，传到三十一世的时候，遂以吴为姓。后来吴姓子孙繁衍，才分出一支，迁入中国福建泉州府同安县白礁乡，这就是后日保生大帝生长的故乡。其实，他的祖籍原本是河南省的临漳，父母为了逃避时乱，迁徙到福建泉州，在白礁靠海的地方，筑茅屋落脚。

宋朝太平兴国四年三月十五日，吴夲出生，父亲吴通，母亲黄氏，先祖世代都是勤修功德，乐善好施的人。父亲平素也是以勤俭治家，喜欢做善事，以劝人学好闻名。母亲性情幽雅贞淑，增修前世功果，积德早已上达苍穹。

在吴夲小的时候，妈妈黄氏就告诉他，他出生不凡，是由神仙托生而来。望着妈妈脸庞异样的神情和口中津津乐道的出生故事，吴夲莫名地感染了这份喜气，虽然小小的心灵不太明白这件事，但是吴夲心里却萌发了一个念头：神仙都会用仙术帮助凡间的人们，我也要和神仙一样帮助人。

吴夲自小就聪慧过人，被称为神童。他很喜欢到屋后的山林田野间玩耍，在那里吴夲看到不知名的鸟儿啄着果子，野兽们也会自己衔草疗伤，它们从来不会弄错植物，吴夲非常好奇，觉得医药真的很奥妙，暗暗决定要拜师学医造福乡里。

吴夲十七岁那年的中秋夜晚，他做了一个梦，梦见他得到异人的引渡，到昆仑山顶谒见了西王母娘娘，西王母娘娘赐给他一本医书和斩妖伏魔之术，吴夲叩谢西王母娘娘赏赐后便醒了。他摸一摸娘娘送给他的医书：“咦!还在。我真的不是在做梦啊!”吴夲兴奋得再也睡不着觉，索性翻开医书来看。医书上记载了密密麻麻的珍贵药方，有治疗瘟疫的，也有治疗一般疾病的……吴夲依据医书上的仙法妙方，治好了许多病人，从此以后不管什么疑难杂症，只要到了吴夲手中，便会药到病除。

吴夲自从行医救世之后，遇着闲暇的时候，便专心于修养真性，采炼药草，很多医官慕名前来和他学习医术，吴夲一一地教导他们，希望这些医官能够救治更多的人。

吴夲一边行医，一边著医书，将医术传给后人。渐渐地，他在大家心目中就像是神仙下凡一样。南宋高宗绍兴年间，皇帝下诏在泉州白礁，为他兴建庙宇，后来孝宗皇帝也赐该庙匾额，题名“慈济灵宫”，并谥封吴夲为“大道真人”。中国台湾地区的人们把保生大帝称作大道公，就是这样来的。

后来，由于历代皇帝不断加封，最后一次封号就成为他今日称呼——“保生大帝”。随着时代的变迁，与大道公信仰相关的祭祀习俗也逐渐形成，成为当地影响最大的民俗活动。

慈济灵宫以其历史悠久，具有古建筑文物价值，1996年被国务院列为全国重点文物保护单位。

【后世影响】

吴夲，医术高超，医德高尚，深得人民爱戴，死后被尊奉为神，其宫观庙宇遍及海峡两岸和东南亚一带。

保生大帝文化已经成为人们在特定历史时期认识中国传统文化的载体之一，成为中华优秀传统文化的品牌之一；在海峡两岸的交流中，保生大帝作为闽台两地共有的地方守护神，日益发挥着情感交流的纽带作用，它对于增进海峡两岸人民的认同感与情感融合具有重大的意义。

【故事征引】

妙手回春

吴夲自幼聪颖，刚满10岁就常跟着父亲吴通下海捕鱼。吴通得了恶疾，因没钱医治，活活被病魔折磨死。为此，吴夲下决心学医，为像他父亲那样的穷人治病。不久，母亲黄氏也因操劳过度病逝了。

他四处求师学医，起初，跟蛇医采药捕蛇，后又到一些名山古刹从师学道，苦练岐黄。17岁时，就精通医术，并学得一身拳术，有三五飞步法。

有一天，吴夲在家乡行医，遇到一个少年被强盗砍倒在路旁，脑浆涂地，胫骨断裂，奄奄一息。吴夲立刻把鲜血淋漓的少年背回家里，着手抢救。他进山采来许多药草，给他内服外敷，并天天用屋旁的山泉清水替他洗涤化脓的伤口。最后终于救活了这个少年。乡里的人都称赞吴夲医术高明。

有一年，吴夲随身带着一根五寸长的铜针，背着装满自炼药丸的葫芦，浪迹江湖，云游四海，以医行天下。来到东京汴梁（开封），看到人们围观一张布告议论纷纷。凑近一看，原来是宋仁宗皇帝的母后患乳痈，太医无方，眼见生命岌岌可危，仁宗只好张榜告示天下，广征良医。诏书写道："愈者，当赐官重赏。"吴夲自料能治太后的病，就揭榜入朝。

这个身高体壮、长颅短发、隆准大鼻的"赤脚大仙"昂首挺胸走进了皇宫。吴夲给太后诊断后，很有把握地说："托皇上洪福，太后不日可愈。"于是，灸以艾炷，用铜针在太后背上施针，又从葫芦里倒出一些药丸，交给太后早、晚服用。

过了几天，太后的病痛完全消失了。仁宗皇帝非常高兴，封吴夲为御史太医，永留朝廷，享受荣华富贵。但是，吴夲却笑辞道："我志在修真，慈悲济世，拯救苍生。荣华富贵，非我所愿。"仁宗皇帝见挽留不住，就敕封吴夲为"妙道真人"。

中医儿科鼻祖——钱乙

【名医传记】

钱乙（1035～1117），字仲阳，祖籍浙江钱塘，后祖父北迁，遂为宋代东平郓州（今山东郓城县）人。宋代著名的儿科医家。

钱氏治学，当初先以《颅囟方》而成名，行医儿科，曾治愈皇亲国戚的小儿疾病，声誉卓著，被授予翰林医学士。曾任太医院丞，在多年的行医过程中，钱乙积累了丰富的临床经验，成为当时著名医家。

钱乙的父亲钱灏精于医道，擅长针灸但特别爱喝酒，又喜欢外出旅游。有一天他东游海上，便没有再回来。那时钱乙才3岁，他的母亲在那以前已经去世了，于是他便成了孤儿。

钱乙的姑妈出嫁到姓吕的医生家里，因为可怜他是孤儿，就把他收为义子，并且长期教他学习医术，又将他父母亲的事情告诉了他。他哭了一场，请求出门去寻找父亲，前后一共往返了八九次，总共花了几年的时间，终于把父亲接回家来，但这时离父亲出走已经30年了。乡亲们对此感慨万千，还有人写诗赞颂此事。钱乙对待吕医生就像对待亲生父亲一样。吕医生没有儿子，死后钱乙为他装殓埋葬，并穿孝服为他守丧。

钱乙自幼就“从吕君问医”，精勤好学，认真钻研《内经》《伤寒论》《神农本草经》等。特别是《神农本草经》，他“辨正阙误”，所下功夫很深。有人拿了不同的药请教他，他总是从“出生本末”到“物色名貌”的差别，详详细细地解答。事后一查本草书，果然“皆合”。此外，他把古今与儿科有关的资料一一采辑，加以研究。在钱乙之前，有关治小儿病的资料不多。

据《史记》所载，扁鹊曾为小儿医，东汉卫汛著有《颅囟经》，惜已失传。巢元方的《诸病源候论》，孙思邈的《千金要方》，也有关于儿科病的记载。到宋初，有人托名古代师巫撰《颅囟经》二卷，谈到了小儿脉法，病证诊断和惊痫、疳痢、火丹（即丹毒）、杂证等的治疗方法。钱乙对这部书反复研究，深受启发，并用于临床，收到疗效。钱乙还借助《颅囟经》的"小儿纯阳"之说的启示，结合自己的临床实践在张仲景总结的辨证施治的基础上，摸索出一套适应小儿用的"五脏辨证"法。因此，阎季忠对他"治小儿概括古今，又多自得"。

钱乙学习时，"不名一师"，善于化裁古方，创制新方。如他的六味地黄丸，由熟地黄、山药、山茱萸、茯苓、泽泻、丹皮组成，原是张仲景《金匮要略》所载的崔氏八味丸，即八味肾气丸（干地黄、山茱萸、薯蓣、泽泻、丹皮、茯苓、桂枝、附子）的加减化裁，作六味地黄丸，用来当作幼科补剂。这对后世倡导养阴者有一定的启发作用。如金元四大家之一李东垣的益阴肾气丸，朱丹溪的大补阴丸，都是由此方脱化而来。因此，有人认为钱乙是开辟滋阴派的先驱。

此外，钱乙还创制了许多有效的方剂，如痘疹初起的升麻葛根汤，治小儿心热的导赤散，由生地黄、甘草、木通组成，治小儿肺盛气急喘嗽的泻白散，即泻肺散，由桑白皮、地骨皮、生甘草组成，治肝肾阴虚、耳鸣、囟门不合的地黄丸，治脾胃虚寒、消化不良的异功散，治肺寒咳嗽的百部丸，直到治疗寄生虫病的安虫散，使君子丸等，迄今还是临床常用的名方。

宋神宗元丰年间（1078~1085），钱乙去汴梁（今开封）行医，因治愈宋神宗长公主女儿的疑难病症而得到皇帝的赏识，被任命为翰林医官。次年皇子仪国公患病瘛疭（抽风病），诸医皆束手无策，钱乙为其熬制黄土汤治愈，又被升为太医丞。

钱乙医德医风高尚，不矜持己名，诋毁他医，因而受到众医及病人的爱戴和信任。此后，上至皇戚贵族，下至平民百姓，都愿到他那里看病。钱乙不分长幼妍媸、贫富贵贱，一视同仁，皆认真诊治，授之于药，均满意致谢而归，随即誉满京城。

钱乙除医书外，史书杂说无所不读，天文地理、社会人事无所不晓，别人读书拘泥守古，而他能超越框框，融于己见，且大都与理法相合。他精通本草，多识物理，因而能辨认错误，别人得到一种特殊的药，或有什么疑难的事，求教于他，都能有问必答，充分显示其博学多识的才能和甘为大众服务的情操。

钱乙由于对小儿科作了40年的深入钻研，终于摸清了小儿病诊治的规律，积累了丰富的临证经验，特别在儿科方面更有创新和收获，他把这些经验和体会结合《内经》《伤寒杂病论》《神农本草经》等经典医著及诸家学说，写成了儿科专著——《小儿药证直诀》，但由于生前医务繁忙，随著随传，比较杂乱。现仅存《小儿药证直诀》，或叫《小儿药证真诀》，是钱乙逝世后六年，由他的学生阎季忠（一作考忠）将他的医学理论、医案和经验方，加以搜集，整理，核校编辑，删去重复，正其谬误，才于宋宣和元年（1119）正式刊行问世。此书共三卷，上卷言证，中卷为所治病例，下卷为方剂。

除《小儿药证直诀》外，钱乙还著有《伤寒论指微》五卷、《婴孺论》百篇、《钱氏小儿方》八卷等书，可惜均已失传。

据传，一天，钱乙早上起来，自己为自己切脉。随后，他吩咐家人通知自己的全部亲人过来，钱乙跟他们一一对话后，叫家人为他准备一套干净的衣服，换好后，叫家人自己去忙。他静静地坐在床上，看着庭院里的小孩高高兴兴地玩耍，自己仿佛回到童年。慢慢地，他闭上了眼睛，而且是永远地闭上了眼睛。享年82岁。

钱乙一生为小孩治病，治好了无数的孩子，在他生命的尽头，回到了童年，无疑是最好的结局。他没有一个美好的童年，却没有失去博爱的心，把博爱的心播撒给每一个孩子。不愧是一代名医！

【后世影响】

钱乙在儿科学方面的成就为后人称许，而且对中医辨证学、方剂学均有较大影响。他奠定了中医史上儿科的专业地位。妙手仁心，一生旨在使“幼者无横夭之苦，老者无哭子之悲”。阐释了中医医道的博大与慈爱。他精通中医的至高境界，在中医历史有里程碑式的地位。

钱乙是我国医学史上第一个著名的儿科专家，他撰写的《小儿药证直诀》，是我国现存最早的系统完整的儿科专著，而且也是世界上最早的儿科专著，在世界医学史上与中国医学史上的地位十分重要。该书最早记载辨认麻疹法和记百日咳的证治；也是最早从皮疹的特征来鉴别天花、麻疹和水痘；记述多种初生疾病和小儿发育营养障碍疾病，以及多种著名有效的方剂；还创立了我国最早的儿科病历；使儿科自此发展成为一门独立的学科。此书一直为历代中医所重视，列为研究儿科必读之书。后人视之为儿科的经典著作，把钱乙尊称为“儿科之圣”“幼科之鼻祖”。

《四库全书总目提要》称：“钱乙幼科冠绝一代。”还称钱乙的书为“幼科之鼻祖，后人得其绪论，往往有回生之功”。

【故事征引】

六味地黄丸的由来

六味地黄丸是中医临床常用的一种中成药，具有滋补肝肾的功能。本方始见于宋朝《小儿药证直诀》一书，是当时著名儿科医生钱乙首先创制的。

1079年，钱乙被召到汴京，治好了太子的病，受到了皇帝的重用和赏赐，使他誉满京城。那时候宋朝的太医一般是名医的后代。这些人的祖上也许真有点本事，但传到他们这一代，许多人已经成了靠门第资格吃饭，靠“家学渊源”吓人的庸医了。

钱乙是个“土郎中”的儿子，年龄才四十几岁，一下子进入太医的行列，不能不令这些官僚味很足的庸医们张口结舌。有些人固然佩服他，但更多的人却有点嫉妒，不服气。他们私下议论：“钱乙治好太子的病，不过是偶然的巧合罢了!”有的人说：“钱乙只会用土方，真正的医经怕懂得的不多。”于是，经常有太医署的人来拜访钱乙，向他“讨教”。其实，这种“讨教”带有“摸底”的性质。有一天，有位大夫带了几味《本草》中没有记载的药材，问钱乙药的出处、名字和用法，钱乙看了看，马上指出这是东海来的，那是西域特产，这是从波斯输入。问的人回去翻资料核对，果然一点也不差。

又一天，钱乙和弟子阎孝忠正在为患者治病，有位大夫带了一个钱乙开的儿科方子来“讨教”。他略带嘲讽地问：“钱太医，按张仲景《金匮要略》中的八味丸，有地黄、山药、山茱萸、茯苓、泽泻、丹皮、附子、肉桂。你这方子好像少开了两味药，大概是遗忘了吧？”

钱乙笑了笑说：“没有忘。张仲景这个方子，是给大人用的。小孩子阳气足，我认为可以减去肉桂、附子这两味益火的药，制成六味地黄丸，免得孩子吃了过于暴热而流鼻血，你看对吗？”

这位大夫听了，连声道：“钱太医用药灵活，酌情变通，佩服佩服!”弟子阎孝忠赶紧把老师的话记载下来，后来又编入《小儿药证直诀》一书。

就这样，钱乙所创制的“六味地黄丸”流传下来，古代医家对其推崇备至，它能滋阴补肾，对肾阴不足所致诸般虚症均有良效，有补阴方药之祖之誉。现代医学研究证实它有多种疗效，直到今天，仍广泛应用于临床。

做医生以救人为本

钱乙的父亲叫钱颖，是个针灸医生，因为家里穷，在钱乙出生以后不久的一次外出行医中失踪，不久母亲去世。孤苦伶仃的钱乙，从此一直生活在姑母家中。

钱乙的姑夫姓吕，是个民间医生。他心地善良，很疼爱钱乙。有人看病时，他常常让钱乙站在自己身边，看他切脉、诊断病情。没有病人时，姑父就教钱乙认识黄连、当归、白术、甘草等药名和药性。

钱乙10岁时上了学。每天放学回来，钱乙仍保持儿童时的习惯，坐在姑父身边，看他开药方治病。

时间长了，钱乙发现来找姑父看病的多数都是穷苦人。他们看完病后往往露出为难的神色说：“吕大夫，我只有这点钱，怕不够付药费吧？”

姑父总是笑着说：“没关系，没关系！”

有些来看病的人实在身无分文，就只好留下几个鸡蛋或一把青菜抵药费，姑父也从不计较。他告诉钱乙说：“做医生的要以救人为本，不能像商人一样唯利是图。只要看好病就是医生的最大快乐。”

姑父纯洁的心灵、高尚的医德和对穷苦人的深厚感情，使钱乙受到了良好的教育。14岁时，念过5年书的钱乙已成了姑父的得力助手。他主动帮姑父抄药方、配药，给病人热敷、针刺等，既帮了姑父的忙，又学到了医疗知识。到了十七八岁时，钱乙就可以单独处理一些小病了。

一天，钱乙送走一位白痴小儿病人后告诉姑父说：“我看，有许多病都是儿时得病的后遗症，可见治愈小儿病非常重要。”

“你说得对，可惜姑父在这方面医道太浅，以后，你就在这方面下工夫吧。有志者事竟成，以后家里看病我承担，你抽时间多看看书，常到外面走走，对提高医道是有好处的。”姑父诚恳地说。

在姑父的鼓励和支持下，钱乙决心摸索治疗儿科疾病的技艺，让孩童少遭夭折，让老人少受丧子之悲。他把古医经中所有儿科病的资料集中到一起，加以对比研究，并跑遍各地，边行医，边广泛采集民间治疗小儿病的土方。

经过几年努力，他终于在汉代名医张仲景总结的辨证施治的基础上，摸索出一套适合小儿用的“五脏辨证施治法”，还逐步研究出了几十种专治小儿病的药方，而且还治好了很多小儿的疾病。

后来，钱乙做过一段时间的翰林医官。一天，宋神宗的皇太子突然生了病，请了不少名医诊治，都毫无起色，病情越治越重，最后开始抽筋，皇帝见状十分着急。

这时，有一个人向皇帝推荐钱乙，于是钱乙被召进宫来，皇帝见他身材瘦小，貌不出众，有些看不起他，只见钱乙从容不迫地诊视一番，要过纸笔，写了一贴“黄土汤”的药方。

心存疑虑的宋神宗接过药方一看，见上面有一味药竟是黄土，不禁勃然大怒道：“你真是太放肆！太子乃千斤之躯，岂可儿戏，黄土能入药么？”

钱乙胸有成竹地回答说：“据我判断，太子的病在肾，肾为五行之中的水脏，按中医原理土能克水，所以此症当用黄土。”

宋神宗见他说的似乎有理，心中疑虑已除几分，正好这时太子又开始抽筋，于是命人从灶中取出烧过很久的黄土入药。太子服下一剂后，抽筋便止，两剂后病痊愈如初。

这时，宋神宗才真正信服钱乙的技术，把他从翰林医官提升为很高荣誉的太医丞。

就这样，钱乙在姑父的鼓励和支持下，加之自己刻苦钻研，终于成为当时的中医儿科学杰出的一代宗师，被后代医学界称为“儿科之圣”，博得了后人的赞扬。他所著的《小儿药证直诀》是我国现存理法方药完善的第一部儿科专著，全书共分上、中、下三卷，上卷论脉证治法，中卷载医案23例，下卷载诸方药。钱乙学术造诣精湛，善将前人理论与儿科临床实际相结合，并在前人的基础上发明创造儿科五脏辨证理论，提出心主惊、肝主风、脾主困、肾主虚的辨证纲领。论治上，从五脏补虚泻实出发，注意柔润清养、运补兼施、攻不伤正、注重调理脾胃的学术思想贯穿始终。该书集中体现了钱乙在中医儿科医学上的突出成就和卓越贡献。

醉眼识病婴

有一年，宋神宗的姐姐长公主的孩子病了。这可把长公主全家上下急坏了，大家都惶惶不安，担心厄运降临。

这时有人提到了钱乙，说民间可是传开了，这位钱乙治疗小儿病那可是有真功夫。

长公主急了："真的啊，还等什么呐，那就赶快把他给请来吧！反正太医们都没办法了。"

于是，钱乙就被糊里糊涂地带到了驸马府。

说钱乙糊里糊涂被带来是有根据的，文献记载钱乙进府时还醉着呢，这绝对是还不清楚怎么回事儿就来了，否则借他三个胆子也不至于敢到驸马家看病前喝酒呢。

白天一天诊病累了，晚上老婆给烫了壶小酒，刚喝两杯，就被拎走了。

可见长公主女儿的病很重，什么病呢？泻痢。这个病对小儿来说是非常危险的，经常是可以夺走性命的。现在长公主的女儿就快要不行了（泻痢将殆），所以，连夜把钱乙召来了。

钱乙嘴里冒着微微的酒气，进了驸马府，看到气氛森严的层层楼阁，酒稍微醒了点。但是，应该客观地说：他当时还是醉着的。

等到进入了重重帷幕之内，看到了病危中的小孩，钱乙的神情才开始凝重起来，酒也醒了大半。他认真地对患儿进行了诊断，然后长长地出了口气，起身，退了出来。

驸马很着急，忙问："怎么样？"

钱乙回答："没问题。"

驸马一闻：咦？怎么一股酒气？胆子太大了，给我家孩子看病居然还敢喝了酒来？活腻了不成！因为宋朝公主嫁的基本都是武将，这位驸马就是后来的宁远军节度使，人粗鲁了点儿是很正常的。

钱乙还不识趣呢，还在那儿讲："不用担心，她的身上很快就会发疹子，疹子发出来就好了。"

驸马更恼火了："你！给我闭嘴！我闺女患的是泻痢，和出疹子有什么关系！你实在是个庸医，谁把你找来的，把那个出主意的人给我拉出去打！"

然后一巴掌把桌子角给拍掉了一个："来人，把这个乡下土郎中给我轰出去！"

钱乙听了，一言不发，转身就走。

钱乙走了以后驸马还不依不饶：怎么这么大的酒气，快把能够去味的东西给我拿来！

仆人赶快端两筐菠萝皮跑了上来。

但钱乙走了，别人也没有办法啊，大家都不知道怎么治疗，挺着吧，估计接下来就该是办丧事了，然后呈报皇上，您又走了位外甥女，节哀顺变吧。

等到第二天，女仆突然来报："长公主、驸马爷，我们发现您女儿身上出疹子了！"

啊？大家都不信，忙跑来看。

果然，患儿出了一身的疹子，精神状态却好多了。

有这种事儿？这不和昨天那位医生说的一样吗？敢情那位医生是个高人啊！

长公主开始责怪驸马：瞧你昨天那个态度，做事儿怎么总压不住火儿呢？你就不能改改你那种粗暴的脾气？

驸马："得，我错了还不成？我再去把人家给请来不就得了吗？"

结果，又派人来到钱乙家里，钱乙正坐在那儿等着呢。

钱乙说："我就知道你们会来，我把药已经准备好了，走吧。"

脸上还是不喜不忧的，在他的心里，别人对他怎么样并不重要，重要的是这个孩子的病要医好。

钱乙开了药以后，孩子很快就好了。

看着女儿又恢复了往日的健康，长公主非常高兴，但还是很纳闷地问钱乙："您怎么知道出疹子就会好呢？"

钱乙回答："我昨天已经看到有微微的疹点，疹子外发，毒邪有外透之机，不至于内闭，当然就有让正气得以恢复的机会了，所以断定人死不了。我再用药辅助正气，让毒邪全部泄出，病就好了啊。"

原来是这么回事啊！

驸马虽然没有听懂，但也很高兴，为了表示自己并不是个粗人，还写了几首歪诗送给钱乙。

中国住院治疗开创者——庞安时

【名医传记】

庞安时（1042～1099），字安常，自号蕲水道人，蕲水（今湖北浠水县）人，是我国北宋时期著名的伤寒学家之一，被誉为“北宋医王”。

庞安时出身世医家庭，自幼聪颖过人，读书则过目不忘。医有家传，并取黄帝、扁鹊脉书研读，不久即通晓其说，并能阐发新义，后又师从其父亲庞之庆（号高医，是祖传的儒医，当地名医）学习医学，20岁时，医名就传遍江淮之间，可谓青出于蓝而胜于蓝。他性喜读书，即使寒暑疾病也不释卷，听说大有异书，便如饥似渴地购买。他生平讲侠义，也爱斗鸡、走狗、击球、博弈、音乐等。他为人治病，不分贵贱，招待住食，尊老慈幼，就像是病在自己身上一样；其中不治者，必定如实相告，不再治疗；病家持金来谢，也不尽取，其医德高尚可称。

中年以后，庞安时突患耳聋，这使他陷入痛苦的境地。从此，专心读书，更加努力研读医学书籍，兼收并蓄，颇有心得，而尤精于《伤寒论》，以善治伤寒名闻当世，时人有“庞安时能与伤寒说话”之称。

在学术思想方面，庞安时既精于伤寒，也熟谙温病，对内妇儿各科疾病都有研究，是一位拥有广泛实践经验的医家，其于伤寒与温病尤有发挥。

庞安时治疗伤寒主要是从疾病的发病原因、发病症状入手，并结合患者的体质、居住地的地理、气候等进行综合探讨，他继承前人的说法，认为伤寒的病因是“寒毒”，他在《伤寒例》有关论述的基础上予以发挥，阐发了寒毒学说。同时，庞安时亦提出“疫气”是发病的原因，是能够引起流行病、急性传染性外感热病的发病病因，是外感热病中另一类性质不同的疾病，这类疾病虽然属于温病范畴，究其病因，则是感受毒气很强的疫气引起的，提出了温病与伤寒分治，这对后世温病学说的形成有一定的影响。

为拯救更多的黎民百姓，庞安时用心30多年，广寻诸家，反复参合，终于著成《伤寒总病论》一书，全书共6卷。此书不仅是庞安时30多年潜心研究《伤寒论》的结晶，而且对世界医药学的发展做出了巨大贡献。

医术精湛，能急病人之急，行医不谋私利，常让来诊者在自己家里住下亲自照料，直至治愈送走，因此，他是中国开创住院治疗的第一人。

他晚年参考诸家学说，结合亲身经验，撰成《伤寒总病论》6卷，对张仲景思想做了补充和发挥。其突出特点是着意阐发温热病，主张把温病和伤寒区分开来，这对外感病学是一大发展。

庞安时与当时著名文人苏轼、黄庭坚、张耒等过往甚密，经常在一起吟诗作文，书信往来频繁。因为苏东坡擅长书法，经常有朋友馈赠他好墨，庞安时治愈了一个人的重病，没要患者一文钱，只要他把祖传的名墨（自称是制墨名家张廷珪所制）送给他。庞安时又把墨拿给苏东坡，跟他要了几幅字作为交换。苏东坡觉得自己捡了大便宜，还主动替他做广告，说他医术高明，善于治疗怪病，治疗伤寒，手到病除。在苏轼的《东坡杂记》《仇池笔记》，张耒的《明道杂志》，以及叶梦得的《避暑录话》等宋代的笔记中，都有关于他的记载，说明他的医术在当时的确有很大的影响，为世人所推崇。

有人曾问他有关华佗的事，他说："华佗医术如此高明，不是人所能达到的，大概史书的记载没有什么根据吧！"

庞安时58岁时疾病发作，他的学生请求他给自己诊脉，他笑着说："我已仔细地研究了，而且呼吸出入也是脉象，现在我的胃气已绝，该死了。"于是他不再服用药饵。过了几天，他在坐着与客人谈话时去世了。

后人为了纪念他，于浠水县城内建有药王庙（亦名洞天福地）、妙华庵（庙内设庞安时泥塑像），均毁。

庞安时对《难经》非常推崇，著有《难经辨》数万言，惜未传世。另外，还著有《主对集》《本草补遗》，均已散佚。

著有《伤寒总病论》6卷，另有《难经解义》1卷、《庞氏家藏秘宝》5卷、《验方集》1卷、《主对集》1卷、《本草补遗》等，但均亡佚。

【后世影响】

苏东坡评论庞安时说："术学造妙而有贤行。"庞安时撰著的《难经辨》《主对集》《本草补遗》《伤寒病总论》，在药理、医理、医疗诸方面，为祖国中医学留下了宝贵的财富。

《伤寒总病论》（9卷）于1957年由商务印书馆特予印行，推为中医学经典著作。

【故事征引】

庞之庆严教顽皮儿

北宋时，在脐州职水（今湖北省浠水县），住着一户姓庞的人家。主人庞之庆，出身医学世家，为当地名医。家庭生活富裕，丰衣足食，膝下有儿名叫庞安时。庞安时自幼聪明好学，读书过目不忘，秉性豪放，俊警绝人，就是生性顽皮，斗鸡、玩狗、掏鸟、猎兔、击球、对弈之事，无所不为，弄得全家无宁日，邻里都不安，庞之庆为之十分烦恼。

一次，庞之庆把安时关在家里让他读《脉诀》，自己外出行医。回家一看，庞安时已破窗而出。把他气得浑身颤抖，吃晚饭的时候，父亲一边打一边责备庞安时说："你只知玩耍，不知读书，是个不成器的东西。"

庞安时却胸有成竹地反驳说："您让我读的《脉诀》太浅显，我已自学了黄帝、扁鹊的脉书了。"

"撒谎！"

"谁撒谎了？"

父亲不信，就说："好吧！那你讲几段岐黄之作给我听听。"

不料，庞安时对脉书不仅贯通其说，而且独出新意，父亲听后甚为惊奇。从此，庞之庆对儿子除了严格管教外，特别注意了因势利导，顺从孩子的志趣，挖掘儿子的潜力。

庞安时爱诗画，庞之庆就带他去拜访诗人画家；庞安时喜郊游，庞之庆就伴儿子游览山河。

这样，父子之间的感情逐步加深了。在此基础上，庞之庆进一步教导儿子说："你很有行医的天赋，你要好好学医，拯救百姓，积德行善，做一个对民众有益的人。"庞安时在父亲的教导下，集中精力攻读医书，大有长进。

正当庞安时努力进取的时候，他突然患了耳聋病，这使他陷入痛苦的境地。父亲看在眼里急在心上，他形影不离，日日夜夜陪伴在儿子身边，安抚着它，指导着他。从此，庞安时去掉了顽性，摒绝了一切戏弄，闭门攻医。白天背黑夜抄录，手不释卷，寒暑疾病，也不休息。他遍读了医经医方，《黄帝内经》、皇甫谧的《针灸甲乙经》等经典著作，又到民间购买各种医书，并向亲友借来医书抄阅，终于，在父亲的引导下医术有了明显的进步。之后，又在临床实践中加以体验，由于他精力专一，二十多岁就成了名倾江淮的医生。据载，他所治疗的病人，几乎百发百中，故誉满天下。

庞安时的医术较为全面，尤其对《伤寒病》的研究产生了兴趣。父亲便积极帮助和指导，庞安时对汉代张仲景的《伤寒论》进行深入的研究，结合个人多年的临证经验，认真编写着《伤寒总病论》。

庞安时不但医术精，而且医德高。他效法父亲的言行举止，从不轻易用药，更不拿病人做试验。他为民治病不分贵贱贫富，均爱其老而慈其幼。他还在家中设病床，为远道而来的病人调治护理，侍奉汤药，痊愈后才送其回家，表现出高尚的医德。

如有人来请，他都是随叫随到，风雨无阻，而且多给病人以精神上的安慰。因此，他治病十愈八九，救人无数。人们都称安时为"大善人"。苏东坡评论庞安时说："术学精妙而有贤行。"

为拯救更多的黎民百姓，庞安时用心30多年，广寻诸家，反复参合，著成《伤寒总病论》一书。此书对我国医药学的发展做出了贡献。

一针治难产

舒州桐城地方有个孕妇，临盆七日不出，州县名医都被请来，各自使出绝招，但都未将婴儿接生下来。

最后只好请来庞安时，患者家属伤心痛哭，泣不成声，祈求庞安时救母子性命。

庞安时来到产妇床前，唤家人备好温水和面巾，再将面巾浸湿，敷在产妇腰腹上。产妇感到松快，腹肌微微抽动。庞安时再用手上下抚摸产妇的肚腹，然后取出针来朝着一处扎了一针。也真灵验，随针一扎，产妇肚肌抽搐了一阵，生出了一个胖胖的婴儿。乡亲们见了，无不惊喜诧异，都称赞庞安时医术高明，是扁鹊再世、华佗重生，产妇家人更是欣喜若狂。

庞安时捋着髯髯银须，微微笑着对人们说：“我刚才抚摸产妇的腰腹，就知道胎儿已出胞了，只是一只手抓住母亲的肠，致使不能出母体。我对准了婴儿的虎口处扎了一针，婴儿疼痛，松开了手，因此就降生了。”

人们都抢着看婴儿的虎口处，果有针痕。

“庞安时井”与“杨井”

有一年，天气大旱，浠水城郭乡杨家铺一带瘟疫流行，庞安时发现他开的药方在别处药到病除，而在这里就不灵验了。

他亲临这里察看，发现这里的村民吃水、用水不分，都取自污秽不堪的塘堰。要解决问题，必须立即打井。于是他找到在当地行医、名叫杨可的弟子，师徒二人一起上山寻找水源。他二人走到一个山坡下，庞安时在一棵小树边停下来，见树旁的密密草丛，庞安时高兴地说：“你看，这么干燥的天气，此处却不断涌出水来，这不找到了水源吗？”

杨可大喜，送走老师后，按老师的策划设计，开始在此打井。请来的石匠将白石打成石井圆圈，一直从井底码砌到井口，共用了72个圆圈砌成一眼深层潜水井。此井水质清冽，庞安时再用此水煎药给病人服用，果然妙手回春。

当地村民取水食用后，男女老幼个个红光满面，疾病全无，齐赞庞安时师徒为他们做了件大好事。大家合议，请来石匠，在石碑上刻上“庞安时井”三个大字，准备立在井边。

庞安时听说了这事时，立即赶来劝阻：“井是你们杨家人开的，供大家饮用，怎么把功劳记到我的账上呢？要是取个名，就叫它‘杨井’吧。”

人们感激庞安时，都称他为“大善人”。如今，“杨井”已成为国家重点保护文物。

苏东坡与庞安时的友谊

山下兰芽短浸溪，
松间沙路净无泥，
萧萧暮雨子规啼。

谁道人生无再少？

门前流水尚能西，

休将白发唱黄鸡。

这是苏东坡的一首《浣溪沙》词，记载的是他与庞安时的一段友谊佳话。

苏轼被贬官到黄州，患上左手臂肿的疾病，听说庞安时善医，慕名而去，发现庞安时虽耳聋，但聪慧过人，两人以手画字，不尽数字，庞已全懂其意，苏轼戏语说，“余以手为口，君以眼为耳，皆一时异人也”。庞安时也用针灸疗法，一针而疾愈。

苏轼又在此住了数日，两人同游清泉寺，吟诗豪饮，尽兴而归。

庞安时不仅“志在活人施妙药，心为济世挽沉疴”，而且爱好文学。“唐宋八大家”之一的苏轼既是一代文豪，又爱好医学。二人自此以后，或见面，或书信来往。

有一天，苏东坡正坐在书房翻阅医学书籍，外面衙役来报：“启禀大人，庞中医求见。”

苏东坡忙说：“有请。”

庞安时在衙役的引领下来到书房门前，猛抬头，一眼看见门旁新挂了两只灯笼，他不由诗兴大发，随口吟出一上联：

灯笼笼灯，纸（枳）壳原来只防风。

苏东坡正好迎出门来，听了略一沉思，立刻心领神会，随即续出下联：

架鼓鼓架，陈皮不能敲半下（夏）。

二人相视大笑，手挽手走进后院。院子中央有一小花园，庞安时看见园中生长的翠竹葱绿茁壮，他灵机一动，赞叹道：

中暑最宜淡竹叶。

苏东坡随口对道：

伤寒尤妙小柴胡。

两人在花园边坐下，衙役递上香茶，二人品茶谈天。他俩从名诗谈到名医，又从对联谈到医学，真是棋逢对手，喜结知音。

忽然，一阵微风拂过，送来阵阵花香，庞安时抬头一看，只见园中玫瑰正盛开，妩媚妖娆。他触景生情，又出一联：

玫瑰花开，香闻七八九里。

苏东坡听他又吟一联，未加思索也脱口而出：

梧桐子大，日服五六十丸。

庞安时坐了一会儿，告辞出来，随口又出一联：

神州到处有亲人，不论生地熟地。

苏东坡含笑答道：

春风来时尽著花，但闻藿香木香。

联中的“枳壳、防风、陈皮、半夏、竹叶、柴胡、玫瑰花、梧桐子、生地（黄）、熟地（黄）、藿香、木香”都是中药名。对联对得工整和谐，妙趣横生。

“世上沉疴逢妙手，人间青史记良医”。庞安时与北宋大文学家张耒及苏轼的门人黄庭坚，也建立了很深的友谊。张耒还为庞写了墓志铭：

聪颖绝人，耳聋从医。医术奇妙，声震江淮。德望之高，当世无比。广寻诸家，精心论著。迹垂后世，为人敬仰。

庞安时58岁时，与家人坐语而卒。人们为纪念这位医学家，在他的住处修建了“药王庙”，庙内塑有苏庞二人对话之涂金像。二位先人至今还在不知疲倦地探讨教子之方，救国之道。

寒凉学派创始人——刘完素

【名医传记】

刘完素（1110~1200），字守真，乳名天喜，别号守真子，自号“通玄处士”，金时的河间人。金代著名医学家。

刘完素生于洋边村（今肃宁县师素村）。3岁时，肃宁连降大雨，暴水成灾，父亲携妻背子逃到河间居住。来到河间府，父亲仍靠教书养家糊口。他教书时，经常把儿子完素带到课堂，让他和小朋友们一起听课。

开始，完素收不住心，经常旷课去玩。回家后，父亲就给他讲扁鹊学医的故事：扁鹊拜师长桑君，十年才得真传。这使完素领悟到了“天下无难事，只怕有心人”“有志者事竟成”的道理。特别是父亲给他讲了扁鹊望诊齐桓侯的故事后，使完素明白了，世间一切事物都是发展变化的这一自然规律，他慢慢地去掉了顽性，懂得了哲理。完素虽然年龄小，但在同学们中间他的学习成绩最好，父亲见他有所进步，就经常给他讲一些古代哲学家或科学家的故事，进一步激发他的上进心、求知欲。

在父亲的教化下，完素学业大有长进，他15岁时就能诗善文，闻名乡里。后来，父亲病故。

在他25岁的时候，母亲得了病，由于经常服药，家贫如洗，完素也无法求学。更可怜的是，母亲病危时，三次去请医生，因家中无钱，而医生不至，眼睁睁看着母亲被病魔夺去生命。此事使完素下定决心弃儒学医，以救天下受苦受难之人。

他先拜陈希夷先生为师，深得老师教诲。在学医过程中，刘完素深刻认识到《内经》“奥藏金丹宝典，深隐生化玄文”“义如烟海，理若丘山”，只有把《内经》学透，习医才有坚实的基础。于是，他从20岁开始悉心钻研《内经》一书，朝勤夕思，手不释卷，35年废寝忘食，探索真谛，一直到他60岁未曾中止，终于深得要旨，心中开悟。

刘完素还把父亲给自己讲的哲理运用到医疗实践中去，大胆创新。他深入研究了《内经》的运气学说，分析了自然界气候的变化规律与疾病的关系，提出了疾病大都由“火热”而起，其他致病因素如风、湿、燥、寒等也能化火为病。因此得出“六气皆从火化”的论点。由于刘完素首倡“火热论”，用药多偏寒凉，故而，刘完素（世称刘河间）成了寒凉派的代表人物。

寒凉派的产生，对当时的医学界发起了尖锐的挑战，因当时受宋代《局方》影响较大，用药多偏辛燥。因此，寒凉派一露头，就受到了很多人的非难。他们批评刘完素不循常法，自出异端，但刘完素说：“我从小就听家父讲哲理故事，世间一切事物都是发展变化的，治病也是如此。此一时，彼一时，五运六气有所更，世态居民有所变，不能总用老方治新病。”

实践证明，刘完素的观点是正确的，他用寒凉之剂治病，大都起死回生，许多医家，不远千里来河间府拜师求方，以活世人。

此后，刘完素便长期定居于河间，行医治病，医疗技术水平不断提高，不久便远近闻名，有“长沙复生”的美誉。

刘完素所处时代正值战乱频繁，疫病流行，再加上宋代陈师文等奉旨编撰的《太平惠民和剂局方》（后世简称《和剂局方》）在当时十分盛行，而其方药偏于温燥，致使热性病治之罔效，这就为刘氏创立新说提供了大量的实践机会。通过大量临床实践的探索和理论的研究，形成了自己的一套学术观点，创立了六气化火之说，治疗疾病善于药用寒凉之品，一改宋代滥用温燥药物之偏弊，自成一家之言。数年后，并据此撰写出了《素问玄机原病式》《宣明论方》《素问病机气宜保命集》《三消论》等许多医书发行于世。

随着他的创新理论广泛流传，师从者甚多，先后有荆山浮屠、葛雍、穆子昭、马宗素、镏洪、常德、董系、刘荣甫等从之，私淑者（没有得到某人的亲身教授，而又敬仰他的学问并尊之为师、受其影响的，称之为私淑）也不少，如张从正、程辉、刘吉甫、潘田坡等，最终形成明显的寒凉攻邪医风，开创了金元医学发展的新局面，形成金元时期一个重要学术流派“河间学派”。

由于刘完素医术高明，经河间知府吴锐推荐，为久病的皇姑治病。三剂药后，皇姑病愈，皇帝欲封其为太医，他坚辞不做。后来，据说金章宗完颜璟曾3次聘他出乡为官，都被他婉言拒绝，甘当民间草医，乐为百姓治病，深受民众欢迎。金章宗爱其诚，赐号“高尚先生”。

刘完素辞世后，保州、河间十八里营、肃宁洋边村的群众都建庙宇纪念，而且河间十八里营更名刘守村，肃宁洋边村更名师素村（取纪念刘完素之意）。明正德二年（1507），刘完素被册封为“刘守真君”，圣名贯古。明万历年间（1600年前后）师素村刘守庙扩建为“刘守真君”庙。保定市、肃宁师素村分别于1984年、1993年重修刘守真纪念堂（刘守庙）和刘守真君庙。

700多年来，每逢正月十五、三月十五师素庙会供奉者绵延不绝。如今，还成为县境一年两度的物资交流市场。

刘完素一生著述较多，主要有《黄帝素问宣明论方》（1172）15卷、《素问玄机原病式》（1186）、《内经运气要旨论》（即《素问要旨论》）、《伤寒直格》（1186）3卷、《伤寒标本心法类萃》（二卷）、《三消论》《附〈儒门事亲〉》、《素问药注》（已佚）、《医方精要》（已佚），其他托名刘完素的著作还有《习医要用直格并药方》《河间刘先生十八剂》《保童秘要》《治病心印》《刘河间医案》等。后人多把刘完素的主要著作统编成“河间六书”“河间十书”等，其中或加人了金元其他医家的著作。

【后世影响】

刘完素是中医历史上著名的“金元四大家”之一的“寒凉派”的创始人。在理法上，他十分强调“火热”之邪治病的重大危害，因此，后世称其学说为“火热论”；治疗上，他主张用清凉解毒的方剂，故后世也称他作“寒凉派”，对温病学派的形成有一定的影响，对后世影响很大。

他根据《内经》解释病源，创制了许多功效卓越的著名方剂，防风通圣散就是其中之一，用药达17味，为表里双解的有效方剂，直到目前，临床上仍在广泛应用。

【故事征引】

似真似假的刘完素

刘完素生活在宋末金初，当时，中国的医学发展经过了盛唐时的辉煌成就和宋代的普及之后，形成了很多的学术派别。各派学术思想百花齐放，是医学史上诸“医”百家的时期。所谓“金元四大家”就是当时最为成熟、也是最具代表性的四大医学学派。

刘完素所处的年代正是宋朝备受金兵入侵，战祸连年的时期。刘完素生活的河间地区，正是金人进攻中原时的主要战场之一。当时天灾横行，疫病蔓延，疾病横生，而当时因为沿袭宋时的用药习惯，人们仍然使用《太平惠民和剂局方》中的药物治病。刘完素在这漫天烽火中也像广大的民众一样，受尽颠沛、漂泊的痛苦。一直到他20多岁时，才在河北省河间县的“刘家村”定居下来。因为童年时家境贫寒，母亲生病没钱请大夫而去世，所以他决心攻读医学，为贫苦的病人医病。他埋头在医书堆中，苦心钻研，在他35岁时，已经是位闻名遐迩的儒医了。这里有一个关于刘完素的奇异传说，似真似假地到处流传着。

一天深夜，刘完素独自在研读《伤寒论》，灯油渐渐干枯，人也有几分疲倦，就在似梦非梦的恍惚间，有一位白发苍苍的老人出现，他正要问话，那位老翁开口说：“刘完素，你在读《伤寒论》呀？汉朝的张机、晋朝的王叔和，都是研究伤寒症的大家，可是谁也比不上你的成就，歇一会儿吧，来陪我喝两杯。”老翁从身边取出一个盛酒的葫芦，又从衣袋内取出两个酒杯，缓缓地斟满酒，邀他在灯前同饮。刘完素尚未饮那杯酒，已经闻到扑鼻的异香。于是就问：“老先生，这是什么酒？”“这种酒叫‘玉泉津’，不是普通的凡品。”刘完素接过那杯酒，一饮而尽，立刻觉得如同醍醐灌顶，茅塞顿开，在半醉半醒的状态下，老翁讲述了“素问要旨”“伤寒标本心法”“保童秘要”“内经运气要旨”等医学上的诀窍，直到东方发白，老翁方才离去。

次日刘完素一觉醒来，想起昨夜的事，好像梦中，却又历历在目。从此以后，刘完素的医学知识，如同经过神人传授，日新月异，与日俱增，临床试验，尤其得心应手，无病不验，于是大名不胫而走。远近地方的百姓，都很尊敬他，不料树大招风，竟惹出一件麻烦事来。

原来在河间地区已经有了一位名医，名叫张元素，和刘完素姓不同，但名字却很相近，因此常常引起别人的误会，以为刘完素就是张元素。也有人以为他们是师徒，有时候病人找张元素看病，结果找到的是刘完素；相反的，找刘完素看病，也会找到张元素，因而引起彼此间的争论和不睦。

张元素和刘完素都是名医，两人所开的处方，却各有巧妙不同。张元素的特点是不用古方；刘完素好用凉剂，处方以“降心火、益肾水”为主，唯一相同的，他们都是药到病除的高手，谁也不输谁。但同行相嫉，谁也不服谁。终于有一天，两人有了一决胜负的机会。

这一天，刘完素患了伤寒，卧床八日不起，一直头痛、发热、呕吐，他自己开的处方竟然失灵了。张元素听到这个消息，就到刘完素住的地方探视病情。但刘完素见到他却摆出一副不理不睬、瞧不起人的样子。张元素不温不火地说：“完素兄，我来看你的病，你却对我这个态度，恐怕不是待客之道吧？”

刘完素听他这么一说，自知理亏，只好对他说：“劳你大驾，实在承受不起，你请回吧。”

张元素说：“我既然来了，你不妨让我诊断一下，也许能看好你的病。”刘完素自知无望，既然张元素有这份心意，索性让他放手一试。

张元素将他的脉搏把了又把，然后对他说：“你服过寒凉剂吗？”

刘完素说：“是的，我服过。”

张元素说：“你错了，你是使用寒凉剂的高手，但是不可过于自信，你改用热性的药，发汗看看，我这有一帖处方，你不妨试试。”

张元素走后，刘完素仔细研究他的处方，觉得很有道理，于是就煎来服用，出了一身大汗，立刻觉得身心舒畅，一连服用三天，已经下床走动，快要痊愈了。三日过后，张元素又来看他，他再三致谢，并且推举张元素才是当代的高医。从此之后，刘完素与张元素结为知心的朋友。

刘完素医术高超，他仔细研究《黄帝内经》中关于热病的论述，提出了使用寒凉的药物来治疗当时横行肆虐的传染性热病的主张，结果疗效非常惊人。使用这种方法，他治好了许多人的病。这也就是后来他被人们称作“寒凉派”的原因。

刘完素对中国医学的最大贡献，是疾病分类，他把疾病分为风热、伤寒、积聚、疾饮、水湿、劳操、泻痢、妇人、补养、痔瘘、眼目、小儿、杂症等17门，使后来研究医学的人，据为重要参考文献，因为他是河间人，所以后人称他的医学理论为“河间学说”。

金朝章宗曾有三次要收买他，给他官做，但他坚持不为朝廷服务，宁愿长期在乡间当一名清贫的医师。刘完素的医德好，医术高明，活人无数。所以他逝世之后，人们为怀念他，为他建庙纪念。

攻下学派创始人——张从正

【名医传记】

张从正（1156～1228），字子和。因其籍贯睢州考城，春秋时为戴国，又自号戴人。金代大医学家，为金元四大家之一的“攻下派”的创始人。

张从正幼年时就喜好读书，酷爱作诗，性格豪放，且不拘小节。后来，从父学医，博览医书，深究医理，勤奋自场，弱冠成器；中年时代，他行医主要是奔波于徐州、开封等州、县，医疾救亡，功绩卓著，深得人民敬仰，即成一方名医。后来，曾有张伯全等人从其学医。

兴定（1217～1223）中，被征召入太医院任职，后因对当时医风不满，不久便辞职，回到家乡宛丘行医。张从正的行医范围很广，据现代人考证，他的行医足迹东到山东，西到洛阳，南及长江，北达河北。并于1228年撰写成了15卷、20多万言的《儒门事亲》一书。

《儒门事亲》的成书除了张从正本人的贡献之外，与其友人、门人、弟子们的努力是分不开的。究竟有多少人对此书的编纂有过贡献已无法确定，有史料可考的起码有麻知几、常仲明、栾企、赵君玉、阎瑀、李子范等。他们或参与著作的整理、撰写，或参与著作文字的润色、修改，或对张从正的学术有所发挥，或对刊行的事务劳精费神。

《儒门事亲》一书取名的用意是：“儒者能明事理；事亲的人就应当知医道。”大意就是有文化知识的儒者能明辨事理，可以掌握一定的医学知识，这也是孝顺的本钱。可见良好的文化功底是学好中医的基础，这也是古代的一些医书都文采斐然的原因。

在学术上，他精于《内经》《难经》《伤寒》，同时也提出了“古方不能尽愈今病”的著名论点。张从正对于疾病的认识有独到见解。他认为治病应着重祛邪，祛邪就是补正，不能因害怕使用攻下药的而一味用补，因而创立了独特的“汗、吐、下”攻下法，并能运用自如，治好病人无数。所谓的“汗、吐、下”三法，并非单纯的发汗、呕吐、泄下三种具体治法，而是分别代表着三类驱邪外出的途径。汗法，是指用药发汗，以及用针灸、洗熏、熨络、推拿、体操、气功等方法达到祛除表邪目的的方法；吐法，不单是指催吐，凡豁痰、引涎、催泪、喷嚏等上行的治疗方法都属此类；下法，不单指泻下，其他像行气、通经、消积、利水等能够驱除里邪的方法亦尽属此类。因此，张从正归纳的“汗、吐、下”祛邪法，实际上是中医理论中“扶正祛邪”大法中以祛邪为主的内容。而他认为先“祛邪”，才能扶正，邪去则正自安，对于实证阳证，这种方法也是非常奏效的。

他还主张治疗以食补为主，并反对乱用温热药物峻补的方法。可以说，张从正的理论是建立在刘河间的“火热论”基础上发展演化而来的。人体诸邪皆易化火，一味地温通峻补只能使人体的痰热实邪壅滞，引发更多的疾病。这种论点，实际上是针对当时社会上的不良医学风气而言的。而张从正本人也十分重视辨证论治，并非见病即攻，在治疗过程中也一定要视病人的具体情况，选择适当的治疗方法。尤其是年岁较高的老人，身体羸弱的儿童，都是他强调不可乱攻的对象。

张从正创立了“攻下派”，疗效颇佳，从另一个角度来讲，也是他医术精湛，辨证准确的见证。历来，医家对于“下品”药物的使用都十分谨慎，而他能够对于这类药物娴熟使用、准确把握和对各种病证的应对自如，足见他深通医理，熟识药性，临床经验也非常丰富。所谓“艺高人胆大”，这也是后世医家虽不敢尽取其方，却十分肯定张从正本人在医学上的造诣，并敬佩他的胆识和学问的原因。

张从正一生著述甚多，除今在《儒门事亲》中15卷之外，尚有《心镜别集》一卷、《张氏经验方》《伤寒心镜》《张从正治病撮要》1卷、《秘传奇方》2卷传世，其余因年代久远，可惜均未存世。

【后世影响】

张从正在前人理论与临床的启示下，为纠正时弊，提出了“汗、吐、下”一整套攻邪祛病的理论，并为中医的治疗学充实了很多丰富的内容，成为独具风格的一代名医，在中医学发展史上占有重要地位，为中医学的病机理论和治疗方法做出了贡献。同时，攻邪理论突破了《伤寒论》六经辨证的常规用药规律，为后世温病学家提供了宝贵的理论和实践基础。

【故事征引】

酒酣露绝技

张从正自幼喜欢读书。经史百家，无不涉猎，尤其喜爱钻研医经，认为“学不博而欲为医难矣”。他治学态度诚实，谦逊，不喧长，不护短。

有一次，他目赤百余天，肿痛不止，请了眼科医生姜仲安看病。经姜医生用针灸治疗三天，眼病就痊愈了。

张从正感叹地说：“百日之苦，一朝而解。学医半世，尚缺此法，可不学乎”？于是，他常以此事警戒自己，激励自己刻苦钻研，在医术方面精益求精。结果，他不仅创立新用古法的汗、吐、下三法，而且又学了一手针灸技术，“以医闻于世”，有“神医”之称。人称他“望而尽其工，闻而尽其巧，问而尽其神，切而尽其圣，集工巧神圣于张从正一人。”提出“驱邪所以扶正”的学术观点，创立“汗、吐、下”攻病三法，他认为一切病因都是邪气所引起的。他是医学史上“金元四大家”之一。他不但在用药方面有独到的见地，在经络针灸的研究和应用方面也是高手。但他性情很孤傲，有时他的本领连他的好朋友都不知道。

有一次，他与好友魏寿之一起进入一家饭馆用餐，饮酒正高兴时，看到一个男子长了一个肿瘤，正好长在眼睛上面的内眼角处，颜色像李子一样灰紫，向下垂着，把眼睛遮住了看不到外面的东西。张从正就对魏寿之说：“用不着等到饭煮熟，我就可以把这个瘤子去掉，你信不信？”魏寿之当然不会相信。

张从正看他不信就说：“那我就取给你看。”于是他就对病人说要为他治病，病人有些半信半疑，说：“其他医生都不敢割，怕伤到眼睛，你有什么特殊的办法吗？”

张从正说：“我不用刀，有更好的办法。”那个人一想，反正一直治不好，不如就试试吧，病急乱投医嘛。就说：“那你就给我割掉吧！”

张从正让人找了间空房，令病人侧卧在一张床上，他用针刺病人的乳中穴，出了很多血，然后在瘤子上也用针刺了几下，先令病人用手揉眼睛，揉出了很多像雀粪一样的东西，一会儿瘤子就消失了，他们一起走出了房间。

魏寿之大惊，说：“你这个本事怎么我一点也不知道呀？”

张从正说：“我的本事怎么可以都让别人知道呢？”

三笑愈顽疾

一天，来了一位叫项关令的人请张从正去看病。他告诉张从正，他的独生儿子死了，妻子精神受到刺激，整日思念儿子，久而久之，身子越来越瘦，脾气越来越坏，动不动就叫喊怒骂，甚至舞刀弄棒，追杀家人，弄得全家鸡犬不宁，四邻不安。项关令四处求医问药，毫无收效。终于找到了张从正。

张从正听了项关令的介绍，稍稍思索了一下，答应上门应诊。

这天，张从正骑着小毛驴，携带着药囊来到项家。一进门，他就笑嘻嘻地说：“项家娘子，老朽给你治病来了!”说罢，就伸手到药囊里去摸药。谁知摸来摸去摸不到药，却弄了一手的胭脂，急得在大厅上团团转，抓耳挠腮，弄成个大花脸。

项家娘子见了张从正这副狼狈相，忍不住“咯咯”地笑个不停。张从正见项家娘子乐成这样子，尴尬地辞谢道：“娘子见笑了，老朽年老健忘，丢三落四的，竟将药给忘了，改日一定再为娘子送来。”

张从正走后，项关令回到家，项家娘子将刚才的事说给丈夫听，边说边笑个不停。

第二天，张从正又来到项家，一进门，项家娘子见了张从正不由得想起他昨天那副花脸相儿，微微带笑地问：“张医师，药带来了吗？”

“带来了!带来了!”张从正连声答道。一边说一边赶忙到身上摸药。可摸了半天，却摸不出来。张从正索性脱了外衣来找，张从正这一脱外衣不要紧，里边穿的全是女人的衣服，花花绿绿的煞是好看。项家娘子一看，不由得捧腹大笑。

张从正见项家娘子乐成这样子，一脸扭捏地赶忙穿起外衣，起身告罪说：

“老朽实在糊涂，今天又忘记带药了。匆忙间竟将老妻的衣服给穿了来，惹得娘子见笑，多有得罪!老朽告辞。明日无论如何一定将药送到府上。”

项家娘子此时笑还来不及，哪里还顾得上要药。

张从正一走，项家娘子对家人讲起张医师穿女人花衣服的事，笑着说：“这老头老不正经，穿着一身女人衣服，实在太不像话!”说罢，又禁不住“咯咯”地笑个不休。

项关今回家，娘子又对他提起张医师穿女人衣服的事。项关今对张从正两次来都未带药，心中老大的不满意；但见娘子心情很好，也就不多计较，随口道：“老头年纪快七十岁了，丢三落四的事也是有的。”

第三天，张从正又来到了项家。项家娘子一见张从正露面，心里就笑了起来，老远就含笑招呼道：“张医师，今天药一定带来了吧!”

可这张医师今天进门，却一反常态，脸上毫无笑容，一双手按住肚子，嘴里不住地哼着，一屁股坐在椅子上弯着腰，再也直不起来。

项家娘子吃了一惊，连忙问道：“张医师，您这是怎么啦？”

张从正抬起头来望着项家娘子苦着脸说：“不瞒娘子说，我来时走在路上，肚子就痛得厉害，这下越发痛了，十有八九是要临产哩。”

“什么！您要生孩子了？男人也要生孩子？”项家娘子“哈哈哈哈”地笑得前仰后合。

张从正却不笑，他艰难地站起身来告辞说：“实在对不起，老朽今天又无法替娘子治病了，老朽要赶回家生孩子要紧，这十天半月不得来了，只有等生了孩子再来为娘子瞧病。”说罢，苦着脸，弯着腰，捧着肚子出门去了。

项家娘子瞧张从正那副样子，越瞧越好笑，就嘲讽地说：“张医师生了孩子，别忘了给我送喜蛋来啊。”

晚上，项关今回来了，一进门就问：“听说张医师来过了，今天该送药来了吧？”

“你那张医师生孩子去了，等生完了孩子再来。”妻子说罢，又自笑个不停。

项关今听说张从正生孩子，一口茶一下子从鼻子里喷了出来：“这老头子在说胡话了，男人怎么会生孩子？”

妻子学着刚才张从正那副洋相，在丈夫面前表演了一番。项关今听了，忍不住直摇头：“眼见方为实，传言未必真。人人都说张从正是名医，谁知竟是这样一个疯疯癫癫的老头!”

项关今从此不再提请医的事。项家娘子却逢人就说她丈夫替她请来了这么一个怪老头治病，来了三次，一帖药没开，却一而再，再而三地献丑，竟然还冒充名医。最后弄得无法，竟然说要生孩子，跑回家去了。她说了笑，笑了说。人们也都陪着她笑。

项家娘子走到哪里，笑声就带到哪里，能吃能睡了，也不骂不哭了，身子也渐渐胖了起来，脸色也红润了，待人接物都正常了。一句话，项家娘子的病彻底好了!

项关今初时也陪着娘子笑，可后来见娘子的病竟然痊愈，心中怀疑起来，特地登门去拜访张从正。项关今一脚踏进张从正的门，张从正就呵呵大笑地问：“娘子的病好了吧?”项关今连声应道：“好了!好了!只是贱内的病好得古怪，特来向先生讨教。”

张从正笑道：“老朽去府三次，送去三剂笑药，抵得上百剂灵丹。娘子此病起于忧愁悲苦，故老朽以喜胜之。”项关今听了，如梦初醒，连声赞叹：“张先生妙手回春，三笑愈病，真乃神医也!真乃神医也!”

巧法治惊证

金元时，江南有一姓卫的商人，携妻子外出游玩，住宿在一家旅馆。半夜酣睡中，忽听喊声大作，响声四起，火光冲天。卫妻突然惊醒，吓得从床上滚跌在地。其夫抱起，只见其目直神痴，不省人事。待火光渐隐，强盗远去，仍神志恍惚。

回到家中，卫妻不敢独处，一听到大的响动，就吓得浑身颤抖，魂飞魄散。众医诊治，多服人参、珍珠、柏仁、远志、龙骨、茯神等，均无疗效；又求巫信神，打符念咒，许愿烧香，也未如愿，病情有进无退，整日担惊受怕，发展到家人说话稍大点声，走路弄出点响，都有症状出现。实在没有办法，卫某专程去请张从正。

张从正到卫家，问明病由，经过细心观察、分析，认为属胆气伤败，应采取心理疗法。因此，他并未用药，只命琴具伺候。侍女扶卫妻坐于椅上，张从正轻抚长琴，柔弹慢捻，一串串清亮舒缓的音符从弦间徐徐逸出，如细柳舒芽，露苞初绽；似呢喃燕语，潺潺流泉。卫妻听得入神，脸有悦色。

忽然张从正指法一转，顿时如狂风大作，疾雷炸响，石滚泥崩，梁摧柱折。卫妻闻之大恐，症状倏发。张从正停弦罢奏，笑着对卫妻说："夫人，此乃曲之变化，何必惊疑？人之情常因外达，人之病可由外生，若处变不惊，临危不惧，坚毅方可得也。譬如夫人之惊……"卫妻气色渐缓，神志转定，静下心来听张从正说话。

张从正接着说，"容我再做个试验吧！"说话间，他让两名侍女抓住病妇的两只手，将她按坐在高椅上，然后在她的面前放一张小茶几，张从正指着茶几说道："请娘子看这里！"话音未落，"砰"的一声，他用棍使劲打在茶几上。

病妇见状大惊，张从正说："我用棍子打茶几，你怕什么呢？"待她心神稍定，张从正又敲打小茶几，这回她果然不那么惊怕。

张从正重复以上动作，并用手杖敲门，暗中让人划病妇背后的窗户纸。病妇渐渐惊定，笑问道："你这算什么治法呀！"

张从正回答说："《内经》说：'惊者平之。'平，即平常的意思，见惯自然不惊。对受惊者，治疗时要设法让他对受惊的诱因感到习惯，觉得跟平常一样。"这一番解释，说得病人点头称是，当晚，躺下睡去。张从正又命家人敲打病人的门窗，拖动家具，通宵达旦地折腾她。患者居然不被闹醒，一觉睡到天明。自此顽病不药而愈。

从此以后，病人即使听见雷响也不再惧怕了。张从正采用的这种治疗方法所达到的效果，往往是药物难以取得的。

悟 性

被人们誉为金元医学四大家之一的张从正，因擅长运用汗、吐、下三法以祛邪，而被医界称之为"攻下派"，其应用吐法治病，也是从一次临床实践中悟出的宝贵经验。张从正的邻居何某，娶妻王氏，曾因一事与丈夫发生口角，气急攻心，患了疯癫病。何某请张诊治，虽然知其病由，但想不出该用何药，只好劝何某另请高明。何某听罢，望天长叹："老天欺我，一代名医张从正无法，岂不绝症！"后来，王氏病情日重，开始每一两年一发，后竟发展到每日发作十余次，痴呆健忘，唇口青紫，口吐白沫，牙关紧闭，昏仆抽搐。张从正对此，也束手无策。

有一年，家乡遭灾，赤地千里，颗粒无收，民众生活艰难，何某也无心过问妻子了。有一天，王氏独自一人奔上山坡，渴了，喝清泉，饿了，拔些山中嫩草充饥，傍晚时分回家，不吵也不闹，睡在床上，到了半夜，突然起身嚷着要吐。“哇”的一声，呕出许多白、黄、黑三色顽痰，过了几天，王氏竟然一切恢复了正常，疯癫病也就霍然而愈了。

王氏疯癫病痊愈的消息传到张从正耳中，他来到何家，询问王氏吃了什么药，王氏把他带到山坡上，找到了自己吃的那种野草。张从正看罢，笑了笑说：“这不正是山葱吗？”山葱有毒，久已知之，可王氏吃了，竟能把病治愈，这是什么原因呢？张从正猛然想起《本草图经》中所说：“山葱大吐上膈风涎”，心中顿悟。它本是治风痰妙药，王氏痰迷心窍，才使成癫，服用山葱，这就完全对症了。吐！吐！吐！当又是治病一法!所谓山葱者，即藜芦是也。张从正从此就擅长用藜芦等吐法治疗风痰怪病。

藜芦涌吐风痰，《本草纲目》中也有实例。“明朝荆和王妃刘氏，七十，病中风，不省人事，牙关紧闭，群医束手。先考太医吏目月池翁诊视，药不能入，自午至子，不获已，打去一卤，浓煎藜芦汤灌之。少顷，噫气一声，遂吐痰而苏，调理而安。”这是李时珍亲自笔录的史料。

脾胃学说创始人——李东垣

【名医传记】

李东垣（1180～1251），男，汉族，又名李杲，字明之，中国金元时期著名医学家，晚年自号东垣老人，真定（今河北省正定）人。

李东垣从师于张元素，是中国医学史上“金元四大家”之一，属易水派，是中医“脾胃学说”的创始人。李东垣十分强调脾胃在人身体中的重要作用，因为在五行当中，脾胃属于中央土，因此李东垣的学说也被称作“补土派”。

年幼时，李东垣就与一般的小孩子不一样。他曾从师于当时的名儒翰林学士王若虚、冯叔献学习《论语》《孟子》和《春秋》。此后不久，李东垣的母亲王氏患重病，请了家乡好多医生，诊断治法众说不一，几乎吃遍各种方药，病情非但不见好转，反而日益加剧，最终还是死去。李东垣因自己不懂医学只能眼睁睁看着亲人被疾病折磨而丧生，感到十分悲痛。他发誓说，如果遇到良医，我一定拜其为师，以补我的缺憾。

李东垣求医心切，不惜远离家乡四百余里，挟千金拜张元素为师。经过数年的刻苦学习，李东垣“尽得其法”，基本掌握了张元素的学术思想和诊疗技术，遂辞别元素返回故里。凡经李东垣诊治的病人，尽管皆为疑难杂证，但多获奇效。

等到他长大之后，为人忠诚守信，并且待人非常有礼貌，他对交友也很谨慎，在同人们的往来接触之中，他从不开玩笑去戏耍他人。对于被人们公认的娱乐场所如楼台戏院等，他也都没有踏入过。也许他的天性就是这样。朋友们都很怪疑他这点，暗地里商量好了，准备一桌酒席想戏弄他一番，席间指使妓女对他调情而行诱惑。有个妓女拉他的衣服，他便生气大骂，并脱下衣服，把它给烧掉了。

当时由乡里豪绅们接待南宋派来的使臣。真定府府尹听说他青春年少，而且又有操守，便暗中唆使妓女硬劝他喝酒，他不便推辞。稍稍饮了一口之后，就立即大口吐出去了，转而离去。可见自重自爱到了如此地步。他在住宅中的空地里修建了一座书院，接待读书人。如果遇到生活困难用度不足的人，他总是尽力地去周济他们。金章宗泰和年间，遇到饥荒，老百姓大多流落逃亡他乡，李东垣极力救济这些灾民，获助保全活命的人很多。

30多岁时，李东垣按照金朝的制度向官府交钱买了个官位，做了临原（今河南境内）的税务官。在此期间，流行一种俗称"大头天行"的疾病，即一种以头面红肿、咽喉不利为主症的传染病。当时的医生查遍医书也找不到古人对此病的论述，多用泻剂治疗但均不获效，而一泻再泻往往使病人一个接一个地死去。尽管这样，医生并不认为是误治之过，病人家属对此也无异议。唯有李东垣觉得病人死得冤枉，于是他废寝忘食地研究此病，从症状到病因反复探讨，他像顺着河水去找水源一样，探求病变的现象与根源，终于制订出方剂，给病人服食后，见到了成效。李东垣特意地把它刻在木板上，悬挂在人群聚集的地方，采用这个药方的人，没有不见效的。当时百姓以为此方为仙人所传，把它刻于石碑之上。

此后不久，李东垣为躲避元军侵扰弃官迁居汴梁（今开封）。居汴梁期间，他常为公卿大夫诊治疾病，疗效非常显著，因之名声大振。其实，最初李东垣不是凭借行医出名，人们也不知道他精通医术。李东垣是为躲避战乱才到了汴梁，以行医的身份和公卿们交往。又把所经历的治验都记录在别的书里。就在壬辰那年，为躲避兵乱，李东垣逃出汴梁，往北渡过了黄河，又寄住在山东省东平、聊城一带，以医为业达六年。到了甲辰年才回乡。

他精通医术，但并不行医。而每次为人治病，疗效甚佳，常给亲朋看病开方，对于治疗十分有心得，尤其对中焦脾土在治疗中的意义有独到的见解，他的老师，易水学派的张元素就很重视脾胃。他的学说就充分地继承了这一点。李东垣是富家子弟，平时交往的多是一些上层社会有钱有势的贵人，他们养尊处优，膏粱厚味，易伤脾胃，所患疾病多属此类。另外，当时适值元兵南下，战乱频繁，人民在饥饿、惊慌、忧愁中生活，大多人起居饮食没有规律，也很易伤脾胃。鉴于此，他认为只读古方是不够的，必须面对新的社会现实，分析病人的特点来研究方药，这些也是他建立脾胃学说的社会条件。

1244年，64岁的李东垣回到家乡真定，临床之余，将多年经验体会著书立说，创立了以“内伤脾胃”学说为主体的理论体系。

李东垣脾胃论的核心是：“脾胃内伤，百病由生。”这与《内经》中讲到的“有胃气则生，无胃气则死”的论点有异曲同工之妙，都十分强调胃气的作用。同时，他还将内科疾病系统地分为外感和内伤两大类，这对临床上的诊断和治疗有很强的指导意义。对于内伤疾病，他认为以脾胃内伤最为常见，其原因有三：一为饮食不节；二为劳逸过度；三为精神刺激。另外，脾胃属土居中，与其他四脏关系密切，不论哪脏受邪或劳损内伤，都会伤及脾胃。同时，各脏器的疾病也都可以通过脾胃来调和濡养、协调解决。但他绝对不主张使用温热峻补的药物，而是提倡按四时的规律，对实性的病邪采取汗、吐、下的不同治法。他还十分强调运用辨证论治的原则，强调虚者补之，实者泻之，不可犯虚虚实实的错误，这样就使得他的理论更加完善，并与张从正攻中求补，攻中兼补的方法不谋而合了。

他的理论学说诞生后，得到其弟子王好古、罗天益等人的继承发展。王好古一方面大量吸收李东垣的药物学理论，重视其临床应用，另一方面受李东垣深入阐发内伤脾胃病机理论的启发，创立了“阴证论”。罗天益则比较全面地吸收了李东垣的脾胃学说，在脾胃内伤病纲目分类及其临床应用经验的认识上，进一步丰富了李东垣的脾胃学说。他的学说对后世医家，尤其是温补学派影响很大。

李东垣临终时，把平日所著的书，清检校勘，整理成册，分类依次排列，陈列在几案前，嘱咐谦甫说：“这些书交给你，不是为李明之、罗谦甫，而是为天下的后来人，谨慎传世，不要将它埋没了，要推广应用下去。”

李东垣，在辛亥年（1251）二月二十五日故去，享年73岁。

李东垣死后葬于家乡（今黄陵县）。在今黄陵县阿党乡阿党村正西500米处，保存有李东垣的陵墓。墓前立有石碑，上刻曰：“精岐黄之业起死回生德泽被土庶名医，建之戒护国保民声名播东西南北。”

主要著作有《脾胃论》《内外伤辨惑论》《用药法象》《医学发明》《兰室秘藏》《活发机要》等，流传较广。

【后世影响】

李东垣是中国医学史上“金元四大家”之一，属易水派，是中医“脾胃学说”的创始人。李东垣十分强调脾胃在人身体中的重要作用，因为在五行当中，脾胃属于中央土，因此李东垣的学说也被称作“补土派”。

《四库全书·总目提要》说：“医家之门户分于金元。”河间学派和易水学派为中国医学史上承前启后影响最大的两大学派，李东垣为易水学派的中流砥柱，他学医于张元素但对后世的影响可谓在元素之上。朱丹溪虽为河间学派的三传弟子，但其学说在某些方面也受李东垣学说的启示。明代以后，薛立斋、张景岳、李中梓、叶天士等医家都曾对李东垣的学说景仰、研习并在此基础上有所发展，自成一家。

此外，龚廷贤、龚居中、张志聪等均受李东垣学说很大影响。李东垣学说的继承者们已经明确他在中华医学史上仍不失为划时代的一个里程碑，作为一名伟大的医学家，将永远名垂史册。

【故事征引】

哑谜赠门生

金元时代，在河北正定府有个叫李东垣的医生，医术高明，曾治好不少疑难杂症，还著有《脾胃论》《内外伤辨惑论》等医书。拜他为师、找他学医的人很多。其中一个叫罗天益的，是邻近赵州人。他慕名而来，勤奋学习，很受李东垣的赏识。

三年过去了，罗天益出师了。临别的时候，李东垣拿出早已准备好的红纸包，里面装有一些钱，要送给这位学生。

“老师毫不保留地把技术传给我，我终身难忘，怎好再收你的钱呢？”罗天益说什么也不肯接受。

李东垣笑着说：“这纸包里的钱，不同一般，他是我对你的一点心意，而这几件物件，是作为一个医生必须具备的。”

“那我可以自己拿钱买呀。”

“自己拿钱买意义就不同了。”罗天益一时也猜不透老师的意思，只好接过这个纸包。

罗天益回到赵州老家，打开纸包一看，里面除了一些钱外，红纸上还写了三首诗谜：

淡竹枳壳制防风，一支红药藏当中。
熟地或须用半夏，坐地车前仗此公。

在外肥又胖，在家瘦模样。
忙时汗淋淋，闲时靠着墙。

少时青青老来黄，千锤百炼打成双。
送君千里终须别，弃旧迎新抛路旁。

罗天益仔仔细细一想，原来这三个谜语的谜底是“灯笼”“雨伞”“草鞋”。这才明白老师的一番心意，要他常备这三样东西，不辞劳苦，做一个好医生。

从此，罗天益牢记老师的教导，不论白天黑夜，不管山高路远，只要有人请他去看病，他都不辞劳苦地出诊。后来，罗天益不仅医术高明，而且医德高尚，成为河北一带有口皆碑的好医生。

奇思治眩晕

“凡治上焦，譬犹鸟集高巅，射而取之。”

这是《名医类案》中介绍金元四大家之一李东垣治疗疾病时用的思维方法之一。

当时，有一年近七十的官员患病，正值春间，病人面目紫红，像饮醉酒一样，痰黏稠，时时眩晕，如浮在风云中一样，右眼视物不清。

李东垣诊后认为是下寒上热症，想用寒凉的药物进行治疗，但是考虑到病人年高体弱，怕出问题，就想起学医时老师张元素对他说过的话：“上焦的疾病，就像群鸟聚集在山顶上一样，要用射箭的方法才能取到。”

于是，他就在病人的头部前边两眉处用三棱针点刺20余下，放出一些血。片刻，病人就觉得头目清爽，一点痛苦都没有了，并且从此以后再没有发作过。

可见，人毕竟是自然的产物，自然界的道理也是人体的道理，如果我们在临床上遇到难题，而在以往的经验中，从医学资料中，从老师教诲中找不到问题的答案时，我们或许能从自然界的原理中，从自然现象中，从自然规律中找出问题的解决办法。故，为医者贵在变通，不能墨守成规，执一漏万。

苦思出奇方

在金元四大家中，与张从正攻邪学说针锋相对的是李东垣，他主张使用温补脾胃之法治疗各种疾病，后人称他为“补土派”。

李东垣的可贵之处，在于他能联系实际研读经典著作，常能提出一些与其他医生不同的治法，挽救行将垂绝的病人。

一次，汴京酒官王善浦患小便不利，症见眼珠突出，腹胀如鼓，膝以上坚硬欲裂，饮食几废，生命危在旦夕。请来的医生，都给他服甘淡渗泄的利尿药物，均无效益。

眼看病情越来越重，病家慕名请李东垣诊治，李东垣仔细检查后说：“这个病太复杂，按一般常法不能奏效，须得精思熟虑，让我回家想想吧。”病家见他说得在理，也就同意了。

李东垣回家后，联系病人的症状，默诵《内经》，苦思冥想，未得其解。夜已很深，他干脆和衣而卧。半夜，他忽然掀被跃起，连声说道：“有办法了！”

《素问·灵兰秘典论》说：“膀胱者，州都之官，津液藏焉，气化则能出矣。”李东垣想：病人小便出不来，是气化不利的缘故。前面的医生用淡渗的阳药本能促气化，为什么不奏效呢？王冰在注释《内经》时说：“无阳者，阴无以生；无阴者，阳无以化。”气化过程靠阴精和阳气共同作用完成，甘淡渗泄药虽能化阳，但病人病久伤阴，有阳无阴，所以气化仍不能正常进行。

第二天一早，他满怀信心地来到病人家，开出“群阴之剂”。病人服后，身体果然慢慢康复了。

世界法医学鼻祖——宋慈

【名医传记】

宋慈（1186～1249），字惠父，汉族，宋朝福建建阳（今属福建南平地区）人。祖籍河北邢台市南和县，唐相宋璟后人。南宋著名法医学家，被称为“法医学之父”，西方普遍认为正是宋慈于公元1235年开创了“法医鉴定学”，因此宋慈被尊为“世界法医学鼻祖”。

宋慈出身朝廷官吏家庭，北宋时，宋慈的高祖宋世卿从浙江建德县来建阳任建阳丞而家居此地。父名巩，曾做过广州节度推官（节度使幕府掌管刑狱的官员）。宋慈少小受学于父，10岁时从学建阳县学者、朱熹的高弟吴稚，并得到吴稚的同窗黄干、李方子等名人指教。

南宋开禧元年（1205），宋慈20岁进太学。当时主持太学的真德秀是著名的理学家，真德秀发现宋慈的文章出自内心，流露有其感情，因此，对他十分器重赏识，宋慈遂拜真德秀为师。宋慈早年的师友，对于他学业的进步与后来的思想都有相当的影响。

宁宗嘉定十年（1217），宋慈中进士乙科，朝廷派他去浙江鄞县任尉官（掌一县治安），因遇父丧而未赴任。宋理宗宝庆二年（1226），宋慈出任江西信丰县主簿（典颁文书，办理事务），从此正式踏上了仕宦生涯。

绍定一至三年，南宋时期的赣闽地区，民贫、地狭、人稠，人民处水深火热之中，民反和兵乱频频发生。安抚使郑性之慕其有拨乱反治之才，延入幕府参预军事。刘克庄饯别宋慈时写下《满江红·送宋惠父入江西幕》一词。当时，江西南部三峒里少数民族发生变乱，赣南数百里地方都很混乱，刘克庄在词中不仅希望宋慈尽快平定叛乱，好快点回家，也劝友人不要残酷镇压起义的峒民，而应采取招安的措施，需要妥善处理好这件事，宋慈听后当场允诺。

后来宋慈参与了平定“三峒贼”的战役。他先赈济六堡饥民，又率兵三百大破石门寨，俘获敌酋，因战功卓著而“特授舍人”。任期届满，江西提点刑狱使叶宰聘宋慈为幕僚。

不久，在真德秀的推荐下，宋慈又进入福建路招捕使陈韡幕府，参加平定闽中叛乱，平定莲城七十二寨寇。宋慈“提孤军从竹洲进，且行且战三百余里”，就连久经锋镝的主帅也对他刮目相看，称赞他“忠勇过武将矣”，在军事谋划方面也多咨访于宋慈。

因得到陈的赏识，陈韡于绍定四年（1232）奏其政绩，举为福建长汀知县（一县的行政长官），当时县境百姓苦于盐价高昂，从海口溯闽江，盐运至长汀，要隔年才能运到。宋慈莅任之初，改从潮洲沿韩江、汀江而至长汀，往返仅3个月，大大节省运费。官府将盐廉价出售，百姓无不讴歌载道。端平三年（1236），同知枢密使魏了翁聘宋慈为幕僚。

嘉熙元年（1237）任邵武军通判（州府长官的行政助理），仅及周年，民有余念。嘉熙二年（1238）调南剑州通判；嘉熙三年（1239）升任司农丞知赣州。次年，提点广东刑狱（主管司法刑狱和监察），发现所属官员多不履行职责，有拘押数年的案犯还未理清曲直。于是制订办案规约，责令所属官员限期执行，仅8个月，就处理了200多个案犯。淳祐元年（1241）知常州军事，淳祐七年任直秘阁提点湖南刑狱并兼大使行府参议官，次年进直宝谟阁奉使四路（宋分天下为各路，等于现在的省份），皆司皋事。

淳祐五年（1245），转任常州知州，议重修《毗陵志》，开始编辑洗冤录资料。任满，转任广西提点刑狱，巡行各部，雪冤禁暴，虽偏僻恶溺处所，亦必亲往视察。宋慈廉政爱民，执法严明。尤其是“于狱案，审之又审，不敢萌一毫慢易心”。

淳祐七年（1247），任直秘阁、湖南提点刑狱使。是年冬，撰成并刊刻《洗冤集录》五卷。

南宋淳祐八年（1248），任宝谟阁直学士，奉命巡回四路，掌管刑狱。听讼清明，决事果断。淳祐九年（1249），拔直焕阅知广州、广东经略安抚使（掌管一路之军事行政）。

这天，他忽患头晕病，仍然参加祭孔典礼。从此委顿不起。同年三月初七逝世于广州经略安抚使的任所官寓，享年64岁。宋理宗赵昀亲自为其书写墓门“慈字惠父宋公之墓”，评价他是“分忧中外之臣”，特赠“朝议大夫”，凭吊宋慈功绩卓著的一生。于次年七月十五日，归葬建阳县崇雒里（今崇雒乡）建阳宋氏祖居地昌茂村西北。

刘克庄在墓志铭中称他：听讼清明，决事刚果，抚善良甚恩，临豪猾甚威。属部官吏以至穷闾委巷，深山幽谷之民，咸若有一宋提刑之临其前。

【后世影响】

《洗冤集录》自公元13世纪问世以来，成为历代刑狱官案头必备的参考书。后世的著作基本上是以此书为蓝本加以订正、注释和补充的。《洗冤集录》是世界最早的法医学专著，比西方的同类书籍早350年，宋慈不仅是伟大的法医学家，世界法医之祖，还是古今为官之典范。因而被后世誉为古代第一名法医学家，“世界法医学奠基人”。

宋慈把当时居于世界领先地位的中医药学应用于刑狱检验，并对先秦以来历代官府刑狱检验的实际经验进行全面总结，使之条理化、系统化、理论化。因而此书一经问世就成为当时和后世刑狱官员的必备之书，几乎被“奉为金科玉律”，其权威性甚至超过封建朝廷颁布的有关法律。

750多年来，《洗冤集录》流传到海外，1779年，法国人将此书节译于巴黎的《中国历史艺术科学杂志》。1863年，荷兰人第吉烈氏将此书译成荷兰文于巴达维亚出版。1908年，法国人又从荷兰文转译成法文，德国人又转译成德文。此外，《洗冤集录》先后被译成朝、日、法、英、荷、德、俄等多种文字，可见此书在世界法医史上也赢得了一定的影响与地位。

直到目前，许多国家仍在研究它。其影响非常深远，在中、外医药学史、法医学史、科技史上留下了光辉的一页。其中贯穿着“不听陈言只听天”的求实求真的科学精神，至今仍然熠熠闪光，值得发扬光大。

电视剧《大宋提刑官》剧中称《洗冤集录》为“奇书”。

【故事征引】

蒸骨验伤

《洗冤集录》记录了一种蒸骨验伤的方法：把一具尸骨洗净，用细麻绳串好，按次序摆放到竹席之上。挖出一个长5尺、宽3尺、深2尺的地窖，里面堆放柴炭，将地窖四壁烧红，除去炭火，泼入好酒两升、酸醋五升，乘着地窖里升起的热气，把尸骨抬放到地窖中，盖上草垫。

大约一个时辰以后，取出尸骨，放在明亮处，迎着太阳撑开一把红油伞，进行尸骨的检验。“若骨上有被打处，即有红色微荫，骨断处其接续两头各有血晕色。再以有痕骨照日看，红则是生前被打分明。骨上若无血荫，踪有损折乃死后痕。”

死者生前的死因就在红油伞下展现。

坑洼验尸

《洗冤集录》里记载有这样一个案例。

湖南武陵县出了一起人命案：麓庵和尚打死了豁然和尚，并烧毁了尸体。龙阳县官带领仵作，押着麓庵和尚前往山谷共同检验毁尸的洼坑，并查验挖掘出来的牙齿残骨，结果同当初武陵县检验得到的情况毫无二致。于是他便吩咐按照现场的办法，先用木炭在坑里烧，接着把芝麻撒在地上，用扫帚轻扫芝麻，由于烧尸时人体的油渗进土里，所以经扫帚轻扫后，仍粘在地上的芝麻便呈现出人的形状。

据死者哥哥说，死者年纪若干岁。仵作量了地上的人形，长是4尺8寸，偏左边有芝麻聚集，斜长1寸左右，宽4分多。脑后也有芝麻聚集，斜长1寸左右，宽4分多。扫掉芝麻，再用猛火把土烧热，浇下酒糟水，又将土烧热，洒上醋，然后再把红漆桌盖上，停一些时间，再翻过桌面，只见上面有蒸气的晕痕，同人形没有两样，偏左面后脑的两处伤痕清晰地显现出来，证明死者确实是生前被打死后再烧毁的。仵作报告完毕，又进行一次检验，没有出现别的情况，于是便定案了。

在案例中，龙阳县官员和仵作正是通过检验坑洼来确认尸体的。这种源于宋代的验尸方法，在当时的历史条件下，不失为一种十分有效的检验尸体、侦破疑难案件的方法。

养阴学派创始人——朱丹溪

【名医传记】

朱丹溪（1281～1358），名震亨，字彦修，义乌（今浙江义乌市）赤岸人。元代著名医学家。他所居的赤岸村，原名蒲墟村，南朝时改名赤岸村，继而又改为丹溪村。所以，人们尊称他为“丹溪先生”或“丹溪翁”。朱丹溪倡导滋阴学说，创立丹溪学派，对中国医学贡献卓著，后人将他和刘完素、张从正、李东垣一起，誉为“金元四大医家”。

朱丹溪的家族，世代为儒。朱丹溪祖父名环，宋宝祐时中乡试第28名。父名元，母戚氏。祖父辈均以孝闻名乡里。朱丹溪的堂曾祖朱杓，精通医学，著有《本草千金方》《卫生普济方》等医书，重医德。堂祖父朱叔麒，宋咸淳进士，晚年从事医学，医德十分高尚，他们均对朱丹溪有一定的影响。

元至元十八年（1281）十一月二十八日，朱丹溪出生于义乌县赤岸村。朱丹溪自幼聪敏，“受资爽朗，读书即了大义”“自幼好学，日记千言，过目成诵”，又善作诗赋，一挥即成，受到长辈们的器重。

一次，他听说著名理学家许文懿在东阳八华山中讲学，专门传授朱熹的理学，他对许文懿讲授的那套理学非常崇拜，听后，“自悔昔之沉冥颠齐，汗下如雨。”他“每宵挟册，坐至四鼓，潜验默察，必欲见诸实践”。这样，他坚持学了几年，日有所悟，学业大进，成了一个学识渊博的“东南大儒”。

元贞元年（1294），朱丹溪的父亲朱元因病去世。丹溪和两个弟弟都尚年幼，全家靠戚氏一人支撑，“艰辛悲悴”，苦不堪言。戚氏教子有方，对儿子“有恩且严”。一次，小儿子“戏取人一鸡卵”，戚氏很生气，责备他，“笞而责还之”。朱丹溪的童年就是在贫寒和严格的家教中度过的。他既经历了艰辛的磨炼，又得到了母亲很好的教育和熏陶。

朱丹溪30岁的时候，老母患严重的脾病。他心情焦急，请了许多医生治疗都治不好。这时，他深深体会到：“医者，儒家格物致知一事，养亲不可缺”（《格致余论》序）。于是他立志学医，日夜攻读钻研《素问》等书，“缺其所可疑，通其所可通”，克服了学习上的种种困难，经过5年的勤奋苦学，既治好了母亲的病，也为日后学医打下良好的基础。

朱丹溪36岁时，感到自己学问的肤浅。他在强烈的求知欲驱使下，毅然离开了妻儿老母，到东阳从师许谦，学习理学。他学习十分用功，每夜读书至四更，“潜研默察，必要求于实践”“不以一毫苟且自恕”，学业突飞猛进。学习四年，已成为许谦的得意门生。后来他将理学结合于医学，推动了医学理论的发展。

延祐元年（1314）八月，恢复科举制度。朱丹溪在学习期间，曾参加过两次科举考试，但都没有考中。

科举失败并没有使朱丹溪灰心，他认为：“既穷而在下，泽不能致远”，要使德泽远播于四方，只有学医济人，才是最好的选择。这时，他的老师许谦，卧病日久，多方求医，已愈治而病愈剧。他也鼓励朱丹溪学医，并说：“我卧病已久，‘非精于医者不能以起之’，你聪明过人，又肯在医学上下功夫，你就学医吧。”于是，朱丹溪决意断绝仕途，专心从事医学事业。

有志不在年高，朱丹溪专业从医的时候，已40岁了。他一心扑在医学上，加之原来已有一定基础，轻车熟路，学业大有长进。但朱丹溪没有丝毫放松，学习非常刻苦。他重新钻研了《素问》等书，对当时盛行的陈师文、裴宗元所定《大观二百九十七方》也手抄笔录，昼夜揣摩。

过了两年，朱丹溪42岁时，治愈了许谦多年的顽疾，从而声名鹊起。

在实践中，朱丹溪不断检验和探讨，发现当时风行南北的《和剂局方》“集前人已效之方，应今人无穷之病”的弊端。同时，《和剂局方》的用药又偏于温燥，流弊不少。又联想起父亲是死于“内伤”，伯父是死于“瞀闷”，叔父是死于“鼻衄”，幼弟是死于腿痛，妻子是死于“积痰”，都是由于“药之误也”。种种疑问困扰着他，“心胆摧裂，痛不可追”。朱丹溪的心情十分沉重，出于医生救死扶伤的责任心，朱丹溪再也无法平静，决定抛开现有的名和利，离开温暖的家，再度外出求师，以“为之依归，发其茅塞。”

泰定二年（1325），朱丹溪已经45岁了。他先渡钱塘江，千里迢迢来到吴中（今江苏苏州），后到宛陵（今安徽宣城），上南徐（今江苏镇江），辗转建业（今南京），但始终没有找到一位适合当老师的人。有人告知，杭州罗知悌医术高明，学问精湛，他就不顾夏日的炎热，日夜兼程，匆忙赶到杭州求教。

罗知悌精于医，得刘完素之学，为刘完素的二传弟子，旁参张从正、李东垣两家，曾以医侍宋理宗。罗知悌对朱丹溪既有理论的传授，又有实践的教诲。使朱丹溪的医术有了长足的进步。朱丹溪经过长期不断的实践，总结出一个重要的论点，即"阴易乏，阳易亢，攻击宜详审，正气须保护"，为创立后来的丹溪学派奠定了坚实的基础。

一年半后，罗知悌去世，朱丹溪安葬了师父后回到义乌老家。朱丹溪已尽得其学，成为寒凉派刘完素的三传弟子。这次求师，跨浙、苏、皖三省，行程超过千里，历经艰难险阻和重重挫折。正是这种锲而不舍的精神，才使得朱丹溪的千里求师画上了圆满的句号；也正是这种精神，才使他在以后的医学领域中能有重大的突破。

朱丹溪既得罗知悌之学，回家乡给人治病，"每治疾，往往以意为之，巧发奇中，按之书，无有也"。当时乡之诸医，仍循规守旧，对朱丹溪的疗法和医理大惑不解，甚至嘲笑、排挤他。朱丹溪也不争辩。事实胜于雄辩，不久，曾经嘲笑、排挤过他的医生，见他对诸家的医论，无所不通，治病不死板地套用古方，且"所疗皆中"，群众又交口称赞他的医术，也终于心服口服，甘愿做他的弟子。数年后，朱丹溪"声誉顿著，遍浙河（即钱塘江）西东，至苏州一带"。

朱丹溪不但医术高明，且医德高尚。为贫穷的人治病，不取报酬。有因贫困而无处求医的，送药送医上门，即使远在百里亦不辞辛苦。有外地人因病来请，不论大雪大雨，无不即时前往，并说："病人度刻如年，怎么可以自图安逸呢？"

朱丹溪63岁时，浦江赵良仁、戴思恭、戴尧、赵良本等，同日就学于他。其他如金华赵道震，江苏王安道、刘叔渊，绍兴徐彦纯，丽水楼厘，义乌虞诚斋等，亦先后来就学。

朱丹溪67岁时，见解更加精粹，"其自得者，类多前人所未发"，遂应弟子张翼等再次请求，开始著书立说，不久以十分严谨的态度完成了《格致余论》一书。

这年秋，朱丹溪患病一年余，服药至冬至节气，便不再服药，以白粥调养而愈。接着又陆续编著《局方发挥》《本草衍义补遗》《伤寒论辨》《外科精要发挥》等，可如今仅存前三部书。

《格致余论》是朱丹溪医论的专著，共收医论42篇，充分反映朱丹溪的学术思想，是朱丹溪的代表作之一。该书以《相火论》《阳有余阴不足论》两篇为中心内容，创立“阳常有余，阴常不足”的论点，强调保护阴气的重要性，确立“滋阴降火”的治则，为倡导滋阴学说，打下牢固的基础。其他各篇，侧重论述滋阴降火和气、血、痰、郁的观点，内容十分丰富，每篇中又多以治验相对照。

惠宗十八年（1358）夏，朱丹溪外出治病，“暑行来归”，没有什么大病。但过三四日，于六月二十四日，一代医学宗师朱丹溪与世长辞，终年78岁，葬于义乌东朱之郭头庵。临终前，无他言，独呼嗣汜（他的侄儿），说：“医学亦难矣，汝谨识之！”言毕，遂卒。

朱丹溪去世后，人们莫不洒泪哀恸。诚如宋濂之言：“丹溪先生既卒，宗族失其所倚藉，井邑失其所依凭，嗜学之士失其所承事，莫不彷徨遥慕，至于洒涕。”朱丹溪子女与弟子将其葬于义乌东朱之郭头庵。

原与妻、长子合墓。墓始建于元至正十八年（1358），经清乾隆十三年（1748）及1946年修葺。20世纪60年代破坏。现墓系1982年重修，墓丘圆形，下部石砌。墓前立有“元名医朱丹溪墓”碑及生平。其故里浙江义乌有墓园、纪念堂、纪念亭、丹溪街等。

主要著有《丹溪心法》《局方发挥》《格致余论》《金匮钩玄》《素问纠略》《本草衍义补遗》《伤寒论辨》《外科精要发挥》等。

【后世影响】

朱丹溪为历史上的养阴派代表人物，倡导滋阴学说，创立丹溪学派，对中国医学贡献卓著，后人将他和刘完素、张从正、李东垣一起，誉为“金元四大医家”，在中国医学史上占有重要地位。他提出了著名的阳有余阴不足论、相火论，形成了系统的保养阴精的学术思想；他的恶寒非寒、恶热非热之论，养老、慈幼、茹淡、节饮食、节情欲等论，大都从养阴出发，均对后世有深远的影响。

朱丹溪学说不仅在国内影响深远，而且在15世纪时由日本人月湖和田代三喜等引入日本，日本又成立“丹溪学社”，进行研究和推广，迄今日本仍沿存“丹溪学社”。

【故事征引】

端午熏药渣的来历

端午节，浙江兰溪一带有个习俗，一到中午，家家都要用艾蒿和晒干的药渣一起点燃熏虫驱瘟，传说这是朱丹溪治病留传下来的。

那时候，有位病人，连日气喘，朱丹溪看后开了张药方，其中用到麻黄二分。麻黄这味药，是发汗平喘的，只可少用，多了反有害。病人服了几日，不太见效，朱丹溪再次去出诊。他仔细看过病人的舌苔，切过脉，认为这病一定要吃麻黄，这味主药决不能少。所以又在药方上写上了麻黄这味药。不过这次他增加到三分，怕上次无效是药量不足。也真怪，病人连服用三剂，仍不见效。朱丹溪心想：我完全是对症下药的，既然病人不见好，那只得再叫病人原药服三剂。

事情出乎意料，病人只续吃了一剂，家人就赶来了。

“先生，不，不好了。病人汗流不止！”

“啊！什么？”朱丹溪立即赶往病人家，一看，病人果真汗流如注，已经虚脱。他二话没说，石膏是解麻黄的，先开点石膏，要家人立即煎汤给病人服。真灵，病人服了石膏汤汁，汗就止住了。

朱丹溪没有离开病人家，他仔细观察病人的变化。他想，我用药没有错，麻黄虽不能多用，但我是逐步增加剂量，照理病情应该适应，而目前的症状，明明是麻黄药量太大引起出汗过多，他想呀想，一个晚上没有好好合上眼。

第二天，朱丹溪起床洗漱完毕，找到病人家属，问问情况，要病人家属将药渣拿来看看。病人家属只得从地上捧起煎过的药渣，交给他。朱丹溪一味味核对过，开始也没有觉察到什么异常。后来他认真细看，才看出来前后两次麻黄有些不同。他不放心，又将两次麻黄放在嘴里一嚼，才发现，前煎的麻黄无味，后煎的苦味甚浓。

他跺了跺脚，说：“事情就出在这味麻黄药上，前次配的五服药，原来是假麻黄呀。”

朱丹溪找来卖药的，一经追查，不出所料，这些麻黄，正是假的，是一些破草席筋剪成的假药。朱丹溪很气愤，认为这样做太缺德，要将卖假药的人扭送官府处治，卖假药的人连连哀求，事情才算平息。

朱丹溪继续给病人服药，不到三天，病就完全好了。

事后，朱丹溪给病人看病，总要吩咐他们，服用过的药渣要好好晒燥储藏，以便核对。所以直至现在，这一带老百姓都是这样做的，晒燥储放起来的药渣，一直等到来年的端午节，才点火焚烧，据说它还能驱虫赶瘟呢！久而久之，便成为兰溪的一种习俗。

“万年青”七奇方

朱丹溪看病名气大了，但从来不摆架子，有钱人送给他的药费，他收下，没钱的人，付不出药费，他也不见怪。

一天，有个瘸腿的讨饭老头，嘴里不断地哼哼，一瘸一拐地走到朱丹溪的店堂门前，就再也走不动了。

朱丹溪正在店堂里忙着给人看病，直到中午病人都陆续回去了，他才走出店堂。一瞧，有个病人躺在门外，他连忙走过去，扶起病人问：“你怎么啦？”

“喔！”这讨饭老头哼了一下，说：“我前世不修，你看，我的腿烂着哩！”讨饭老头卷起裤脚，朱丹溪仔细一瞧，右腿烂得淌脓血，叫人见了是又可怜、又恶心。

朱丹溪扶起他说：“来，到我家，我替你医医看。”

瘸腿老头却说：“啊呀！先生，我没钱，连口吃的都没有，哪能看病呀！”

“只要我医好你的腿，这钱……”

“我的烂腿已有许多名医治过，结果，弄得倾家荡产也没治好，你也不必白费心了！”

“你不用愁，吃住我供你，也许能把你的腿医好！”朱丹溪扶着讨饭老头进门，安置在一张床上，供讨饭老头吃住，然后替他精心医腿。

朱丹溪先用药水洗净烂腿的疮口，配了一贴膏药贴上。

他每天给他洗疮口，敷药，还叫人送菜送饭，真和对待家人一样，经过十来天治疗，虽有好转，但伤口总不愈合。

瘸腿老头坚决要走，朱丹溪怎么也留不住，他特地为瘸腿老头赶制了膏药，吩咐带去贴敷。

瘸腿老头临走时，从自己的破布袋里拿出一株万年青，郑重其事地对朱丹溪说："这株万年青，是我的传家宝，请你种上它，也许有用。"

朱丹溪接过万年青，仔细看了看，再朝瘸腿老头看时，却已无影无踪。

朱丹溪小心翼翼，将这株万年青亲手种在花盆里，培上泥土，浇上水，放在书房窗口。

这天半夜，他正在凝神攻读《内经》，突然发现他刚种下的这株万年青闪闪发光，碧绿碧绿。他以为自己眼花了，赶忙打开门窗，一股芳香扑鼻而来，他仔细一瞧，这万年青的每片叶子上隐隐约约地还有字迹。他看了又看，每片叶子是一张药方，都是医治伤寒的，一共是七片叶七张奇方。

朱丹溪将处方一一抄录下来，再朝万年青看看，却看不见叶子上的药方了。朱丹溪将这些处方，对症用于治疗伤寒病，疗效如神，因而他也更加出名了。

事后，人人都说，这是天上八洞神仙——铁拐李赐给朱丹溪的仙方哩！

寡妇桥

从前，婺州（今浙江金华一带）境内有一条小溪，叫作怪溪。这条溪大雨三天涨大水，天晴三日见溪底。溪上建有一座石桥，叫作贯婺桥，意思是从这里贯通到婺州，但当地人们却称其为寡妇桥，为什么呢？这得从朱丹溪给人们治病的事情讲起。

这一年春天，连日阴雨，天花病流行。怪溪岸边村上有个寡妇的儿子也染上了天花病，到处求医服药，病情并未减轻。天花透不出，如果病毒归心，眼看就要死亡。

一家人急啊，邻居也都替她担忧，大家七嘴八舌地说："赶快去义乌求神医朱丹溪先生来看看吧。"寡妇救子心切，哪怕路途遥远，怪溪阻隔，还是雇了人，抬了轿子涉水去请。

赶到义乌，找到了神医朱丹溪，寡妇说明情由，朱丹溪急忙坐轿连夜动身赶往怪溪。不巧赶上上游下雨，溪水暴涨，朱丹溪只得下轿，由两个抬轿的人搀扶，过了溪。他浑身溅得湿漉漉，急匆匆赶到了寡妇家，还没进门，就听到一片呼天抢地的号啕声。朱丹溪也顾不得换衣喝水，立即来到病孩床边，岂知孩子已死了。

朱丹溪看看这凄惨景象，不禁叹息，心想要不是溪水上涨，耽误了时间，这一惨局可能不会造成。不过，既然来了，就不能放过一线希望。想罢，他立即挤进人群，附耳贴着病孩的心脏。听了听，并拿过油灯看了看孩子的面容，不慌不忙地将随身所带的银针拿出，对准穴位扎了一针，仔仔细细看看、听听，这孩子还有感觉。他忙对寡妇说：

“试试看，孩子说不定还有救。”

听他这么一说，房内所有的人，都止住哭声，屏住呼吸。朱丹溪连忙开处方，要人赶快抓药，并要寡妇找来几颗陈年黑枣做药引，熬汁煎汤给孩子灌了下去。他坐在床边，寸步不离，一夜守到天亮，直到把病孩从死亡边缘抢救过来，他才换去湿衣休息，并一连住了三天，直到孩子完全脱离危险，才回义乌。

临走那天，寡妇千恩万谢，定要大礼相酬，朱丹溪说：“我救了你的孩子，不是为金为银。”

寡妇说：“重金酬谢，这是理所当然！先生你不收下，叫我心里不安。你冒着危险蹚过急流，为了救我孩子，湿衣过夜，如此大恩，哪能不谢？”

朱丹溪想了想说：“要不是落雨涨水，孩子的病也不会耽误到这样严重。你要是一定要谢我，不如在这怪溪上造一座桥。”

寡妇一听朱丹溪的话，很有道理，所以就出钱在怪溪上造了一座桥。桥造成了，专门请朱丹溪给这座石桥取个名称。朱丹溪一想，这是一条贯通到婺州去的小石桥，就提笔写下了“贯婺桥”三个字，刻在桥身上。

从此，这怪溪上有了石桥，人们来往便利多了。当地人们知道这座桥是寡妇出钱造的，所以又叫寡妇桥，一直传了下来。

怪病遇奇医

婺州城里有位坐馆教书的郑老先生，为人淳朴、厚道，因教导有方，门生都十分尊敬他，不幸在50多岁时，得了一种怪病。

有一次，他弯腰去捡地上的一张纸条，只觉腰部一阵刺痛，从此就再也伸不直，成了两头弓的驼背公公。

他到处去求医问药。外科医生替他针灸按摩，可是稍稍一动，他就大喊大叫，疼痛难忍；内科医生给他开方，服了不知多少剂药，也无济于事。一到晚上，就怎么也躺不下，床上垫着三层棉絮，还是龇牙咧嘴地叫唤，闹得全家不得安宁。

家里人急得如热锅上的蚂蚁，特地到义乌去请来了朱丹溪。

朱丹溪问过起病原因，切切脉，看看舌苔，也觉得这个病不好治。

夜深了，朱丹溪躺在床上想呀想，怎么也睡不着，索性下床在房间里踱着方步，思考治病的办法。走走坐坐，坐坐走走，一不小心，坐偏了椅子。但听“咕咚”一声，一个踉跄，差点坐空跌倒。

谁知这一吓，却吓出个好主意，朱丹溪不禁哈哈大笑，自言自语地说：“有办法了！有办法了！”便连夜叫醒郑先生的儿子，将自己的主意告诉了他，并要他绝对保守秘密，不准走漏半点风声。

郑老先生的儿子按照朱丹溪的吩咐，连忙去搀扶他的父亲，一步一步地来到朱丹溪的住房。

正当郑老先生在一把椅子上坐下时，听到“咔”的一声，椅子的后腿断裂，一个踉跄，险些仰面朝天。说时迟，那时快，在旁的朱丹溪左手拖牢郑老先生的右臂，右手立即顶住郑老先生的腰脊，顺势用手一按，说也奇怪，未听郑老先生喊一声痛，他的腰板却已经挺直了。

原来，这正是朱丹溪事先安排好使其腰骨复位的妙法。郑老先生虽然吓得一身冷汗，却意外地治好了病，自然高兴。朱丹溪和郑老先生的儿子也都会心地笑了。

朱丹溪又用了几贴特制的膏药，吩咐一天换一次，敷贴在腰脊上，另外又开点散瘀活血的药。不几天，郑老先生的怪病就痊愈了。人们都说：“怪病遇到了奇医！”

明欺暗帮

一天，朱丹溪出诊。在城门外，见一群流氓在欺负一个农民。只见一个流氓夺过旁人的扁担，趁对方不备，狠狠地朝农民后背腰脊处打去。只听得农民一声惨叫，顿时脸色蜡黄，跌倒在地。

朱丹溪立即分开人群冲上去，接住打手的扁担，抬起脚就朝农民受伤的腰脊处踢了一脚，一边轻描淡写地说：“算了，算了！”围观的人们大为惊讶。

流氓们见自己占了上风，一向爱打抱不平的朱丹溪也没替农民说话，乐得下台，说：“看在朱先生的面上，这回饶了你！”说罢，扬长而去。

跌倒在地的农民痛斥朱丹溪，朱丹溪见这农民自己能从地上站起来，便微笑道：“不要急。我问你，当时你挨了一扁担，马上跌坐在地，你是否还记得，耳朵里发出嗡嗡之声，下肢一阵麻木。”

农民说：“是这样的。”

朱丹溪说：“我踢你一脚，是因为你的腰部当时已经受损移位，如不及时复位，将会引起终身瘫痪。踢了你后，你又感到怎么样？”

农民想了想说：“对呀！你当时踢了我一脚，我反而能站起来了？”原来这一脚是替他治伤的。当下农民连连赔罪。

朱丹溪又替他检查一遍伤势，并用药替他敷贴，另外还给了些药末儿，要他用酒吞服。没过几天，农民的伤势果然痊愈了。

妙治相思女

七情学说中的七情为：喜、怒、忧、思、悲、恐、惊。

七情致病：七情过度，易生百病。《素问·举痛论》：怒则气上，恐则气下；思则气结，悲则气消；喜则气缓，惊则气乱。《素问·阴阳应象大论》：怒伤肝，喜伤心，思伤脾，忧伤肺，恐伤肾。

在中医学中，七情致病学说很早就受到重视，如喜伤心、怒伤肝、思伤脾、忧伤肺、恐伤肾等理论，已成为传统医学的重要内容。元代名医朱丹溪提出的“活套疗法”，亦称“情志相胜疗法”，可以认为是以情胜情、互相制约的心理治疗。民间流传的朱丹溪妙治相思女故事，就是我国古代心理疗法的典范。

有一个村庄，有一女子整天独居室内，闷闷不乐，神志恍惚，痛苦悲伤，不思饮食，脘腹胀满，胸闷心烦，周身乏力，身体消瘦，口唇淡白。父母请遍名医，均不能减轻女子病情，反而日渐加重。半年过去，该女子口唇微黄，肌肉萎软，四肢倦怠，口淡无味，毫无食欲，以至卧床不起，奄奄一息。后来其父听说名医朱丹溪有绝招妙法，于是费尽周折将其请至家中，为女儿诊治疾病。

朱丹溪来到女子床前，通过望闻问切四诊得知，该女子婚后不久，丈夫即外出谋生，现已五年未归，音信皆无，下落不明。朱丹溪明白，这女子是日久思夫，气结于脾而患病。

朱丹溪说：“脾主肌肉、四肢。脾气虚弱、不思饮食，则水谷精微不能充养肌肉、四肢，故身体消瘦、肌肉萎缩、四肢无力。脾开窍于口，其华在唇。脾失健运则食欲不振，进而气少血衰，出现口唇淡白不泽，或微黄不泽。”

朱丹溪认为忧思病在女子心中打了死结，只有解开这个死结才能痊愈。于是朱丹溪将女子的父亲领出病室说："小女子之病需用中医五行生克制化来治疗。五行的金属肺、木属肝、水属肾、火属心、土属脾。五行中木志为怒、土志为思。按五行相克'木克土'来治小姐之病，先要使其发怒。怒属木属肝，思属土属脾。肝木能克脾土，就能解脾土之结。"

征得家人允许，朱丹溪突然闯入病室，面带怒色，走到女子床前，抬手就在她脸上打了三巴掌，并大声说："你有外思，装病在床，所以我要打你。"这女子猛然间遭受如此不白之冤，竟气得怒发冲冠，大哭大叫，并破口大骂朱丹溪："你不是医生，是畜生。我不用你治病，你快快滚出我家。"说也奇怪，这女子一气后竟感心情舒畅，病情大减，精神愉快，并面露笑容。

由于治疗大见效果，该女子的父亲去朱丹溪处登门拜谢。朱丹溪这时说："汝女脾气郁结虽除，但需闻喜事才能使疾病不复发，才能巩固疗效。因喜在五行五脏属火属心，心火能温运脾土、滋生脾土。脾土健运，食欲旺盛，气血生化、充足，则无病生矣。"于是，朱丹溪又授意："自制假喜信一封，谎告是其夫捎回。"女子看到"丈夫来信"，果真欣喜若狂，精神振奋，加之不久丈夫果真归来，该女子的病情得以彻底康复。

可见，我国传统医学中的五行生克理论真是博大精深，只有细细揣摩，用心研究，才能得其精奥。

抱女透疹

朱丹溪出诊回来，一路上和同去的侄儿谈天说地。路过一个池塘边，见有个姑娘正在塘埠头洗衣裳。朱丹溪无意中看了一眼回过头的姑娘，不觉大吃一惊。他自言自语地说："救命难呀救命难！"

侄儿问："大伯，你要救谁？"

朱丹溪说："如果你有胆量，就蹑手蹑脚地走到塘埠头去，不得让这姑娘知道，你从背后将她拦腰一把抱起，要快，抱得越紧越好，将她抱到路边放掉就好了。等一会儿你就知道其中的缘故。"

侄儿知道大伯的为人，其中必定有讲究。于是便悄悄来到埠头上，真的一把拦腰一抱，从背后将姑娘抱起来了。姑娘禁不住惊叫起来，拼命喊救命。村上人都急匆匆赶来，有的怒目圆瞪，有的准备动手。朱丹溪伸手拦住说："慢！不关他的事，是我叫他抱的！谁是姑娘的父母？"

姑娘的父亲上前说："朱先生，我就是。"

朱丹溪说："老兄弟，刚才我无意中看到这姑娘，发觉她有病积在体内，如不赶快透出，将有生命危险，所以才这样做的。你不妨问问你女儿，近日身体是否不适？是否还有点发热？"姑娘点点头。

朱丹溪说："这就是麻疹，已经憋了三天了。如再不透出，可就难治了。我叫我侄儿出其不意，惊吓她一下。她必定发怒，这样，今夜麻疹就能透出来了。"

姑娘的父亲恳求朱丹溪去他家留宿，一来是感恩，二来还要看看今夜能否真的出麻疹。朱丹溪和侄儿当即答应。

这天后半夜，姑娘果然发热，一检查，麻疹已经全部透出。朱丹溪又开了一张调理药方。姑娘的父母十分感激，连连道谢，后将女儿许配给了朱丹溪的侄儿。

蚂蟥医疮

朱丹溪对穷人不惜花力气、赔药物，而对土豪劣绅则不轻易给他们开方用药。义乌赤岸镇上有个汪财主，主性刁恶。他生了个"对口"（生在后颈，因疮口对着脸部的嘴，故俗称"对口"），请了许多医生都不见效果，他知道朱丹溪的脾气，就扮作一个叫花子，躺在朱丹溪经常走过的路上。

一天，朱丹溪见一个"叫花子"在路上痛苦地呻吟，走近一看，见他颈后的"对口"患处已经发青，充满瘀血，深为同情。心想：用针挑呢，只怕瘀血一时难以排尽，施药也不会见效。左思右想，灵机一动，在水田里抓起三条蚂蟥，放到疮口上。只见那三条蚂蟥蜷曲了一下，便叮住疮口拼命地吮吸起来。眼见三条蚂蟥的身子越来越粗，病人的瘀血越来越少了。这时，朱丹溪半开玩笑地说："你呀！好在是个穷叫花子。如果你是个财主，为富不仁、那么医好这个'对口'，少说也得稻谷五十石，说不定还得拖上两三个月才能收口呢。现在好点了吗？"

病人愉快地说："好了！"

七天之后，汪财主的"对口"好了，叫人挑来五十石谷子酬谢朱丹溪。朱丹溪这才恍然大悟，原来是受了汪财主的骗了！不过，他还是心安理得地说："我朱丹溪能叫财主装叫花子，也不错呀！许多穷乡邻正需要接济，这五十石谷子当然照收不误！"

智治肺痈

婺州有个农民，患了肺痈，多次求医，服药无效。后经金华管元德医生介绍，将他的老师朱丹溪请来诊治。

朱丹溪看了之后，对病人说："你的肺部已经溃烂，应先去脓血，然后服药。现在我用银针扎你的肺部，希望你镇静，不要害怕。"接着和门生管元德磋商一番，一切安排就绪，叫病人脱去上衣。

朱丹溪将一根长长的银针，对准病人肺部，正要刺下去，只见病人泰然自若，就向管元德使了个眼色。管元德从背后将一盆冰水泼在病人的头上，病人不禁打了个寒战。说时迟，那时快，朱丹溪已经对准病人的肺部一针扎了进去，针一进一出，肺部的脓血直往外淌，不多时，脓血全部排尽。

病愈后，那农民带了礼物到义乌致谢，同时，还特意问起那次趁他不防倒冰水的事。

朱丹溪说："因为你这肺痈部位就在心脏的边上，稍不留意，银针刺着心脏，你就没命了，我叫管先生从你背后，突然倒下冷水，让你大吃一惊，心脏就会突然收缩而往上提，趁此机会，我对准你的肺痈部位扎一针，这样绝不会伤着你的心脏，手术也就成功了。"

两次催生

有位产妇难产，三天三夜生不下，肚痛难忍。朱丹溪被请到这家庭院，只听产妇"哎哟，哎哟"的在喊叫。他仔细听听，心中早已明白几分。顺手捡起地上一张梧桐叶，对产妇家里人说："拿这张树叶去煎，喝掉就会生了。"产妇刚喝了不久，真的生下个胖娃娃。

第二年，隔壁院里另一个产妇也是整整三天三夜未生下孩子来，就也煎梧桐叶给她喝，可是等啊等，还是不生，急忙去请朱丹溪。朱丹溪看过产妇，开了张药方，说："得马上抓药煎服，到下半夜才生哩。"产妇服了药，疼痛减轻，到下半夜果真生下了孩子。

大家很奇怪，朱丹溪说："梧桐叶是没有药效的，因为你隔壁的产妇痛得狂喊，马上要分娩了，我用梧桐叶安安她的心，她是'意病'，安慰一下就行。你家产妇就不同了，她是真的难产，所以必须服催生药。"

巧复胎位

有个孕妇收拾好碗筷，想将饭篮挂到钩上，踮起脚尖，一挂两挂，腹部忽然一阵疼痛。从此腹痛不止，日夜不安。邻近的医生都开了安胎药，服后却总不见效。孕妇的丈夫是个秀才，他对妻子说：“看来只好去义乌县请神医朱丹溪了。他曾治好过我的病。”

原来，此秀才的前妻暴病而死，秀才忧郁成疾。请遍本地的名医都不见好，就去义乌请朱丹溪治。

那天，朱丹溪切过病人的脉，忽然说：“啊！是有喜了！”他摸摸秀才的肚子又说：“你茶饭不思，胃口差，是吧？”秀才听了，不禁失声大笑。朱丹溪说：“真的，不会错，你是有喜了！喏，我给你开个保胎方。”

秀才笑得前俯后仰。还挖苦说：“名不虚传！名不虚传！”连药方也不要。秀才回到家，逢人便说，见人就讲：“义乌神医朱丹溪说我有喜——哈哈！哈哈！”整天大笑不止。说也奇怪，秀才药也没吃，身体从此一天一天好起来，半个月后，竟完全好了。

秀才于是专程去酬谢朱丹溪。并请教治病妙法。

朱丹溪答：“古书云，‘喜胜忧’，你悲痛过度而成忧郁疾，治病的方法主要就是调治你的精神。你一天笑了多少次？久而久之，病不就好了吗？”

现在，秀才把此事告诉了后妻，后妻也同意去请朱丹溪。

朱丹溪看过孕妇想，要纠正胎位，光靠药物不行。于是要孕妇将身体左侧卧倒、右侧卧倒、向前弯腰伏地，并问她各有什么感觉。孕妇一一说了。朱丹溪仔细观察了一番后，正思索着，见墙角边有箩小豆，顿时有了办法。叫孕妇的丈夫量出半升小豆，又叫他冲了两大碗糖开水。

然后，朱丹溪拿这半升小豆撒满一地，叫孕妇喝了一碗糖水，说：“你要忍着腹痛，将撒在地上的小豆，一粒粒捡干净。”孕妇只得忍住痛，弯腰捡豆，足足用了个把时辰才捡完。开始时蛮痛，直到捡完豆，腹痛反倒减轻了。这时，孕妇的汗水已流了一身。

朱丹溪叫她喝下另一碗糖水。又嘱咐照前次医生开的老药方，再服三剂。说也奇怪，孕妇经这一活动，疼痛很快消失。几个月后就顺利地生下了孩子。

事后，秀才去拜谢时问朱丹溪：“你这是什么医理？”

朱丹溪微笑地望着曾被他称为“孕夫”的秀才说：“因贵夫人起病突然，是属胎位移动。胎位不正，不能光靠药物，必须先用自身的活动给予正位，然后以药物安胎，才有效果。叫她捡豆，这样一弯一挺，就使胎位逐步移到原处了。”

妙治恶少

金华县城有个花花公子叫施王孙，吃喝玩乐，五毒俱全，还常常倚仗当官的父亲之势欺压百姓。

施王孙看中城西方员外的女儿方姣仙，要娶她为妻，方姣仙一口拒绝。方员外却满口答应，中秋那天，施家强行把方姣仙抬回家。姑娘宁死不肯拜堂。施家只好暂把她安顿在一间冷落屋子里，准备再设法劝她回心转意。

说也奇怪，空守了一夜的施王孙第二天起来，就觉得浑身发痒，脸也有些水肿了。过了一天，脸竟越来越肿。家里人认为他得了邪症，马上去请义乌名医朱丹溪。

朱丹溪来到施家，看过病人后，又来到病人住过的新房，一会儿就判断出病因来了。但他知道这病人的为人，于是就对施王孙的母亲说：“这可是奇病啊，书上都没有记载。叫‘棺材病！’这奇病不用吃药，只要做到两条：第一，将未入洞房的‘媳妇’退掉，连同嫁妆一套，送给她带回去；第二，立即派人上山，砍16根杉树，做棺材一具。”

施母心中怦怦乱跳，不禁发问：“做棺材有何用呀？”

朱丹溪说：“这就叫奇病须用奇法治。你儿子强逼女子成亲，这是大忌，如果同房，必死无疑。幸好还未同房，从今以后，只可清心寡欲，不可任性放纵。今用新棺材一具，让他先进去躺三天，粥饭也送进棺材里去吃。三天后，保他全好。”

施家一切照办。三天后，睡在棺材里的施王孙的病果真好了，这才从棺材里爬出来。

后来，朱丹溪的一位学生问这是什么原因？朱丹溪笑道：“恶人得了病理该先治恶后治病，要知道此乃是‘漆疔’！是接触到新房里那套新漆嫁妆而引起的。所以，我就让他把强逼的女子退掉，把新妆也送掉，教他改恶从善，再给他治‘漆疔’。

其实，‘漆疔’是很容易治好的，一般只需用新鲜杉树皮煎汤洗洗身就会好的。我安排他睡三天棺材，效果不是也差不多吗？”

医治怪病

苏州葛可久（名乾孙，元朝名医，著有《十药神书》）治病救人，在江南一带是个很有名望的医生。浙江义乌的医生朱丹溪隐姓埋名投师葛可久门下。三个月过去了，葛可久发觉这位学生与众不同，扫地、抹桌、捧茶、侍饭，无一不做，切脉、处方有时还超过自己，因此很器重他。

过了一段时间，葛可久变得闷闷不乐起来。一天，对朱丹溪说："我要外出访友，少则十天，多则近月，家事就全靠你了。"并关照女儿要尊重师兄，一切要听他的安排。

一天，朱丹溪突然叫住师妹问："师妹，你身体舒服吗？"认真地给她切脉，看舌苔，沉思很久，才说："病在肌表，若不早治，势必入腑。我开一张方子，抓好药，你马上煎服。"

师妹问："我有什么病？"

朱丹溪指指她的左臂说："病在这只手臂上，明天就要发肿发痒，还会溃烂。如不及早医治，将会终身残废的！"

师妹常听父亲夸师兄为人忠厚老实，医术高明，于是不再犹豫，照药方服药和敷药。三天过后，好端端的左臂发红发肿了。五天过去，变成紫褐色，疼痛加剧，化脓后，脓血流了三天三夜。经朱丹溪的精心治疗和调理，渐渐好转，过了半个月慢慢痊愈。

一天，葛医生回来，一见女儿，大惊："你这病怎么好的？"

朱丹溪说："心痈痛我也没有治过。我想，如果直接将心痈痛告诉师妹，她必定害怕。因此我就故意将她的注意力引到手臂上。我一边用内服散药，一边用膏药外敷，将毒引出，终于治好此病。"

葛可久老泪纵横，说："不瞒你说，女儿的病，我也发觉了，知道无法医治，才借访友为名，外出求方找药去的呀。"

从此，师生的感情更加融洽，葛可久将自己所有的秘方一一传授给了朱丹溪。直到朱丹溪告别时，才说出自己的真名。葛可久想起往事，更觉得他是个了不起的人。

独臂神医，兰学留香——兰茂

【名医传记】

兰茂（1397～1476），字廷秀，号止庵，滇南名士。明代云南昆明附近杨林镇人。民间誉为“神医”。

兰茂自幼聪慧，博通经史、文艺术数之书，不仅通晓诗书音律，还有着很高的文学造诣，是个地地道道的读书人。

有一年瘟疫流行，几天时间，一个城就空了一半。兰茂见到这种情况，心里实在难过，就下定决心要学医治病，为众人消灾除难。

兰茂生性聪明，又好学，留心医学后，几年的工夫，便在昆明出了大名，后来成了当时著名的医药学家。

平时，兰茂常和农民以及少数民族兄弟生活在一起，他发现了云南地区的许多药用动植物。他潜心研究本草30余年，广涉前代医书，对云南本地的各类天然药材更是穷尽一生精力研究。在研究云南本草的过程中，兰茂仔细分辨药物的性质、气味、味道，还认真地考察了各种草木生长的环境，生长条件，然后绘为图形，详加叙述，终于在明成化年间（1436）著成我国最早的地方性本草专著——《滇南本草》。《滇南本草》中不仅记载了云南草木蔬菜中可作药者，以及许多少数民族医药与汉族医药相互结合的实例，还记述了若干药材疗效的经验及民间治疗疾病的秘方，这是一部记述西南高原地区药物，包括民族药物在内的珍贵著作，全书共3卷，载药458种，书中还记述了若干药材疗效的经验及民间的秘方等。故此，民间称兰茂为“布衣科学家”。

《滇南本草》是中国现存古代地方性本草书籍中较为完整的作品，这本具有中医药精华汇编性质的医学著作，早于李时珍的《本草纲目》140多年。

正统七年（1442），兰茂46岁时结合自己的教育实践，著成了《韵略易通》和《声律发蒙》两部声韵学名著。他整日读书写作，首先写出了云南第一部声律启蒙读物《声律发蒙》。这是一部用韵语写成供童生学习音韵对仗的专用读本，早于李渔的《笠翁对语》约200年。该书“吟诵之下，恍觉景物山川，皆成佳趣”。由于通俗易懂，语言精练，音律铿锵，朗朗上口，广受欢迎，因而成为当时滇中的启蒙教科书。

《韵略易通》于正统七年（1442）写成，全书收8348字。兰茂立足云南方言，面向全国普通话，即“尽变古法，以就方音”，将《中原音韵》的36个声母简化为20个，又把19个韵改为20韵，形成横有20母，纵有20韵，融声、韵、调为一体的“新等韵图”，以“东风破早梅，向暖一枝开；冰雪无人见，春从天上来”的“早梅诗”加以概括，使人于悠然的诗境中，记诵了20个声母的发音。由于它切合实际，便于应用，流传很广，被收入清代《四库全书》。当代著名学者方国瑜先生说：“兰茂的《韵略易通》，在中国音韵史上竖起了第二座巍峨的里程碑。”

正统十四年（1467），兵部尚书王骥奉命亲率十万大军前往麓川征讨土司思任发叛军。因不谙边地山形路势，加之兵将水土不服，士气不振，两征麓川，皆出师不利。到三征麓川时，由于谨遵兰茂“若要麓川破，船往山上过”的锦囊妙计而行，果然大获全胜。由此，兰茂成了军事家，并撰有《安边策条》这样的军事文著。

兰茂70岁时，作《七十自赋十首》，是兰氏一生的真实写照。明成化六年（1470），兰茂在杨林庵舍中与世长辞，享年74岁。

兰茂一生著述颇丰，流传至今影响较大的有如下几种：《滇南本草》（三卷）、《医门揽要》《韵略易通》（两卷）、《声律发蒙》《性天风月通玄记》。

【后世影响】

《滇南本草》成书至今已近600年，被历代云南人奉为“滇中至宝”。多年来，不仅其药物学方面的内容日臻完善，而且在地名研究、酒文化及历史研究等方面都具有颇高的价值，被称为“药物学的《红楼梦》”。

兰茂谢世以后，随着兰茂著述影响的日益扩大，人们对兰茂的音韵学、医药学和诗歌等方面的研究蔚然成风，“兰茂之学”逐渐形成，从明、清至今，“兰学”一直承袭不断。

新中国成立以后，“兰学”的研究得到长足的发展。1958年2月，在《汉语拼音方案》确定之前，王力等人对兰茂的《韵略易通》和《声律发蒙》有了重新的研究和认识，对兰茂在音韵学上的贡献及地位做了精确定位。

【故事征引】

断手学医

有一年，昆明遭了瘟疫，几天时间，十个人里就死了五个，一个城空了一半。兰茂见到这种情况，实在心疼，就下决心要学医治病，为众人消灾除难。他生性聪明，又爱学好问，几年工夫就学到许多丰富的医学知识。

有一回，一个赶马大哥跟他谈起，离昆明一千里的大山上有个傣族老倌接骨非常有本事。他听了马上跟着赶马大哥去那座山上，找到那个傣族老倌。

一见面，他就说：“大爹，请你教我这套本事。”

傣族老倌瞟了他一眼，撇撇嘴说：“我的本事只传媳妇，不传儿子。你是哪里来的，凭什么要教你？”

兰茂说：“我是从昆明来的，想帮百姓治病，专门来向你学本领。”

老倌硬邦邦地说：“不教！”说着，“吧嗒吧嗒”咂起烟筒，不再理他。

兰茂不灰心，天天去找老倌，老倌干什么，他就帮着干什么，老倌去哪里，他也跟着去哪里。

有一天，老倌去山上砍柴，兰茂也跟着去。老倌不耐烦了，发火说：“你这个人，又不是我的影子，老是跟着我干什么？”

兰茂笑嘻嘻地说：“跟着你学本事呀！”

老倌说：“要学本事，你有多少金，有多少银？拿金子银子来再说！”

兰茂说：“我一无金，二无银，只有一片诚心拿给你！”

老倌哼哼鼻子说：“什么诚心，望又望不见，瞧又瞧不着，哪个信？”他刚说完，兰茂拔出砍柴刀，“咣”的一声，把自己的左手砍了下来！

鲜血大股大股喷出来，兰茂疼得牙齿“嗒嗒”响，脸色变得白煞煞的，但是眉头都不皱一下。老倌不由得叫起来：“天呀，我活了几十岁，还没有见过你这样硬的汉子!小伙子，你好好地说嘛，何消这样干呢？”

他急忙叫兰茂站好，自己在附近找了三四片叶子，放在嘴里嚼烂，把兰茂的那只断手捡起来，接好，又把烂叶敷上，过了小半天，那只手就好了。

这样，傣族老倌把自己的本事都教给了兰茂。

西瓜救命

有一回，兰茂听说呈贡（昆明属县之一）有个人病入膏肓，就赶紧去看。进到那人家里，见病人睡在床上，脸皮皱得像苦瓜，手掌很干巴，“呼哧呼哧”喘得像拉风箱，一家人围在旁边，哭得好伤心。

兰茂瞧了瞧病人，却笑嘻嘻的，像没事人一样。喝足茶，吃饱饭，他病也不看，却到菜园子里，悠闲地散步，一边散步，一边东瞧瞧，西看看。

那家人急得像热锅上的蚂蚁，盯在后头问：“兰先生，你找什么？”

兰茂说：“西瓜。”

那家人火了：“你这个先生，真是个瘟公鸡，人家急死你不急！瞧瞧，病人都要死了，你还有心品西瓜！”

兰茂说：“莫急莫急，我看过了，他的病不要紧。他是得了热症，药都不用抓，只消吃两个西瓜，清清火，解解毒就行了！”

那家人一听，不肯相信——哪里有用西瓜治病的！八成是医生想吃，故意这样说，但又不好违背兰茂的话，赶紧去找，可惜找来找去找不到。

在慌乱中，隔壁有个人问：“大哥大嫂，你们要西瓜吗？我这里有！”

刚说完，兰茂忽地站起来，大叫一声：“他要死了！”

那家人吓得乱作一团，急急忙忙奔回屋里看病人。兰茂说：“不是，我是说隔壁答应给西瓜的人要死了！”

那家人哈哈大笑起来，说：“你这个兰先生啊，怕是多喝了两盅酒！我家的人病得要死，你说没事，人家的小伙子，大力饱气、好吃好在的，倒咒人家要死。你见都没见过他，怎么晓得他要死呢？”

正说着，隔壁的人抱着两个西瓜来了，一进门就吼：“赶紧来拿西瓜！”

进来的小伙子，壮得像头水牛，哪有一丝病态！

那家人对小伙子说：“哈哈，兰先生说你要死了呢！”

小伙子也笑笑说："你这个先生，为什么咒我！我还要活一百岁呢！"

兰茂长长地叹口气，摇摇头不说话了。小伙子走后，他才说："唉，你们不知道，这个人的病已经无药可医，他活不出明日去的！"

那家人说："你怎么晓得？"

兰茂说："我听他说话的声音，开头像敲铜钟，后来像敲瓦盆，就知道他的肺气已经绝了。肺绝则脉绝，脉绝则命绝，不死还等几时！"

第二天，天还没亮，隔壁突然传来哭喊声音，那个小伙子当真死了，这家的病人呢，吃了西瓜，已经爬起来下地了。

从此，兰茂的名声传得更远了，来找他医病的人，从早到晚挤破门。

比赢铁拐李

兰茂的名声传来传去，传到天上八仙的耳朵里。八仙中，铁拐李是医家的祖宗，他听见人们叫兰茂"神医"，总是不服气，有一天，他背着歪嘴葫芦，到昆明来会兰茂。

他说："兰先生，听说人家叫你神医，今天我俩来比比，你胜得过我，就叫你神医，胜不过，还是莫叫为妙！"

兰茂说："好啊，不知要怎么比？"

铁拐李说："世上的人惯会做假，今天我俩要真刀真枪的比，你开方子我抓药，我开方子你抓药，这样才是硬功夫！"

兰茂说："好。"

他们搭个台子比了起来。昆明人听说兰茂和铁拐李比本事，个个都来瞧，只见两人你开方子我抓药，我开方子你抓药，从太阳出比到太阳落，还没有比出输赢。

这时，来了两个穿金戴银的大胖子，走上台说："我们瞧瞧！"

铁拐李正愁胜不了兰茂，赶忙抢生意说："来我这里。"

两个大胖子走到铁拐李面前，说："听说你包医百病，当不当真！"

铁拐李说："那当然！"

一个大胖子说："好，就让你帮我瞧瞧。不过丑话说在前，瞧不好要倒贴我300两银子。"

铁拐李哈哈大笑说："要得要得！"说着就帮他看起病来。

可是怪啦，望望大胖子的气色，听听大胖子的声音，问过饮食起居，号过脉，还是没瞧出大胖子病在哪里，瞧不出病来，就开不出方子。铁拐李只好拿出300两银子，说："哎，你的病我瞧不出来，找兰茂去吧！"

大胖子哼哼冷笑两声，拿起银子，又到兰茂那边。不等他坐下，兰茂头也没抬，提起笔就开方子。

大胖子忙问："哎哎哎，你知道我害什么病？"

兰茂说："你百病没有，只有一样——贪心病！"

大胖子愣了愣。原来他是昆明最贪心的大财主，另一个是他兄弟，哥俩听说兰茂和铁拐李比本事，就想来敲诈，铁拐李硬被他诈去了300两银子。

大胖子见兰茂说着病根，就说："对啦，是贪心病，告诉你，只有把你的银子都给我，我的病才会好！"

兰茂说："不必了，只消吃一颗丸药就好了。"一边说，一边开出方子来。

大胖子一瞧，上面写的是"半夜火烧丸"，也不知这是什么仙丹妙药，就拿去给铁拐李抓。

铁拐李白白被他诈走300两银子，正在心疼呢。见他拿着这个方子来，已知兰茂的用意。原来"丸"字和"完"字谐音，兰茂叫他使神通，把这家人的家当烧完。他当真发个狠心，悄悄使法术放了一把大火，把大胖子家烧了个精光。

大胖子正在跟铁拐李要药，忽然见他的家丁上气不接下气地跑来说："老爷，老爷，完啦！完啦！"

大胖子说："什么完啦，完啦，好好说！"

家丁结结巴巴地说："你家被……被……大火烧完啦！"

家丁话还没有说完，铁拐李说："好了，你的半夜火烧丸（完）已经给你了！"

大胖子一听，"妈呀"怪叫一声，晕死在台上了！

他兄弟二胖子见了，咬咬牙，要帮哥哥报仇。他气呼呼地跑到铁拐李面前，说："好，这回帮我瞧！我也丑话说在前，瞧不好我的病，你那只跛脚要让我砍一刀！"

铁拐李仗着医术高明，满口应承下来，可是左瞧右瞧，还是一样病端也瞧不出来，他那只跛脚硬是挨了二胖子一刀。还好，他有百宝仙丹，赶紧吞下一颗，才止住血。

二胖子又到兰茂这边，也是一样的说法。兰茂眼皮都不抬一下，低头又开方子。

二胖子问："喂喂，你晓得我有什么病？"

兰茂说："狠心病！"

二胖子愣了愣，咬着牙说："对啦，我这个病是要砍你一刀才会好的。赶紧过来挨刀吧！"

兰茂哼了一声，说："不必了，你也只消吃一颗丸药就好了！"一边说，一边又开出个方子。

二胖子一看，上面写着"天亮被杀丸"，就说："没听说过这种药，等我抓来吃吃瞧，不好再来砍你！"就走到铁拐李这边，叫他抓药。

铁拐李的跛脚挨了一刀，还在那里疼着呢，一见这个方子，就把牙齿咬得咔咔响，说："等着，等我抓给你！"

他又悄悄使个法术，勾来一百个强盗，眨眼工夫就把二胖子一家老小杀得干干净净，只剩一个家丁跑来报信。家丁气急败坏地说："老爷……老爷，完啦……完啦！"

二胖子一听："又是什么完啦？好生说！"

家丁说："你家被……被……被强盗杀完啦！"还没说完，铁拐李说："是你自己要吃天亮被杀丸（完）的，可不能怪我。"

二胖子一听，"哎呀"号叫一声，活活气死在台子上！

这个时候，铁拐李走到兰茂面前，"兰先生，我佩服你了，你真是名副其实的神医呀！"

这样，"神医兰茂"的名字就一直叫到现在。

新安医学奠基者——汪机

【名医传记】

汪机（1463～1539），字省之，号石山居士。安徽省祁门县城内朴墅人。新安医学奠基人，明、清四大医学家之一。其家世代行医，祖父汪轮、父亲汪渭（字公望）均为名医。其父著述甚多，有《医学原理》13卷（1519），《读素问钞》3卷、《补遗》1卷（1519），《运气易览》（1519）、《伤寒选录》8卷、《补订脉诀刊误》2卷（1523）、《外科理例》8卷（1513）、《痘疹理辨》2卷（1531）、《针灸问对》3卷（1532）。编辑有戴原礼《推求师意》。生平治验由弟子陈桷（字惟宜）编成《石山医案》4卷（1519）。还编有《本草会编》20卷，已佚。

汪机自幼好学，秉持“三更灯火五更鸡”的精神，首先攻经史，读《春秋》，进而向医学科学的堡垒发起猛攻。父亲珍藏的满架医书与满腹医学给汪机创造了第一个有利的条件，而汪机本身具有的文学、史学和哲学素养则成为汪机攻克医学堡垒的另一个有利条件。在父亲的指点下，汪机进步很快。他从不自满，对医学技术精益求精。

他努力钻研诸家医学经典，取各家之长，融会贯通，医术日精，很快便青出于蓝而胜于蓝。使汪机在医学界崭露头角的第一个病人是他的母亲。其母有老胃病，已有十多年的病史。虽经汪渭以及不少当地名医治疗，均未奏效。汪机母亲的病痛折磨着儿子的心，为母亲解除病痛当然是儿子的迫切愿望。父亲积极支持儿子的行动。于是汪机就以他母亲作为第一个医疗对象开始了他的临床实践。

细心地看、闻、问、切，认真的钻研，反复的实践，胃病之魔终于抵挡不住汪机这头初生牛犊的冲击而从母亲的体腔内败退出来，最后逃之夭夭。母亲的身体神奇般地康复了。这使父亲和他的朋友们都很惊奇，年轻的汪机立刻医名满祁城，使得医学界的前辈们也不得不刮目相看。

汪机继承朱丹溪的学说，但又不为其所囿，灵活运用，独创发挥。他在医术上熔丹溪、东垣于一炉，重视营卫辨证，阐发“新感温病”之理论，将温病学研究推向了一个新阶段。他认为阴阳不足，诸病则生，又重视脾胃为气血之源，他在临床中常以参、芪来固元，对久病体弱者，以固本培元而获卓效。因此许多疑难病症一入汪机之手，即迎刃而解，妙手回春，药到病除。

汪机有高贵的医德，对于远近求医的病人，不仅一一悉心治疗，以至于废寝忘食；而且对贫穷的病人，还免费诊疗，甚至资助医药。而对于有钱有势的达官贵胄来请医时，态度稍微骄倨，汪机即拒绝诊疗，以示惩戒。

汪机行医数十年，治愈病人数以万计。医技高超、态度热情、耿介正直的汪机，赢得了病人的高度信赖，以至于据说有的病人睡在床上，只听到汪机在窗户外的说话声，病情顿时就好了一半。

明嘉靖年间，祁门一带瘟疫流行，祁门山城笼罩在秋风萧索之中。封建官府不顾人民死活，医疗卫生条件恶劣，很多百姓死亡，真是家家有病人，处处闻哭声。面对群众的病痛，汪机心急如焚。他倾囊购药，配制了治疗和预防瘟疫的汤药，用大瓦缸盛放于家门口，免费供应。于是，群众扶老携幼，川流不息地来喝药汤，救人不可胜计。旬日间，祁门瘟疫势头大减，街头笑语，巷尾喧哗，山城又恢复了生气。汪机生活简朴，不喜奢靡，布衣蔬食，不追求名利，“至义之所当为，视弃百金如一羽”，在当地老百姓中素负盛誉。

《明史李时珍传》说：“吴县张颐、祁门汪机、杞县李可大、常熟缪希雍，皆精医术”，为当时名冠全国的四位医学大师。

汪氏治病、效验显著，声名很高。针灸上本《素》《难》，认为针能治有余之病不能治不足之病；灸有补无泻，针有泻无补。在外科治疗中，强调“外科必本于内，知乎内以求乎外”，应以补元气为主，以消为贵，以托为畏，对外科发展有较大影响。

明世宗嘉靖十八年（1539年），一代医家汪机与世长辞了。以他的高度学术成就，为中国医学宝库增添了瑰宝，为山城祁门增添了光彩，至今仍引起人们的怀念。

汪机一生著作甚丰，先后完成《医学原理》《本草会编》《读素问钞》《脉诀刊误集解》（校刊戴同文之《脉诀刊误》而作）《外科理例》《痘治理辨》《针灸问对》《伤寒选录》《运气易览》《医读》《内经补注》等著作。其中除《本草会编》及《内经补注》已佚外，均有刊本行世。

【后世影响】

汪机在学术上，既受金、元各家影响，又不拘一格。其著作最显著的特点是善于汇集各家之说，在阐发中医学基础理论方面有独到的见解，由此也奠定了汪机一代名医和新安医学奠基人的位置。正因如此，时隔数百年后，2000年，在“千年徽州杰出历史人物”评选中，汪机以其医学大家的身份得以入选仅有30人的徽州千年历史人物。

【故事征引】

因势利导育儿法

明朝时期，在安徽祁门朴野石山，居住着一位名医叫汪渭。汪渭私淑丹溪学说，精于医术，积德行善于乡里。汪渭有一小儿名叫汪机，自幼少言寡语，性格沉静，禀赋憨厚，从小不求闻达，生活俭朴，甘守穷庐，交际信守诺言，相处以仁义为本。他少年习儒，费了好大劲才考中秀才。有人说他天生憨笨，大器难成。但汪渭却不这样看，他认为，汪机愚憨却非常忠厚，办事不灵活却十分执着，只要因势利导，自己的儿子一定会有所作为的。

一次，汪渭的妻子得了病，本来汪渭可以治好内人的病，但为了引导汪机学医，他自己不看，而让儿子治疗，并让汪机侍候母亲。汪机看着生身之母不停地呕吐，心急如焚，他想治好母亲的病，却又束手无策。他恨自己不懂医，没本事。正在这时汪渭从外地巡诊回家，他手到病除，医好了妻子的病。汪机从内心里信服父亲的医术了。从此，他下定决心随父学医。

汪机是一个认准一条路一直走到黑的人。他既然打定主意学医，九头牛也拉不回来。他二十年如一日，潜心研究岐黄之学，对百家之论无不求本溯源。由于他执着的探索，对医学理论提出了许多新的见解，促进了我国医学的发展。

汪机的学术思想，从根本上说宗法于丹溪翁的“滋阴”学说，但他对于丹溪“阳常有余，阴常不足”的火热论，认识得更深刻、更全面。他认为，人身有营卫二气，浊者为卫阳，清者为营阴。“阳常有余”，乃指卫气而言，“阴常不足”，乃指营气而论。所以，汪机治病特别重视气血的调补，尤偏于补气。他说：“脾胃健，营卫有所本，元气有所助，邪气不治自除，人体亦因之而康。”

从中不难看出，汪机不但继承了丹溪的滋阴学说，而且发展了这一理论，使之更全面了。

汪机经过几十年的顽强奋斗，终于成为一名很有声望的医学家。他为人治病多有奇效，特别是治疑难病症，大都妙手回春。拜他为师的人，接踵而至。为解除更多人的病痛，济世救人，晚年他全神贯注地著书立说，一心要把自己多年的经验传给后人。

汪机著述态度相当严谨，如《伤寒选录》，数十年始完成，《医学原理》亦8年而成，朝究暮绎，废寝忘食。其中影响较大者，首推《石山医案》。此为门人陈桷“取机诸弟子所记机治疗效益，裒为一集”，全书3卷，尤其是《营卫论》一篇，提出了固定培元学说，奠定了新安医学流派的理论基础。

与李时珍齐名的皇封医圣——万密斋

【名医传记】

万密斋（1499～1582），字事，名全。湖北黄冈市罗田大河岸人，明代著名医家。被国家中医管理局评定为明清时期30位著名的医学家之一。与李时珍齐名的明代大医学家，以擅长治疗儿科、妇科、痘疹病症著称于世，清初被皇帝追封为“医圣”。

万家世代为医，祖父兰窗公，号杏坡，豫章（今江西南昌）人，以幼科闻名乡里，可惜英年早逝。父名筐，号菊轩，继承祖志仍为小儿医，成化六十年（1480）因兵荒流落于罗田，后娶妻生子，遂定居于罗田，以医术大行于世，远近闻名，人称“万氏小儿科”。

万密斋自幼学儒，曾师从同邑大儒，28岁补廪膳生，科场不得志后，就决心学医。由于他家世代以“医药济世”，在医学上有深厚的家学渊源，再加上本人刻苦钻研，勤于总结临床经验，因而他的医学造诣极深，尤精于切脉、望色，一些疑难病经他诊断，便能明确辨证。特别是对儿科、妇科、内科杂病有精深的研究。在儿科方面，他在家传十三方的基础上归纳出三种小儿病因，提出不滥吃药，以预防为主的方针，颇有创见。在妇科方面，他阐明妇女生理、病理特点，指出以培补气血、调解脾胃的见解，这在中医妇科史上有着深刻的影响。他发明的“万氏牛黄清心丸”，至今仍是治疗小儿急惊风的良药。

他重视中医学遗产，但不拘泥守旧，而且注重具体分析病情，灵活运用古方。他写的诊断书，言简意赅，所开药方，药少而疗效好，创造了不少起死回生的奇迹。他不仅医术精湛，而且医德十分高尚。他痛斥庸医误人，反对巫医惑乱，奉行“老吾老以及人之老，幼吾幼以及人之幼”“视人之子如己之子”，治病不计嫌隙宿怨，不论贫富贵贱，同情劳苦，施医赠药，深受民众爱戴，因而被当时的人们称为“神医”。

他治学严谨，医德高尚，行医50年，除承继家学外，更以《内》《难》为本，精研《脉经》《本草》，博采仲景、河间、东垣、丹溪诸家之说，兼通内科、妇科、儿科及养生之学，医术日精，以儿科、妇科、痘诊科享有盛誉，在养生保健理论和实践方面独树一帜，誉满鄂、豫、皖、赣，名噪明隆庆万历年间，足迹遍及罗田、蕲水、营山、麻城、黄冈，远至武昌、郧阳等地。县、府、布政使司乃至巡抚，各级地方官亦常邀请他治病，曾两获知县和布政使赠予的“儒医”匾额。

他一生中多次开办学馆，教授生徒，至老不辍。他还撰著了许多儒学著作，自称“自经书子史律历，以逮百家，各有著述”。可惜其儒学著作均不见传。

万密斋临证之余，勤于著述，及时总结和整理了祖辈和自己的临床实践经验，写出了数十卷很有价值的医书，每写一卷，他的弟子就辗转传抄，流行全国各地。如今所传世的著作大部分是他晚年完成的。

几十年间，其著作已印行的有《万氏家传育婴秘诀》《万氏家传广嗣纪要》《万氏家传妇女科》《万氏家传痘疹必法》《万氏家传伤寒摘锦》《万氏家传保命歌括》《万氏家传幼科发挥》《万氏家传玉痘疹》等10部。这些书均收入《四库全书》，颁行天下。据《万氏家谱》记载，还有37种抄本未付印，现除《万氏秘传外科》和《万氏家传点点经》两部外，余均已失传。

其所著的《万密斋医学全书》一书，对临床医学具有较高参考价值，内容除儿科、妇科、内科常见病证辨治以外，也包括对《伤寒论》等经典著作的研究及养生保健、优生优育等方面的论述。子目名称为：《养生四要》《保命歌括》《伤寒摘锦》《广嗣纪要》《万氏女科》《片玉心书》《育婴家秘》《幼科发挥》《片玉痘疹》《痘疹心法》共10种，108卷。

万密斋是与李时珍齐名的明代大医学家。康熙四十七年（1708），罗田知县沈廷桢为他重建坟墓，并立墓碑。

【后世影响】

万密斋被国家中医药管理局评定为明清时期30位著名的医学家之一，为"中华养生第一人"。《万密斋医学全书》是中国古代规模仅次于《本草纲目》的一部医学全书。后被收入《古今图书集成·医部全集》，并流传至日本、朝鲜和东南亚各国。这些书均收入《四库全书》，颁行天下。

他撰写的《养生四要》一书，理论精辟而通俗，方法效宏而易行，为妊娠、婴幼儿至百岁老人提供了一套完整的防病治病、强身用药的措施；是我们今天研究优生学、保健医学、老年医学、长寿医学的珍贵文献资料；他提出的"寡欲、慎动、法时、却疾"的养生理论不仅要比世界卫生组织提倡的"心理平衡、营养均衡、适当运动、戒烟限酒"的养生理念早几百年，而且内涵更全面、更先进、更科学。

万氏著作的鲜明特色是：说理深入浅出，明白易懂，有很大一部分是用诗、词的形式写的，便于学习和记忆。同时，在继承传统的基础上，还有许多精辟独到的见解为后世所推崇。如，清代医学家沈金鳌、武之望；日本医学家丹波元坚、汤本求真；朝鲜医学家许浚等，都在自己的著作中援引了万氏学说，并给予很高评价。

1984年，罗田县委、县政府为了纪念我国明代著名医学家万密斋，经湖北省卫生厅批准，将罗田县中医院更名为"罗田县万密斋医院"。万密斋墓1992年12月被列为湖北省文物保护单位。

【故事征引】

不计宿怨

明代嘉靖辛丑年（1541），罗田县富绅胡元溪有个4岁的儿子于农历二月间患咳嗽，急于请儿科医生诊治。因胡、万两家有宿怨。所以胡元溪故意不请万密斋，只请其他医生诊治。先后换了好几个医生，非但未能治愈，病情反而恶化。到了秋季，不但咳嗽加重，而且"痰血并来"。到了农历九月间，病情更为严重，已经到了危急的状态。实在不得已，胡元溪这才决定改请万密斋给儿子看病。事前还专为此事求神卜卦，直到得了吉祥之卦才来请万密斋。万密斋虽然对胡元溪很反感，相处很别扭，但他认为此时抢救小儿性命最为要紧，其他均不宜计较，应当胸怀宽广地对待此事。他说：“我只一心想着这孩子的性命，便不计宿怨了。”于是立即前往胡家诊治。

万密斋对胡家孩子进行了详细的诊察，又查看了前面几个医生所开的处方，确认是由于误治导致病情加重。本来春季应当抑肝补脾，以滋肺之化源，而医生却误用了泻肺的方法；夏季应当清心养肺，治以寒凉，而医生又误用了温热之药治疗。现今时值九月，乃深秋时节，必须要用清咽降火润肺凉血的方药治疗，而且非三五十剂不能奏效。于是，万密斋对胡元溪说：“你孩子的病，是肺有虚火，所幸已过了深秋，现肺金旺故可以治好。但须得一个月才能成功。”胡元溪却说：“怎么要这么长时间呢？”万密斋耐心地解释说，病已经拖了半年多时间，迁延日久，三五天是无法治好的。胡元溪终究抱着怀疑的态度。

万密斋给胡家孩子开了一个处方，名为清肺降火茅根汤。其组成药物是：天冬、麦冬、知母、贝母、桔梗、生甘草、陈皮（去白）、枳壳、阿胶、黄芩、苏叶等水煎，取白茅根汁和饮之。“五剂后，咳减十分之七，口鼻之血已止。”胡元溪却嫌好得太慢，他怀疑万密斋不肯全力以赴地下工夫治疗。又改请新的医生万绍前来诊治。有人对万密斋说，胡家既然不信任你，你从此即可以撒手不管了。万密斋却语重心长地说：“他只有这么一个儿子，如果不照我的方法治疗，就没救了。我去之后，他再也不会来请我了，若误治了这个孩子。虽然不是我杀的，可也算是我的过失啊。”他决定留下来看新的医生万绍怎样开处方，若处方对症则放心离去，如药方不妥就提出修改意见。万密斋果然发现万绍所开处方很不对症，当即提出修改意见，万绍却拒不接受。胡元溪也帮腔说这是秘方，不必修改，并且怀疑万密斋是在嫉妒同行。万密斋说：“我是为这孩子担忧，并不是嫉妒。”万密斋不无忧虑地摸着小儿的头说：“（此药）且少吃些，可怜这病若是再拖下去便没救了！”说罢，他就不辞而别。

胡家小儿吃了万绍所开出的方药之后。咳嗽复发，而且气促吐血，病势陡然危重起来。孩子哭着说：“我吃万密斋先生的药好些。爹请这人来，是要毒死我啊。”胡元溪的妻子大骂丈夫愚蠢固执，不该辞退万密斋而另请他人。胡元溪到了此时才感到后悔不已，只好硬着头皮再次向万密斋求治。此时，万密斋正在朋友家饮酒已经大醉，胡元溪只好赶到那里等待，直至夜半万密斋才酒醒，胡元溪一边检讨，一边恳请万密斋再次出诊。万密斋长叹一声说："早听我的，就不会有今天的后悔。要我调治，必须去掉嫌疑心。以一个月为期。"万密斋重新来到胡家，胡元溪的妻子当即取出白银五两做酬金，并说待孩子痊愈后再付白银五两作为酬谢。万密斋说："只要信我用我，让我集中精力治好了病，不在乎谢金多少。"万密斋仍然开出清肺降火茅根汤予以加减化裁而治，效果良好。仅仅历时17天就将胡家小儿治愈了。

装病试神医

万密斋治病的名气越来越大，民间传说也越来越多。有个财主的少爷非常不服，一心要试试他，看看究竟神到什么程度。

有一天，少爷打听到了万密斋出诊到了附近的一个村子里，他就想了个歪主意。

这少爷一面派人去请万密斋，一面专门找了一个光线很暗、围了几道屏障的密室，装病躺在里面，然后把三根红线一头拴在自己的手腕上，一头牵出来让万密斋拉着在丝线上把脉。

万密斋手摸悬线，把了脉，对少爷说道："相公病入膏肓，现在赶快服药也许有救。"

少爷一听，掀掉屏障，神气活现地大声斥责说："神医？原来是这样个神法呀。告诉你，我身强力壮，血气方刚，哪儿来的病？我是听别人把你吹得神乎其神，才有意撩试你的，原来你也不过如此。"万密斋一看那少爷一副轻狂的样子，虽然很反感，但是耐心说道："信不信当然由相公，但我把脉的确如此，我希望相公还是听我的劝告，让我给你开个方子，去抓几剂药吃吧！"

"无病吃药？给身强力壮的人开药吃，这就是你神医的本事吗？哈哈哈！"

"相公，不要拿自己的性命开玩笑哇！"

"多谢万神医的美意，我看不必吧！"万密斋无奈，只好摇摇头走了。

这天晚上，万密斋在床上翻来覆去睡不着，心想："救人一命，胜造七级浮屠，这少爷虽然可恼，但作为一个郎中，应该做到仁至义尽，救他一命！"

第二天一早，万密斋还是耐心给少爷送去了一张开好的药方，并一再强调，今天赶快依照此方煎服仍可活命。可惜，少爷仍固执己见不听劝告，接过药单就撕了。

几天以后，少爷果然陡起生病，这才相信了万密斋，想起万密斋的话，非常害怕，派了几个家人去请万密斋，并嘱咐磕头也要把他请来。遗憾的是，万密斋出诊在外，始终没有找到。到了第十四天，这少爷果然一命呜呼了！

事后，万密斋知道少爷曾派人来请过他，叹息道："这少爷太不听话了，真是死得冤枉啊！"

马鞭子治病

七月初七，传说是牛郎织女相会的日子。当年，罗田人有一个风俗，每年七月初七夜晚，家家户户都要像庆祝盛大节日一样，在各自的庭院里摆上酒菜，邀请至亲好友，观星赏月，共度良宵。

万密斋和致仕县丞胡三溪都是同乡之人，一个从医，一个为官。胡三溪只要是回家，总要和万密斋在一起聊聊，两人志趣相投，每年七月初七，他们两人总是交替相聚一家，度过这美好的时光。这年七月初七，万密斋就被请到了胡三溪家中。两人坐在环境幽雅的庭院里，饮酒题诗，抒怀叙旧，好不快活。

可这晚又偏偏出了一件事，胡三溪那一岁半的宝贝儿子得了一种怪病，从太阳落山起一直哭个不停。胡三溪和万密斋在庭院里欣赏美妙的夜景，倒是舒畅，就是把胡三溪的夫人汪氏给急死了。汪氏嫁胡三溪后，生活美满如意，夫妻恩爱，膝下已有一女，一年前又添了这个宝贝，真可谓万事如意。她将一腔爱全部倾注在这宝贝身上。如今一见这孩子不停地哭，心里就像针刺一样难受。但又不愿去打扰丈夫和好朋友的雅兴，只好叫乳母哄着孩子，乳母抱着孩子一会儿到处转转，一会儿又放在摇篮里摇，一会儿喂奶，一会儿又给糖吃。办法想尽了，还是止不住孩子哭。汪氏无奈，只好来到庭院，对万密斋说道："万先生，真不好意思，要打搅你了！"

"啊哟，弟媳你怎么这么见外？有事何不直说？"

"是这样，我那儿子也不知是么回事，白天还好好的，也不见发热，从天黑开始，一直到现在哭个不停。开始，我不想打扰你，让乳母哄着玩，可还是哭个不停。所以，只得麻烦你去看看了。"

"孩子病了，你怎么不早说呢？还客气什么？"说着万密斋就随汪氏来到屋内，把孩子从头到脚认真检查了一遍。怪呀，左看右看就是看不出毛病在哪里。

这到底是怎么回事呢？万密斋沉思了一会儿，便问乳母："这孩子今天最喜欢玩的是什么玩具？"

“今天玩了一天的马鞭子！”

“啊！这就对了，去把那马鞭子拿来吧！”汪氏一听莫明其妙，“万先生，你要马鞭子做什么呀？”

“治病呀！”

“什么？马鞭子能治病？你不是开玩笑吧。”

“怎么会呢，去拿来就明白了。”

汪氏不知万密斋葫芦里卖的什么药，只得叫乳母把马鞭子拿来。说来也真神奇，马鞭子一到，孩子就笑着伸手哇哇直叫，等把马鞭子给他，就再也不哭了。孩子的病就这样被万密斋用马鞭子治好了。

胡三溪和汪氏见了，既惊讶又高兴。连忙撤掉先前的酒菜，又办了海参燕窝酒席感谢万密斋治病之恩。他们一边劝酒聊天，一边要万密斋讲出他是怎样看出孩子这病的，万密斋笑说道：“医术，还得懂点心理学，我把孩子从上到下仔细看过后，见这孩子的确也没病。无病而哭，一定是心有所想。孩子才一岁半，求什么呢？必然是白天喜爱的玩具丢了。孩子太小，不像大孩子想什么就开口去要，或是自己动手去拿。只有用哭来达到目的。这也是一种典型的‘相思病’哩。”

一席话说得三溪和汪氏连连啧嘴：“万先生真是赛华佗，不但医术高超，而且心聪绝顶”。

县令送匾

明朝嘉庆年间，罗田知县朱云阁，年近半百才得一子。孩子长得聪明伶俐，惹人喜爱，知县和夫人爱如掌上明珠，想吃什么有什么，想玩什么给什么。专门几个人服侍他，望他早日成龙成凤。可朱家这样尽心，得到的恰恰适得其反。开始长得又白又胖的孩子，后来不是吃不下饭就是泻肚子，慢慢变得又黑又瘦，干瘪难看。

朱县令急了，到处求医。朱夫人还到处烧香拜佛。可是，求医无效，求佛不灵。后来，听说有位姓韩的医生治小孩子的病很有一套，干脆聘到家里做朱公子的保健医生。那位韩医生给孩子消导的药服了，补药也服了，一连几个月，孩子的病始终不见好转。朱知县又气又急，就把那个韩医生赶走了。

朱知县眼见孩子消瘦一天天加重，急得像热锅上的蚂蚁。有一天，有位客人到朱县令家，说万密斋治小儿病药到病除。朱县令一听，喜从天降，马上派人去请万密斋。万密斋来到朱府，给朱公子看了看指纹、脉搏，摇摇头说："爱出来的病，难治！"

"万先生，请你开开恩，千万救救我的孩子。"

万密斋沉思片刻，才说："要治好公子的病，不是一件容易的事情，除了药物调治外，还要禁口，说实话，我只担心家庭不能配合治疗。"

朱知县一听，连忙说道："全凭先生做主，为了治病，我们一定按先生说的办。"

万密斋叹了口气，又接着说道："恕我直言，朱公子这病主要是由于大人和夫人娇爱太过，饮食不知节制，一会儿吃这，一会儿又吃那。孩子的脾胃功能本来很弱，这样一来，必然导致朱公子脾胃功能失调，吃下去的东西不能消化吸收。加上前医见其伤食，则消导；见其食少困倦，则进补；时补时消，便致精神日瘁，时间一长，便成了疳症。现在治疗也不难，只要立方以补脾为主，内兼消导之方，便可奏效。但重要的一条是除了一日三餐正常饮食外，不要让公子吃零食和一些不易消化的食物。如能做到，调治一段时间，公子的病是完全可以诊好的！"

听完万密斋说的话，朱县令连连称赞："先生果然名不虚传，所言句句在理。就请先生给孩子赐方吧！先生的吩咐，我一定严令家人照办。"

万密斋点了点头，提笔就给朱公子开了一方。调治一个月后，朱公子果然精神旺盛，能吃饭，皮色转红润，慢慢又开始长胖了。

后来，朱县令就送了一块"妙手回春"的金匾给万密斋。

一眼瞄中两个病人

有一年春天，万密斋出诊顺便来到莫逆之交乡绅何斌家。正在两人喋喋不休闲唠的时候，门外来了两个年约20岁的女子。何斌连忙招呼二位女子道："你们两个进来吧，万先生是你们的长辈！"

就在两个女子走过面前的那一刻，万密斋无意间朝她俩瞄了一眼，不看不打紧，一看心里一惊，回头问何斌："这两个女子是你家什么人？"

"是我家一对双胞胎儿子刚过门的媳妇。"

"我看她俩气色不对，不久都要犯病。"

"不会吧，她俩现在不是好好的吗？"

"这你就不知道了，我看她俩都没出过痘，过不多久就要出，其中有一个可能还会出现逆症，有生命危险。”

“啊！有办法治疗吗？”

“我给她们每人开三服药试试吧。只要把药服了，可能还有救。”万密斋说着，提笔开了两张处方交给何斌。

这时，家人也备好了酒菜，两人便入席开怀畅饮起来。要知道他俩都是嗜酒之人，多日未到一起，两人一饮，便不知不觉都醉倒了。

第二天一早，就有人来请万密斋去看病。万密斋去向何斌告别，见他仍然未醒，忙给他看了看，知道不会出什么问题，同何夫人道了别就为别人看病去了。

喝酒误事一点也不假，那何斌酒一喝，什么事都忘得一干二净。开处方的时候又没有第三者在场，第二天起床上厕所，身上一摸就摸出两张纸，不管有用无用，就把处方擦了屁股。

一个月以后，两个媳妇果然陡然生病。何斌想起那晚喝酒前万密斋说的话和两张处方的事，翻箱倒柜到处找处方，就是找不到，这才连忙派人来找万密斋。事不凑巧，万密斋行医到江西一带去了。没过两天，那小儿媳就高热不退，胡言乱语，抽筋不止而一命呜呼了。

何斌后悔莫及。事后，人们才知道了这件事的来龙去脉，人人都责怪何斌不该喝酒误送了儿媳妇的性命，个个都夸万密斋看病如神。

历代医案汇于一书——江瓘

【名医传记】

江瓘（1503～1565），字民莹，号篁南子，歙县（今属安徽）篁南人，明代著名的医学家。其将历代医案进行搜集、整理、编辑成《名医类案》，这是我国第一部总结历代医案的专著，起到了“宜明往范，昭示来学，既不诡于圣经，复易通乎时俗”的作用。

江瓘是皇家学院国子监的学生，其早年步入仕途，才气横溢，写的诗在当时的诗坛就颇有名气。14岁那年其母暴疾身亡，后本人又患呕血症，求治数十人均无效果，于是便放弃仕途钻研医书。由于其刻苦攻医，学识日进，不但呕血症自治而愈，其医术不久也远近闻名了。

江瓘受《褚氏遗书》中“博涉知病，多诊识脉”的启发，并从自己的医疗实践中体会到医案对指导临床的重要性，于是着手撰辑《名医类案》。他广征博采，撮其要旨，分门类摘，收集历代医疗中的验案、家藏秘方，参阅了经、史、子、集等有关的资料百余种，收集上自扁鹊、华佗，下至元、明代诸多名医的医案，并附个人验案与家藏秘方，所辑资料忠实于原始文献，病例治法翔实、具体，附加按语，汇集历代内、外、妇、儿、五官以及传染科等多种疾病的治疗经验，历经20余年的苦心编写，于明世宗嘉靖二十八年（1549）而成书稿。然而，书稿尚未及时付印，江瓘即辞世。

后又由其子江应元、江应宿历时19年，且五易其稿，于明万历十九年（1591）刊行问世，并很快东传日本，先后于日本元和九年（1623）与宽文元年（1661）在日本刊刻两个版本。

《名医类案》由江瓘编，其子江应宿增补，共12卷，205门，收录验案2300余则。通过他的分类，我们可以从中吸取历代名医对病症治疗的丰富诊治经验。例如泄泻一证，《名医类案》收集医案43则，有属胃泄者，有属肾泄者，有肝脾不调者，有脾肾两虚者，有湿热下流者……类型多种，表现症状不一，舌苔脉象各异，诊断各有独到，处方各有心得，足见江瓘临症经验之丰厚。

相传当年有位秀才，名叫程巨，赶考后返乡途中，船行江心突遭强盗打劫，为保性命，慌不择路地跳入江中。顺流漂泊，幸遇一渔夫相救，才得以保住性命。劫后余生的程巨，银两干粮全无，只得一路乞讨回家，惊吓过度加之饥饿与一路疲劳，到家后一顿狼吞虎咽，第二天便一病不起，家人为其四处寻医均以消导药处之，故病情日重，发热多汗，有时还昏厥不醒。后经人指点，请江瓘诊治，江瓘见其舌苔白，按脉浮大数弦，便说："这是内伤虚损证候，是因惊恐、过度劳累加之饮食过量损伤中气所致。前医所用消导药剂，使病人外邪、内伤饮食已消导完，只是惊恐劳累尚失于调摄，因此其气虚自汗，湿热蕴结生痰，中气虚而夹痰故常作晕厥。"江瓘采用补中消痰法治之，几服药后便告痊愈。

【后世影响】

《名医类案》一书分205门，录自汉至明之各家医案，间附以评说，颇得后世好评。现有多种版本行世，是我国第一部总结历代医案的医学名著。

《名医类案》不但反映了所辑前贤的精湛医术及其临证经验，而且反映了他们的学术特点；不仅在临床上具有重要的指导意义，同时也可作为研究有关时代及有关医家学术思想的参考资料。

《名医类案》首次将跨时2000余年的明代以前医案归于一统，为研究明代以前医学的临床成就提供了新的视角，虽然数量不多，实属弥足珍贵。同时为研究中风等疑难疾病提供了经验和借鉴，如热病、肝病、肾病、妇儿科疾病、老年病等，都能在《名医类案》中找到成功的经验和有益的借鉴。它对把握我国明代以前临床医学发展的脉络，开发现代中医治疗技术和药品，具有相当重要的现实意义。

【故事征引】

自强不息继父业

江瓘是明代医学家，他的父亲是个读书人，经常用古人头悬梁、锥刺股的求知故事教育儿子江瓘要苦读诗书，成才立业。

在父亲的教导下，江瓘发愤勤学，举秀才，入县学，14岁就名冠乡里。可就在他14岁那年，家母病丧，江瓘少失良母，悲痛万分。但他节哀苦读，日夜不怠。

由于劳累悲伤过度，他吐了血。父亲为他请了十几位医生诊治，都不见效。江瓘便发奋学医，自取医书，闭门钻研。一个少年，没有老师指点，自学医道，谈何容易？但江瓘认定，世上无难事，只怕有心人。他知难而进，百折不回，读经吟史，广泛涉猎。

一次，江瓘抱病读书，只觉得疲倦不支，他想歇会儿再读。这时，一只杜鹃鸟飞来枝头鸣叫，只见那杜鹃鸟叫得非常起劲，娓娓动听，直叫得嘴里啼血，江瓘触景生情。他想，杜鹃鸟叫得如此动听，是因为它下了苦功夫，如果遇难而退，将一事无成。从此，江瓘常用杜鹃鸟勉励自己，学医更加刻苦，经过艰苦努力，江瓘终于贯通了医理，自己开方治好了自己的病，他为人治病，也多有奇方，逐渐医名皖南。

江瓘认为，经与史是相表里的，《内经》《难经》是医家之经；扁鹊、仓公等历代名家医案则是医家之史。两者互相印证，相得益彰。书籍是最好的老师，只要认真读经阅史，便能学到知识。

于是，他广泛收集典辕，上自诸子列传，下及稗官私谱，搜罗备至，遇到典型医案，便随笔录下，所录医案十分详细，大都有姓名、年龄、体质、病症、诊断、治疗效果等项，有的医案后还有自己的经验体会。如此经过20余年努力，他编著了《名医类案》一书。但由于著书劳累，他经常病倒。

一次，江瓘又得了重病，儿子江应宿急忙请来了几位医生会诊，众医束手无策。

这时，躺在床上的江瓘无力地轻声说："吾所集某卷某方与我症合，试按之稍加损益。"江应宿照着指点的方子下药熬制，结果江瓘第一次喝了就有起色，再饮病就痊愈了。

江瓘呕心沥血地编著《名医类案》，然而书未成身先死。临终前，他把儿子叫到跟前，眼含热泪地教导儿子说：“我知道自己快要不行了，今后你们要学习杜鹃鸟的精神，无论遇到多大困难，也要把医案编好，以救世人，我也就瞑目了。”说完，两眼慢慢地闭上了。

江瓘去世以后，其子江应宿、江应元化悲痛为力量，继承父业，继续编著医书。他们走遍大半个中国，博采名医验方，历时19年，五易其稿，使《名医类案》12卷刊行于世。

经父子两代人前仆后继共同努力，《名医类案》终于在1549年写成。此书是一部极有价值的医学珍品，一直流传至今，是我国第一部总结历代医案的医学名著。

世界最伟大的医药学家——李时珍

【名医传记】

李时珍（1518～1593），字东璧，时人谓之李东璧。号濒湖，晚年自号濒湖山人，明代蕲州（今湖北省蕲春县）人，汉族。明代著名医药学家、药物学家。

在李时珍以前，我国医学书籍上记载的药为1558种、品种繁杂，名称混乱，有的一种药有两三个名字、有的两种药混为一名。李时珍深入民间，向农民、渔民、樵民、药农请教，上山采药，并阅书800多种、对古籍本草书上的药物加以鉴别和考证，纠正了古书中的许多错讹之处，共收集新药物374种。经过27年的辛苦著述，写成了《本草纲目》一书，总结了我国药物学的丰富经验。书中对药物进行了系统分类，首类为纲，次之为目，再次是药名、产地、形色、气味、性能等，全书共16部，52卷。是我国明代以前药物学的总结性巨著，在国内外均受到很高的评价，对后世医学贡献巨大。现在已有几种文字的译本或节译本。另著有《濒湖脉学》《奇经八脉考》等书。

李时珍，明正德十三年（1518）生于湖北一个世医家庭。李家世代业医，祖父是“铃医”。父亲李言闻，号月池，是当地名医，曾封太医院吏目，著有《四诊发明》《奇经八脉考》《蕲艾传》《人参传》《痘疹证治》等。兄名李果珍。

李时珍自幼头脑聪颖，热爱自然，特别对花草虫鱼感兴趣。幼年时，李时珍经常帮助邻里乡人干活，村里的樵夫、渔民都常常教给他很多林鸟水文的知识，每次李时珍向大人们讨教问题时，总能得到热心的解答。

为满足儿子的好奇心，李言闻便开始教他读图画书《尔雅》，没有想到的是，时年尚幼的李时珍竟然能把大段难懂的《释鸟》《释兽》流利地背诵。

对于这样一个天资聪慧的宝贝儿子，李言闻当然是期望极高，希望李时珍可以考中举人，踏上仕途，光宗耀祖，衣锦还乡。在明嘉靖、万历年间，医学并不受统治者重视，所以出身医学世家的李言闻其实并没有太高的社会地位，科举失败的李言闻希望儿子李时珍能考进仕途，提升家族的地位，并在李时珍12岁中秀才的那一年把儿子最喜欢的医学书籍收藏起来，让他专心学习八股文。

但是，机智灵活的李时珍最讨厌的就是应试八股文，八股文的形式异常严格，分破题、承题、起讲、入手、起股、中股、后股、束股，每一个步骤都有相对应的答题模式，答案全部来源于"四书""五经"，不允许发表自己的任何看法，答题的考生就像一台机器，在自己可怜的脑瓜中搜刮能记住的答案。

枯燥死板的考试形式要求考生必须死读书，这让少年李时珍非常排斥，他更喜欢读书后可以自由思考，发表独特见解，而不是拾人牙慧，过分雕琢字句。

可是懂事的李时珍又不忍心让父亲失望，于是在自己努力修学应试的时候，常常偷着看父亲书房的医书；父亲给人看病时，他还借故帮忙，在一旁偷学医术。这种灵活的学习方式让李时珍在准备应试的漫漫十年征程中并没有疏于对医学的学习。但是，他好学多思的发散性头脑并不适合揣摩八股文的应试技巧，更不喜欢把死板的知识塞进自己的脑袋，况且在那个腐败的年代，李家忠厚正直，根本不会给考官行贿。因此，三次科举失败对于如此聪敏的李时珍来说，并非出乎意料的事情。看到一脸沮丧回到家中的儿子，李言闻并没有责备，开明的他知道八股文的死板形式并不合适自己思维灵活的儿子，或许，上苍注定让自己的儿子在其他方面更有成就。

李言闻抚摸着李时珍的肩膀，年轻的李时珍看着父亲眼中鼓励的目光，默契的父子二人相视无言。

终于放弃了科举考试的李时珍仿佛突然从肩膀上卸下了一个背了数十年的枷锁。他长长舒了一口气，多年来压抑在心头的愤懑也突然烟消云散了。

他决心治学行医，走一条适合自己又能造福百姓的道路。自尊心极强的李时珍最终从科场的失意中走了出来，当年的天才儿童不在了，出现在众人眼中的李时珍，是一个更加努力读书的有志青年。他一头钻进父亲的藏书室，读遍了父亲的大量藏书，内容涵盖了子、史、经、传、声、韵、农圃、医、卜、星、相、乐府诸家。废寝忘食的读书，让李时珍对考证和编纂古籍产生了浓厚的兴趣，为他多年以后编写医学巨著《本草纲目》打下了坚实的基础。

完全按照自己的求知欲来读书，让李时珍如鱼得水，他发现了一个崭新的广阔世界。李时珍读书时十分专注，发现可取之处就迅速记录下来；发现有疑点，便进行考古论证。不带应试目的去学习程朱理学，李时珍这才感悟了其中的细微精妙，他的思想像一匹脱缰野马，在广袤的知识草原纵横驰骋。

没过几年，李时珍果然成了一位很有名望的医生。

1548年，治愈富顾王朱厚之子，被聘为楚王府奉祠，掌管良医所，被荐为太医院判。1551～1556年，皇帝大征医官，下令各地选拔医技精湛的人到太医院就职，在武昌楚王府的李时珍，也被推荐到了皇宫。

这期间，李时珍非常积极地从事药物研究工作，经常出入于太医院的药房及御药库，认真仔细地比较、鉴别全国各地的药材，搜集了大量的资料，同时他还有机会饱览了王府和皇家珍藏的丰富典籍，与此同时他从宫廷中获得了当时民间的大量本草相关信息，并看到了许多平时难以见到的药物标本，使他大大开阔了眼界，丰富了知识。1552年，李时珍开始搜集材料，为编著《本草纲目》做准备。

因为李时珍淡于功名利禄，所以在太医院任职没有太长时间，就托病辞职归家了。

回乡后，他继续编写《本草纲目》。在编写过程中，他脚穿草鞋，身背药篓，带着学生和儿子李建元，翻山越岭，访医采药，足迹遍及河南、河北、江苏、安徽、江西、湖北等广大地区，以及牛首山、摄山、茅山、武当山等大山名川，走了上万里路，倾听了千万人的意见，参阅各种书籍800多种，历时27年，终于在他61岁那年（1578）写成。全书约有190万字，52卷，载药1892种，新增药物374种，载方10000多个，附图1000多幅，成了我国药物学的空前巨著。其中纠正前人错误甚多，在动、植物分类学等许多方面有突出成就，并对其他有关的学科（生物学、化学、矿物学，地质学，天文学等）也做出了贡献。1580年，李时珍赴太仓访王世贞求序。

明万历二十一年（1593），76岁的李时珍逝世了。李时珍殁后，《本草纲目》方得刊行。书印行后，节译或全译成日、朝、拉丁、德、英、法、俄诸种文字，流行全世界。

李时珍逝世后，遗体被安葬在蕲州城东。到今天为止，蕲州一带的中医每年清明都要到墓地朝拜，许多人常把坟头的青草带回家以消灾灭病。

新中国成立后，为了纪念这位举世闻名的科学家，墓前另立石碑，碑前青石上刻有著名人物画家蒋兆和所画的李时珍像，上刻原中国科学院院长郭沫若先生的题词。1954年，将其坟墓列为全国重点文物保护单位。1978年，湖北省文化局重修李时珍墓，使其初具陵园规模。1980年，在陵园内正式成立了国家文物保护机构——李时珍纪念馆，馆内保存有与李时珍相关的大量资料及著作，是全国闻名的机构，并于1982年再次被认定为全国重点文物保护单位。

【后世影响】

《本草纲目》总结了中国两千多年的药物知识和从医经验，纠正或澄清了许多前人的错误或含混的地方，增加了不少新发现的药物或药物功能，并用比较科学的方法对收载的药物重新做了分类。

《本草纲目》问世后，很快在中国流传起来，对后世的影响很大，被称为“东方医学巨典”，成为近代药物研究的重要文献，在世界上广泛流传，至今仍是一部有重大学术价值的古代科学文献。

达尔文称赞它是“中国古代的百科全书”。

英国著名学者李约瑟说：“明代最伟大的科学成就是李时珍的《本草纲目》。”

【故事征引】

巧试药性

李时珍特别注重实践，他聪颖博达，常常创造出一些奇特方法来验证中药功效。

一次，李时珍发现一本书上说野芋麻叶可以治疗瘀血症。于是，他找了两杯生猪血来做实验。第一杯生猪血中放了野芋麻叶的粉末，另一杯则什么都没有放。过了一会儿，放了野芋麻叶粉末的生猪血没有凝固，而作为对照比较的那杯生猪血却很快凝固了，野芋麻叶治疗瘀血的功效得到初步证实。

李时珍又深入思索：上面的实验只是证实野芋麻叶能够防凝，那么，对已经形成了的瘀血块，它又有什么作用呢？

于是，他又把野芋麻叶粉末和入刚刚凝固的血块中，血块竟慢慢地溶化成血水！这进一步证实野芋麻叶还具有化瘀的作用。这个药理学试验用今天的标准来衡量也是有一定水平的。

李时珍这方面的故事还有很多。为了检验中药凤仙子是否具有“透骨软坚”的功效，他将数十粒凤仙子放入正在煮的鱼沸汤中，很快将鱼捞起，发现鱼骨变得酥烂，证实了凤仙子具有软坚功效。他还有意识地用捣烂的银杏去清洗沾满油腻的器皿，发现它有清除油腻的功效，由此类推证实银杏入肺可除痰浊。

通过反复、细致的观察和验证，李时珍掌握了大量第一手的资料。因此，他著《本草纲目》肯定和证实了一部分药物的功效、性能，也纠正和更改了前人本草书籍中不少药物在产地、品种、药名及功效等方面存在的错误。这是一个伟大的贡献。

上山采药

李时珍的父亲李言闻对药草很有研究，李时珍从小受父亲的影响，常常跟小伙伴一起上山采集各种药草。日子一长，他叫得出各种草木的名称，还知道什么草能治什么病。他的医药知识渐渐丰富起来。

但是，在古代，做一个普通医生是被上层社会看不起的。李言闻自己是医生，却要李时珍读书应科举考试。李时珍在父亲督促下，在14岁那年考中秀才，但是以后参加举人考试，3次都没有考中。别人都替他可惜，李时珍却并不因此失望。他的志愿是做个替百姓治病的好医生。

自那时候起，李时珍就一心一意跟他父亲学医。正好在这一年，他的家乡发生一场大水灾，水退以后，又流行疫病，生病的都是没钱的穷百姓。李时珍家境并不宽裕，但是父子俩都很同情穷人，穷人找他们看病，他们都悉心医治，不计报酬。老百姓认为他们医术高明，治病热心，都很感激他们。

李时珍为了研究医术，读了许多古代的医书。我国古代很早就有了医书。汉朝人写过一本《神农本草经》，以后1000多年，不断出现许多新的医书。李时珍常常替当地的王公贵族看病，那些贵族家里藏书不少，李时珍就靠他行医看病的方便，向王公贵族家借书看。这样一来，他的学问越来越丰富，医术也越来越高明了。

李时珍的名气越来越响，被他看好病的人，到处宣传李医生医术高明。附近州县得病的人，也都赶来请李时珍看病。

有一次，楚王的儿子得了一种抽风的病。楚王府虽然也有医官，但是谁都没法治好。这孩子是楚王的命根子，楚王怎能不着急？有人告诉楚王，只有找李时珍，才能治好这种病。楚王赶快派人把李时珍请到王府。李时珍一看病人的脸色，再摸了摸脉，就知道孩子得的这种抽风病是肠胃病引起的。他开个调理肠胃的药方，叫人上药铺抓了药。结果楚王的儿子把药吃完，病就真的全好了。

楚王十分高兴，再三挽留李时珍在楚王府待下来。没过多少日子，正碰上朝廷征求人才。楚王为了讨好明世宗，就把李时珍推荐到北京太医院去了。

太医院本来是国家最高的医疗机构。可是在那个时候，明世宗对真正的医学并不重视，却迷信一批骗人的方士，在宫里做道场，炼金丹，想凭这些办法使自己长生不老。李时珍是一个正直的医生，看不惯那种乌烟瘴气的环境。他在太医院待了一年，就辞职回家了。

李时珍辞去官职，回家的路上，顺便游历了许多名山胜地。他上山不是为了欣赏景色，而是为了采草药，研究各种草木的药用性质。有一次，他到均州（今湖北均县）的武当山去，听说那里产一种榔梅，吃了能使人返老还童，人们把它称作“仙果”。宫廷的贵族都把它当作宝贝一样，要地方官吏年年进贡，并且禁止百姓采摘。李时珍可并不相信真有什么仙果。为了弄清真相，他冒着危险，攀登悬崖峭壁，采到了一颗榔梅带回家乡。经过他仔细研究，才知道那种果子只不过像一般梅子一样，有生津止渴的作用，根本不是什么“仙果”。

“晒”书

李时珍的家乡，有一庸医，此人不学无术，可是却假充斯文，开口《伤寒论》，闭口《药性赋》，这位庸医家财万贯，更有藏书之癖，他平时不惜重金，购买天下医书，以此来炫耀自己。

李时珍祖上世代为医，家境仅温饱而已。再加上常常为贫穷患者义诊施舍，因之无钱买书，李时珍为了精湛医道，博览众书，多次向这位庸医借书读，可是均被他无情拒绝。

有一年夏季，梅雨季节刚过，庸医便命家人将书房内的藏书搬到院子里晾晒。各种古典医籍摊晒了满满一院子，他自己洋洋自得地在院子里踱着方步。

正巧李时珍去一病家治病路过这里，见满院子都是晒的书，便一时兴起，走进院子里，只见他解开衣襟，躺在晒书的架子旁，袒胸露腹，也晒起“书”来。

庸医一见，莫明其妙，惊问道：“李先生，您这是做什么呀？”

李时珍笑道：“我也在晒书啊！”

庸医更加不解地问道：“先生的书在哪里呀？”

李时珍拍拍自己的肚皮说：“我的书装在这里面。”庸医听后，知道李时珍是在挖苦他，惭愧得满面通红，无言以对。

诊病断案

蕲州东门城外有个王妈，母女两人守着三间茅草屋过日子。王妈待人向来热心肠，自从找了个叫李仁的女婿，更是整天都夸女婿好。

这一天，女婿又看她来了。她借了东家借西家，又是油面又是蛋，盛了满满一大碗，端到堂前桌子上的正中央，连喊了几声女婿，没有人答应，就急忙到院里去喊。

哪知道女婿回来以后，一碗面还没吃完，就觉得胸闷气短，竟一头栽倒在地，人事不知。这一下急坏了王妈母女，娘儿俩呼天抢地，那个伤心样子，石头人见了也要流泪。李仁的老子听说儿子出了事，跑到县衙那里告王妈的状，说王妈嫌弃女婿，下药毒死李仁。王妈母女只得口口声声喊“冤枉”。

知县急得抓头，不晓得这个案该怎么断。正巧李时珍从这里经过。知县一喜，亲自上前留住李时珍，要他搞清楚李仁是中毒还是发急症。

李时珍诊病素来不马虎，他把李仁发病的前前后后一问，就感到李仁病得蹊跷。再把李仁的脉一按，心里一惊：是中毒呀。又一想，这是人命关天的事，还是先搞清楚李仁是怎么中毒的，把人救活再说。

李时珍叫王妈照原样子做了一碗热乎乎的鸡蛋面，照原样子放在桌子上。屋里的人都走尽了，只有李时珍躲在旮旯里，只见那桌子上的鸡蛋面热气直往上冒，一直冲上屋顶。不一会儿茅屋顶上就发出吱吱的响声，接着，一条茶盅粗的蛇伸出头来，看样子想下又下不来，只是把身子缠在横梁上，嘴巴一张一翕，像是在吞那碗面冒出的热气。从蛇嘴里滴下一点点的涎水来，正好掉到碗里。李时珍一下子就明白了李仁中毒的原因，高兴得“啊”了一声。这蛇听到人的声音，调转头就钻进屋顶上的茅草堆里。

李时珍搞清楚了李仁中毒的原因，对症下药，李仁得救了。王、李两家都感谢李时珍救活了亲人，知县也感谢李时珍帮他断了一个难案。全县百姓知道了这件事，都称李时珍是“医圣”。

巧用活人药

明代嘉靖年间，世宗皇帝的族侄朱瞻岗被封为富顺王，在蕲州建了王府。这富顺王有个王子，是根独苗，自然养的金贵。当他读了冯梦龙的《玉堂春落难还夫》，被玉春堂苏三的多情和美貌完全迷住了。

从此，他便朝思暮想，整天闷在宫里茶水不思、饮食不进、日积月累，得上了相思病。你想想，天底下竟有这样的蠢人，那玉堂春苏三只是书本上的一个人物。而以他当时的环境，这王子要想找个像苏三那样多情和美貌的女子，也并不是件难事。可这王子傻就傻在他偏偏就要玉堂春苏三一个，别人谁也看不上。这就把富顺王给急坏了。

这王子思念苏三，确实到了如醉如痴的地步。由于思虑而伤脾，以致长期不进饮食，眼见已是形销骨立，精神萎靡，怎不叫富顺王心急火燎？眼见爱子病入膏肓，经太医多次诊治无效，不久便起不了床。富顺王与王妃相对而泣。

这天有个内侍对富顺王说：“禀王爷，蕲州城的东边有座玄妙观，观里有个名叫李时珍的名医在那里坐诊，王爷何不让他来看看王子殿下的病？这人很有些名气啊！”

富顺王说道：“连京城里的太医都诊治过多次，毫无效验，这李时珍虽然在民间有些名气，可本王听说他是个采药的，只怕没什么学问！”

内侍说：“王爷有所不知。这李时珍采药是为了写书，他可是个有大学问的人哩！”富顺王一听，便立即派人去把李时珍请来。

李时珍将王子的病情看过之后，心中暗想：“所求不遂，积思成郁，郁闷损伤肝脾，肝伤极则筋不用，脾伤久则肌肉消，旷日持久，隐曲难伸，确非汤药可救，难怪太医久治无效。”他经过几番思忖，心中豁然一亮，觉得必须如此这般，方可挽救。

这时，他对王爷笑道：“王爷呀！王子殿下的病倒是有救啊！”

富顺王一听，惊喜地答道：“果是这样，我可要重重地谢你。”

李时珍说：“不过，王爷必须首先恕我的欺君之罪，我才可以管保王子殿下不服任何药料，便在一月之内可以下床，三月之后便能康复了。”

富顺王大喜："只要我儿能脱此病灾，本王连谢都来不及，哪里还咎其过？管他什么欺不欺君啊！"

李时珍说："既是这样，草民如何给王子殿下治病，王爷请不要过问。我这就回去打点一番，明日有个老妪来到王府，王爷可要好生接待，务必事事依她，这老太太自有医治王子殿下的灵丹妙药。只要王爷能听她安排，王子殿下便有救了。"

富顺王十分惊讶，明明是叫他李时珍来为我儿治病，可他却要请个老太太来，这葫芦里到底卖的是什么药？既然他嘱我不必多问，为了我儿的病，也就只好依他了。于是李时珍便离开了王府。

第二天，果然有个白发苍苍的老太太，穿戴齐整，右手挽个包袱，左手拄根拐杖，来到了富顺王府前，说是有事求见王爷。富顺王闻报，便明白了，立即让她进来。

那老太太操着山西口音对富顺王说："禀王爷，老身今日前来为王子殿下治病，请王爷先让老身进王妃娘娘的寝宫里去打扮一番，再让老身去见王子殿下好吗？"富顺王满口答应，让几名宫女领她到王妃的房里去梳妆打扮后，再去见王子殿下。

随行的宫女们一见老太太梳妆后的这副模样儿，都偷偷议论道："偌大年纪的老太婆还穿红着绿、搽粉戴花，也不怕人笑话哩！"老太太只当没听见。

行不多时，便到了王子的寝宫。老太太进得门去，便一屁股坐在王子的床沿上，捏起王子那双干枯的手，声泪俱下地哭诉道："是我苏三折杀王子殿下了！殿下对苏三一片真情，我苏三怎么吃罪得起？今日唯有奉为箕帚，与殿下长相厮守，永不分离，以报殿下的一片痴情。"

王了一听，十分惊讶，立即欠起身来问她："什么？什么？什么苏三，苏三在哪里？"

老太太答道："苏三在此，我便是苏三玉堂春也。"

这时，王子睁大了眼睛问道："你从哪儿来的？"

老太太说："听说王子殿下非常想念我，我苏三特从山西洪洞县赶到蕲州来，与殿下结为百年之好！"

王子一听连声说道："不！不！不！你不是苏三，不是玉堂春，你不是……！"

老太太笑道："殿下凭什么说我不是苏三？不是玉堂春？殿下您再仔细看

看，我苏三哪一点不像玉堂春？”

王子说：“玉堂春苏三有沉鱼落雁之容，闭月羞花之貌，不像你这个样子。”

老太太说道：“殿下你好生糊涂啊，你想想，五十年前冯梦龙写书时，我苏三便有20多岁了，如今我苏三已七十有八了。殿下既然不嫌弃我苏三曾经是风尘中人，对我如此钟情，故而不远千里、从山西来此与殿下共享天伦也。”

这时，王子掐指一算，果然从《警世通言》问世，至今已有50多年。苏三如果在世，算来已到垂暮之年了。

于是，他又对老太太瞄了一眼，心中念道：“果然是她！是她啊！无情的岁月，把她的容颜和声音变得如此苍老，已经没有半点娇柔了。”

这时，他的嘴里却是噤若寒蝉，什么话也说不出来。多年来的苏三梦，就这样一朝猛醒了。

从此以后，那王子心目中苏三的形象已被这老太太所代替。这老太太以其形象来作为医治王子心病的一剂良药。王子的病情果然没有服药便渐渐地好了起来。

为皇妃开刀

大明嘉靖年间，世宗皇帝的宠妃张娘娘忽然觉得下身疼痛，时值炎炎夏日，周身畏寒发热。皇帝急诏太医进宫为皇妃诊治。太医院的太医一听说要为皇妃治病，一个个心里急得像猫抓。为什么呢？因为医生给人治病，讲的是望、闻、问、切，可那时有身份有地位人家的女眷，都讲究个“金屋藏娇”，除了自己的亲人，任何男子连看一眼都是犯忌的，更何况是皇妃呢？在这之前，凡是王公大臣的女眷生病，只听来人诉说病情，太医就开方用药。今日万岁爷宣太医入宫，看来皇妃是病得不轻了。

当时的太医院判李鹤年只得硬着头皮进宫，世宗让一名贴身宫女代诉了皇妃的病情。经李鹤年仔细询问，断定张妃患的是会阴生痈之症。此时痈毒初生，尚未化脓，就拟出“荆防败毒散”一方内服，再贴一张膏药，内外兼治，为的是促进痈肿早日消散。

用药以后，皇妃发热恶寒的症状虽然消失，可下身的肿痛反而加重了。李鹤年又开一剂“仙方活命饮”，仍不见效。看来，除了用小刀切开脓疱，将脓液迅速排出之外，别无良法了。可是，这太医连皇妃的面都不能见，又怎能在她的隐私之处开刀？李鹤年只好拟出“代刀散”一方。皂角刺、炒黄芪各一两，生甘草、明乳香各五钱，共研为末，每服三钱，陈酒送服。然后将药方交付御药房，配制药料。

在一般情况下，服下代刀散，痈疽不破即溃。哪知这皇妃平日膏粱原味用得过多，故难以破溃。这个金枝玉叶的皇妃娘娘，被折磨得坐也不是，睡也不是，一天到晚哭哭啼啼，以泪洗面。世宗皇帝龙心不安，责备太医无能，还撤了李鹤年太医院院判的官职。

这一天，分封在湖北蕲州的富顺王朱瞻岗，听说圣上正为皇妃的病痛而担忧，便立即带了李时珍进京面圣。并对世宗皇帝说：“启奏陛下，要医治娘娘的病，非蕲州李时珍不可!”

世宗皇帝问：“御侄呀!这李时珍果是国手吗？”

富顺王说：“李时珍虽非国手，却胜似国手。我儿去年得一奇疾，御医国手久治不愈，还不是李时珍药到病除？如今皇妃娘娘患有隐疾，他一定能够妙手回春。”

世宗皇帝听了富顺王这番话后大喜，立即让李时珍进宫，为皇妃治病。

李时珍先询问了皇妃的病情，然后又去拜访曾为她治过病的各位太医，知道李鹤年等人为皇妃所用的药方十分精确，并无一丝差错。他心中暗自思忖：“看来这皇妃的痈毒已经很深，如不用利刀割破，迅速排脓，恐一时难以奏效。可眼下这皇妃连面都不能见，如何割治？更何况又是生在那个隐私之处？”李时珍很是为难。

夜深了，李时珍为了皇妃的病，怎么也睡不着。他干脆披衣起床，打开房门，到院子里去吹吹风。恰好院中不知谁放了一张太师椅，他便随意往椅上坐去。这一坐，只觉下面有个硬物顶住了会阴穴。顺手摸去，原来是一把扇子。此时李时珍忽然灵机一动，高兴地叫了起来：“有办法了!有办法了!”

天亮后，李时珍立即叫人迅速备制一把半寸多长的小刀，两端均要十分锋利。次日一早，李时珍带着一条长带来到了皇妃的寝宫门外，吩咐皇妃的贴身宫女用这条带子去量皇妃的身长，还交代务必要从头顶量到足底，度量务必准确，并在一端做了记号。宫女接过带子，将张妃的身长仔细量过之后，把带子交给了李时珍。

李时珍将长带拿回，按照人体绘画的技法，用“立七坐五三半”的方法计算后得出，从头顶至臀髋为身高的一半；从髋至膝为两个头的长度。再从身后计算，从足跟底部至腘窝内的委中穴，为一个半头的长度。如果将皇妃身高的尺寸分成十四段正好是最下三段的长度。李时珍按照计算出来的尺寸，让宫廷里的工匠做了一把交椅，椅沿一定要与张妃的两腘窝的委中穴相平，既不能多一分，也不能少一分，椅面上还要设一道五寸高的围子，围沿的高度至脚底部，正好为一个半头的高度，并且在椅沿的前方，刻出左右两道印记。然后叫人从御厨房里取来十斤白面粉，铺在椅子上。

由于四周有椅沿挡住，面粉不能外溢。李时珍将面粉抚平，叫人将交椅抬进宫去，并吩咐宫女，让皇妃脱去下身衣裤，两腘窝之内的委中穴一定要挨着椅沿上的两道印记，切切不可偏离半分，然后让皇妃轻轻地坐下去。坐过之后，再慢慢起身，不可挪动，然后再把椅子小心地抬出来。宫女们点点头，立即进入寝宫，按李时珍的吩咐办事。

这张妃自生病以来，从没舒舒服服地坐过一刻。今日见宫女们抬进一把特制的交椅，椅上还铺有柔软清凉的面粉，也就毫无顾忌地按照吩咐去办。她脱了下衣，坐了下去。觉得面粉十分凉爽宜人，疼痛也减轻了许多，不免十分高兴。

坐过之后，宫女们把椅子抬出来。李时珍朝面粉的印模一看，就知正中那块凹陷之处，正是王妃所患痈肿的大小与高度。

于是他让众人回避，取出那把半寸小刀，一头向上，一头插入这块凹陷正中的椅板上，并倒出面粉，重新铺平，将刀锋隐没在白面之中。这时他再让宫女们将椅子抬进去，依旧要皇妃像上次一样，脱了下衣，让委中穴挨着椅前的两道印记，往椅上坐。

皇妃果然依照宫女的安排，往椅上坐去。刚一落座，就“哎呀!”一声，弹了起来，口中大叫“痛死我了!”此时，只见痈疽已破，脓血淋漓，玷污了椅上洁白的面粉。

宫女们见状，吓得魂都没了，急忙扶住皇妃，端水的端水、捧茶的捧茶、擦的擦、洗的洗、抹的抹，一个个手忙脚乱。忙活不到半个时辰，皇妃痛定肿消，如释重负，吁了口气说：“真是长痛不如短痛，这痈毒败脓总算排出了!不知是哪位太医想出这条妙计？”宫女答到：“蕲州李时珍。”

李时珍见皇妃的痈疽已破，脓血已出，便拟十全大补汤配黄芪加金银花内服，调理数日，伤口愈合。

皇妃的痈疽痊愈后，世宗皇帝十分高兴，就封李时珍为太医院判。从此李时珍才有机会查阅皇宫里的大量医书，为他后来撰写《本草纲目》打下了坚实的基础。

瑞香花

李时珍为完成药典巨著《本草纲目》，来到庐山采药，住在东林寺。一天，一个右腮红肿的小和尚忍着剧烈的牙痛喃喃念经，只见老和尚取过一枝干枯的草药给他含在嘴里，顿时肿消痛止。李时珍惊诧不已，连忙向老和尚请教。原来这种神奇的药草，是生长在锦绣谷中的一种常绿小灌木开的花。为了寻找这种花，李时珍在锦绣谷中跋涉了三天三夜。

第三个夜晚，疲惫至极的李时珍闭目养神，朦胧中一股浓烈的香味扑鼻而来。两只缤纷飞舞的彩蝶绕着他轻声呼唤："李太医，我家大姐有请。"李时珍昂首望去，彩蝶顿时化作两个穿蝶裙的小女孩，将他托起，腾空飞去。只见云头危崖上，一位绰约多姿的仙姑频频向他招手。李时珍大为惊奇，正欲向仙姑打听这种花的下落。仙姑回眸一笑，轻摇翠袖，化作一朵光艳夺目的花朵。李时珍欣喜若狂，急步上前取花，不料脚下一滑，一头栽落在万丈深涧。冷汗淋漓的李时珍大喊一声，从梦中惊醒，但见所依山崖岩隙间，一丛盛开的花朵，沐浴在月色之中，流光溢彩，楚楚动人。

李时珍便把它取名"睡香"。后来睡香之名传及四方，人们争相引种，并视之为祥瑞的征兆，于是改名"瑞香"。李时珍认为，瑞香不仅清利头目，消止火痛，还可治急喉风。

石　耳

石耳在庐山以铁船峰多产，在《本草纲目拾遗》中，李时珍写道"庐山亦多，状如地耳，石耳气味甘，平无毒。久食益色，明目益精"。据说，太宁六年（325），许逊、吴猛等朝臣因反对大将王敦招祸，欲从南京乘船逃回南昌。船被二龙挟起，腾云驾雾奔庐山而来，行至铁船峰，被美景吸引，二龙稍一分神，船体坠落峰顶。幸免于难的大臣们在茫茫大山里蛰伏了几天，只觉饥饿难忍，便从岩壁上摘下石耳当"灵草"服下充饥。不仅填饱了辘辘饥肠，而且还使大家容光焕发。李时珍当然不迷信这种传说，但他认为石耳的营养价值不可低估。丰富的苷糖、胶质、铁、磷、钙及各种维生素集于一体，食之自然能改善生理机能，焕发生命活力。

李时珍在锦绣谷采药的经历，对丰富他的药学理论，起了不可估量的作用，他的《本草纲目》中，记载了10多种产自锦绣谷的药物。

唾沫治蛇伤

一次，李时珍挖药回来，路过一个茶馆，就进去歇一歇脚。

当时天气炎热，茶馆里几个人打着赤膊玩纸牌。其中有一个人靠墙壁坐着，每次用手指在嘴唇上舔一下沾点唾沫再起牌，突然，他似乎感到背后发痒，就用沾着唾沫的手指去抓痒。一连几次都是这样，这个人觉得很怪，打完了牌回头一看，墙壁上有个窟窿，里面有条蛇，蛇头朝外，已经半死不活了。

这是什么原因呢？

李时珍把这条蛇翻过来倒过去地看了看，又看了看那个打牌人的后背，心里就清楚了。

原来，打牌人的背上发痒，是蛇的舌尖在舔，打牌人不断地用沾着唾沫的手指去抓痒，人的唾液带到蛇的嘴里，蛇就快僵死了。

因此，李时珍推断唾液也能解蛇毒。据说李时珍后来给人治蛇伤，总要先把草药放在嘴里嚼嚼再敷在蛇咬伤的地方。

直到现在，人们还保留着这个办法。

三颗针

相传李时珍游历在陕北一带的时候沿路研究当地中草药之余，无偿为当地乡亲治病。

消息传开后邻里的乡亲们都跑来看病，其中有一患者王伟，男，32岁，症见便血，不明原因消瘦，乏力，食欲减退3年，多处求医不治，现家徒四壁，老婆也跑了，与年迈的母亲相依为命。

李时珍看后断其为肠中“积聚（肠癌）”，称其亦无办法。王伟听后十分沮丧，听闻李大夫是行遍大江南北的神医，医德又高，贫苦乡亲看病不用钱，有时候还免费送给患者药材，这下自己肯定有救了，可现在，哎！王伟像霜打的茄子，一步一步地挪回了家。李时珍看见王伟这样，宽慰了两句，也没法子。

过了几日，乡亲们的病都看的差不多了，李时珍正打算继续他的征途，王伟又来了。今天，他显得挺有精神，像是生命有了依靠似的。“让我跟着你吧，李大夫，反正我的病也好不了了，就让我跟着你长长见识吧，放心吧，当我不能自理的时候我会离开的。”接着，充满期待地看着李时珍，生怕他不同意。其实李时珍也只能让他失望，且不说这个先例开了之后无法收场，况且带着他很多事情都不方便。就连王伟的母亲也赞同此事，说是王伟整天一痴一呆的，没事就把自己一个人闷在屋里，让他出去走走也好，他生活还能自理。李时珍走一步，他就跟一步，不管怎么说就是不依。李时珍没法也只能由他跟着。

陕西盛产三颗针，也就是拟变缘小檗，其苦，寒，能清热燥湿，泻火解毒。李时珍不禁想到，王伟的病不就是湿热邪毒阻滞肠道气机，以致饮食不化，饥不欲食，血失统摄吗？且这三颗针形似针，中医比类取象，说不定对这顽疾有意想不到的效果，何不用来试试呢。于是，王伟之后每天都喝上一服中药，汤中多加入败酱草、白花蛇舌草、黄柏等清热泻火燥湿之品。

说来也怪，王伟的身体竟一天天好起来了。这一日，李时珍对王伟道：“王伟，我估计会在这个小镇待上几日，我看你也挺想家的，你回去看看你母亲吧，她年纪大了，就你一个亲人了，你们再商量商量，要是你还愿意跟着我，可以再来这里找我，不过我希望你留在母亲身边。你志不在医！”

后来，王伟没再回到李时珍身边。确实，他志不在医。

山豆根

当年，李时珍为了编写《本草纲目》游遍了全国。当他来到广西时，由于当地持续的高热天气使他感到不适，咽喉疼痛，不能言语，这可急坏了他，不能说话，也就意味着他不能向那些百姓和药农询问这些药材的作用和功效。

这天，他继续上山寻找和记录见到的药材。当他看到一株似槐非槐的植物时，便心生疑惑。这株植物与他平时所见的槐树很像，但仔细分辨却又有不同，在记录之时举笔不定。就在此时，遇到一位在山中采药的药农，他便上前询问，由于咽喉疼痛，不能言语，几乎无法与药农交流，在那干着急。药农看到他着急的表情，又看了看他的咽喉，便将这株植物连根拔起，将根洗净，用刀切下一片让他含着。没多时，李时珍便觉得嗓子好了很多，也能言语了，这让他万分高兴。

他立即向药农询问这株植物叫什么名字，药农告诉他，这药苗蔓如豆，八月采根用，当地人都叫作山豆根，用来治疗喉痛、喉风、喉痹、牙龈肿痛等。

于是，李时珍便将这药的详细产地和功用都记录了下来。在后来的寻访当中，他又详细记录了这种药材能够治疗急性黄疸和痢疾等功效以及简便使用方法。

良医济世，功比良相——龚廷贤

【名医传记】

龚廷贤（1522～1619），字子才，号云林山人，又号悟真子。江西金溪霞澌龚家（今合市乡龚家）人。明代著名医学家。父龚信，字瑞芝，字西园，任职太医院医官，撰有《古今医鉴》8卷，经龚廷贤整理刻行于世。

龚廷贤幼攻举业，后随父学医。他承家学，又访贤求师，医名日隆。曾任太医院吏目。1593年，治愈鲁王张妃鼓胀，被赞为“天下医之魁首”，并赠以“医林状元”匾额。

龚廷贤善于总结继承家传诊疗实践经验，并虚心向别人学习，博采众家之长，贯通医理。经过长年累月的刻苦钻研及临床实践，至成年后，无论内科、外科、妇科、儿科都已精熟，尤擅长儿科。与陈自明、崔嘉彦、严用和、危亦林、李梴、龚居中、喻昌、黄宫绣、谢星焕并列为江西历史上十大名医。

龚廷贤受家庭影响，从小爱好医学，虽曾习举子业，屡试不中，转而随父学医，继承祖业，以“良医济世，功同良相”自励。以幼时读张子西之句——“天下疲癃残疾，皆吾兄弟”、韩子原之语——“为之医药，以济其夭死”为毕生座右铭。日间从事诊治，余暇攻读医书。上祖岐黄，宗仓、越，下及金元刘、张、朱、李，且遍访民间秘方、验方，迹遍两畿及燕、赵、梁、豫。既博考历代医书，自《内经》以下，莫不穷源究委；又善于总结继承家传诊疗实践经验，并虚心向别人学习，博采众家之长，贯通医理，其间寄居中原20年。

龚廷贤一生行医60多年，曾言“良医济世，功与良相”，其著作丰富了中医宝库，以其实用性而数百年流传不衰，为繁荣世界医学事业做出了可贵的贡献，被称为“医林状元”。临床诊治尊古而不拘泥，深明五脏症结之源，决生死多奇中。有一段时间，他在河南黄河流域行医。时值开封一带疫病流行（1586~1588），街头巷尾都有病人，症状为头疼身痛，憎寒壮热，头面颈项赤肿，咽喉肿痛，神智昏迷，俗名“大头瘟”。时医只知按古法医治，无效。龚廷贤根据病情，独具匠心，以自己的见解，开上二圣救苦丸药方，其效甚佳，医好很多垂危病人，名噪中原，被尚书荐为太医院吏目。

万历二十一年（1593），鲁王妃患鼓胀病，腹大如鼓，左肋积块刺痛，坐卧不宁。经太医多方治疗，均不见效，生命垂危。召龚廷贤诊治，经诊脉开方，对症下药，终获痊愈。鲁王大喜，称之为“天下医之魁首”，以千金酬谢，龚廷贤不受，乃命刻其所著《禁方》（即《鲁府禁方》）一书，又画其像以礼待之。皇帝特赐双龙“医林状元”匾额一块，誉为“回天国手”。

龚廷贤勤于著书立说，乐于传授医术，一生著述极丰。先后完成了《济世全书》8卷、《云林神彀》4卷、《万病回春》8卷、《寿世保元》10卷、《种杏仙方》4卷、《鲁府禁方》4卷、《医学入门万病衡要》6卷、《小儿推拿秘旨》3卷、《眼方外科神验全书》6卷、《本草炮制药性赋定衡》13卷，此外还有《秘授眼科百效全书》《痘疹辨疑全录》等。其中《小儿推拿秘旨》是我国医学史上最早的一部儿科推拿专著。《万病回春》和《寿世保元》两书流传最广，它从理论上分析病理、症状和治法，并附有方剂，还有400味药性歌诀。17世纪中叶，他的学生戴曼公将其著作携入日本，美国国会图书馆也藏有《云林神彀》全书。

【后世影响】

明代医家龚廷贤论治饮食损伤独具特色，不仅继承李东垣饮食分治思想，同时提出脾胃分治、辨因论治理论。龚氏认为饮食损伤胃病在先，继而及脾；饮酒伤偏重酒病防治；食伤原因有多食、急食、强食、误食及寒物、热物所伤之不同。其治胃擅用疏通、慎用消导，治脾擅用健运兼以益肾，并创制治疗饮食损伤诸方；注重饮食养生，提出三宜五不宜；对于脾胃虚弱者强调食疗，创食疗法及糕饼方。这些理论对饮食损伤疾病的预防及治疗具有重要的现实意义。

【故事征引】

龚廷贤延年良箴

龚廷贤，明代著名医学家，被称为“医林状元”。一生著述极丰，其中《小儿推拿秘旨》是我国医学史上最早的一部儿科推拿专著，《万病回春》和《寿世保元》两书流传最广，最令人称奇的是他十分注重养生，活到92岁，这个年龄放到现在也是可观的，在当时绝对是老寿星。

四时顺摄，晨昏护持，可以延年。
三光知敬，雷雨知畏，可以延年。
孝友无间，礼义自闲，可以延年。
谦和辞让，敬人持己，可以延年。
物来顺应，事过心宁，可以延年。
人我两忘，勿竞炎热，可以延年。
口勿妄言，意勿妄想，可以延年。
勿为无益，当慎有损，可以延年。
行住量力，勿为形劳，可以延年。
坐卧顺时，勿令身怠，可以延年。
悲哀喜乐，勿令过情，可以延年。
爱憎得失，揆之以义，可以延年。
寒暖适体，勿奢华艳，可以延年。
动止有常，言谈有节，可以延年。
呼吸清和，安神闺房，可以延年。
静习莲宗，礼敬贝训，可以延年。
诗书悦心，山林逸兴，可以延年。
儿孙孝养，僮仆顺承，可以延年。
身心安逸，四大闲散，可以延年。
积有善功，常存阴德，可以延年。
救苦度厄，济困扶危，可以延年。

注：三光指日、月、星。莲宗为佛教之一派。礼敬贝即贝叶经。四大指人的身体。

这些延年经对老年人的生活安排、身体保护、情性调控、道德修养等各个方面进行了规定，只有在这些方面量力而行、合乎规律，有所节制、勿令过当，乐于助人、戒之在得，就一定有益于身心健康，有助于益寿延年。

摄养诗

龚廷贤根据多年从医治病，保健养生的实践，归纳出一套有关“吃喝玩乐”的科学规律，并写成《摄养诗》。

惜气存精更养神，少思寡欲勿劳心。
食唯半饱无兼味，酒止三分莫过频。
每把戏言多取笑，常含乐意莫生嗔。
炎凉变诈都休问，任我逍遥过百春。

他想告诉世人，别轻视“吃喝玩乐”，这四个字是每个人终其一生都在做的大事，“吃喝玩乐”不是人生目的，而是保证生活工作的手段，有节制的同时，只要方法得当，就会身心受益，从而健康一生。

毕生心血考订《伤寒论》——方有执

【名医传记】

方有执（1523～1594），字中行，号九龙山人。明代歙县人（即今安徽歙县），明代伤寒学家。他曾经两次中风、伤寒、丧妻，五个子女也因病及庸医而过世，自己也饱受疾病之苦，幸愈而复生。因此，他发愤学医，尤其致力研究伤寒，颇有心得。就这样，经过数十年的磨炼和钻研，他终于洞明了医道，治病多有神效，成为一名自学成才的医学家。

方有执在成绩面前并不满足，他不只看病，还决心著书立说，以济世救人。他崇拜东汉张仲景，并以张仲景所著的《伤寒论》为研究对象。“笃志专此，锐力愤敏，涉苦万端”，自明万历十年，开始着手写《伤寒论条辨》对伤寒论逐条考订、重新编次，并予以注释，以求合于仲景之原意。

他认为，仲景之书乃“医方之祖”，但由于年代久远，世殊时异，加之囊残人弊，早已失仲景之原意。西晋王叔和重为编纂时，原文次序已有改动，再经宋代成无己（1063～1156，宋朝著名医学家）注解时，又多所窜乱，错简益多，扞格难读。结果是，既负前贤之意，又误后学之思，失其真谛，难收实效。因此，方有执决心把已经被搞得颠倒错乱的《伤寒论》，按照张仲景的本来意图，加以重新订正，使其恢复原貌。

在当时，一个自学成才的方有执，敢于提出“错简”论，并大胆修改“医圣”之作，这在医学界引起了强烈反响，颂之为“创举”者有之；骂之为“狂徒”者也有不少。方有执不管这些，他像当年学游泳那样，靠自己去闯。他不避风险，多方采研，历时20余年，日有所得，月有所获，久而久之，豁然开朗。他根据仲景之原意，寻求端绪，逐条辨析，重新排比成编，经过20年的研究之后，在万历十七年（1589）终于著成《伤寒论条辨》一书，共8卷，后附《本草钞》1卷、《或问》1卷、《痉书》1卷（1592）。至万历二十年（1592），方有执70岁时，将书刊行问世。

方有执力主错简重订，将风寒中伤营卫之说提到整个伤寒病的共同病理基础来认识，深刻地揭示了伤寒病的发病、转变、转归的规律，为研究《伤寒论》的方、证、药、法开辟了不少途径，推动了伤寒学派内部的争鸣，促进了仲景学说的发展，对伤寒学的发展做出了重要的贡献，对活跃《伤寒论》研究的学术气氛产生了相当大的影响。因此称方氏所开创的流派为错简重订派。

【后世影响】

《伤寒论》经过方有执的注解、编次和整理，此书分类明确，重点突出，明显增强了该书的系统性、条理性，使其规律更加显著，便于初学者理解与掌握，在明清之际占有很重要的地位，对医学界有较大影响，并且深受学者的赞誉。

同时，《伤寒论条辨》也体现了方氏在其他方面许多精辟独到的见解，如“伤寒论不限于伤寒病”“传经不拘日数”“表里三层说”“医贵务实论”“辨明药物功用”等，都对伤寒学术研究有很大的贡献。其后清代名家如喻昌、张璐、吴仪洛、程应旄、周扬俊、黄元御、章楠等医学家均拥护其说，并继承其学，形成《伤寒论》错简重订学派，从此产生了《伤寒论》两派的激烈争鸣，促进了我国医学的发展，对后世学者颇有启迪。

【故事征引】

父指路儿自强

少年时，方有执体弱多病，父亲为了让儿子增强体质，免受疾苦，便教有执学习游泳，下水后，有执胆小，死死抓住父亲不放，一直让父亲托浮着学。半月过去了，有执一点长进都没有，自己还是不会游，父亲着急地说：

“孩子，路是自己走的，河是自己渡的，你总是依靠别人，一辈子也学不会游泳。”说着，一下子把有执推出去了老远，小有执见父亲放了手，失去了依靠，便拼命地向父亲这边游过来。

这次，他虽然喝了几口水，但学会了游泳。这件事使有执深受启发：无论做什么事，都要靠自己的主观努力，只有自强不息，才可达到目的。

有执成年后，家中多遭不幸。他两次丧妻，五个子女先后因惊风夭折，全家受尽疾病之苦。在这沉重的打击之下，有执也身患重病，几乎丧生。他为亲人之死而悲伤，为庸医无能而愤慨。因此，他决心学医。

当时，一无良师，二无医书，自己又病体难支，自学医术，谈何容易？不少人嘲笑他心血来潮，头脑发昏，但有执一直记着少年随父学游泳那件事，他认定，路是人走出来的，决心走自学成才这条路。没有老师，他就求教名医，缺少医书，他就四处去借，没人求他治病，他就主动送医上门。

就这样，经过数十年的磨炼和钻研，他终于洞明了医道，治病多有神效，成为一名自学成才的医学家。

中华第一神针——杨继洲

【名医传记】

杨继洲（1552~1620），名济时，字以行，三衢（今浙江衢县）人。明代著名针灸学家。

据《中国医籍考》卷22载，杨继洲家学渊源，世代从医，其祖父杨益曾任太医院太医，声望很高，并著《集验医方》刊行于世。杨氏家中保存了许多真秘古籍及古医家抄本，尤其是秘方、验方与医学典籍极多。父亲也是医生，不过，他不希望儿子杨继洲再从医了，而是希望他走科举仕途。

杨继洲年幼时专心读书，博学绩文，热衷科举考试。在科考受挫以后，他将四书五经扔在一旁，潜心攻读各种家藏的医书，寒暑不辍，不久就对医学有了卓然的领悟，医术日益精湛，尤其擅长针灸。杨继洲从医后常“取而读之，积有岁年，寒暑不辍”，因此得其真谛，遂有心汇集一部针灸专著。他“参考指归，汇同考异，手自编摩”，汇编《卫生针灸玄机秘要》三卷，但一直未能刊行问世。

杨继洲一生行医46年，临床经验丰富，尤其对针灸精通，治病时常常针药并重。经嘉靖、隆庆、万历三朝，历任楚王府良医、太医院御医。

有一次，山西监察御史赵文炳患了痿痹之疾，多方诊治，屡治不愈，邀杨继洲去山西诊治，杨继洲仅仅刺了三针就痊愈了，名扬朝野。正是这个时候，赵文炳看到了《卫生针灸玄机秘要》这本书。他为了答谢杨继洲，决定帮助杨继洲将这本书付梓出版，并委托晋阳人靳贤进行选集校正。此时，杨继洲又博览群书，广泛搜集历代针灸文献，取材于《素问》《难经》要旨，结合切身实践，以家中《卫生针灸玄机秘要》为基础，将其中有关针灸的内容一一摘录下来。最后《针灸大成》的内容除了《卫生针灸玄机秘要》外，又辑录了《神应经》《古今医统》《针灸节要》等著作中的针灸内容，凡是明代以前的重要针灸论著，《针灸大成》都或多或少进行了辑录和引用。

《针灸大成》共10卷。对针道源流周身经穴及制针法、补泻手法、治症总要等均有论述。主张“病以人殊，治以疾异”“治法因乎人，不因乎数”“变通随乎症，不随乎法”，体现辨证治病思想，对针灸学卓有贡献。该书被列入《四库全书》存目，国内外医界尊为针灸经典。

杨继洲在《针灸大成》中不仅汇述了各家针刺手法，还总结了自己的心得，结合《内经》和《难经》以及高武等有关学说，创立了杨氏补泻“十二字次第手法”以及“下手八法”，并采用歌诀体裁说明其操作要点与作用，并总括成简明易记的《十二歌》，即“针法玄机口诀多，手法虽多亦不过；切穴持针温口内，进针循摄退针搓，指捻泻气针留豆，摇令穴大拔如梭。”杨氏将针法的基本操作步骤总结归纳为十二种，即：爪切、指持、口温、进针、指循、爪摄、针退、指搓、指捻、指留、针摇、指拔；上述十二法，除口温法需改进外，其余诸法迄今仍有参考价值。清代的政府教科书《医宗金鉴》刺灸心法要诀中的“行针次第手法歌”基本上完全参考杨继洲的“十二法”。同时，杨继洲又把进针时的基本操作归纳为八法，即：揣、爪、搓、弹、摇、扪、循、捻。

《针灸大成》对于针法、灸法理论是相提并论的。杨继洲对于刺法理论的一个最大贡献是将针刺补泻分为大小两类，他认为“刺有大小”，一是手法较轻（平和）的“平补”“平泻”；另一是手法较重的“大补”“大泻”。他将针刺补泻进行大、小分类，实质是对刺激量的定性分类，开启了针刺补泻分强弱的先河，对后世，特别是现代有关针刺手法刺激量的研究有较大的影响。

《针灸大成》的问世，标志着中国古代针灸学已经发展到了相当成熟的地步，后人在论述针灸学时，大多将《针灸大成》作为最重要的参考书，这与该书的学术成就、所处的历史地位以及对针灸学发展所做出的巨大贡献是分不开的。

另著《病机秘要》，收入《增订四库简明目录标注》“子部医家类”。有铜人像，详细刻画穴位，并绘图立论，便于钻研。

2013年11月，中国工程院院士、世界著名中医针灸专家、国医大师石学敏来衢江区考察，题词杨继洲为“中华第一神针”，并建立院士工作站。2014年7月，“杨继洲针灸”入选第四批国家级非物质文化遗产名录，奠定了杨继洲针灸的历史地位。

【后世影响】

杨继洲是明代针灸学之集大成者，他总结了明末以前针灸学的重要成果，是继《针灸甲乙经》以后，对针灸学的又一次重要总结，历代医家尊为针灸经典。

《针灸大成》的问世，标志着中国古代针灸学已经发展到了相当成熟的地步，是自明代以来300年间流传最广的针灸学著作，是一部蜚声针坛的历史名著。自明万历年间刊行以来，平均不到十年就出现一种版本，该书翻刻次数之多，流传之广，影响之大，声誉之著，实属罕见，故可认为是目前最受欢迎、知名度最高的针灸专著之一。此书被刊行以后，不仅受到国内学术界的重视，而且在国外影响很大，至今已有50种左右的版本，并有日、法、德等多种译本，堪称中国古代医学古籍瑰宝；不仅受到中国学术界的重视，还受到国际上的认可。后人在论述针灸学时，大多将《针灸大成》作为最重要的参考书。

现在，“杨继洲针灸”已被列入国家级非物质文化遗产名录，并有中国首部针灸主题微电影《神针》，向世人展示博大精深的中医文化。

【故事征引】

博览群书写就《针灸大成》

杨继洲出身医学世家，他的祖父曾任太医院太医，著有《集验医方》一书。

杨继洲继承家学，以医为业。他刻苦研读祖父的《集验医方》和家中收藏的医家著作，积年累月，寒暑不辍，对医学有了卓然的领悟，医术日益精湛。杨继洲行医40多年，先后服务于嘉靖、隆庆、万历三朝。他曾担任嘉靖帝的侍医，隆庆二年（1568）任职于圣济殿太医院，万历年间任太医院医官。

杨继洲治病经常是针、药并重，积累了丰富的临床经验。在供职朝廷期间，杨继洲留下很多妙手回春的案例。

有一位名叫熊可山的员外，在夏季患痢疾，身热咳嗽，兼吐血不止，腹痛欲死，脉象呈现危绝之象，众医生都说不能治了。

工部一位官员介绍杨继洲来为熊员外诊病。杨继洲发现病人的脉象虽危，而胸部尚暖穴，脐中有一块拳头大的隆起。尽管当日不宜针刺，为挽救病人，杨继洲还是急针气海，又用灸法，灸至五十壮之后，病人苏醒了，脐中的隆块也散开了，疼痛随即止住。既而，杨继洲又治疗病人的痢疾，痢疾治愈后，再治嗽血。又经过调理，病人终于康复了。

尚书王西翁的女儿患颈核肿痛，服药后不见效。王尚书将杨继洲召来，问他："我们该如何治疗？"

杨继洲说："项颈部位的病，自有其所属经络的原穴、络穴、井穴、俞穴的会合之处，应取其原穴施以针刺。"后来，杨继洲便为尚书的爱女针刺治疗，果然病情随针而愈，进而用灸数壮，病人就痊愈了，而且再没有复发。

杨继洲的主要著作是《针灸大成》。该书是明代以前我国针灸学说和成就的系统总结，是杨继洲在杨氏家传经验《玄机秘要》的基础上，博采群书，结合临床经验编著而成。

至今，这部集针灸学之大成的著作，已有50余种版本，该书内容丰富而切合实用，对后世影响很大，在国外也有一定影响，杨继洲也因此成为中医史上声望卓著的针灸学家。

温补学派的代表人物——张景岳

【名医传记】

张景岳（1563~1640），又名张介宾，字会卿，别号通一子，明末会稽（今浙江绍兴）人。明代杰出的医学家，为古代中医温补学派的代表人物，时人称他为“医术中杰士”“仲景以后，千古一人”，他的学术思想对后世影响很大。

张景岳生于嘉靖四十二年，自幼聪颖，因祖上以军功起家世袭绍兴卫指挥使，“食禄千户”，家境富裕。从小喜爱读书，广泛接触诸子百家和经典著作。其父张寿峰是定西侯门客，素晓医理。

景岳幼时即从父学医，有机会学习《内经》。13岁时，随父到北京，不仅遍交“奇才异能之士”，而且从师京畿名医金英学习，尽得其真传。空闲时，还“穷研书史”。青年时广游于豪门，结交贵族。当时上层社会盛行理学和道家思想。景岳闲余博览群书，思想多受其影响，通晓易理、天文、道学、音律、兵法之学，对医学领悟尤多。景岳性格豪放，可能受先祖以军功立世的激励，到了壮年，张景岳从戎做军中参谋，欲展才能，谈兵说剑，壮士逊其颜色。后来，他又游历燕冀间，出榆关，履碣石，经凤城，渡鸭绿，转游数年，足迹及于榆关（今山海关）、凤城（今辽宁凤城县）和鸭绿江之南。但无所成就，加上亲老家贫，只好“幡然而归”。当时北京异族兴起，辽西局势已不可为。数年戎马生涯无所成就，使景岳功名壮志“消磨殆尽”，而亲老家贫终使景岳尽弃功利之心，解甲归隐，潜心于医道，医技大进，名噪一时，被人们奉为“仲景东垣再生”。

景岳早年推崇丹溪之学。朱丹溪处于《局方》盛行的时代，医者每多滥用辛热燥烈药物而致伤阴劫液，故朱氏以“阳有余阴不足”立论。明代医学界河间、丹溪的火热论相火论占统治地位，更有时医偏执一说，保守成方，不善汲取精华，反而滥用寒凉，多致滋腻伤脾苦寒败胃，成为医学界的时弊。景岳在多年丰富的临床实践中，逐渐摈弃朱氏学说，私淑温补学派前辈人物薛己（1486～1558），薛己身为明太医院使，主要为皇室王公等贵族诊病，病机多见虚损，故喜用补。景岳出身贵族，交游亦多豪门大贾，故法从薛氏，力主温补。特别针对朱丹溪之“阳有余阴不足”创立“阳非有余，真阴不足”的学说，创制了许多著名的补肾方剂。张氏学说的产生出于时代纠偏补弊的需要，对后世产生了较大影响。因其用药偏于温补，世称王道，其流弊使庸医借以藏拙，产生滥用温补的偏向。

57岁时，张景岳返回南方，这时，他已年将花甲，“功名壮志，消磨殆尽”，因而尽弃所学，而致力医学的研究，专心从事临床诊疗，著书立说。著作首推《类经》，其编撰“凡历岁者三旬，易稿者数四，方就其业”。成书于天启四年（1624）。张景岳对《内经》研习近30年，认为《内经》是医学至高经典，学医者必应学习。但《内经》“经文奥衍，研阅诚难”，确有注释的必要。《类经》分经文为12类、若干节，根据相同的内容，拟定标题，题下分别纳入两经原文后详加注释，并指出王冰以来注释《内经》的各家不足之处，条理井然，便于查阅，其注颇多阐发。景岳思路开阔，对《内经》精研深刻，各家著作浏览甚广。《类经》集前人注家的精要，加以自己的见解，敢于破前人之说，理论上有创见，注释上有新鲜，编次上有特色，是学习《内经》重要的参考书。

同年，景岳再编《类经图翼》和《类经附翼》，对《类经》一书中意义较深言不尽意之处，加图详解，再附翼说。《类经图翼》11卷：对运气、阴阳五行、经络经穴、针灸操作等作图解说，讨论系统。《类经附翼》4卷，为探讨易理、古代音律与医理的关系，也有阐述其温补的学术思想之作，如《附翼·大宝论》《附翼·真阴论》等重要论文，也有部分针灸歌赋。

张景岳晚年集自己的学术思想，临床各科、方药针灸之大成，辑成《景岳全书》64卷。成书于其卒年1640年。“《全书》者，博采前人之精义，考验心得之玄微。”《全书·传忠禄》辑有景岳主要医学理论、医评、问诊和诊断、治疗原则等论文30余篇，多有温补学说的论述。《全书·脉神章》录有历代脉学，其中诊脉之法和脉象主病多有结合临症经验的评论。次为《全书·伤寒典》，补充"《内经》伤寒诸义并诸治法之未备"，论述伤寒病的证治。《全书·杂证谟》列诸内科杂证的病因病机、治理方药和部分医评，并辅有部分医案，论述系统、精彩。《全书·妇人规》：论述九类妇科疾患，并指出妇科证多有情志病因，尤要注重四诊合参。《全书·小儿则》：更述儿科诸病并治，在总论中提小儿"脏气清灵，随拨随应"的生理特点，很有见地。《全书·痘疹铨》《全书·外科钤》各有论病及证治。《全书·本草正》介绍药物292种，每味详解气味性用，很多为自己的临症用药体会，颇有价值。《全书·新方八阵》《全书·古方八阵》，景岳善兵法，在此借用药如用兵之义，以方药列八阵为"补、和、攻、散、寒、热、固、因"。《全书·新方八阵》中所列方颇具创新。《全书·古方八阵》辑方经典。共录新方186方，古方1533方，其后的妇人、小儿、痘疹、外科古方收妇科186方，儿科199方，痘疹173方，外科374方及砭法、灸法12种。

《景岳全书》内容丰富，囊括理论、本草、成方、临床各科疾病，是一部全面而系统的临床参考书。景岳才学博洽，文采好，善雄辩，文章气势宏阔，议论纵横，多方引证，演绎推理，逻辑性强，故《景岳全书》得以广为流传。后世叶桂亦多承张氏的理论。清道光八年（1828）章楠《医门棒喝》初集成，论《全书》云："或曰：尝见诵景岳者，其门如市"，则自顺治中叶至1828年的近200年间，几乎成为所有医生必读之书，可见景岳的温补理论影响之深远，《全书》流传之广泛。

《质疑录》，共45论，为张氏晚年著作，内容系针对金元各家学说进行探讨，并对早期发表的论述有所修正和补充。

崇祯十三年去世，终年78岁。

【后世影响】

张景岳的重要著作《类经》是后世医家学习和研究《内经》较好的参考书，《景岳全书》各科齐全，叙述有条理，内容丰富，囊括理论、本草、成方、临床各科疾病，是一部全面而系统的临床参考书。张景岳的学术成就无疑是巨大的，对中国医学的发展做出卓越的贡献。

在整个中医理论发展史中，张景岳的医学思想体系占有重要地位，代表着中医理论新的发展阶段。他以温补为主的思想体系在理论和实践上都对中医基础理论的进步和完善起到了巨大的推动作用。他进一步完善了气一元论，补充并发展了阳不足论，并形成了独具特色的水火命门说，对后世养生思想的发展也产生了积极的影响。

【故事征引】

巧治食物中毒

有位患者是北京城里的驻军，姓吴，是个参军，有一天他路过菜市场，看到有卖蘑菇的，“肥嫩可爱”，于是就让自己的仆人买了些回去做汤，谁想到这位吴参军吃了以后上吐下泻，他让下人快去请医生，结果先请来的是一些当地的普通医生，这些医生一看，蘑菇中毒？这得解毒啊！于是就马上用黄连、黑豆、桔梗、甘草、枳实等药让吴参军服了下去，结果吴参军的病情更重了，而且还出现了胸部和腹部发胀的情况，同时开始气喘，连水都喝不下去了。

本来这蘑菇毒就够厉害的，现在又增加了这么多的症状。直把这吴参军难受得痛不欲生啊。

突然，他想起了自己的战友张景岳，于是就让仆人赶快去把张景岳请来。诊断以后，张景岳就开了方子：人参、白术、甘草、干姜、附子、茯苓等。

这位参军一看，差点没背过气去：老大！我是让你来解毒的，你开了这么多的温阳的补药是干什么嘛！我现在腹胀、气急、口干，哪里还敢服用这么多的温补之药呢！你是要害我呀！不喝！

张景岳没有办法说服他服药，也就回家了。第二天，这位参军的病情更加重了。没办法，只好又把张景岳请来了。张景岳诊了脉，开的方子和昨天的一样。这位吴参军实在没有办法了，心里是既怀疑又害怕，可是怎么办呢？已经没有别的办法了，只能这样了。于是就走进里屋，和家人一一告别，还对他的老婆说：“如果必须服这个药，那么能够救活我的可能是这个药，杀死我的也可能是这个药！”

然后冲着张景岳说：“老大，我的命就托付给你了！”随后，“遂不得已含泪吞之”。

张景岳简直是哭笑不得，怎么这就跟让他上刑场一样呢？吴参军喝完了一服药以后，就开始止住吐了，喝了第二服药以后，嘿！腹胀也减轻了。

于是张景岳就在方子里加入了大分量的熟地黄，吴参军的病情一天天好转，等到喝了20多服药以后，吴参军就彻底好了。

原来，这位吴参军也看过两天的医书，很是不理解，就问张景岳，说："老大，你这个治病的路子我怎么也琢磨不透啊，我中的是毒，他们用解毒的药反而重了，你不用解毒的药，用了温补的药，反而好了，您这也太匪夷所思了，给我讲讲呗？"

张景岳说："毒有不同，谁说的黄连、甘草什么毒都能解啊？像你吃的这种蘑菇，肥白鲜嫩，一定是生长在深坑枯井里的，是属于阴寒之毒，看你的症状也是一派寒证，此时热药就是解毒药，黄连等寒凉药就是助毒药。我辨证论治，你以为很神秘，其实一点都不神秘。这次的蘑菇中毒，辨证论治就是看你中毒的性质，你中的是热毒，我就用凉药，这凉药就是你的解毒药；如果你中的是寒毒，我就要用温热的药，这温热药就是你的解毒药，这就是辨证施治，那些用一个思路治病的方法就不是辨证施治。"

还有一次，一位父亲带着五岁的小女儿出去逛街，路过一家药铺，药铺正好在晾晒巴豆，父亲看见了药铺晾晒巴豆，以为是松子仁儿，顺手摸了一粒，对小女儿说："姑娘，来，张嘴，爹给你顺了一粒松仁儿。"这个小姑娘一张嘴，就给嚼了，但立刻感到味道很辣，知道这不是松仁，马上就吐了，还是有半粒给吞了下去。

没多大一会儿工夫，小姑娘就开始大泻，一共泻了十余次，等到第二天，肚子肿胀起来了，全身也肿了，已经无法吃东西了，这位父亲急忙请来了张景岳诊治。

张景岳来到他家的时候，正有一大帮人在这里帮忙出主意呢：有说喝绿豆、黄连的，有说用五苓散、五皮饮泄水的，说什么的都有。

张景岳在诊断过后，说："现在大泻之后，脾胃之气已经虚了，不能用苦寒的黄连了，泻出了那么多的水，不能再用泄的药了，这个时候应该补脾胃之气。"

于是，就开了独参汤和温胃饮（独参汤，一味人参叫做独参汤；温胃饮：张景岳创立的方子，成分为人参、白术、扁豆、陈皮、干姜、炙甘草、当归，用来治疗中寒呕吐，吞酸泄泻，不思饮食等证），结果小姑娘喝了几服，就彻底痊愈了。

这就奇怪了，这巴豆不是热毒吗？怎么张景岳用温补脾胃的热药，还把病给治好了呢？

原来，小姑娘服用的只是很少的一点巴豆，热的力量并不大，但是泻的力量大，她这么一泻，就把脾土的阳气给泻没了，后来出现的肿胀等都是阳气不足导致的水湿泛滥，所以张景岳给她温补脾胃，反而把这个病给治好了。

妙招医怪病

有一妇女口吐白沫，口鼻皆冷，僵卧在地。家人急忙请张景岳来诊治。张景岳观像、触诊：发现此妇女气息如绝，但脉象缓和，与病情不符。景岳向病人家属了解病人得病的经过后心里有了数。于是，他大声地对病妇说："你的病很危险，我要用大壮艾绒灸你的眉心、人中及小腹，否则你将性命难保。""病人"听后抽动了一下。

这时，张景岳对病人家属说："且慢，我带有一特效药丸，病人若能吞下些药丸，就会药到病除，就不必用火攻了。让我试一下。"

原来，那妇人是因为家中不顺心的小事与家人怄气，本想以诈病来吓一吓家人。听了张景岳的话，她生怕医生真的用艾灸烧体，她有心想站起来说自己没有病，但觉得这样一来，自己太丢面子。

忽听医生说吃了一种药丸就会药到病除，心中不由得一喜，这岂不是给自己送来了下台的台阶？当医生试着向她的嘴里喂药时，她顺势一口将药丸吞下，然后坐起，一切如常。病人家属及围观者均感叹景岳真乃神医。其实，张景岳给病人服下的不过是一粒助消化的开胃丸。

妙方驱铁钉

当年有一户姓王的人家，家有一独生子刚满一岁。一日，因为小儿吵闹，他母亲便随手拿一枚钉鞋的圆铁钉给他玩。谁知小儿年幼不懂事，塞入口中，吞到喉间出不来。母亲见状吓坏了，忙倒提小儿的双脚，欲倒出铁钉。不料小儿反而鼻孔喷血，情况十分危急，孩子的父母连呼救命。

恰好这天张景岳行医路过这里，他见状急命其母将小儿抱正，小儿"哇"的一声哭开了。景岳断定铁钉已滑入肠胃，小儿父母早吓得六神无主，迭声哀求张景岳想办法救救小儿。

张景岳陷入沉思中，《神农本草经》上有"朴硝铁畏"这句话，便灵机一动，想出了一个治疗方案。他取来活磁石一钱、芒（朴）硝二钱，研为细末，然后用熟猪油、蜂蜜调好，让小儿服下。不久，小儿排下一物，大如红枣，润滑无棱，药物护在其表面。小儿母亲赶紧拨开一看，里面正好裹着被小儿误吞下的那枚铁钉。

小儿父母感激不已，连忙请教张景岳这其中的奥秘。张景岳解释道："本方中使用的芒硝、磁石、猪油、蜂蜜这四种药互有联系，缺一不可。若没有吸铁的磁石就不能把铁钉附在上面，若没有泻下的芒硝就不能逐出磁石和铁钉，猪油与蜂蜜主要在于润滑肠道，使铁钉易于排出，蜂蜜还是小儿喜欢的调味剂。以上四药同功合力，自能裹护铁钉顺着肠道排出来。"

小儿父亲听完这番话，若有所悟地说："有道理!先生真乃名医，用药如同调兵遣将，各有其责，各司其能。"

母亲也明白了其中的道理，连忙说："难怪中医用药讲究配伍，原来各味药在方剂中各自起着重要作用啊！"

黄山得医书——程敬通

【名医传记】

程敬通（1579～1677），名衍道，又叫程正通，生于明万历年间，故于清康熙初年。

程曦在《仙方遗迹·序》中有过一个解释：某天，敬通先生诊一病人，持脉毕，迳问："君殆非人耶？"其人撂下一句"先生正通"俄而不见。一时四座皆惊，"正通"之名由是传矣。此说迷信色彩浓厚，实不可取，但也从一个侧面反映其诊断水平之高明，是明清时代新安学派中影响较深的名医，享有"医仙"美誉。

敬通先生熟谙经旨，精通脉理，医案简练，寥寥数语，则能道出病之原委；处方遣药从不过十，且丝丝入扣，直中肯綮。尤其在煎药用水，汤药服法上不仅别出心裁，且又严谨不苟。

程氏既是名儒，"以文雄两浙间"，又是名医，"四方制庐而请者，车填咽门"，"所疗奇验甚多"。故其族裔程曦在《程敬通医案·序》中云："术妙轩岐，功侔卢扁""吾徽竟无一人及其术者"。

《程敬通医案》原名《仙方解释》（别名《仙方遗址》），是程曦于清光绪九年（1883）搜集的程敬通之遗方五十七帧，阅之殊感古奥，未易了然，遂就教其师雷少劳师长，雷氏阅后，击掌称节，大为赞赏，曰："歉乡剑，卞和玉，汝得之矣。"程曦遂与同学江倬、雷大得将其手迹逐一钩摹，并加以正文，编成高低两卷，名之曰《仙方遗址》。观其书法苍劲，似为程氏暮年之笔。笔者研读此案多年，案中可见程氏专采寡说，临症善用磊攻大补之剂。个中应用补法医案过其对折，颇能启悟先人。兹选此中补气、补肾、补阳诸案，评议以下。

【后世影响】

《程敬通医案》是程敬通一生留下的57个代表医案，按一年内时间的先后顺序排列，经程曦、雷少逸等人详加注解而成。程敬通是新安名医，享有“医仙”美誉，《程敬通医案》对于研究新安医学有重要价值；程氏深研《外台秘要》，其处方与众不同，对于研究《外台秘要》处方学也有较高价值。此书是程曦在雷少逸门下整理而成，对于了解雷少逸师门医学思想，也有重要意义。《程敬通医案》适于各级中医师、中医药研究人员和中医爱好者学习参考。

【故事征引】

黄山得医书

据传，程敬通当初并不是行医的，而是个穷秀才。那年科举落第后进了黄山，在幽雅清静的慈光寺做了私塾先生。他的学生多是黄山脚下的子弟。

程敬通教书之外，总喜欢独自一人在金沙岭上散步，观看四山的好风景。一天清早，程敬通忽见金沙岭对面桃花峰下的深涧边，有两只白色猿猴在戏耍。一只手抓紫棍站在松树下比划，一只坐在那又平又大的岩石上翻弄着什么。远远望去好像是一个先生站着教书，一个学生坐着念书的模样，程敬通看了觉得十分有趣。心想：天下名山才有奇景。

第二天一早，程敬通又来到金沙岭上散步。奇怪的是昨日见过的两只白猿猴又出现在桃花峰下的大岩石旁，仍然是一个站着教书、一个坐着念书的模样。程敬通看了，心中好生奇怪。过后接连三天，程敬通来岭上散步时，那对白猿猴总是出现在大岩石边，而且都是一只站着，一只坐着，就像先生教书、学生念书的样子。

程敬通越看越觉得奇怪，自言自语道：“莫非黄山神仙显圣手？”于是下决心前去看个究竟。

俗话说：望山跑死马。程敬通站在金沙岭上看那桃花峰，似乎没有多少路。如今走起来却又是爬岩壁攀枯藤，又是下深涧越水溪，累得满头大汗。天快黑了，好不容易才来到深涧的岩石边。他四下一看，哪里还找得到那两只猿猴呢？心里正在纳闷，忽见岩石上整整齐齐地摆了两本书。他弯下身子，翻开一看，上面那本一个字也没有，下面那本密密麻麻写了字。他想，写了字的，一定是先生用的书，没有字的，当然是学生用的本子。于是他就把写了字的书带走了，没有字的那一本还留在岩石上。

回到慈光寺，已是掌灯时候了。程敬通顾不上洗脸吃饭，急忙从怀中取出那本书凑近灯光仔细一看。只见书面上“天下名山药集”六个大字如龙飞凤舞一般。细细翻看，书上记载的尽是黄山七十二峰上生长的珍贵药草，还画着药草图样，并写明了什么药能治什么病。珍贵的何首乌、龙须参、清凉的黄连、人间罕见的灵芝仙草……这书上都记载得一清二楚。程敬通看了这本仙书，非常高兴。但又想起那本没有字的放在岩石上的书准是无字天书，心里不免懊悔起来，他决定再去把天书取回来。

第二天一大早，程敬通历尽千辛万苦又来到桃花峰下的深涧边。可是那本无字天书再也找不到了，那对白色神猿更是不见踪迹。从此后，程敬通白天教书，晚上就苦读医书。

第二年夏天，天气特别炎热。寺内许多和尚都得了泻肚子病，程敬通的学生也病倒好几个。

这深山古刹到哪里去找医生呢？

正在大家没有办法的时候，程敬通手提药锄，身背一篓黄连、甘草等草药从外面走了进来。

原来，程敬通见许多和尚和学生病倒，心中很焦急。他想起自已得了“药书”，何不照书上讲的试一试，也许能治好病人呢。

那些病人一个个面容憔悴，骨瘦如柴，见程敬通端了药碗来，都非常感激，接过药碗一饮而尽。三服药下肚，一个个病都好了。程敬通又采来何首乌、龙须参给病人滋补身体。那些病人都对程敬通磕头作揖，感激救命大恩。

程敬通心里明白这是《天下名山药集》的神功，从此更加用心攻读，把一本“药书”通记下来。他的医术越来越好了，治好了许多疑难病症。

程敬通妙手回春的医术传遍了山里山外，方圆百里的人都来找他看病。许多病人是用竹床抬来的，可是服过程敬通的一两剂药后，便能走回去了。程敬通看大家进山治病不便，便采集了许多黄山药草，带到徽州府去开了药铺，替百姓治病。他用“药书”上的药方治好了许多九死一生的病人，大家一传十，十传百，程敬通的名气就一天天大起来，后来成了当时徽州第一名医。

当年赠“药书”给程敬通的白猿猴，山里人都尊称之为“白猿仙”。桃花峰的“水帘洞”，传说就是“白猿仙”住过的地方。

首载天花痘苗接种病例——喻昌

【名医传记】

喻昌（1585～1664），字嘉言，号西昌老人，江西新建（今南昌）人，明末清初著名中医学家，是一个传奇式的著名医家。

喻昌本来不姓喻，而是姓朱，是明朝宗室宁王的后代。他从小聪明好学，能文善辩，博学多才，精通佛典，精力过人，诸子百家无所不览。他不但知识渊博，而且诗文也相当不错。明天启年间，他考中贡生，崇祯三年（1630）中副榜，进京参加会试落第。明朝末年，内有闯王之乱，外有清兵进犯，国家危在旦夕，百姓苛捐杂税沉重。喻昌在京期间，与诸生上书崇祯，要求修整法制、安定百姓。崇祯刚愎自用，不相信喻昌这样的举子会有什么治国良策，所以没有理会他的建议。

清代初期（1644～1661），喻昌在北京居住了三年，宏图大志得不到施展，郁郁不乐地回到了家乡江西，开始研究阴阳五行和炼丹术，攻读《黄帝内经》《伤寒论》等中医经典。当时临川才子陈际泰、艾南英，常熟名流钱谦益都很仰慕他的才学，和他结交往来。不久明朝灭亡，满族入关，推行残酷的民族压迫政策，遭到汉人的强烈反抗。后来，清朝统治者又改以怀柔手段，特下诏书，征求明朝有学问的遗臣到北京做官。但喻昌等人拒召。不仅如此，喻昌还留须蓄发，以反抗“留发不留头”的清朝政策。

根据钱谦益的《喻昌逸事》记载：清朝入关之后，喻昌便隐讳了自己的本姓，开始在朱字上加一捺，变成余，后来又改用与余同音的字，为俞，最后加一口，为喻。因此喻昌在明朝灭亡之后，隐瞒了他的真实姓氏，改姓朱为姓喻。

改名喻昌之后的朱昌，为了更好地隐蔽自己的身份，他最终选择出家为道，并实行打坐与气功疗法，经过近二十年的锻炼，居然把自己所有的疾病都治好了。瘦弱的身躯也变得结实起来。人们都尊其为“真人”，认为他得到长桑君的真传医术奥秘，熟悉人体构造。也因为如此，喻昌决定以行医来实现他救世济民的志愿。

喻昌膝下无子，他把女婿舒英视为亲生。他经常教导舒英，无论世道如何变化，总要靠自己的本事和知识吃饭，靠科学办事。因此，要严于治学，扎扎实实地求学问，只要有真才实学，就可以在这个世界上立身。喻昌不但这样说，而且还以身作则为女儿、女婿做出好的榜样。

清朝统治后，喻昌一心攻医，他苦读医典，游历江南。顺治中寓居常熟，以医为业。因喻昌曾出家为道，常怀恻隐之心，他行医看病对百姓极为负责。有时候，他怕病家吃错药，经常提醒病人，煎药前一定要检查一下，药物是否准确。即使这样，还是有些粗心大意之人，煎服有误。为解决这个问题，他经常在药包里放些银两，并告诉病家放药前必须检点。核实药物，病人遵照他的话去做，往往得金，喜若天赐，药未进，而病减。消息传开，凡用喻昌之药者，无一不清点药物，避免了不少事故。

喻昌治学十分严谨，故医术高超，断病如神。一次，有仕宦老叟，辞官归里，其夫人年已五十，忽然得病，呕吐不止，不思食欲。诸医群集，投药百般，不见其效。后请喻昌诊视。他断为妊娠，众皆不信，其后果然，同行无不敬服。

喻昌还经常教导女婿舒英无论干什么事，都要对百姓负责，这就要敢于坚持好的，改正错的。自古以来，人们对医家之功德，往往大加赞颂，但对医生之过失，很少有人问津法律。这样，就使那些庸医以药物骗人有机可乘。为保护病家不受侵害，喻昌呕心沥血写出了《医门法律》一书。该书，每门先论病因病理，次论法律。“法”，主要阐述辨证论治的法则；“律”，主要指出一般医家在临床上易犯的错误，并判定其罪。该书问世后，使医家有法可依，病家有律可究，医家不敢草率行事，误人子弟，那些害人庸医，也不能逃其罪。从这一点上来说，喻昌确是一位大慈大仁的千古良医。

喻昌晚年收弟子七十多人，他把自己的书稿全部交给了女婿舒英，女婿牢记岳父之教诲，严于律已，仁慈待人，经常舍金救济百姓，成为当时有名的贤良之士。喻昌医术精纯，对伤寒论有深入心得，又致力于写作与教授生徒，医名卓著，冠绝一时，成为明末清初著名医家，与张路玉、吴谦齐名，号称清初三大家。

喻昌所著《尚论篇》《寓意草》《医门法律》合刊本称《喻氏三书》。另有《伤寒抉疑》或以《问答附篇》附于《尚论后篇》。《生民切要》二卷，今未见。

清代康熙三年（1664），喻昌去世，终年79岁。

【后世影响】

喻昌在中医学理论研究方面颇有贡献，不仅于《伤寒论》的研究独有体会，倡导三纲学说，而且对于中医基础理论问题颇有建树，其大气论、秋燥论的观点亦为后世所称许。此外，其强调辨证施治，倡导诊治规范，亦很有学术价值。故而，喻氏成为清初三大医家之一，名噪一时。

【故事征引】

首载人痘苗，传播免疫术

天花是一种烈性传染病，早在3000多年前，人们在埃及木乃伊上，已见到天花的瘢痕，印度在公元前6世纪也出现此病。

我国中医与天花斗争的历史悠久，逐渐由“以毒攻毒”的免疫思想，萌生了免疫技术，发明了人痘疫苗。也就是把患者的痘疮，经过加工碾制成粉末，吹到未患过病的人的鼻孔里，进行免疫接种。

中医学原始创新的人痘接种，大约形成于宋代，长期在民间流传，一直没有医学家加以记录、总结，直到明代末年，由喻昌最早记录在医学著作《寓意草》（1643）里，才引起了医学界的重视，促进了有关学术的交流与发展。喻昌记载了几例免疫接种的病例。

顾明先生的儿子接种了人痘疫苗，种痘之后有一些反应，就请他前去看看。喻昌细致查看，只见接种痘苗之后，所起的皮疹“淡红磊落，中含水色，明润可爱，且颗粒稀疏，如晨星之丽天”。当时其他的医生认为，这是一种顺证，夸口说是“状元痘”。喻昌认为，未必如此，他经过仔细辨证观察，只见这个种痘的小儿，身体发热，几日不退，而且头晕心烦，大便泄泻，精神较差，他认为这是“因时气外感，兼带内虚”。并且说，假如使用一般的治疗种痘后反应的药物发散，一定会引起不良后果。顾明不听他的劝告，仍然按所谓“状元痘”，进行处理。

这个时候，正好是上级官员前来视察赈济饥荒流民的时候，顾明也就一起陪同查访，而不在家照顾出痘的儿子。喻昌就到顾明的亲戚家，说：“顾明儿子的痘证不是顺证，兼有外来的邪气，必须积极救治，而顾明轻信其他医生‘状元痘’的说法，不管不顾地在外忙碌，这种赈济事情尽管属于善举，但是其他的人可以代替他去做，而他儿子的病情治疗，只有他自己拿主意才好，你快再去劝劝他吧！”顾明听了来人的话，并没有往心里去，他不相信喻昌对于病情的判断，继续做他的事情。

喻昌听了顾明亲戚的回话，心中十分忧虑，治病救人的神圣责任，促使他再次催促其进言。并嘱咐说：“你儿子的痘证，应该先治疗外感，用一两服中药就能解决问题。种痘引起的病证，自然就痊愈了。不然的话，迟延一两天，有可能就错过了治疗时机，难以挽救了。请你赶快到朝阳门里去找顾明先生，直接告诉他我说的话。”

顾明的亲戚闻听此言，立即就去找顾明。喻昌也回家写信，把自己的诊断预后，全都写了出来，言辞直截了当，毫不避讳。傍晚有一个仆人送回来一个回信，扔在书桌上就走了，面色很不好看。喻昌以为这一定是顾明怪罪他的信。等打开信一看，只见信上写的是：“尊翁大人，必欲得方，始肯服药。”

喻昌立即写了一个方子，并详细写下了处方的用意，就让一个年轻后生去送信。这个年轻的后生说：“您太不明智了，一天之中，三四次到他府上去，不顾自己的身份受屈辱，我都替您感到羞辱！”

喻昌仰天长叹：“我难道不知道自爱吗?！我行医多年，见过无数这样的情况，庸医不识病情，经常误事。只要我用药一调理，马上就会有起色，这样救起的病人，已经不计其数。”他说了半天，后生还是不愿去送信。喻昌只好自己冒着夜色赶路，亲自把书信、药方送到顾明的府上。当他到了顾府的时候，内宅的大门已经关闭了，他只好把信交给看门的人。希望他一早醒来，就送进去。

喻昌送完了信，赶着夜色走路，往返六里地，虽然辛苦、饥饿，但是他治病救人的心情终于得到了表达，心里感到一丝坦然。第二天一早，再次托顾明的亲戚，让他再去催催，要尽早服药才好。顾明的亲戚也说："孩子既然是'状元痘'，不会有问题的，何必服药呢？！"

喻昌对于自己的诊断，既有信心，也希望得到事实的验证。他几次想再进顾府打听消息，都没有去成。然而，就因为侯门深似海，不会轻易让他进去，而且也不会轻易相信他的话，所以他犹豫了，没有去成。

顾府里，顾明的儿子一边发热，一边照样进食鱼肉发物，助长内热。到了第六天，病情突然恶化，不治而亡。过了两天，顾明的三儿子，也是因为种痘而同时感染邪气，庸医不明病情，仍然用前"状元痘"的说法迷惑顾明。结果，顾明的三儿子也在第六天死亡了。十多天的时间，顾明连死两个儿子，他后悔不已。因此，顾明在城隍庙，开设一个药局，对无力买药的人，进行施舍，以弥补自己的过失。

喻昌认为，种痘之后，只要适当调理，一两天就会安然无恙；即使有一些毒气太盛的现象，经过治疗，一般也会在十天半月，最多不过一个月而痊愈。然而，有似懂非懂的庸医，忽悠人们，所以造成了不必要的死亡。过了很久，喻昌偶然在街上碰到顾明，顾明赶快向喻昌致歉。

喻昌看到顾明知错之后，开药局施药行善举，也加以赞扬。并说，皇天在上，一定会保佑他今后的命运。对于庸医的作为，喻昌也相信上天的报应一定会来到。有一天，突然听说那位庸医暴病而亡。喻昌对于这样的结果，尽管有所预料，但心中还是不免震动。

喻昌《寓意草》的这段记载，一方面说明人痘疫苗接种，的确有不安全的因素，也说明经过历代医学家的探索，对于种痘之后的观察、诊治、调理，经验已经很丰富了。他的"病例报告"，随着他名气的远播，而影响了后来的医学家。

开辟医路敢担风险

《寓意草》是喻昌的医案集，其中有许多治病救人的感人故事。下面仅举两例，可见一斑。

刘泰来，32岁，体丰面白，因洗冷水澡，遂觉胸腹胀满，十多天不见缓解，二便不通，饮食不入，势颇危急。病家请来好几位医生。前医用大黄猛下，不通，又嘱病家急速煎了再服。

见此情景，喻昌当面斥责说："你知道这是什么病吗？这是脾虚不能运化，所以腹胀如鼓，你屡用大黄攻下，岂非放胆杀人！”骂得这位医生只好点头称是，并对东家说：“这个人书读得多，能言善辩，我说不过他。”说完拂袖而去。家属见喻氏把医生气走了，很不高兴。但想到，医生虽走了，但有药方在，且先服了药再去请他回来不迟。谁料，等病家把药买回，喻氏追上去一把夺过刚买的药，手一扬，毫不客气地丢进沟里去。并向病人列举了10多条理由做解释，接着，开了一服理中汤交与病家，而且还坐客房里等候病家呼唤。就这样，喻昌救了病人一命。

有个叫筠枝的人，七十多岁了，他原本身强力壮，全是得自先天。后来靠节俭发了财，就好色不倦。恣情纵欲，自伐根本。一年夏天，他贪凉受寒，发起热来。请来的医生说是中暑，用香薷、黄檗、石膏、知母、滑石、车前草、木通等一派寒凉药。药一服下肚，老头子就爬不起来了。又把喻昌先生请去。喻先生一看，老头子晕晕乎乎，一身僵硬，四肢冰冷，话也说不出来了。喻先生知道快要亡阳了。赶快开了附子、干姜、人参、白术各5钱，甘草3钱，告诉家属，嘱其赶快煎了服下去，否则没救了。但他的几个儿子却面面相觑，犹豫不决。喻氏不管三七二十一，急忙把药煎了，要患者立即喝下去。大家看喻氏那样急，商量了一阵，决定先服四分之一，服了没事再接着服。

这个时候，前面开方子那个医生突然来了，他拦住喻昌，大叫“吃不得，吃不得！”喻氏推开这个医生，冲进病室，硬是守着病人把药喝下去。

过了半支香的时间，老头子大呕一声，竟清醒了，而且能够用微弱的声音说话。他把几个儿子叫到身边，对儿子说：“刚才见过州官了。州官问身边的医生是谁，我就告诉州官这是江西的喻先生。”接着又说，“我的被子进风了，请赶快给我塞住。”至此，病原清楚了，老头子是真寒假热。前面发热是假象，现在假象消失了，现出一派虚寒症状。喻氏非常高兴，急忙取出剩下的三分药，催促病人服下去。

没想到，一群姻亲赶来，都说，这么热的天，怎么能吃附子干姜呀！就哄喻氏说：“您先回去吧，明天再来请您老啊。”一伙人连扯带拉，用轿把喻氏送回寓所了。

家属又去请别的医生。过了两天，筠翁便死了。

从古到今，医术高明的医生很多，对病人如此敢担风险高度负责的医生却很少有。这种精神尤其值得今天的医生学习。

忠君爱国的传奇医圣——傅青主

【名医传记】

傅青主（1606～1684），山西阳曲（太原府府治所在地）人，初名鼎臣，改名山；原字青竹，后改青主，别号颇多，诸如公它、公之它、朱衣道人、石道人、啬庐、侨黄、侨松等，不一而足。先世居大同，后徙于忻州，逮至其曾祖傅朝宣移居太原阳曲（今太原北郊）西村。明末清初思想家、诗人、学者、画家、著名医学家和爱国志士。当时人们评价他"学究天人，道兼仙释"，"博极群书，时称学海"，在医学方面也有非凡的造诣。尤其是在明亡后，隐居不仕，坚持反清复明的民族气节也被人所称道。

傅青主世出官宦书香之家，家学渊源，先祖连续七八代有治诸子或《左传》《汉书》，卓然成家者。曾祖傅朝宣曾为宁化府仪宾、承务郎，祖父傅霖累官山东参议、辽海兵备，颇有政绩，其父傅子谟终生不仕，精于治学。

傅青主少时，受到严格的家庭教育，博闻强记，读书数遍，即能背诵。但傅青主小时候身体非常不好，曾经得了几次重病，差点死去。

15岁的时候，傅青主就应童子试，以第一名的成绩入庠成为博士弟子，20岁"试高等，食廪气"，成为一名廪生。傅青主学习兴趣广泛，不仅仅局限在举子业中，似乎经、史等一切学问都在他的涉猎范围之内。而且，他从七八岁开始就练习书法。

22岁娶忻州的张御史女儿张静君为妻。第二年，张静君为傅青主生下了儿子傅眉，傅青主一生中唯一的儿子和得力助手。

妻子出身书香门第，两人诗书相伴，琴瑟相和，无比恩爱。五年以后，傅青主的妻子张静君病了。

此时的傅青主还不懂什么医术，只好去请医生，在经过了医生的治疗后，病情并没有好转，张静君在当年就去世了，那一年，傅青主才27岁，儿子傅眉4岁。

31岁的时候（1636），傅青主进入了三立书院。在三立书院里，他遇到了从山西各地来的300名年轻学子，并与他们成为了最要好的朋友，他们在一起谈学问，谈道义，谈气节，他们经常会被理想激动得热泪盈眶，会被胸中澎湃的激情激动得难以入睡，他们会一起在黎明登高远眺，会在群峰之巅指点江山。由于傅青主思维活跃，才华出众，很快就成了学生中的骨干，并受到山西提学袁继咸的指导和教诲，是袁氏颇为青睐的弟子之一。

此时的天下，正是风雨欲来，就在傅青主进入三立书院的同一年，皇太极在沈阳称帝，改国号为大清，而关内李自成也正从牺牲的高迎祥手中接过闯王的旗号，各路毁灭明朝的力量已经蓄势待发，而当时的另一位医家喻昌也已经对明朝政府表示失望，从北京返回家乡行医三年了。

三立书院的学子们也没有想到，等待他们的将不是拯救国家的召唤，而是来自宫内权臣的迫害。这个时候，朝廷里面的奸邪人物正在蠢蠢欲动。

崇祯九年（1636），魏忠贤死党山西巡按御史张孙振，捏造罪名诬告海内咸知的耿直之臣袁继咸，结果同年10月，袁继咸被捕，立刻被押送京城受审。

傅青主为袁鸣不平，与薛宗周等联络生员百余名，联名上疏，步行赴京为袁诉冤请愿。他领众生员在京城四处印发揭贴，申明真相，并两次出堂做证。经过长达七八个月的斗争，方使袁继咸冤案得以昭雪，官复武昌道。袁继咸雪冤之日，魏忠贤的走卒张孙振亦以诬陷罪受到谪戍的惩罚。这次斗争的胜利，震动全国，傅青主得到了崇高的荣誉和赞扬，名扬京师乃至全国。

袁案结束后，傅青主返回太原。他无意官场仕途，寻城西北一所寺庙，辟为书斋，悉心博览群书，除经、子、史、集外，甚至连佛经、道经都精心览读，掌握了丰富的知识。

在傅青主35岁的时候，他哥哥傅庚的儿子傅襄病了，具体患的是什么病文献中没有记载，只知道没有多久就死去了，年龄只有20岁，就在傅襄去世的当天，他年仅19岁的妻子喝下毒药殉情自尽。

傅青主的侄子去世的第二年春天（1641），很不幸，傅青主自己也感染上了瘟疫，这次的病严重得用他自己的话来说是“几死”，就是几乎死掉。具体患病的情况傅青主自己没有记载，可见，这个时候他对医药并不了解，也没有解救的对策，多亏他的哥哥傅庚照顾他，精心调护他，傅青主才活了下来，但是这次患病的时间却很长，直到秋天的时候还没有完全康复。可是，傅青主自己的病刚刚好，他的哥哥也不幸染上了病，在第二年夏天，就去世了。到底哥哥患病的情况如何，文献中也没有记载。

据傅青主自己记载说："日夜共老母哭泣，老母慰山，山慰老母，随复涕出，不能仰视。"意思是，他和母亲两人抱头痛哭，母亲一会儿安慰他，他一会儿安慰母亲，但那都是无济于事的，随即两个人又痛哭。

在那些日子里，傅青主甚至到了不能出门的地步，"直怕见人家有兄弟偕行者"，看到了人家兄弟，就想起了自己的哥哥，就会抑制不住自己，失声痛哭！

在傅青主的家庭连遭不幸的同时，大明王朝也即将走到尽头。同年，傅青主参加了乡试，没有中。从此，他放弃了科举的念头。

在这些年里，傅青主写出了一本专业书籍《两汉书人姓名韵》，随后，他又写了探讨"孝友之理"，"取二十一史应在孝友传而不入者，与在孝友传而不足为经者，兼及近代所闻见者"的一本纯粹的关于心性问题的学术研究著作《性史》。

崇祯十六年（1643），傅青主受聘于三立书院讲学。未几，李自成起义军进发太原，傅青主奉陪老母辗转于平定嘉山。不久，起义军、清军先后攻占北京，明亡。傅青主闻讯写下"哭国书难著，依亲命苟逃"的悲痛诗句。为表示对清廷剃发的反抗，他拜寿阳五峰山道士郭静中为师，出家为道，道号"真山"。因身着红色道袍，遂自号"朱衣道人"，别号"石道人"。朱衣者，朱姓之衣，暗含对亡明的怀念；石道者，如石之坚，意示决不向清朝屈服。可见，傅青主出家并非出自本心，而是借此作为自己忠君爱国、抗清复明的寄托和掩护。

清军入关建都北京之初，全国抗清之潮此伏彼起，气势颇高，傅青主渴望南明王朝日益强大，早日北上驱逐清王朝匡复明室，并积极同桂王派来山西的总兵官宋谦联系，密谋策划，积蓄力量，初定于顺治十一年（1654）三月十五日从河南武安五汲镇起义，向北发展势力。然而，机事不密，宋谦潜往武安不久，即被清军捕获，并供出了傅青主。于是傅青主被捕，关押太原府监狱。羁拘期间，傅青主矢口否认与宋谦政治上的关系，即便是严刑逼供，也只说宋曾求他医病，遭到拒绝，遂怀恨在心。一年之后，清廷不得傅青主口供，遂以"傅青主的确诬报，相应释宥"的判语，将他释放。

为了生活，傅青主和儿子傅眉在太原南门附近的玄通观旁开了个药局，竟然自己手书广告招贴，贴到大街上“世传儒医西村傅氏，善治男女杂症，兼理外感内伤。专长眼疾头风，能止心痛寒嗽。除年深坚固之沉积，破日久闭积之滞瘀。不妊者亦胎，难生者易产。顿起沉疴，永消烦苦。滋补元气，益寿延年。诸疮内脱，尤愚所长。不发空言，见诸实效。令人三十年安稳无恙，所谓无病第一利益也。凡欲诊脉调治者，向省南门铁匠巷元通观阁东问之。”现在山西省博物馆还收藏着傅青主亲笔广告招贴一张。

康熙十七年（1678），傅青主已经73岁了。这一年，康熙皇帝为笼络收买知识分子，施行怀柔政策，让各地推荐选拔有学之士到北京应试，录用授官，这就是著名的博学鸿词科考试。正月二十三日下的诏，结果吏部给事中李宗孔、刘宗周推荐傅青主，让他赴京应试。

傅青主无奈，只好托病推辞。

康熙二十三年（1684）初，傅青主的爱子傅眉忽逝，年逾古稀进入风烛残年的傅青主悲痛异常，经受不住如此打击，不久即撒手人寰，与世长辞，时年77岁。

傅青主在医学上有着巨大的成就。内科、妇科、儿科、外科，科科均有很高的技术，而尤以妇科为最。其医著《傅氏女科》《青囊秘诀》至今流传于世，造福于人。

在《辞海》所收71名中医中药学界的“大家”中，绝大部分是一生专门从事医药的，精通经史或兼工书画的仅七八人。只有宋朝的沈括是政治家、科学家兼医学家，傅青主是思想家、学者、艺术家而又以医名世的大医学家。由此可见傅青主在中国医学史上的重要地位，他虽以“余力”研究医学，但却称得上是一位“医学大师”，而决非一时一地的“名医”。

在《中国大百科全书》中，傅青主的传记收入《哲学》卷中，但同样肯定他“又精医学”。在《哲学》卷中所列中国古今哲学家约为200名，其中除傅青主外，其余诸人中讲到精于医学的只有宋代的沈括。

傅青主精于医学，当时在医学上就颇负盛名，而且极重医德，对待病人不讲贫富，一视同仁，对穷人给予了更多的关照。对于那些前来求医的阔佬或名声不好的官吏，则婉词谢绝。他解释说：“好人害好病，自有好医与好药，高爽者不能治；胡人害胡病，自有胡医与胡药，正经者不能治。”而其在医学上最大的贡献是他传世的几部医学著作，有《傅青主女科》《傅青主男科》《傅氏幼科》《大小诸症方论》等，对后世有一定影响。据顾炎武（1673）称“予友傅青主先生手著《女科》1卷、《小儿科》1卷、《男科杂症》1卷”，可见以上医书确为傅氏所著。从书中的处方来看，多以四君子汤、四物汤、异功散、逍遥散、补中益气汤、当归补血汤等加减化裁，是傅青主经过长期实践的结晶。而他撰写的《周易音释》《周礼音辨》《十三经评注》《十三经字区》《诸子注释》《春秋人名地名韵》《十七史评》《性史》《杜诗点评》《续编杜诗》《会韵小评补》《元释两藏精义》等全部散佚消失，现在只剩下了后人搜集整理的一套《霜红龛集》而已。另外，傅青主在诗、文、书、画诸方面皆善学妙用，造诣颇深。

【后世影响】

传世医书有《傅青主女科》《傅青主男科》《傅氏幼科》等，对后世有一定影响，特别是《傅青主女科》，更是清代主要传世之妇产科专著。该书文字朴实，论述简明扼要，理法方药谨严而实用，善用气血培补、脾胃调理之法，为后世中医妇产科医生所推崇。

傅青主与顾炎武、黄宗羲、王夫之、李颙、颜元一起被梁启超称为“清初六大师”。

现在的山西名食“头脑”也是傅青主为母亲配制的滋补食品。

梁羽生的武侠小说《七剑下天山》中傅青主被描述为七剑之首，武功卓绝。2005年徐克导演的根据《七剑下天山》改编电影《七剑》，刘家良饰侠医傅青主。

1917年民国政府在太原建“傅公祠”，阎锡山题写了“尘表孤踪”的牌匾。1950年建傅青主碑林公园。后来太原晋祠的同乐亭改建为傅青主纪念馆。

【故事征引】

一个特殊的药引

相传，傅青主曾用过一个特殊的药引子——煮不软的石头——治愈了患者。

一青年李小牛，入赘到粉莲家后，小两口日子过得不错。一天，李小牛因入赘受人奚落，回家跟媳妇发泄了几句。粉莲越想越伤心，抽泣了一夜后，就病倒在床上，有气无力，食饮不进了。请来医生看了病，开方抓药，煎好送上，病人就干呕，汤药也难下了。

听人指点，李小牛向傅青主先生求治。傅青主问清病情后笑道："这个病，不见病人也能治。只是眼下药不齐，不过你可先把引子准备好。你回家的路上，有条石沟，你走到石沟中间，然后往右手走七步，那里有一块鸡蛋大的黑石头，你把石蛋捡回去，擦洗干净后，先旺火，后文火煎熬，水随时添加，不能停火，注意不要熬干了。直到石头煮软了，就来我这里取药。千万注意，不要让水干了，要人不离火。"

李小牛听后，满怀希望。按傅青主的嘱咐，果然找到了鸡蛋大的深色石头。回到家里，把石头洗擦干净，放在锅里加水煮起来。这一煮下去，李小牛熬了个通夜，直到鸡叫天明，水也不知添了多少次，石头还不见软。

媳妇醒来，看见丈夫通夜不眠，尽心尽力尽责地守在灶边耐心地煎着，怜爱之心油然而生，主动要求帮丈夫看着火，让李小牛去询问傅青主是不是方法不对。

傅青主大笑着说道："不软就不必煎了，看来药也不必服了，你媳妇的病已经好了。"

李小牛迷惑不解："药还没吃，病怎么就好了？"

傅青主解释说："你媳妇的病在一个'气'字上，气又是从你身上起的。这种病，光吃药是难得好的。要治，首先得消气，还得从你身上消起。黑石头怎么煮得软呢！不外是让她见你为她的病尽心尽力，心里的气就消了。她主动跟你谈话，又自愿替你煮石头，这就说明她的病已经好了。"

李小牛如梦方醒，赶回家一看，媳妇早把饭做好在等着他呢！

名妓转生

明朝末年，太原紫云院里，有个姑娘叫作芙蓉。她模样百里挑一，琴棋书画样样通晓，在太原城里名噪一时。紫云院的老鸨儿，把芙蓉当成了摇钱树，那白花花的银子，不知赚了多少。

汾阳义士薛宗周，是傅青主在三立书院时的同窗好友。他与芙蓉暗暗相爱，一心要把芙蓉从苦海中救出来，以成百年之好。无奈老鸨儿要价太高。要赎出芙蓉，没有五千两纹银，休想开口。薛宗周无奈，只好慢慢筹措银子。

晋王朱求桂，是个好色之徒。他拥有妻妾12名，偏又慕芙蓉之名，要赎出芙蓉，做自己的第十三夫人。紫云院的老鸨儿抗不过晋王府，收下聘礼，满口答应按时将芙蓉送上花轿。这下急坏了芙蓉，也急坏了薛宗周。薛宗周连夜去寻傅青主，商量用什么法子，方可救出芙蓉。

傅青主捻须一想，便在晋王府迎娶芙蓉的前一天下午，领着书童，突然来到紫云院。老鸨儿见是傅青主驾到，忙迎上去问道："傅老爷，你莫非今日有空，要来会会哪个姑娘？"

傅青主说道："今日消闲，想借宝地喝杯水酒，听芙蓉弹唱个曲儿。"

老鸨儿又问："傅老爷可要什么名酒？"

傅青主手指书童提的食盒，说道："不必劳驾妈妈，我这里一切自备好了。"

傅青主在太原城内，颇有名气，老鸨儿不敢怠慢，忙把傅青主领到楼上芙蓉房中。

芙蓉见傅青主进来，泪流满面，想趁机打听一下薛宗周的下落，又不便开口。傅青主却让书童打开食盒，斟满一杯酒，端到芙蓉面前，说道："姑娘，薛公子让我代他敬你一杯。你俩姻缘，就此了结！"

芙蓉接过杯子，哽咽着一饮而尽。

傅青主随后也自斟自饮起来。芙蓉含泪弹了一个小曲，傅青主即起身告辞。书童提上食盒，老鸨儿又将傅青主主仆送下楼来。

第二日一早，晋王府派人来接芙蓉。那芙蓉被迫穿戴整齐，哭哭啼啼，被老鸨儿扶下楼来。迎娶芙蓉的花轿就停在院中。一班乐手，吹拉弹唱，煞是热闹。谁料芙蓉刚走到轿前，突然身子一侧，跌在地上。接着口吐白沫，已是气息奄奄了。众人顿时乱了手脚。老鸨儿扑上来看时，芙蓉早断了气息，成了一具僵尸。晋王府来迎亲的人扫兴而归，去禀告晋王。晋王即刻传令，要让紫云院的老鸨儿交代芙蓉的死因。

正在这时，傅青主领人赶到紫云院。老鸨儿如见救星，忙请傅青主验尸。傅青主翻开芙蓉的眼皮看看，告诉老鸨儿说："这姑娘是气冲心头而死，与你无干，请照实转告晋王就是。"说着，又提出要替薛宗周给芙蓉收尸安葬。老鸨儿千恩万谢，其他姑娘哭哭啼啼，眼看着傅青主领来人，把芙蓉的尸体抬走了。

芙蓉的灵柩在傅宅停放七天，然后傅青主送灵，将芙蓉的棺木送出城外安葬。太原的老百姓，都知道芙蓉是被晋王府逼死的。又见傅青主为一个屈死的女人设灵送葬，深受感动。前来送葬的百姓，挤满街巷。太原城里，谁也不知道芙蓉的灵柩，竟是一具空棺。

原来，傅青主那日去紫云院，带着自己配好的药酒。那酒喝下去，时辰一到，人就会昏死过去，和真断气没有两样。不过，傅青主也配有解药。即使断了气，吃上解药，仍然会复苏如初的。被救活了的芙蓉，早就被傅青主的书童暗暗送到汾阳，与薛宗周暗中成亲了。这对恩爱夫妻相亲相爱，形影不离。直到顺治六年，薛宗周组织百姓在汾阳起义，抗清失败，薛宗周和芙蓉才双双死于乱军之中。

治　癞

有一年，傅青主来平定头道寺避暑，坐在庙台上，泡了一壶茶，一边喝着，一边欣赏着水色山光。

这时候，只见从岭上来了一个十四五岁的小孩，跑得满脖子汗淋淋的，他来到傅青主跟前跪下，求傅青主给他看病。

原来这小孩长着一头烂秃疮，招得苍蝇成群，实在难受。

傅青主看了看叹口气说："孩子，你这病不轻呀！怎么不早治啊！"

小孩说："老爷爷！我家就一个母亲，穷得治不起呀！听说您是个好医生，我妈才叫我来求求您。"

傅青主点点头说："是了，你要来的再晚，我也没有办法了，你就在这里等吧！到正晌午就有办法了。你可别嫌脏啊！"

"我不嫌脏，老爷爷怎么说我就怎么做！"孩子高兴地说。

于是小孩就在这里等呀，等呀，一直等到大中午。

只听东南方传来一阵叮当、叮当的铃铛响。一辆牛车到了山坡上，在坡上老黄牛"扑哧扑哧"地拉了一地的粪。

傅青主就叫小孩："快！把牛粪都糊在头上。"

小孩跑过去抓起牛粪就糊，糊了满满一脑袋。傅青主又叫他把衣服脱下来缠在头上，说："回去吧！明天就好了。"

小孩半信半疑，真能治好吗？

小孩回到家，他母亲一见就说："大热天你怎么糊了一脑袋臭牛粪？"小孩说："这是傅青主老爷爷给咱治病哪！"

母亲高兴地说："呵，俺孩儿快歇歇吧！"

小孩睡着了，睡得很香甜；母亲耐心地守在一旁。

第二天大天亮，小孩一睁眼就喊："妈，妈，痒得不行，痒得不行。"

母亲还没来得及替他解，一个囫囵的牛粪帽盔子就掉了下来。

娘儿俩吓了一跳，一看，小孩的头上溜光溜光的，就和没有生过疮的一样，青虚虚的还拔出了一层头发茬子。

娘儿俩这份高兴就不用说了。赶忙备下几个鸡蛋、一篮子柿、桃、黑枣，赶到头道寺来谢傅青主，可惜傅青主先生早已离开了。

民间行医

《柳崖外编》和《仙儒外纪》中都记录了关于傅青主先生医病的不少民间传说，可见人们对他医术的崇拜。

据传山西某巡抚的母亲生病，托阳曲县令去请傅青主。他说："看病是可以的，但是我不见达官贵人。"阳曲县令答应了，巡抚只得回避，由阳曲县令代陪傅青主诊病。

他给巡抚之母诊完脉，说："这么大年纪了，还得这样的病症！"也不立方，拂袖而去。

县令再三婉转叩问病情，他才说，"是相思病，昨日午后起病的。"随后离去，巡抚赶出来询问母亲病情，县令无言以答。

可是他母亲已经听到傅青主的话，叹息了一声，说："真是神医呀！我昨天翻箱笼，偶然看到你亡父的靴子，就得了病。你应如实把事转告傅先生。"巡抚托县令把此事内情转告了傅青主，他只开了一服药就治好了巡抚母亲的病。

有一次，一位少妇临盆，长时间昏厥，家里已经准备后事。请到傅青主来诊，傅青主以针刺少妇之腹，转危为安，顺利分娩。傅青主说："这是小儿握住母心，所以闷绝，你们看小儿手上，一定有我针刺痕迹。"少妇家人一看，果然如此。

还有一次，相距西村二里远的兰村一位年轻后生求傅青主看病，诊断以后没有开药，却对他说："你的病不要紧，现在你家的房子着了火，赶快回去救火吧！等救完火再来开药！"后生听了，吃了一惊，顾不得看病了，撒腿就拼命往回跑。

当他跑得大汗淋漓回到家中时，愣住了，家里好端端的，并没有失火。想是傅青主弄错了，于是又立刻返回去找傅青主看病。傅青主说：“你的病已经好了，还来看什么病”，那后生听这么一说，果然感觉身上轻松多了。

后生不解地问：“你只是吓我跑了一趟，也没有给我开药吃，怎么病就轻了呢？”

傅青主这才告诉他：“你身体很强壮，没有什么病，只是伤了风，得了轻微感冒。被我一吓，让你跑得出了汗，病就好多了。回去吧，路上注意不要再受风，回去休息一两天就全好了。”那后生回去，休息了一天，果然全好了。

这些传说多少年来在民间流传，说明傅青主医病在民间经久不衰的影响。

傅青主与八珍汤

山西太原有一种风味小吃叫“头脑”，是由黄芪、煨面、莲菜、羊肉、长山药、黄酒、酒糟、羊尾油配制而成，外加腌韭菜做引子，经常食用，有益气调元、活血健胃、滋补虚损的功效，晨起食用效果更好。所以太原人常常是天不亮就赶着吃“头脑”，所以又叫“赶头脑”。

据说，这种风味早点就与傅青主有关。

传说傅青主中年丧妻后，一直没有再娶，而是侍奉在老母身边。其母年迈体弱，长卧病榻，为使母亲康泰颐寿，傅青主以肥羊肉、莲藕、山药、黄芪、良姜、煨面、黄酒、酒糟等为原料制成了“八珍汤”，并把这种汤作为老人冬季进食的早点。经过一个冬季的精心调治，他的母亲百病尽消，从此，“八珍汤”之名不胫而走。

看似寻常的一份小吃，其实是一份很好的药膳食品，其中羊肉味甘性热，补虚开胃；莲藕清热化痰；山药补脾健中；黄芪补脾益气健肺；良姜味辛性热，温中下气，暖胃消食。药寓于食，药食并用组成一剂温补而不腻，清薄而可口的滋补药膳。

傅青主在寓居平定马军村时写有《无聊杂诗》。其中一首诗反映了他的行医感受。

药岭负秋色，石楼登告劳。
黄冠非独懒，白秃亦孤骚。
豆秸偎眵尽，柴门闲日高。

村翁问寒药，茶果致胡桃。
火齐曾何解，冰台偶尔藏。
西邻分米白，东舍馈梨黄。
食乞眼前足，医无肘后方。
果然私捧腹，笑倒鹊山堂。

诗中反映出傅青主行医所至，受到村民的欢迎，他以仁厚的医德和高明的医术热情为患者服务，与村民结下了深厚的友谊。“村翁问寒药，茶果致胡桃”“西邻分米白，东舍馈梨黄”，其乐融融，亲密无间。

清风高雅的湿热病学大家——薛雪

【名医传记】

薛雪（1661～1750），字生白，号一瓢，又号槐云道人、磨剑道人、牧牛老朽。江苏吴县人。清代医学家，也是有名的诗人、书画家，又爱武术，是当时颇负盛名的风雅之士。

薛雪少年时聪敏好学，曾经游学于吴江叶燮。所著诗文甚富；工画兰，善拳勇，博学多通。乾隆初年，两征博字鸿词科，均不就。其性格孤傲，清风高雅，与沈德潜、袁枚友善。诗酒流连，一时为人称颂。他还善于拳术，经常手执一柄铜杖。上面镌刻“铜婢”二字，早、晚不离手。路上遇见惹是生非的歹徒，大喝一声杖击其身。

薛雪见母亲体弱多病，便潜心研究中医。得名医王晋三、周扬俊指导，医术高明。他与叶天士（叶桂）、缪遵义齐名，并称“吴中三名医”。薛雪对自己的医术也很满意，曾对袁枚说：“我之医如君之诗，能以神行，所谓人在屋中，我来天外是也。”其卧室悬挂自作楹联一副：“九重天子垂清问，一榻先生卧白云。”

薛雪博览群书，精于医术，尤其精于湿热症，对湿热病的各种证型与临床变化，条分缕析，进行了很好的总结。薛雪对湿热病的研究，突出了湿邪与热邪相合为病的特点，抓住了湿热二邪轻重不同的要害，并结合脏腑、三焦、表里等辨证方法，使之融为一体，解决了湿热病的证型辨析，有利于临床应用。在治疗上，虽然有温化、清泻、清热祛湿诸大法，同时又有补阳、益气、养阴、生津诸法的配伍，然其用药时时注意到清热不碍湿，祛湿不助热，扶正不碍祛邪，祛邪当注意扶正等方面。治疗不拘泥于固定成方，体现了湿热病治疗的特点，成为后世治疗湿热病的规矩，影响极其深远。

薛雪撰著《湿热条辨》，该书对湿热之辨证论治有进一步阐述，丰富并充实了湿热病学的内容，对治疗湿热病的发展有相当贡献。

《湿热条辨》即成传世之作，于温病学贡献甚大。薛雪又尝选辑《内经》原文，成《医经原旨》六卷（1754）。唐大烈《吴医汇讲》录其《日讲杂记》八则，阐述医理及用药；另有《膏丸档子》（专刊稿）、《伤科方》《薛一瓢疟论》（抄本）等，亦传为薛氏著作。《薛生白医案》《扫叶庄医案》则系后人所编。

乾隆年间，与薛氏齐名的还有名医叶天士，两人皆精于医道，俱擅治温病，唯彼有相轻之嫌，常互相攻击。据传，历史上的“扫叶庄”与“踏雪斋”两则杏林传闻就与他俩有关。

薛雪喜欢研究养生术，在庭院内养了几十只乌龟。他认为仿效乌龟呼吸和爬行，可以健康长寿。薛雪一生为人豪迈而复淡泊，晚年自署牧牛老朽，乾隆三十五年（1770）卒。

奇怪的是，薛雪生前不屑以医自见。去世后，其孙所写的墓志铭，概述乃祖生平，竟然“无一字及医”，反而将其祖父归于理学一流。袁枚认为这是：“甘舍神奇以就臭腐。”但令人想不到的是：薛雪的儿子薛中立、孙子薛寿鱼、曾孙薛启潜、族孙薛承基，都继承医业，薛承基尤其事业有成。

【后世影响】

《湿热条辨》是薛雪对湿热病探索研究的力作，具有真知灼见，全书不逾万言，但对于湿热病“感之轻重浅深，治之表里先后，条分缕析，深切详明”。他的《湿热条辨》与叶桂的《温热论》，可以说是阐发湿热、温热病的姊妹篇，对后世治疗温病学的发展贡献甚大。

【故事征引】

“扫叶庄”与“踏雪斋”

一次，有个更夫患水肿病，求薛雪诊治，薛氏认为该患者已病入膏肓，便推辞未治。更夫回家时，晕倒在路旁。正巧被叶天士发现，经过诊查，认为该病是因为更夫常年受有毒的蚊香熏染而成，经精心调治后病愈。更夫将此事告之众人，一时间州城里人人皆晓。

薛氏得知后，对叶天士又嫉妒又恼火，深感颜面有失，声誉受毁，遂决计与叶天士比个雌雄，以挽回面子。为此，自名所居为“扫叶庄”，并手书匾额悬挂门首。

此事被叶天士得知，极为愤懑，本来二人就互不相让，此时更是怒火上冲，立即应战，草书横匾“踏雪斋”于书斋门首，以表对薛雪绝不示弱。

正在两者跃跃欲试，准备争个高低上下的时候，叶天士的老母忽然病倒，虽经叶天士精心医治，仍不见好转，叶天士深为焦虑。薛雪的家弟与叶天士平日要好，便将叶母的病情告诉了薛雪，薛雪详知病情后，认为其病毒阳明经证，非重用白虎汤不能扑灭其熊熊之火，生石膏须用至二斤方能奏效。薛弟将哥哥的意见告与叶天士，叶天士方恍然大悟，急煎重剂白虎汤，服后果然痊愈。

事后，叶天士非常佩服薛雪的医术，便将往日的积怨一抛，主动登门拜访薛雪，薛雪备受感动，深感内疚，当即摘下“扫叶庄”那块横匾，表示了歉意。

从此，两位名家互相学习，共同研究，同为中国医学的温病学说做出了重大贡献。

三妙汤

薛雪为人治病屡见奇效，受到广大群众的好评。

一个病人患痢疾10年，群医以为是肠胃病，但久治不愈。薛雪诊断后，认为是肾伤，并对症下药开出方子，不久，这个病人就被治愈。

还有一人腹痛如刀割，多名郎中医治均不见效。家人慕名请来薛雪，改用药方而痊愈。

在实践中，薛雪首创医治伤寒的“三妙汤”，药材为普通的枣、葱白和生姜。一个患病的洞庭山民按这个配方服药，几天就痊愈了。

乾隆年间，苏州流行瘟疫，地方设立医局救治病人。薛雪与叶天士等名医轮流到医局义诊，妙手回春，受到广大民众的好评。

温病学派奠基人——叶天士

【名医传记】

叶天士（1667～1746），名叶桂，号香岩，又号上律老人。江苏吴县人，清代著名医学家。

叶天士少承家学。他的祖父叫叶紫帆（一作子蕃），名时，父亲叫叶阳生，名朝采，都精于医术，且喜欢饮酒赋诗和收藏古文物，对叶天士成为知识丰富的医学家很有帮助。白天，叶天士从师读经书；晚上，他父亲就教他“岐黄学”。可惜的是，当他14岁时，不到50岁的父亲就死去了。叶天士幼孤且贫，为了维持生活，只好一面开始行医应诊，一面拜父亲的门生朱某为师，继续学医。他聪颖过人，不仅孜孜不倦，而且谦逊向贤；“闻言即解”、一点就通，加上勤奋好学、虚心求教，不仅博览群书，熟读《内经》《难经》等古籍，对历代名家之书也旁搜博采，而且虚怀若谷、善学他人长处。没过多久，他在医学上的造诣就超过了朱老师。但他毫不自满，孜孜不倦，又去寻找别的老师求学去了。叶天士信守“三人行必有我师”的古训，只要比自己高明的医生，他都愿意行弟子礼拜之为师；一听到某位医生有专长，就欣然而往，必待学成后始归。

山东有位姓刘的名医，擅长针术，叶天士很想去学，只苦于没人介绍。一天，恰巧有位姓赵的病人，是那位名医的外甥，因为舅舅没法治好他的病，特地来找叶天士医治。叶天士专心诊治，给他服了几剂药就好了。姓赵的很感激。叶天士趁机请他介绍去拜姓刘的那个名医做老师。这个要求得到允诺，叶天士就改名换姓去当学生。他在姓刘的名医那里，每逢临症处方，都虚心谨慎地学习。

一天，有人抬来一个神志昏迷的孕妇就诊。姓刘的医生诊脉后，推辞不能治。叶天士仔细观察琢磨，发现孕妇因为临产，胎儿不能转胞，是痛得不省人事的。于是，取针在孕妇脐下刺了一下，就叫人马上抬回家去。到家，胎儿果然产下。姓刘的医生很惊奇，便详加询问，才知道这个徒弟原来是早已名震远近的叶天士。叶天士接着便把要向他学习的苦心如实说了出来。姓刘的医生很受感动，终于把自己的针灸医术全部传授给他。

平时，叶天士碰到自己治不好的病，总是乐于倾听同道的意见，哪怕是"名未著"的医生，他也虚心吸取其诊病立方的长处。

有一次，叶天士的母亲年老患病。他多方治疗总是无效，又遍请县城内外有名的医生治疗，也没有效。病情一天天加剧，叶天士很忧虑，便向仆人说："本城还有没有学问深而无名气的医生？"仆人说："后街有个章医生，平日总是夸耀自己的医术比你高明，但是上门请他看病的人，寥寥无几。"叶天士吃惊地说："敢如此大言不惭，应当会有真才实学，快去请来！"仆人奉命去请。章医生详细询问病情。仆人说："太夫人服药无效，病势日危，主人终夜彷徨，口中喋喋不休念着'黄连'二字。"章医生心中有所领悟，便到叶天士家。

诊视叶老太太后，又拿过去的药方仔细看，沉吟很久说："原药和症相合，照理应当奏效。但太夫人病由热邪郁于心胃之间，药中必须加黄连，才能治愈。"叶天士一听，不觉一跃而起，说道："我早就想用这味药，因为考虑母亲年纪大，恐怕会灭真火，所以不敢用呀。"章医生说："太夫人两尺脉长而有神，本元坚固。对症下药，用黄连有何不可？"叶天士表示赞同。结果，服药一剂，病情就大有好转，再服一剂，病就好了。叶天士喜出望外，登门拜谢，并致厚酬。章医生推辞说："只是我的见解同你的心意偶合，何足道谢？"以后，叶天士经常对病人说："章医生的医术比我高明，可以请他看病。"可见，叶天士具有虚怀若谷，谦逊向贤的美德，因此，能够摆脱"文人相轻"的陋习，从而医道日益长进，自成一家。

叶天士从12岁到18岁，先后拜过师的名医就有17人，其中包括周扬俊、王子接等著名医家，无怪后人称其"师门甚广"。

叶天士本来就"神悟绝人"、聪明绝世，加之求知若渴、广采众长，且能融会贯通，自然在医术上突飞猛进，不到30岁就医名远播。连康熙皇帝也感激他治好了自己的搭背疮，御笔亲题“天下第一”的匾额赐给他。因他一生治愈过不少奇疾怪症，连神仙都慕名而来，变作一个平常人请叶天士诊断。叶天士号脉后，说了八个字：“六脉调和，非仙即怪”，羞得那神仙仓皇逃遁。

叶天士最擅长治疗时疫和痧痘等证，是中国最早发现猩红热的人。在温病学上的成就尤其突出，是温病学的奠基人之一。清代乾隆以后，江南出现了一批以研究温病著称的学者。他们以叶天士为首，总结前人的经验，突破旧方法，开创了治疗温病的新途径。

叶天士的《温热论》，为我国治疗温病学说的发展提供了理论和辨证的基础。他首先提出“温邪上受，首先犯肺，逆传心包”的论点，概括了温病的发展和传变的途径，成为认识外感温病的总纲；还根据温病病变的发展，分为卫、气、营、血四个阶段，作为辨证施治的纲领；在诊断上则发展了察舌、验齿、辨斑疹、辨白疹等方法。《温热论》自问世以来，一直被后世医家奉为经典、推崇备至，它不仅对温病学，而且对整个中医学都有着深远的影响。清代名医章虚谷高度评价《温热论》，说它不仅是医学指南，而且弥补了仲景书之残缺，功劳很大。清代乾隆后期，又出现了一批研究温病的著名江南医家，其中佼佼者有吴鞠通、章虚谷、王孟英等，他们都是叶天士的私塾弟子。

叶天士活到80岁，临死时，还谆谆告诫他的孩子说：“医可为而不可为。必天资敏悟，读万卷书，而后可借术以济世。不然，鲜有不杀人者，是以药饵为刀刃也。吾死，子孙慎勿轻言医。”这是一个对自己的言行极端负责的仁者之言，同时也显示出他在医学，乃至人生哲理的追求上所达到的极高境界。

叶天士去世后，由他的门人取其方药治验，分门别类集为一书，取名《临证指南医案》。此书成于1766年，内容包括内科杂病、妇科与儿科，体现了叶天士治病辨证细致，善于抓住主证，对症下药的特点。

叶天士生前伤病盈门、日日忙于诊治病人，无暇亲笔著述。因此，留给后世的宝贵医学著述全都是他的门人和后人搜集、整理的结果。其主要著作有《临证指南医案》《未刻本叶氏医案》《叶案存真》等书。

【后世影响】

在中国医学史上，叶天士是一位名副其实的具有巨大贡献的伟大医家，他创立了中国医学的温热病学派，造福于中华民族、造福于全人类，不愧后人称其为“仲景、元化一流人也”。他不仅是温病学派的奠基人物，而且还是一位对儿科、妇科、内科、外科、五官科无所不精、贡献很大的医学大师。史书称其“贯彻古今医术”，他是当之无愧的。无论叶天士的医学理论，还是治学态度，都是值得后人珍惜和学习的宝贵遗产。特别是他那种谦恭好学、改名换姓求师学艺的精神永远是后世习医者的光辉典范。

2008年由央视电影频道节目中心拍摄了《医痴叶天士》电影。影片以戏说的表现手法，撷取了“医痴”叶天士出手治伤、治匪于（膏）肓、奇药救（皇）上、巧做红娘几个故事，再现了清代名医叶天士精湛的医术、精深的医理，以及威武不屈富贵不移的高尚医德、医道。

【故事征引】

叶天士与莱菔子

清朝年间，苏州府有位姓杨的富家公子，年已30多岁，仍然沉溺于声色犬马，不务正业。

有一次，这个杨公子为了嫖妓，偷着花了家里一千两银子，被父亲发觉责骂了一顿。他身体本来就虚弱，精神受了刺激后竟病倒了。一开始像是伤寒，后来渐渐的神志昏迷，卧床不起。其父请来一位医生，诊视之后，认为是纯虚之证，只有大补一法，每日用人参三钱。

谁知越补痰火越结，最后竟身强如尸，皮下还大大小小地生了上千个痰核。家里人都以为他不行了，已开始哭哭啼啼地准备后事。

这时，有一位邻居对其父说：“叶天士是当今名医，住处离这儿也不算远，何不请他来看看，或许还有一线希望。”其父一听，心想也对，反正死马权当活马医，于是立即派人去请。

叶天士诊视之后，忍不住放声大笑起来。那些围在四周的亲属都吃了一惊，顿时止住哭声，朝他观望。

叶天士说道：“你们哭哭啼啼地准备后事，都以为病人无救了是不是？你们拿来大板，重打他几十下，他都死不了。”

其父一听叶天士出言不逊，大不以为然，当即对他说：“我这个儿子自得病后，光吃人参就花了一千两银子。你要是能治好他的病，我就再拿出一千两银子作谢酬。”

叶天士摇摇头，说道：“这样一大笔银子，能让别人动心，对我却动不了心。再说，我自从行医以来，还没有收受过这么丰厚的诊金，咱们还是先治病人要紧。”说罢，便开了一张方子，上面都是些清火安神之类的普通药。然后，又留下些自带的药末，叫病人一起服用。

病人服药之后，三天就能讲话了，五天便坐了起来，一个月便行动自如了。

此时，正值杨家花园里的牡丹花盛开，全家人会同亲友饮酒赏花，以庆贺公子病体的康复。叶天士此时刚好出诊路过此处，顺便来看看杨公子病体恢复得如何，大家便邀其入席，少不了一番感谢之词。

叶天士几杯酒下肚后，对其父说道：“令郎服了一千两银子的人参差点儿送了命，吃了我带的那种药末转危为安，少说也得把药的本钱还给我吧！”

其父连忙点头称是，说道：“那天一时疏忽，未能付给药金，这当然是少不了的，还请先生说个数目。”

叶天士回答道：“增病人参，价值千两，去病药末，自当倍之——不多不少，两千两银子！”其父一听，顿时面露难色。在座的其他人也都面面相觑，一言不发。

叶天士突然又放声大笑起来，说道：“不要害怕，不要害怕！我就以实相告吧——那药末是我花八文钱买来的萝卜籽（中药名“莱菔子”）研成的。”大家这才知道叶先生方才是故意开的玩笑，便也一齐大笑起来。

“南瓜蒂”安胎

相传，江南名医叶天士来到东阳、磐安的大盘山区一带，在弯曲僻静的山道上遇到一位女子，脸色苍白，眼睛无神，柴担重压一旁，双手捧着凸起的小肚子，斜躺在地上，嘴里轻轻地呻吟。叶天士上前询问，得知她家就在山下，男人还在山上，自己怀孕已有几个月，为帮助丈夫砍柴而来到此处，现在感到胎位不稳，恐有不测，正处于万分痛苦与不安的境地。

叶天士为了安定这女子的情绪，便说：“大嫂子，心要宽，神要安。我是个医生，会采药给你吃，你只管放心吧！”

“这深山野岭到哪里去采药啊？”这女子叹息了一声，便又哼哼起来。

这时，叶天士环顾四周，眼睛最后落在路旁地里一只只大南瓜上。这些大南瓜，小则七八斤，大则十多斤，只只都还连在一条条的南瓜藤上。

叶天士心想："南瓜藤上长南瓜，就靠南瓜蒂。这南瓜蒂从根藤那儿一点点地汲取营养，一点点地输送给南瓜，让南瓜从小长到大，从青变成黄……这瓜熟蒂落，岂不正是十月怀胎么？"想到这里，叶天士高兴起来，说声："对！我何不拿这南瓜蒂来安胎呢？"

这时，叶天士摘下三只大南瓜，取下南瓜蒂，用自己随身带的药钵，架起一个炉灶，拾来枯柴枝，煎起了南瓜蒂汤来。

一会儿，叶天士把南瓜蒂汤送到女子的面前，那女子便喝了下去，不久奇迹出现了，那女子小肚子不痛了，并且还能站起来走动。她便拜倒在地，感谢在这深山遇上了"神仙"。

叶天士也要背三年药箱

相传，一日，一个江西贩木头的商人来到苏州齐门外。这个江西商人生了肺病，听说苏州叶天士声名远扬，便去看病。叶天士一看到他便说："你快点回家吧，回得快可以到家里，回得慢就要死在路上了!"

江西商人一听，忙恳求叶天士死马当活马医，找些药给他吃。叶天士的话却硬得不能转弯："我说医不好，就铁定不会好了!"接着又说："啥人医好了你的病，你再来砸我的招牌好了!"江西商人气极了，心灰意冷地走了。

江西商人在苏州卖了木材，又无家小，想到迟早是一死，心懒懒的，慢慢地往回家的路上蹭。这一日来到镇江，想起金山好景致，便下船登山去朝庙。他在庙里吃了一顿素斋，老和尚拿出化缘簿来，江西商人提起笔来就写了一千两，当他放下笔时却又长叹一口气。老和尚以为他写得太多又懊悔了，便说："施主写多了不要紧，减少点也可以。"

江西商人说："我不是为了铜钿写多了，是为我不能久于人世了!"

老和尚忙问缘由。

"我已病入膏肓，连苏州叶天士也回了我了!"

老和尚一听，便问江西商人病情，又替他搭了搭脉，然后摇摇头说："这个病是没得救了，叶天士果然名不虚传。"

江西商人听了，更是雪上加霜，心里冷得结了冰。正在那商人从头冷到脚时，老和尚猛然一拍桌子，大声说道："还有一线希望!"江西商人听了，忙上前恳求。老和尚问："你是乘船来的，还是陆路来的？"江西商人回答是乘船来的。老和尚说："蛮好!"这时正值秋高气爽，瓜果上市。老和尚叫江西商人去采办一船生梨，乘船回乡时，叫他每日睡在生梨上，坐在生梨上，嘴干吃生梨，肚饥吃蒸梨，一船梨一直吃到江西。

江西商人半信半疑，乘船走了……

事隔一年，有一日，叶天士的门前来了一群人，为首的一个定要把叶天士的招牌砸掉。叶天士忙问为啥?这个操着外乡口音的人讲："你不认得我了，你说我要死在路上，如果活过来，就可以把你的招牌砸掉!"叶天士才想起这位江西商人，心里好生奇怪，便问："你打也尽管打，砸也尽管砸，我只要问你几句话。你的病怎么好的？"江西商人一五一十地把金山寺老和尚叫他吃梨睡梨的事说了一遍。叶天士听了，明白了：原来这位病人得的是肺病，梨有通气补肺之功，几个月下来长吃久补，不治而愈。唉，自己的医术比金山寺老和尚还差了一筹呀!

于是叶天士背了药箱，来到金山寺里做香火，找机会细心观察老和尚怎样给人看病。他在金山寺待了两年多，和老和尚谈得很投机，得到老和尚信任，慢慢地能替老和尚开药方子了。

有一日，山下有个人患肚皮痛，来找老和尚医病。老和尚不在，叶天士详细问了病情，原来是吃了臭蜙仓，就开了一张两钱砒霜的方子，叫他拿走了。这个病人走到半山，正巧碰到老和尚，便拿出药方给老和尚看，问开得对不对?老和尚问明情由，看了看，随手在方子上改了一下。

老和尚回到庙里，便叫叶天士到跟前来，问道："你是苏州叶天士吧？"

叶天士心里奇怪："你怎么知道我是叶天士？"

老和尚讲："除了叶天士没有人敢开这张方子!"叶天士也不抵赖，一五一十把离开苏州重背药箱、远道寻师的事说了一遍，老和尚听了很感动，便对他讲："我看到方子上开两钱砒霜，就晓得是你。你胆还小点，还要叫病人肚子痛一两天，这位病人臭蜙仓吃得多，你开的药太轻。"

叶天士一听有道理，连忙要追上去改药方子。老和尚说："我已改成三钱了。"

叶天士向老和尚学了三年，这才又回到苏州挂牌行医。他的医术更高明了，后来苏州的一句俗话："叶天士也要背三年药箱"，讲的就是这桩事儿。

叶天士为何叫“半仙”

叶天士的名气很响，八仙中的吕纯阳知道了他的神技之后，心中很是不服，便想跟叶天士开个玩笑，找个机会捉弄他一下。于是，他来到苏州，就在叶天士诊所的对门租了一所房屋，门口也挂起了行医的招牌。

可是，尽管他的仙法灵验，却一直没有人去请他，相反，人们还认为他是在关公面前舞大刀，没有自知之明，吕纯阳一时竟无法为难叶天士。

这年伏天，天气异常闷热。太阳就像一只大火炉，烤得人喘不过气来。这一天，有个行人突然中暑，恰巧倒在叶天士和吕纯阳两家诊所中间的街心死去。顿时，四周围了许多人，喧闹声不绝。吕纯阳闻声从诊所里出来，拨开众人挤进去一看，认为正好乘机捉弄叶天士。他对周围的人说：“我学医时，师父曾告诫我‘没有起死回生之术，不能行医。’现在这人正好死在我和叶天士先生的门前。叶先生是一个名医，医术必定很高。这样吧，我们两个人负责医活他。请诸位告诉叶先生，我们俩各治他的一半。”

正巧，叶天士也走出来观看，吕纯阳又把自己的主意对他说了一遍。一旁看热闹的人也怂恿起哄，使叶天士不好不答应。他想了一下，就对吕纯阳说：“先生的主意很好，就请先生来治活他的一半吧。”

叶天士想：你既然夸下大口我倒要看看你有多大能耐！谁知对方听了叶天士的话，连连说：“好。”说完他转身进屋取了一只精巧的鼻烟壶出来，从中撮了一点鼻烟，塞进了死者的左边鼻孔。说来也怪，那死者竟然左目张开，左手舞动，左足伸屈，搔头抓耳，半个身子活了。吕纯阳得意扬扬地往边上一站，等着看叶天士出洋相了。

叶天士感到很窘，但话已说出，不能反悔，只得硬着头皮，也挖了少许鼻烟，塞进死者的右鼻孔内，但自己想是断不会见效的。

不料奇怪的事情发生了，叶天士将鼻烟塞进死者的鼻孔后，死者竟打了一个喷嚏，两只眼睛随即一起睁开，右边的手脚也都能动了。

只见他一骨碌从地上爬起来，对着叶天士和吕纯阳各作了一个揖，道了一声谢，扬长而去。

围观的人个个目瞪口呆，连吕纯阳也被这种情景惊呆了。想了半天，他突然醒悟过来：我先治好死者的一半，死者呼吸已通。仙气既入，叶天士再投些鼻烟，使死者打了一个喷嚏，他身上的血脉就通了，所以人也活了。要是叶天士先医的话，那就肯定难住他了。想到这里，吕纯阳懊恼不已。

当天，吕纯阳摘去招牌，悄然而去。后来，人们才知道这位医师就是吕纯阳。所以都称叶天士为“叶半仙”。

神医怪治

一天，叶天士正在替一个病人诊脉，门外进来一个年轻妇女，怀抱婴儿，眼带泪痕，神色慌张。叶天士抬头一看，不觉一惊，暗自思忖：“小外孙莫非出了意外？”

原来，进来的不是别人，正是叶天士的女儿，怀里抱着刚满一周岁的孩子，这孩子得了天花，但痘闭不出，此刻呼吸短促，浑身热得像一团火。女儿进得门来，立即把孩子送到外公手中。叶天士抱着小外孙，切过脉，问清起病经过后，低头不语。

女儿急得直问：“还有救吗？”

叶天士感到很棘手，疼在心里，难在脸上。摇摇头说：“晚啦！”

叶天士不替小外孙医治，女儿顿时两眼发呆，又气又急地埋怨：“爹爹常说痘症无死症，可你的亲外孙为什么单单就治不好？”一句话噎得叶天士目瞪口呆。叶天士为难地摊开双手，仍旧不答话。

女儿愤愤不平地说：“姑苏城里里外外，都说爹爹是天医星下凡。哼！连外孙的病都治不好，算什么神医？”说完，从药箱上拿起一把剪刀，直向自己咽喉刺去。

叶天士急忙夺下剪刀，连连劝说：“不要急嘛，让我想想。”

在女儿逼迫下，叶天士冥思苦想，终于想出一个办法。他把外孙的衣服全部脱去，光着身子关进一间阴暗潮湿的空屋中，上好锁，也不关照什么，自顾自出门与朋友们玩牌消遣去了。

空屋中，孩子哭声不绝，哭得连声音都沙哑了。

女儿等了半天，不见父亲回家，急得像热锅上的蚂蚁团团转，派了一名奴仆催促叶天士速速回来。谁知叶天士若无其事，毫无回家之意。女儿听孩子哭得死去活来，边哭边骂：“爹爹，你好狠的心啊！”

直到深夜，叶天士才回到家中。这时，他不紧不慢地找了一盏灯笼，还把泪痕满脸、神魂颠倒的女儿叫来，点上灯，开了锁，进到空屋中。女儿猛地扑进屋里，心想孩子怕早已死了。谁知往身上一看，灯光下，只见孩子平静地躺在门板上，不但全身痘儿已出，粒粒如珠，还张着小嘴对她笑呢。女儿看了，喜出望外。

叶天士这才吁了一口长气，解释道："你没看见这空屋里的蚊子特别多吗？我想借蚊子咬他的肤体，促痘暴发，现在果然应验了。不过，我也是你逼得我这么做的，把死马当活马医的啊！"

他女儿听了，才晓得父亲的用心良苦。

女儿含着泪花笑着说："爹爹不愧是神医，这样治病，从没见过，真是神医怪治啊！"

以"惊"治跛子

有位富家子弟患了怪病，卧床数月，后经叶天士医治，病情大有起色。但那富家子弟病愈后左腿从膝盖以下竟麻木无知，成了"跛子"。他不仅不感谢叶天士治好他的怪病，反责怪其医治不妥。叶天士听后不动声色，任其埋怨。

十几天后，叶天士约那位"跛子"去虎丘山凉亭饮酒。叶天士让"跛子"坐了上座，自己就在一只木箱上坐下，两人对饮起来。忽然叶天士坐的那只木箱内传出一阵狗叫声，"跛子"便问是怎么一回事。叶天士笑道："箱中关了一条疯狗，为防止它出来闯祸，故而把它关在箱中。"

酒过三巡，叶天士说要去小解。

话刚说完，箱盖突然顶开，箱中蹿出一只可怕的红眼大狼狗。那"跛子"见疯狗竟破箱而出，吓得魂飞魄散，跳下凉亭，落荒而逃，那只跛腿竟如常人一般奔走如飞。

那富家子弟奔出数十步，忽听叶天士在身后大笑，惊诧地扭头一看，只见叶天士边用手拉住那狗，边哈哈大笑，"好了，好了，这腿不是好了吗？！"富家子弟惊疑地放慢脚步，试着又走了数十步，那条跛腿竟真的好了。

原来，叶天士根据那富家子弟的病情分析，那条跛腿并非服药过量留下的后遗症，而是由于长期卧床，腿部肌肉萎缩所引起的。叶天士巧妙地运用了精神疗法，治好了那富家子弟的跛腿。

以怒胜喜

以激怒的方法治疗疾病，是中医情志疗法的一个类型，历代医家都有例案。它是医者针对患者的症情，采用激怒的方法，从而使偏激者的情绪和心境趋于平衡，引发脏腑功能的自我调节，达到恢复身心健康的目的。

叶天士用怒胜喜之法治疗“暴盲症”。苏州太守藩宪新到任，升堂之后双目忽然失明，急请叶天士诊治。叶天士说：“须全副仪仗来迎。”来人如言回禀后，藩宪闻言大怒。左右再三婉言说叶天士平时治病如神，乃一代名医，于是排列仪仗去迎接。

仪仗队来到叶天士的医寓“种福堂”，叶天士又让弟子回话说：“须官太太亲自迎方可。”藩宪听此禀报后，大怒咆哮，左右无不屏息战栗。怒气正盛时，他的双目忽然复明。

过后，叶天士登门请罪，用中医形神相依、五志相胜的脏腑藏神理论解释说：“心者，神之舍也。过喜则神散，目故失明。唯怒则阳气逆上，故必得大怒，方可抑阴而伸阳。”从心身医学的道理而言，由于情绪原因导致的躯体病变，采用情绪的“交互抑制法”，往往收效甚速。

搓足愈目疾

有位二十几岁的贵族公子，父亲为某省制军（清代对总督的称呼，为地方最高行政长官）。家境优裕，一直过着饭来张口、衣来伸手的生活，每天是大鱼大肉、美酒佳肴，生活颇为奢侈。

这年秋天，公子通过乡试考取了举人，全府上下张灯结彩，喜气洋洋。一些希望攀龙附凤的人们，借着庆贺的机会也相继到来。一时间，门前车水马龙，热闹非凡。公子家里更是大排筵宴，人们推杯换盏，寒暄不已。

曲终人散，客人相继离去。公子突然觉得双眼发涩，颇为难受。家人以为是劳累所致，遂让他早点上床安歇。

谁知第二天起床后，大家见公子的双眼红肿得像熟透了的桃子。公子自己也觉得双眼红、肿、热、痛，似刀割火灼，痛不可忍，急忙派人去请叶天士治疗。

叶天士诊察过后说：“公子所食一贯大鱼大肉，膏粱厚味，久而久之，体内积蓄了很多热毒，因此眼睛红、肿、热、痛。不过也不必如此忧虑，不治它也会自己好。只是过后七天，公子的脚心必然生痈毒，如此则病不可救。”

因为叶天士平日判断病人的生死极为准确，人们形容为“如烛照物，不差分毫”，公子一听他说这话，恐惧万分，忙跪下叩首求救。

叶天士赶忙搀起病人，望着他那心急如焚的样子，叶天士很平静地告诉他："你不要太着急，现在还不需要服药，应当先用其他方法驱除热毒。如七日后不发作，我们再商量。"

公子求医心切，希望叶天士能尽快为他诊治。叶天士说："此时你应平心静坐，不要考虑太多，先用左手擦右脚心360遍，再以右手擦左脚心360遍，每天如此七次，过七天后我们再说。"

公子遵照叶天士的话治疗七天后，再次请叶天士诊察。公子说："先生，真是神了，我的眼病像您说的那样好多了，就是不知道痈还会不会发，先生您能告诉我吗？"

叶天士笑着说："上次我所说脚心生痈毒一事，纯属子虚乌有，你身为富贵之人，事事如意，所害怕的，只有一个死字。因此我用死来恐吓你，使得你断绝其他念头，一门心思惦记着您的脚，用手擦脚，则心火下行，眼病自然就好了。不是这样的话，心情一烦躁，则眼睛更痛，纵然天天吃灵丹妙药，也是没有效果的。"一听这话，公子悬着的一颗心总算落下来，他笑着感谢叶天士，并感慨地说："您真是'天医星'啊！"

泼水治阳强

时当夏月，某丝绸店一个十四五岁的少年学徒在店内卖货。闲坐无事时，便将阴茎置货柜门目的铜环内玩弄。不料，因阴茎勃起充盈后不得脱，羞痛号啼，围观者填门却一时无法可施。正好叶天士出诊归来，乘轿路过。闻知小学徒的症情后，便让轿夫悄悄取来一大盆冰冷的井水，慢慢潜行到少年的背后。乘其不备，出其不意将冰凉的井水从头倾倒而下。哭得满头大汗的小学徒被冷水一激，阴茎果然惊缩而脱，令围观者叹为观止，感叹叶天士堪称神医妙手，实为大医之神机匠心。

中医的七情内伤学说认为，恐则气下，惊则气乱。也就是说，情志因素可引起脏腑气机的变化和器官的生理改变。叶天士巧用这一理论，运用井水之凉和突然之举，奇症奇治，留下了医学史上耐人寻味的医案。现代医学也认为，人体有自稳的平衡功能，通过语言、行为、情境和药物等，就可以因势利导，使人体恢复原来的和谐状态。

医穷

苏州名医叶天士14岁开始行医，治好了不知多少疑难绝症。他不但能医病，还能医穷。

叶天士有个远房亲戚叶小三，父母双亡，留下一份薄薄的家产，本来叶小三勤勤俭俭过日子，也是过得下去的。谁知后来叶小三沾染恶习，大手大脚浪荡惯了，哪里还记得“勤俭”二字?

俗话说：坐吃山空。何况叶小三本来家底浅薄，几年下来，家具、细软统统典当一空，只好到叶天士家来借银子。

叶天士是一代名医，银子自然不缺。可是他朝叶小三望望，却皱起眉头。心里想：你年纪轻轻的，身体也不错，为啥竟落到这种地步呢？借给你几百两银子也改不好你的恶习啊。有心教训他一番，就对小三说：“小三，银子你先拿几两去，不过我也不开钱庄，今后还要靠你自己了。教你一个发财的办法：从今后你天天去扫街，把苏州城里的梧桐叶都扫拢来，晒燥整齐，藏在屋里，到时候自有大用场的。”

叶小三朝叶天士望望，有点不敢相信，不过他知道叶天士从来不开玩笑。于是回去就扫起街来。

一个月、两个月、三个月，从秋天扫到冬天，苏州城里的梧桐叶都给叶小三扫了去。好在他还有几间空屋，打扫干净，将梧桐叶晒燥整齐，足足堆满三间屋。不过，叶小三却仍旧不晓得梧桐叶能派什么用场。苏州城里的老百姓倒把这件事传了开来，当作新闻讲，都说这叶小三在发神经病呢。

第二年开春，苏州一带突然发起瘟疫来，蔓延极快，来势很凶。苏州府特地办起医局，请当地的名医来治瘟，到医局去看病的百姓络绎不绝。叶天士也经常到医局去为病人治病。不过，叶天士开的药方很怪，每张方子上都有“梧桐叶三钱”。过去药店里从来不备梧桐叶，现在又刚开春，梧桐树上光秃秃，只有几个芽头，到什么地方去寻梧桐叶呢？正在大家焦急万分之时，叶天士却胸有成竹地对他们说：“叶小三家中有梧桐叶，你们去买吧。”

这样一来，叶小三的家门口每天都有一批批的人群涌过来，都要向他买梧桐叶。叶小三靠梧桐叶赚进了好大一笔钱。

瘟疫过去了，叶小三家中满满三间的梧桐叶正好用光，叶小三对叶天士佩服得五体投地，诚心诚意上门磕头道谢，又问他说：“今年还要不要扫梧桐叶？“

叶天士笑笑说："今年就用不到扫啦。去年我预料要发生瘟疫，才托你为大家做桩好事，果然应了验，明年不会再有瘟疫，梧桐叶多了也派不上用场。不过，你从中也应该悟出一个道理来才是，一个人活在世上，总要记得'勤俭'二字，就说每天扫街吧，梧桐叶积起来，积少成多，到头来也能为大家做桩好事。"

叶小三听了这番话，真是好比寒天吃冷水，滴滴记在心。他想，过去我走在街上，没有一个人看得起；现在走在街上，十分光彩。叶先生的话确实有道理。

从此以后，他拿卖梧桐叶赚来的钱去做小生意，果然日子过得更好了。

一丸治大病

有个秀才，几次科考落第，心中郁闷，日子一久忧郁成疾，得了精神病。

秀才的父母只有这么一个儿子，日夜为儿子烧香念佛，远近请遍郎中，病还是不见好。两位老人茶饭不思，急断了肠。

一天，叶天士来到这里。他听说秀才的病很多医生都没治好，不知是什么疑难病，专程赶来诊断。

叶天士来到病床前，一边按脉望诊，一边向两位老人询问了秀才得病的起因变化，然后说道："这病不难治。"

听说能治好儿子的病，秀才的父母又惊又喜道："谢谢先生，要是能治好儿子的病，我们愿以重金相报。"

"不用花一个药钱，但要有三个条件。"

"先生只管说出来，只要治好病，十个条件也依你。"秀才的父亲说。

"一、让病人住在一间空房子里，只放两张床；二、只给你一丸药；三、病人必须在床上待100天。"

"这条件好办。"主人道。

主人在一间僻静的空房子里，放了两张床，秀才一张，叶天士一张。叶天士从房顶吊下一根线，拴上一个药丸，恰好贴近秀才的嘴边。秀才只要伸出舌头就能自己舔到药丸。

从这以后，秀才便安安静静地躺在空屋子里，四壁空空，没有什么可看的东西。每日要干的事，就是伸出舌头舔舔药丸。舔累了，歇一会。日复一日，秀才除了舔药丸，什么事儿也没有。心里想的就是熬到100天，病就能好。越盼越近，心里也就有了希望。

叶天士也躺在旁边床上，一句话也不说，守着秀才。秀才耐着性子度过了100天，但那丸药却没吃完。秀才失望地说：“一丸药也没吃完，我的病怎么办哪！”

“你的病已经好了。”

叶天士说：“第一，你百日没犯病，证明你已经好了；第二，百日来每日三顿饭，证明你饮食正常；第三，百日来你心静神安，不胡思乱想，证明你神志清醒。药丸是没吃完，但你的病已经好了。治病不在于吃药多少，而在于吃药得法。我给你吃的是一丸普普通通的安神丸。”

从此以后，秀才还真的没有再犯病。

治痘

吴县城郊有一个富商，中年得子，十分宠爱。不料第二年春天，孩子出起了痘子（俗称红花疹）。先是发热，后来竟昏迷不醒。富商急得像热锅上的蚂蚁，忽然想到叶天士。

叶天士是当今名医，能屈尊大驾到乡下来吗？他急中生智，听人说叶天士好斗蟋蟀，便买了几个“饶将”，分别放在精致的盒子里，到叶天士的家里来，要和他的“勇士”斗个输赢。

结果是两军对垒，各有胜负。富商不服气，说家里还有一位十分厉害的“黑元帅”，可以说交起战来天下无敌。一句话惹得叶天士兴起，马上同富商到他家。

这时，富商才说出实情，并望叶天士能原谅他因救子心切而不得已用的激将法。叶天士毫不怪罪，只说：“救人要紧！”

当他看到孩子浑身的斑疹混浊凹陷时，忙叫富商找了十余张新油漆的桌子，然后把孩子的衣服脱光，放在头一张桌子上用手辗转揉搓，到了五更天时，孩子终于“哇”地哭出声来，浑身的痘子也全发了。富商见“宝贝”起死回生，对叶天士感激不尽。

悬壶济世，著作等身——徐灵胎

【名医传记】

徐灵胎（1693～1771），原名大椿，曾名大业，灵胎乃其字，晚号洄溪老人，江苏吴江人，清代著名医学家。他出生在名门望族之家，曾祖父好古博学，积书甚富。祖父举博学鸿儒，官翰林院检讨，纂修明史，是位饶有隐逸风格的词章之士，平生工于诗古文辞，在文苑中很有声名。父亲徐养浩，考授州司马不成功，也是位读书人。徐灵胎生长在这样的家庭里，长辈们寄以读书做官、承继祖业、克振家声的希望，那是自然的事。然而，徐灵胎却淡泊功名利禄，不屑八股文；相反，对经学和医学却产生了兴趣。后来他就自选了一条学医济世的道路。

徐灵胎14岁已对学时文感到厌烦。他老师启发说："时文有止境，只有经学才是无止境的。"于是，他开始研究经学，探研易理，旁及百家，尤其喜好道家的学说，"凡星经、地志、九宫、音律、技击、句卒、嬴越之法，靡不通究"，其中用心最多的是《易经》，旁及诸子百家。专心致志地探求各种实用的学问，终于在诗、文、书、画、天文、历算、音律、击刺、算法、水利，尤其是医学方面取得了卓越的成就。后又曾习武，可举300斤巨石。

中年时，因家人连遭病患，三弟患痞病，父亲遍请名医诊治，徐灵胎亲自制药，医理稍通。然而四弟、五弟相继不治而亡。父亲因此悲伤得病，终年医药不绝。他深深感到医学的重要，也气愤于当时庸医之医术低下，于是愤而学医。他把家藏几十种医书拿来读，朝夕披览，日久通其义。其自传年谱中记载："家藏有医书数十种，朝夕披览，久而通其大义，质之时医茫如也。更穷源极流，自《内经》至元明诸书，广求博采几万余卷，而后胸有实获，不能已于言矣。”自此医道日进，难易生死，无不立辨，怪症痼疾，皆获效验。

从他开始学医的50年中，经他批阅的书约有千卷，泛览的书约万卷。据《苏州府志》记载，他穷经探《易经》，好读黄、老与阴符家言。既益泛滥，凡星经、地志、九宫、音律、刀剑、技击、勾卒、嬴越之法，没有不通究的，而对于医更是深研。徐灵胎行医前后50年，胸有实学，经验丰富，疗效不凡，声誉传遍大江南北，患者莫不感颂其德，同道皆能心悦诚服。

徐灵胎博极医源，精于临床，勤于著述，有《难经经释》《神农本草经百种录》《医贯砭》《医学源流论》《伤寒类方》《兰台轨范》《慎疾刍言》《洄溪医案》等医学名著传世。

在清代著名文学家袁枚写的《徐灵胎先生传》里提到的两个有趣病例就足以证明徐灵胎不仅在临床实践中印证书本的知识，而且结合实际。他把前人的经验加以整理提高，写出了十几部很有价值的医学著作，有《难经经释》《医学源流论》《神农本草经百种录》《医贯砭》《兰台轨范》《伤寒论类方》等。据王孟英说，后学均奉为金科玉律。他的《兰台轨范》《神农本草经百种录》尤为中医学者所喜爱。徐灵胎治学态度严谨，一丝不苟，往往十年“磨一书”。在《难经经释》序中，他说，他研究医学十余年，乃注《难经》，又十余年才注《本草》，又十余年才作《医学源流论》，又五年才著《伤寒论类方》。写《伤寒论类方》时他已满67岁，完稿后又钻研了七年，五易其稿而成。

徐灵胎一生治好了不知多少病人，远近求治者络绎不绝。当时的乾隆皇帝也多次召他上京治病。

乾隆二十五年（1760），清廷文华殿大学士蒋溥生病，宫内御医诊治无效，乾隆皇帝下令，征聘海内名医为其诊治，徐灵胎被推荐受诏到京，最终入宫中太医院供职，先后六次为乾隆皇帝看病。

在徐灵胎69岁的时候，乾隆皇帝把徐灵胎诏到了北京，先让他给大臣蒋溥看病，徐灵胎当时实话实说：“我看蒋溥的病到了立夏以后，就不行了。”乾隆皇帝听后，当天晚上移驾蒋溥家里，一看果然如此。所以他回来说，徐灵胎学问即优，人又诚实，后来果然证明是立夏后去世的。乾隆皇帝想把徐灵胎留在宫里，徐灵胎说自已老母亲年龄大了，自己又老又病推辞了。皇帝还是不想放走徐灵胎，就让徐灵胎给别的大臣看病，5个月以后才告老还乡。

徐灵胎离开京城之后，回到了故乡吴江，隐于洄溪一个叫作画眉泉的地方安度晚年，在这里，他与当时著名的文学家袁枚结下了深厚的友谊；仍然继续着自己悬壶济世、恬淡安静的生活。

然而，乾隆三十六年（1771），乾隆皇帝再次下诏，宣徐灵胎进宫效力。此刻正当卧病不起时，推辞已属枉然，他自知此行未必能活着返乡。于是，他只好叫儿子陪伴前往，并带一具棺材，准备途中随死随殓。并自作挽联曰：

魂返九原满腔经纶埋地下；

书传四海万年利济在人间。

两天后，老人把儿子和几个朋友请到自己的房间，对他们说："此次奉诏进京前，我知道自己命数已尽，但'忠、义'二字不可违，故不惜残命，冒死进京，非常不幸的是，现在我估计可能无法等到面见皇上了，就把各位找来，与各位告别吧。"

大家都很诧异，但老人的态度却很平和，与往日没有什么区别。接着，他与大家从容议论阴阳生死出入之理，又自撰墓石联云：

满山芳草仙人药；一径清风处士坟。

到了半夜的时候，徐灵胎含笑而逝，享年79岁。

乾隆皇帝知道后，很是惋惜，拨给了老人的儿子路费，让他扶老人灵柩回江南安葬。

徐灵胎死后被葬在吴江二十五都，与早年去世的四位弟弟葬在一起。

在若干年以后，徐灵胎的老朋友袁枚来到他的故乡，寻访了许多徐灵胎救治过的患者，写了《徐灵胎先生传》，收录在袁枚的《小仓山房文集》里。徐灵胎的儿子徐曦，后来成了清代著名的音乐学家、剧作家，徐灵胎的孙子在袁枚的教育下长大成人。

【后世影响】

《伤寒论类方》成书于1759年，该书将伤寒论113方分为桂枝汤类方、麻黄汤类方、柴胡汤类似方、承气汤类方、四逆汤类方、杂方等12个类方。各类有主方，各方中列述有关汤方证治各条文。如此以方类证，对后世《伤寒论》学习者有很大的帮助和启发，成为伤寒学派中以方类证的主流派。

《洄溪医案》所收医案以内科杂证为主，治法灵活多变，随证而施，并有不少独到的临床见解，对读者颇多启发。现存多种清刻本。

【故事征引】

教子忠厚诚实

清代吴江（今江苏吴江县）西城下塘毓瑞堂，有一户书香门第。主人徐养浩，博览群书，见多识广，他的父亲徐执曾任翰林院检讨，修过《明史》，家中藏书万卷。膝下有一小儿名叫徐灵胎。小儿生有异禀，身高额宽，声如洪钟，聪敏过人。

徐灵胎孩提时与小伙伴们做游戏，总想当头领，扮大官，有时还说假话，欺骗小朋友。父亲见到这种情形很是担心，于是经常教导灵胎说："人生天地之间，应以忠信为本，不要贪图功名利禄，只有忠厚诚实，有真才实学，才能造福世人。"

在父亲徐养浩的开导下，徐灵胎发奋学习，凡星经地志，九宫音律，百家诸子，刀剑武技，无所不通。由于徐灵胎父母体弱多病，他开始习医救人，医术了得。

徐灵胎少时就考中了秀才，不少人劝他步入仕途，光宗耀祖。但他看穿官场的腐败，不肯与那些鱼肉百姓的官吏同流合污。他轻视名利却留心经济，曾两次协助地方兴修水利取得了很大成绩。

有一年，地方乡试，徐灵胎在亲友劝说下进了科场。但他认为，科举仕途，功名利禄，只是不屑之事。于是他在考卷上写道：

徐郎不是池中物，
肯共凡鳞逐队游？

丢下考卷，扬长而去。徐灵胎这样做，父亲并没有责怪他，并夸他有骨气，进一步引导他用心学医，解除百姓的疾苦。徐灵胎牢记父教，专心攻医，很快成了名医。

在父亲的教诲下，灵胎行医，不为名利，因此敢讲真话。当时，人们为了讲派头，比富贵，不管得了什么病都争服人参。结果是，很多家庭本来就没有什么钱，结果患了病后医生给开了人参，为了在道义上过得去，家人砸锅卖铁，好多人把房子都卖了来买人参治病，其实好多人都不适合服用人参，最后是家破人亡，人财两空。

这个问题被徐灵胎发现后，他感觉很有必要纠正一下这股歪风。徐灵胎认为，吃药是为了治病，药之贵贱与人品高低没有什么关系。于是，他马上拿出辛辣的大笔，专门写了一篇《人参论》放在他出版的《医学源流论》书中。告之世人曰："天下之害人者，杀人未必破其家，破其家未必杀其身，先破人之家，而后杀其身者，人参也。"意思是说：您看那些想谋害人的坏蛋，他顶多是给人一刀，他没本事连被害者的家一块给弄破产了；同样，如果一个人做生意破产了，那钱没了人却还活者。这先把被害者的家给弄破产，然后再取人性命，有这种本事的，那就是这庸医手里的人参啊。

他还说，"这人参补气是不假，但也得分个时候。当患者的病证中有风寒暑湿、痰火郁结的，再给用人参，那就会把邪气补住，所以天下的人千万别以为人参是有病必服的补药啊"。他劝告人们不要滥服人参。此举不知救了多少人家。

临症显奇能

有一天下午，徐灵胎应邀来到一个村民家中，忽然有个老婆婆从里面出来，惶惶不安地对主人说："没救了！"

徐灵胎惊问道："怎么了？"

主人说："我妻生产两天还没产下，接生婆已经回绝了，看来……"

徐灵胎说："我来为她把把脉吧！"

这家主人转忧为喜，徐灵胎进入产妇卧室，看到产妇此刻浆水（羊水）已涸，由于接生婆令其用力迸下，产妇疲乏已极，不能出声。徐灵胎对这家主人说："不要怕，这是试产，不要勉强，让她安卧，待一个月后才可以正产，并且很顺利，而且还是男胎！"

接生婆听了，不以为然，她对这家主人说："这是谁啊，敢说这样的大话，我接生几十年，从来没见过像这样的产妇可以救活的。”这家主人也是半信半疑。徐灵胎见产妇气息微弱，便为她拟出一个养血益气安胎之方。由于方中有昂贵的人参，徐灵胎看到他家并不富裕，便从怀中掏出一两银子给他，让他去买药。产妇服药之后，胎气安和，全无产意。一个月后，果然生一男孩，而且生产很顺利。

徐灵胎说：“凡是胎气旺的孕妇，感受了风寒劳碌，便会产生胎坠下陷，像是要生产一样，这时候只要用点安胎药就行了，如果勉强用力，会导致胎浆早破，则胎不能安。我看她胎脉很旺，而月份未足，故知她还未到产期。由于那次胎已动摇，将来生产必易；左脉甚旺，所以知是男胎，这是很浅显的道理。”

灵根再生

有位富家李公子，在外风流嫖妓，得了个下疳病，阴茎连根烂尽，尿从骨缝中流出，还有尿液灌入阴囊里，整日痛得他哭哭啼啼，后来连肛门也烂进去半寸多深。他父亲便请徐灵胎为他诊治，只要能求得活命就行。

徐灵胎也从未见过此病，便勉强为他医治。内服给予解毒养血之剂，“金银花五钱、黄芪一两、当归三钱、甘草六钱，每日煎服一剂”；外敷药则每用必痛，屡屡换方，至不痛而后已。两个月后患处结痂，病人能走路了，唯阴茎仅留根蒂，长不足半寸。徐灵胎便拟再长灵根一方，内用胎狗一只，适逢病家的母狗刚刚生下三子，他取来一只胎狗，用黄泥裹住，放在火灰中煨至干燥黄松，再合上八味药物予服。

过了两年，这位公子的妻子就生了个儿子，他家族人无不诧异，都认为他的“灵根”已经没了，怎能生子？由于他家颇有家资，族人都怀觊觎之心。他的岳父徐君密询其婿，李公子说：“我服药后灵根已经长出来了，生个儿子又有何疑？”徐君便集其族人共同验视，灵根果然齐全，但累生如有节而无皮。

再过两年，又生一子，族人皆无话可说。远近相传，以为奇事。

尊经派的代表人物——黄元御

【名医传记】

黄元御（1705～1758），名玉璐，字元御，一字坤载，号研农，别号玉楸子。山东昌邑人，生于康熙四十四年乙酉（1705）九月，卒于乾隆二十三年戊寅（1758）九月，享年54岁。清代著名医学家，尊经派的代表人物。

1705年，黄元御出生于世代簪缨的书香门第，自幼深受家学影响。少年时代，黄元御的父亲就为他邀请到侨寓昌邑的名儒于子遽先生为师，学习举业制艺，遍览经史著作，希望他能够登科入仕，光耀门庭。黄元御也将"常欲奋志青云，以功名高天下"作为座右铭，希望效仿其先祖黄福，在未来能够做出一番轰轰烈烈的事业。

黄元御自小胸怀大志，亦发奋苦读。小时候，他经常到父亲南隅的书斋中阅读诸子百家的各类书籍，也喜爱与比他长5岁的堂兄黄德静以及姑表兄弟孙尔周等促膝交谈，论前途事业，讲读书心得。而且他还常去"乡贤祠"，特别是到"黄忠宣公祠"瞻拜先祖的灵位，默领"家训"的真谛。

在南隅书斋中，黄元御经常翻阅黄福的《后乐堂诗集》，因为他特别爱读那首题为《书怀》的七言诗："不种桑麻不养蚕，莫将实学付空谈。王侯筋两无多重，有志男儿一担担。"立志做一名能担负起忠君保国重任的良臣，决不辜负先祖的遗训，在黄元御的心里已经形成牢不可破的信念了。

雍正二年（1724），甫近弱冠之龄的黄元御考中邑庠生。雍正十二年（1734），黄元御30岁，因用功过勤，突患眼疾，左目红涩，白睛如血，不得已延医就诊。而庸医误用大黄、黄连等寒泄之剂，致脾阳大亏，数年之内，屡犯中虚，以致到最后左目完全失明。

正当而立之年，恰逢科举时代，五官不正，不准入仕，遭此劫难，黄元御的仕进之路被彻底断送。在哀痛之余，当地名医、好友刘太吉劝他学医，他发愤立志："生不为名相济世，亦当为名医济人"，从此走上了弃儒从医的道路。

黄元御凭着深厚的文化功底，又得到刘太吉认真传授，苦读历代中医典籍，数年奋斗，浸淫有成，开始悬壶济世。在行医过程中他又不断总结经验，医术精进，医名大盛，时人将之与诸城名医臧枚吉并称"南臧北黄"。

黄元御从医伊始，是从研读张仲景的《伤寒论》入手的，然后逐及《金匮玉函要略》，黄帝、岐伯《内经》，扁鹊《难经》等中医根本典籍。他奉仲景等四人为"医门四圣"。他认为"四圣"之外，历代名医持论多有偏失，以至误诊死人，其根本原因是因为"四圣"之书错简零乱，兼之历代传注谬误所致。因此发愿尽毕生精力，对"四圣"之书，从源到流，重加考订，还其本来面目，以凭后世遵循。

乾隆二年（1737），黄元御开始酝酿《伤寒悬解》一书的编著，并着手撰写《素灵微蕴》，乾隆五年（1740）九月完稿，共4卷26篇，在该书中黄元御首次提出了"培植中气，扶阳抑阴"的诊病理论。对于中气他给予了形象的比喻："精如果中之仁，气如果中之生意，仁得土气，生意为芽，芽生而仁腐，故精不能生，所以生人者，精中之气也。"有本于此，在施治中他始终贯彻重视脾土、扶阳抑阴、厚培中气的施治原则，这是他对中医学理论的进一步发展。

乾隆十三年（1748）四月，他开始撰著《伤寒悬解》，七月三日草成，计15卷。八月下旬又撰成《金匮悬解》22卷，时年44岁。

乾隆十四年（1749）春，黄元御初草《四圣悬枢》一书，辨析瘟疫痘疹之疫。二月作《四圣心源》，解内外百病原始要终，仅草创大略篇目，因事辍笔。乾隆十五年（1750）四月，黄元御北游至京，适乾隆帝有疾，众太医萎思无策，经举荐，黄元御入宫视疾，药到病除，以精湛的医术得到了乾隆帝的特别青睐，亲书"妙悟岐黄"以为褒赏，并恩赐御医。从此，黄元御开始了供职太医院的生涯。

乾隆十六年（1751）二月，乾隆帝首次南巡，黄元御伴驾至杭州，其间著方调药皆有神效，深得乾隆帝及内外臣工赞誉。四月间，黄元御乘闲便道至清江旧寓，继续编写《四圣心源》一书，“十得其九，厥功未竟”。六月删改《四圣悬枢》，誊清定稿。八月十五日开舟北上，回到京城。直至乾隆十七年（1752）十月，黄元御写毕《天人解》一章，经过四年时间，《四圣心源》终于脱稿。在《天人解》中，他极力阐发《内经》“善言天者，必有验于人”的观点，高度重视阴阳五行学说的运用，并善与四时相联系，从阴阳变化、五行生克、脏腑生成、气血原本以及精神化生等方面阐述气化自然的妙义，影响巨大。

侍君几年中，黄元御并不得意，繁庶之务使他没有更多的时间完成著述，黄元御为荒废了这许多宝贵时光而深自惋惜。此后的日子里，他更是惜时如金，全身心地投入著述中去。

乾隆十七年（1752），杂谷土司苍旺为乱，四川总督策楞、提督岳钟琪乘机调兵遣将，奏请平乱。鉴于大批清军水土不服、疾病缠身，致使战斗力低下、伤亡惨重的情景，乾隆皇帝下诏黄元御署理川军军医馆——久真堂，提供解决将士水土不服之症的方略。

临危受命的黄元御仔细了解了藏区的气候，官兵高原缺氧和高寒以及流行的伤寒、咳嗽等现象，秘制出各类强健体魄，提高免疫力，抗高原低氧环境的膏、丹、丸、散，用于清军携带服用，以克各类低氧、伤寒、咳嗽、倦怠、疲惫等病症。

乾隆十八年（1753），黄元御49岁，春二月，取张仲景著作中的方药加以笺解疏证，著《长沙药解》4卷，载药161种，方242例。乾隆十九年（1754）三月又撰成《伤寒说意》10卷。该书以传经入说，辩论分析，多启迪后学门径。同年六月八日，撰成《玉楸药解》8卷，以补《长沙药解》之未备，他在该书中首创了用浮萍治疗瘟疫的疗法。至此，时年50岁的黄元御已完成医书八部，即后世所称《黄氏八种》。因过度劳神，此时的黄元御已是身疲神怠，门人毕武陵请笺注《素问》《灵枢》，“自唯老矣，谢曰不能”。

乾隆二十年（1756）初春，在门人毕武陵的再次推请下，黄元御着手笺释《素问》，至十一月书成，计13卷，定名为《素问悬解》。此书中的“五运六气，南政北政”之说，大为发前人之未及。乾隆二十一年五月二日，黄元御完成《灵枢悬解》9卷，五月十六日至二十二日，用七日时间撰毕《难经悬解》2卷，此即所谓黄氏医书3种，合前8种，共计11种。另尚有《玉楸子堂稿》一书，为黄氏医案、杂著。

黄元御不但深谙医学，道学、经学造诣亦相当深厚。乾隆二十一年（1757）二月，他在从事医著之余还应友人澹明居士之请写了《道德经解》一书，诠释其哲理，发挥其奥义。1757年6月又在精研易理十余年的基础上完成《周易悬象》一书，阐发阴阳八卦爻辞变化之理。四库馆臣评其《周易悬象》谓“近人说《易》中，独可谓学有根据”，给予了很高的评价。

乾隆二十二年（1758），黄元御在行医、著述生活中因过度劳累，身体中虚，渐成重症，抱病回到故里，居于昌邑城南隅书斋，至乾隆二十三年（1758）九月十七日戌时，溘然长逝，时年54岁，归葬新郭祖茔。

乾隆皇帝得知黄元御过世的消息后深感痛惜，亲书“仁道药济”（意为，行仁道，以药济）四个字缅怀其一生的医术与医德。

黄元御自36岁开始从事著述，苦心经营近20年，著书14种，他的医书11种在其去世后不久，即由四库全书编修周永年进呈，全数收录，民间亦有刊本，尤其是在江南等省，凡悬壶行医者，无不知黄元御，被称为“医门大宗”“一代之大医”，其史事逸闻广为传载。

【后世影响】

黄元御继承和发展了博大精深的中国医学理论，对后世医家影响深远。医学界称其学术思想，“奥析天人，妙烛幽隐，自越人、仲景而后，罕有其伦”，成为中国医学发展史上，对经典医著“长沙而后，一火薪传”的“一代医宗”。

【故事征引】

淋雨透疹

清代名医黄元御由京返乡，名噪一时。其女远嫁，生一子，出痘，势甚危，抱归求治，黄元御一见即怒责道：“此症险恶，不过日晡，速行。”其女长跪乞怜，黄不顾，呼人急驾骡车送之返。

这时烈日炎炎，驾车的人因故而迟迟未能上路，在中途又遇到倾盆大雨，周身淋得透湿。驾车人只能回到黄家。

这时天色已晚，黄元御率领全家人站立门外，打着灯笼等候女儿归来，并对女儿说："你的儿子可以得生了，这种病，内热已达极点，非用此法不能挽救性命。我默察天时，知道今日午后必有大雨，故想此办法，不然你的儿子岂能得以生存。"接着便处以方药，痘果透发而愈。

淋雨透疹，为医界一趣闻。

雪埋双公子

县令的两个少爷同时生痘子，而且都烧得很厉害。全城的医生都看遍了，没有一个开的药能见效。

人们都反映说，只有新郭的黄元御能治得这种病。县太爷急了，便派人找黄元御来治疗。衙役冒着鹅毛大雪请来黄元御看过之后，黄元御张口就说这病确实不难治，并不需要开药。

这时，外边的雪越下越大，已经积了一尺多厚。县令和他老婆看着黄元御坐在火炉旁静静地向着火，没有半点着急的样子，心里真像被炉火烧一样的着急。

又等了一会儿，黄元御才慢吞吞地说："看来外面的雪有一尺半了吧？"

县令忙说："我看快二尺厚了。"

黄元御说："那可以了。你就让妇人把两位公子剥去衣服，用布裹好，埋到院中的雪里去吧!如果令夫人过于疼孩子，不肯这样办的话，那我也就没有别的办法了。你这两位公子也就难救了。"

大家静了一会儿。县令把妇人叫回房里，吵了一顿嘴，还是咬着牙把两个公子埋到雪底下去了。

黄元御和县令一边在火炉边喝着茶水，一边解释他为什么用这种方法来为公子治病的道理。

这时，县令夫人走到埋着孩子的雪堆那里去了。黄元御急忙喊："不能动。"等县令去制止时，夫人已经在一个孩子的雪堆上扎了个孔眼，还哭着说，孩子要不就憋死了。

黄元御过来一看，非常惋惜地说："本来一个好好的公子，这样就要瞎一只眼了。"

公子的病很快地都治好了。

县令派人来向黄先生道谢，并说明县令的请求。黄元御对差人说："请你告诉县太爷，公子的那只眼我是不能治了。"

以恼治病

有一年。昌邑州的知州突然得了"腑痈"，家人十分着急，四处求医。

在危急之中，县令请黄元御去给知州治病。将要下针时，黄元御忽然停住手说："你这病一针就能治愈，不过老爷请我时，什么东西也没送我，心里有点不痛快。所以，这一针怕下不准。"

知州看到针不下了，就赶快问他："你想要什么？"

黄元御："我既不要钱，也不要官。"

"那你究竟想要什么嘛？"知州急切地问道。

最后，黄元御慢条斯理地说："听说你家小姐有姿色，我正缺一个妾……"

知州怒气冲天，翻身坐起，黄元御即刻一针下去，哈哈大笑起来。一边说："好了，好了，你的病好了。"

这时，知州也真的感到病轻了许多。黄元御解释说："这不过是我借你的恼怒来治病的一种手段，舍此你的腑痈就会无治。"

闻声识绝症

当年黄元御在太医任上，盛京沈阳有位王爷的儿子病危，遣人入京，求乾隆帝派太医前往诊治，皇帝便命黄元御前往。

当日起程，乘轿奔赴，夜不住驿，在轿中假寐；食不下轿，仅果腹而已。

一到沈阳，便直奔王府，报名而入，一直来到正堂，王爷到阶下相迎。方一落座，黄元御还未及请问，王爷便陈述其子的病情。黄元御说："适才臣进府时，听到东厢有呻吟之声，可是小爷？"

王爷答道："正是。"

黄元御说："不用看了，其肺已腐烂不堪，无药可医，可惜啊！"王爷闻言，即面露惊愕之色，旋即面如冷铁，起身说道："先生少坐，本王去去即回。"

不一会儿，侍者捧出一盘呈与堂上，一看，其内盛着一个腐烂的人肺，浊血流溢。黄元御大惊失色，方欲问其故，王爷已手握匕首而至，双手及利刃尽染血污，抱拳稽首曰："先生神明，本王佩服！适才已将犬子杀了，这就是他的肺，果然如先生所言。"黄元御惊倒在地，面如土色，张口结舌，无言以对。

稍定，乞求回归。

王爷允请，黄元御即刻起程。一到京城，便拜表奏乾隆帝诊病及王爷杀子的始末，谢罪并乞归故里休养。帝不究其直言之罪，好言抚慰，准其所请。未及陛辞，即匆匆返籍，病卧不起。

其子请问病由，黄元御祥告说："为父已胆破神伤，医药无及，还有百日阳寿，速请好友故旧一决！"果百日后而逝，享年54岁。

民间走方医第一人——赵学敏

【名医传记】

赵学敏（1719～1805），字恕轩，号利济，浙江钱塘（今杭州）人，生活于清代雍正、乾隆、嘉庆年间。清代著名医学家。其父曾任永春司马，迁龙溪知县。其父晚年得二子，长子赵学敏，次子赵学楷。乾隆年间（1736～1795）下沙大疫，其父延医合药，赖以生者数万人。

出于济世利人的目的，赵父让赵学敏习儒，赵学楷学医。为了创造一个良好的学习环境，他们的父亲在养素园中收藏了许多医书，又专门开辟一块土地作为栽药圃，起名“养素园”，为试验种药之地，以察形性，设有“利济堂”，是诊病疗疾之所，让弟兄二人终年吃住在园中，接受儒学和医学教育。赵学敏虽被指定为学儒，但他的兴趣却集中在医药方面。他读书的范围十分广泛，对天文、历法、医药、卜算、方技之类的书籍也多有涉猎，无不潜心研究，每有所得，即汇钞成帙，积稿数千卷。闲暇的时候，他和弟弟就以默画针灸铜人图作为游戏。学习医药知识对这哥俩来说，完全是一种乐趣。

酷爱读书的赵学敏，自称有“书癖”。他看书时整个心思到了入迷的程度，要是有所心得，就高兴得忘了疲倦。遇到有用的资料，他就抄下来，藏进书箱。久而久之，箱子满了，他就把这些资料捆起来，藏入书阁，到后来竟积累了几千卷的医药资料。他白天看一整天的书，兴犹未尽，晚上又挑灯苦读。这样拼命的学习，当然也使父母为他的健康担心。因为怕遭到父母的呵斥和禁止夜读，赵学敏就偷偷地躲在蚊帐里看书，把灯光遮掩起来，看书到深夜。油灯的煤烟不断地熏燎，后来竟把翠色的蚊帐熏成了黑色。

赵学敏并不满足于“养素园”中的收获，中年以后，他毅然走出家园，到民间去。在平湖、奉化、余姚、临安、上虞一带，访亲问友，向“某仆”“某妪”“土人”“辛苦劳碌的人”请教，当他80岁高龄的时候，也还在民间向多人请教。他发现民间蕴藏着丰富的医药知识，然而民间的防病、治病经验，历来都得不到重视！为什么肩背药箱、手持串铃、不避寒暑、游乡串户的民间医生，被污蔑为“江湖郎中”，被污蔑为“小道”？为什么后世医家在总结经验以及编写医书时，都不记载“铃医”“走方医”的经验？赵学敏认为这都是人们看不起民间医药的结果。赵学敏决心将民间医药经验汇编成书，他为编写《串雅》，曾走访不少民间医生，争取他们的帮助，其中对他帮助最大的是走方医赵柏云。赵柏云是赵学敏的同族人，他在治疗牙病、眼病、虫病、点痣等方面有丰富的经验，听说赵学敏要为民间医生著书立说，愿将多年的行医经验，通过口授的方式，传授给赵学敏。在赵柏云口授经验的基础上，又将自己多年收集的资料分门别类地加以整理，终于在1759年完成了《串雅》的编写工作。《串雅》分：《串雅内编》《串雅外编》，各有四卷。《串雅内编》首先总结了走方医的截、顶、串的三种治疗方法（即汗、吐、下三法），并给予高度评价，认为走方医的治疗方法是“操技最神，而奏效甚捷”。他把走方医的用药特点，归纳为贱、验、便三字决。

“一曰贱，药物不取贵也；二曰验，以下咽即能去病也；三曰便，山林僻邑仓卒即有。”

《串雅内编》还记载了许多民间医方，例如，用五倍子研末填脐中，可以治疗盗汗；用荸荠汁滴眼，可以治疗红眼睛；吴茱萸研末调醋贴两脚心（涌泉穴），可以治疗咽喉炎；用刀豆子烧成灰进行冲服，可以治疗呃逆不止等。有些单方，目前临床上仍在使用，并有一定的治疗效果。

《串雅外编》介绍了民间防病的经验，书中集录了除蚤、灭虱、驱蝇、禁蚊、除臭虫等驱除害虫的措施。在当时对于流行病的传染媒介，虽然还不十分清楚，但是这些除虫措施，实际上是起了消灭疾病的传染媒介的作用。《串雅外编》还记载了民间的急救法，例如：溺用骑牛，解药毒用防风，昏厥症用放血法等，这都是简便而又经济的方法。此外，它还重点介绍了民间外治法的经验，有针、灸、熏、贴、蒸、洗、熨、吸等方法。这些方法都具有简便、经济、有效，用药安全的特点。至今仍有使用价值，《串雅》是一部内容丰富又反映民间医学的医书。

赵学敏对古代著名医家都很尊重，对明代李明珍和他的著作《本草纲目》更为钦佩，但他又不迷信古人。赵学敏认为随着时代的变化和发展，药物也有发展。《本草纲目》问世以来，又出现了更多的药物，有必要在《本草纲目》的基础上加以补充。他在完成《串雅》等书的编写工作之后，又开始编写《本草纲目拾遗》。用赵学敏的话说，《本草纲目拾遗》是"专为李氏之遗而作，凡纲目已登者，或治疗有未备，根实有未详，仍为备之"。赵学敏在编写《本草纲目拾遗》的过程中，翻阅了600多种古书籍，其中有医书280多家、经书340余家，他为了核对某些药物的形态、性能及功效，不仅试种于"养素园"中，还走访了2000余人，在他调查药物的过程中，采取实事求是的科学态度，他常说，"宁从其略，不敢欺世也"。

赵学敏在收集民间单方、验方时，都是经过慎重挑选的。有一次，赵学敏来到奉化，知道"六月霜"具有解暑毒的作用，他就"以百钱买得六月霜一束"，用它进行临床试验，在一次时疫病流行中，他"取一茎带子者，煎服之"，取得很好的效果，后来又"屡试皆效"才将它收录下来。"鸦胆子"具有杀虫解毒作用，有治疗阿米巴痢疾的效果。赵学敏经过多次临床观察，认为由鸦胆子组成的至圣丹，治疗痢疾有很好的效果，"治冷痢久泻，百方无验者，一服即愈"。赵学敏在《本草纲目拾遗》中，首次记载它的药效，并写道："此方不忍隐秘，笔之于书，以公世用。""千里光"具有抗菌作用，能治疗各种急性炎症性疾病，民间普遍认为它是清热解毒的良药，还流传着"有人识得千里光，全家一世不生疮"的谚语，赵学敏根据民间用药的经验，称它为"外科圣药"而载入《本草纲目拾遗》。我们在《本草纲目拾遗》的条目中，屡能看到"亲试神效""屡试神效""用之皆效""后治数人多效"的记载，进一步证实，赵学敏收载的药物和医方，多数是经实践检验过的。

赵学敏收载药物的范围也很广泛，连市场上供应的药物商标，也不遗漏。当时的药物商标称为药帖，有"金灿然药帖""广和药帖""许帖"等，他都一一收集。赵学敏不仅收集中国药物，也收集外来药物，他是我国第一位把西方的消强水、刀创水（碘酒之类）、冲鼻水（嗅剂之类），以及各种药露的制作方法，编进本草书的。

赵学敏于1765年完成了《本草纲目拾遗》的编写工作后，又经过30多年的增订工作，使之更完备。《本草纲目拾遗》共10卷，收载药物900多种，其中有《本草纲目》未载的，也有虽已记载但治法、形态不详的，特为之补充，使之更完备。此外对部分药物有误分重合的地方，又引经据典，加以厘正。《本草纲目拾遗》在赵学敏死后50多年（1864）才得以刻印。1887年又进行重刻，并附于《本草纲目》之后，流传于后世。

长期的过度用眼，损坏了赵学敏的眼睛。乾隆丙子（1756），他患了眼疾，几近失明。经过六个月闭目养息，才算保住了眼睛。但他眼睛刚好，就凭借亲身的体会，写下了一本眼科专著《囊露集》。赵学敏对他这本眼科书甚是得意，认为可以超过前人所有的眼科书，只可惜这本书最后并没有流传下来。

数十年的积累，使赵学敏在很多方面有所建树。乾隆三十五年，族人赵柏云为走方医，将所用有效验方传授于他，学敏又结合平生所录奇方，初步完成了他个人的一套丛书，取名为《利济十二种》。这套书共100卷，含12种医药书，包括药书、本草、养生、祝由、眼科、炼丹及民间走方医疗法等多方面的内容。丛书子目的名称是：《医林集腋》《养素园传信方》《祝由录验》《囊露集》《本草话》《串雅》《花药小名录》《升降秘要》《摄生闲览》《药性元解》《奇药备考》《本草纲目拾遗》，遗憾的是这12种医书大部分早已散佚，只有《串雅》和《本草纲目拾遗》流传于世。

【后世影响】

赵学敏的一生是不平凡的，他为我国医药事业做出了很大贡献，首先他系统地整理了民间的一套防病、治病经验，为后世医药卫生事业提供了重要的资料来源。他又继李时珍之后，总结了明清以来药物学发展的新成就，为我国药物史增添了新的一页。他又是我国最早接受西方医药的医药家，为沟通中西医药文化交流贡献了力量。他不愧为继李时珍之后清代的一位杰出的医药家。

他撰写《本草纲目拾遗》不仅纠正李时珍书中的几十条错误，而且增加了大量新的药物。《本草纲目拾遗》中不见于《本草纲目》的药物达716种之多。更重要的是，这些资料绝大多数来自民间经验。《本草纲目拾遗》为我国中医药学增添了大量的用药新素材。该书是清代最重要的本草著作，在中医药史上占有重要地位，一直受到海内外学者的重视。

《串雅》全书包括《串雅内编》四卷、《串雅外编》四卷、《串雅补》五卷，合称《串雅》全书。该书是一部整理走方医经验的著作，搜集了大量的民间秘方、验方、单方等，突出了贱、验、便三大特点。《串雅》全书对于研究民间医药知识具有重要参考价值。

【故事征引】

赵总管的“因势利导教子法”

清代，在钱塘（今浙江杭州市）江畔，住着一名姓赵的盐场总管，他心地善良，乐善好施。

一次，钱塘海潮骤至，盐工数万人被淹，赵总管不顾个人安危，冒死抢救盐工，几天几夜不上岸。伤者，他请医给予治疗；死者，他出资为其殓葬，乡亲们感其恩德，从此不叫他的名字，都唤他总管。为使盐工免受潮水之害，总管多次上书建议修筑海堤。开工后，他指挥民工苦干数年，修好了防潮大堤，并定名“利济塘”，意思是告诉世人，修筑此堤是为了利民济世。由于赵总管有功于民，被提升为福建尤溪知县。当了县令，他依然爱民如子，百姓的疾苦他依然还管，所以百姓们还唤他总管。

赵总管晚年生有二子。为纪念钱塘大堤，他为长子起名叫“利济”，学名为学敏，次子叫学楷。为把两个儿子培养成人，总管让学敏学儒，让学楷攻医。为了创造一个良好的学习环境，他还为学敏布置了书房，为学楷收藏了许多医书，又在“养素园”中专门开辟一块土地作为栽药圃，让弟兄二人终年吃住在园中，接受儒学和医学教育。可每当总管去检查学敏功课，都发现他不在书斋读书，而是在药园里植药尝草。父亲见他不务正业，勃然大怒，狠狠训斥了学敏一阵。总管满以为学敏会听他的话。

一天晚上，父亲去学敏房间，看见儿子坐在帷帐中，汗流浃背地读书，油灯把帐子都熏黑了，总管心里非常高兴。可走近一看，学敏读的还是医书。父亲本想大发雷霆，可转念一想，孩子的志趣在医学上，何必强求他读书做官呢？学敏正等着父亲责备，可总管含着泪水说：“孩子，过去是爹错了，我让你学儒，是为了将来做官救百姓，你学医也是为救苍生，看来你的志趣在医学上，就大胆地学医吧！”学敏激动地扑到了父亲怀里。

赵学敏在学医过程中，对药物很有研究，曾将许多草药引种进“养素园”，其父亲、弟弟一起帮助他松土、施肥、治虫，并观察药物的生长过程。

一天，他家里的女佣不慎从楼梯上摔了下来，出现了瘀血症状，赵学敏从药圃中采来了“落得打”，捣烂成汁，让她用酒冲服，又用药渣进行外敷。不久，瘀血症状消退了。赵学敏通过实践，进一步认识了“落得打”的药物功效。

一次，赵学敏到余姚等地调查，渡过了曹娥江，发现长在水边的长二三尺的“三白草”，与古书上的记载不同，叶数不止三叶，也不是所有叶子都能变白，仅在上边几个树叶会变色，而且变色也有一定次序，初时近蒂先变白，其叶中变白，最后是叶尖通白，所以“三白草”是一叶有三白，而不是白叶有三，经过赵学敏的仔细观察，纠正了前人对“三白草”的传统看法。

赵学敏在民间收集到不少医之有效的医方。一天，赵学敏来到西溪，住在一户吴姓人家，吴家有一个15岁的孩子，背部发出不少红瘰，有的说这是“丹毒”，有的说这是“蛇缠疮”。当时赵学敏对由病毒引起的“带状疱疹”还缺乏认识。他错误地认为这是由于上山砍柴被虫咬而引起的，所以治疗上采用一般的药膏涂上，过了两三天，红瘰不仅不退，反而引起化脓性炎症。赵学敏又换上另一种药膏，仍然无效，病势越来越严重。

正当赵学敏束手无策时，邻近的一位老大娘传授了用“翠羽草”治疗蛇缠疮的经验。生长在阴湿山石间的“翠羽草”，又名“孔雀花”，它具有清热解毒、消瘀止血的作用。赵学敏根据老大娘的经验，将“翠羽草”捣汁涂上，果真，一夕立消，赵学敏感慨地说，“此草解火毒如此”。

赵学敏业医真是入了迷，他把家中的医著读完了，又去邻居黄旺翁家中借书读，几年中他收集资料“累累千卷”。为掌握药理药性，他还种了几百种药材，终日观察，详做记录。由于用眼过度，他患了眼疾，几乎双目失明。就是患了眼病，他一天也没有放松学医。经过六个月的治疗，他的眼病一天天好了起来。他把自己的亲身体会，写成了眼科专著《囊露集》。由于赵学敏刻苦努力，很快成了名医，求诊者不绝于户。

为了让赵学敏有更深的功底，父亲经常教导他，名气不等于能力。草医虽然没名气，但多有一技之长，他要儿子放下架子虚心向草医学习，并经常给赵学敏讲铃医用禁、截、顶、串之方，治好大病的故事。赵学敏谨遵父教，拜同乡铃医赵柏云为师。赵柏云乃走街串户治病，摇铃击鼓卖药之人，身怀绝技，他见学敏冲破世俗虚心向他求教，深受感动。于是把祖传简、廉、便、验之方，尽传学敏。

赵学敏记录的故事

赵学敏在《本草纲目拾遗》曾经写过这样一个故事。

临安（今杭州）有位医生叫盛天然，在当地很有些名气。有一天，城外山里有人得了急病来请他出诊，盛先生领着跟他学医的儿子很快赶到了病人家中。

病人是位家庭主妇，由于口、眼、鼻、耳，以及发根和下身出血不止，人已面如白纸，不省人事了。据其丈夫诉说，得知病人是因七天前受了一场虚惊而发病，吃过一些医生开的药，可是病情仍在不断加重。弄清了情况，盛先生坐下来诊脉。一搭脉，发现指下虚大中空，乳而无根。掰开病人的嘴一看，舌淡无华，干燥少津。盛先生边检查边对站在他身边的儿子说："病由惊、暑而得，惊恐则气血乱于内，夏暑则火热盛于外。盛乱之下，气血逆沸，上溢成衄，下注必流，有经不循，乃成血证。现在气血已脱，危如累卵，命在旦夕矣！"

检查完，盛先生略加思索，吩咐取一斤烧酒，提一捅新汲的泉水来。然后将病人扶坐在床边，先把她的双脚放在桶边上用烧酒淋洗，再把双脚泡进桶内，大约过了一顿饭的工夫，病人的出血便止住了，神志也清醒了。看到这种情况，盛先生高兴地说："有救，有救。"他一边让病人卧床休息，一边让其家人去买回一斤海参，当即给病人服用了一两多，把余下的切成片，焙干研成细末，嘱咐每日用米汤送服三次，每次三钱，用完即止。

当天傍晚时分，病人的情况便大有好转。回家路上，儿子问父亲："病人血止以后，该补气血，为何弃人参、当归不用，独服海参一味呢？"盛先生说："《黄帝内经》云'有形之血不能速生，无形之气宜当急补。'别看海参是食品，入药之后生血之力捷于归芍（当归、白芍），补气之力不弱芪参（黄芪、人参）。今天独用海参一味，补气摄血，急则可以治气标，气血双补，缓则可以图其本，标本兼顾，进退不误。至于酒水浴脚，不过是扬汤止沸，解个燃眉之急罢了。"儿子听了，方明白其中道理。

海参为棘皮动物，多生活于海中岩石底下及细泥沙中，尤以黄海、渤海产的"刺参"为佳。《五杂俎》中说："其性温补，足敌人参，故曰海参。"海参性味甘咸温，有补肾益精，养血润燥之功。

《现代实用中药》中说它"为滋补品，治肺结核、神经衰弱及血友病样的易出血患者，用作止血剂"。

中医学的大量实践和理论说明，海参不仅是人们酒宴餐桌上的美味佳肴，同时也是滋补祛病的良药。

以普及医学知识为己任——陈修园

【名医传记】

陈修园（1753～1823），名念祖，字修园，又字良有，号慎修。清代医学家、中医名家。祖父陈居廊，博学通医。父陈廷启，号二如，早逝。

陈修园自幼家贫，刻苦习儒，兼习古代医典，尤推崇仲景之书。早年肄业于福州鳌峰书院，乾隆五十一年（1786）补诸生。清乾隆五十二年（1787），就读于福州鳌峰书院。苦攻经史之余，还钻研医学，专心研究古代医学经典，颇有心得。此后曾随泉州名医蔡茗庄（宗玉）学医。乾隆五十七年（1792）中举人。后会试不第，寄寓京师。适光禄寺卿伊朝栋患中风症，手足瘫痪，汤水不入，群医束手。陈修园投以大剂而愈，声名大噪。后回长乐，任吴航书院山长。嘉庆三年（1798），主讲泉州清源书院。嘉庆六年（1801），再入京会试，不第，参加大挑，成绩甲等，以知县分发直隶保阳（今河北省保定）候补。又次年，除授河北威县知县，赴任后于公务之暇，仍选有效方剂救治水灾后罹患疫病的百姓。在恒山、保阳、高阳救灾，灾后温疟流行，误死于庸医者甚多，念祖乃精选一百零八首，编为《时方歌括》，广布于世。

嘉庆十七年（1812），署磁州，改任枣强，升同知，擢代理正定知府。公务繁剧，仍撰写医书，为人治病。陈为官廉明，县志记有政声。

嘉庆二十四年（1819），陈修园63岁，以年老请休告归，在长乐嵩山井山草堂讲学，培养医学生，一时学医弟子极多。其间，还曾治愈琉球国王之风症。道光三年（1823）卒于榕城（今福建福州）。

平生素多著述，另有《长沙方歌括》《金匮方歌括》《伤寒医诀串解》

《神农本草经读》《医学三字经》《医学实在易》《医学从众录》《女科要旨》《时方妙用》《新方八阵砭》《难经浅说》《伤寒医方集注》《十药神书注解》《座订柯注伤寒论读》《重订活人百问》《新订喻喜言医案》《医医偶录》《伤寒真方歌括》《灵素节要纂注》等，后世以十六种合刊编为《南雅堂医书全集》（一作《陈修园医书十六种》，或题为《公余十六种》）刊行。（另有《陈修园医书》21种、60种、70种、72种等刊本，系其他医家之作由书肆合刊之丛书。）

【后世影响】

陈修园是遵经派，明白《黄帝内经》的重要性："夫医家之于内经，犹儒家之于四书也。日月江河，万古不废。"在医学教育方面，陈修园特别强调启蒙教育的重要定向作用："医学之始，未定先授何书，如大海茫茫，错认半字罗经，便入牛鬼蛇神之域""入门正则始终皆正；入门错则始终皆错"。因此，《南雅堂医书全集》具有以《黄帝内经》《神农本草经》为基础，以《伤寒论》《金匮要略》为中心，博采众家之所长的整体结构。这套书内容比较完备，包括了经典的基础理论，诊断、方剂、药物和各种病症的治疗；写法上深入浅出，又多从临证需要出发，切合实用；文字清新流畅、浅显通俗，且多赋以韵脚，或作成歌括，易读易记。因此这套书利于自学，是中医普及教育的理想教材。无怪其问世以来便广为流传，近两百年中好评经久不衰，对中医教育的普及起到了很大的推动作用。

陈修园的《南雅堂医书全集》是在《医宗金鉴》这样一套权威著作的对比中脱颖而出、成为中医历史上最有影响力的个人专著的。《南雅堂医书全集》的巨大成功，是源于作者济世救人的诚心和著书的态度。作者的好几本书都是由于自己在大面积救治病人时，痛心于庸医误人的现状而起心撰写的。而作者对于写书的严肃态度和无私奉献的精神也使人感动并堪作后学的楷模。

【故事征引】

居廊教孙学医利民为己任

清朝乾隆年间，在福建长乐县溪湄村，居住着一位读经喜医的老人，名叫陈居廊。因儿子早亡，家境贫寒。他带着孙子陈修园相依为命，艰难度日。尽管是隔辈之人，但居廊对孙子的管教却从不放松。

一天傍晚的时候，正值雷雨交加，河水漫涨。同乡一个村里老百姓家里有人突然发病，病人的家属急匆匆地冒雨前来敲门，请居廊去为家人看病。他二话没说带着孙子就走，可半路上有一座小桥却被大水冲垮了，使他们无法通过。

修园劝爷爷说："爷爷，桥都冲垮了。咱们还是回去吧！"

爷爷坚定地说："那可不行！我们必须去！"

接着，爷爷又温和地对修园说："孩子，救人如救火啊！人生在世，应多为别人着想，这是做人的根本，你长大了无论是当官还是行医都要多做有利于民众的事。"说完，他背起修园，同病人家属相互搀扶着蹚水而过。

由于他们及时赶到，救活了垂危的病人。这件事，对修园教育极大。

陈修园是一个聪明过人的孩子，博览群书。20岁补诸生。又拜名医蔡萦宗玉为师，苦攻医学。24岁就能自立行医了。

为改变自己的处境，他决定走张仲景一面为官，一面行医之路。35岁时，他随孟超然学经书，治举业。乾隆五十七年，乡试中举，次年赴京会试未中，寓居北京行医。一次，光禄寺刑部郎中伊云林突然中风，不省人事，百医束手无策，陈修园手到病除，名声大震。

次年，宰相和珅患上病足痿，不能上朝。陈修园就用活狗皮和药裹在患处，不到半月脚病就治好了。

和珅恐怕脚病再发，以官职和金钱为诱饵，令其久居其家，陈修园托病南归，因此得罪了当朝宰相。之后，两次未敢入京会试。

和珅事败后，陈修园被任用到保阳（今保定市）任县官。这年，保阳暴雨成灾，他亲赴恒山，指挥抢险救灾，因疲劳过度，患了寒原症，几乎丧命。不久，又瘟疫流行，死者无数。陈修园一边处理政务，一边在公堂上为百姓看病，为救更多的病人，他倡导普及医学知识。他在公务之余检阅时方3000多首，精选108首，编写成《时方歌括》，把书抄写给各地医生，拯救灾民，救人无数。

嘉庆十九年（1814）朝廷念修园公务之余还为民治病，著作医书，授威县知县。到任后，他依然牢记爷爷的教导，为百姓做了大量的好事，朝廷又以“善体察民情而有贤声”之由，升为直隶知州，继而升为代理正定府知府。

陈修园当了不小的官，但他没用利用职权搞特殊，而是多为百姓做好事。他“上溯炎黄，专宗仲景”，在公堂上一边审案，一边为百姓诊病。民众感其恩德，视如父母。为造福民众，修园大力普及医道，为引导初学医者入门，他写出了《医学三字经》。此书深入浅出，朗朗上口，深受学医者喜爱；为解除学医者的畏难情绪，他特意写了《医学实在易》，此书约千百言于尺幅之中，人人可以共晓。为普及医学，拯救生灵，修园还把李时珍、王肯堂等八大名医著作中的精华，汇集成《医学从众录》。此书简明实用，百姓皆可应急。修园一生以普及医学知识为己任，以利民济世为己荣，受到了广大民众的称颂。

道光三年（1823）二月上旬，修园病重，临终前，他告诉次子陈元犀说：“我数年所著之书，尚未完备，即霍乱、吐泻二条亦须重补，应录取仲景理中汤、孙思邈治中汤，以正群言之失，亦以见古人立法之纯。”陈修园这种对医学，对人民高度负责的精神，实为炎黄子孙之美德。他把自己在人间的最后光阴，都投入到自己留给后人的书上，其诚可感、精神可嘉。

比肩张仲景的温病学巨匠——吴鞠通

【名医传记】

吴鞠通（1758～1836），名瑭，字配珩。生于清乾隆二十三年（1758），卒于道光十六年（1836）。江苏省淮安区人，清代著名医学家。其对温病研究深刻，创温病三焦辨证理论体系，对温病学贡献极大，被后世誉为清代中医温病四大家之一。著有《温病条辨》《吴鞠通医案》《医医病书》三部医书。通晓温病，以擅治急性发热性疾病闻名于世，并对内科杂病、妇科、儿科、针灸以及心理疗法等也颇有成效。

在吴鞠通19岁的时候，他的父亲病了，请了好多大夫，这些人连病名都说不出来，这样胡乱地治了一年以后，吴鞠通的父亲去世了。父亲因病去世，他心中悲愤，以为“父病不知医，尚复何颜立天地间”，感到为人子而不懂得医学，就无法尽孝。他到父亲的私塾一看，空荡荡的什么也没有，张贴的条子在随风飘动，触景生情。在守丧期间的吴鞠通觉得没法坐在这里，想来想去他就穿着孝服，跑到街头买来了《黄帝内经》和《伤寒杂病论》等书，回来一边守孝一边看医书，他自己说，遂购方书，伏读于苫块之余。

4年后，他的侄儿患了喉疾，请了大夫以后，使用冰硼散吹喉，可病情反而加重了，又请来几位大夫，胡乱治了一番，竟然全身泛发黄疸，不久就死了。

吴鞠通当时学医未成，深感痛心疾首，他的境遇竟与汉代张仲景感于宗族数百人死于伤寒而奋力钻研极其相似。于是，吴鞠通发奋读书，精究医术，终成治疗温病的大家。并先后写出了《温病条辨》《医医病书》和《吴鞠通医案》等著作。

《温病条辨》为吴鞠通温病学代表著作，书中主要以三焦辨证为纲，系统地论述了风温、温热、温疫、温毒、冬温、暑温、伏暑、湿温、秋燥等温病的病因、病机、传变规律、分类、证候、治法和方药等内容。

《医医病书》为吴鞠通晚年所著，乃医论、医话性质的著作。其写作目的主要为革除当时医界存在的种种弊端，且补《温病条辨》论内伤杂病之不足。全书正文72条，另附4条，内容涉及治学方法、医德修养、内伤杂病的病因、病机及辨治要点、药物特性及运用规律等。

《吴鞠通医案》为吴鞠通一生临床实践的客观记录。书中多数案例不仅诊疗过程记录完整，而且治法、方药、剂量、煎法、服法、疗效评价等内容齐备，充分反映了吴鞠通临床的辨治规律、用药策略和卓越效果。全书分为4卷。

【后世影响】

吴鞠通对中医学的贡献，在于对中医立法上的革新和理论上的完善，尤其对于温热性疾病的治疗，对于理论的发挥和留下的诸多方剂，使得中医的基本治法在外感病和热性病方面得到了进一步的完善。和汉张仲景比肩而立，并为我国中医药学史上的两大柱石，故有“伤寒宗仲景，温病有鞠通”之说。张仲景是中医学的泰斗，吴鞠通乃温病学的巨匠。

【故事征引】

干姜治暴病

在行医过程中，吴鞠通常将一块老干姜用小绢袋盛装佩带在身上，称“佩姜”，以避瘟疫、邪气。

相传，清代名医吴鞠通一天在路边见一村妇，她面色苍白、昏倒在地。一旁的丈夫着急得捶胸顿足。吴鞠通上前问其夫，得知这村妇连日来泄泻，今晨突然昏厥。经切诊，村妇四肢厥冷如冰，脉微细欲绝。

吴鞠通又诊其脉、舌，诊断为寒湿泄泻导致的虚脱，因日晒而晕厥。

吴鞠通当时未带药针，急切之间，想起身上有一块“佩姜”，遂取下，嘱其夫速煎好送来，即于树荫处为之揉按。村妇服过药后，不到一炷香的工夫，竟慢慢地睁开双眼、四肢逐渐恢复知觉，已能双手支撑坐起，围观者无不叫绝。

原来，吴鞠通身上的这块佩姜，是一大块老姜加工成的干姜。

有一个富商，他的儿子10多岁，常吃鲜竹鸡。一年后，形体渐消瘦，易躁，常昏眩，遂请吴鞠通为之诊断。吴鞠通细察后又详细询问其饮食起居，然后以生姜2斤捣汁，取一盅拌白矾末调匀，以竹筷撬齿频频灌饮，那孩子马上苏醒。

竹鸡喜食半夏，患者食竹鸡致间接半夏中毒，生姜可解半夏毒，所以见效。

生姜是一味调料，但在中药中有很大用处。据《神农本草经》记载，生姜性味辛温，入肺、脾、胃经，有解表散寒、温中止呕、化痰止咳等功能。

第一个故事说得很明白，那个村妇是寒湿泄泻导致了虚脱，而生姜可以温中散寒，正对此症。第二个故事谈到了生姜解毒的作用，生姜不仅可以解半夏毒，还可以解鱼蟹毒，所以吃螃蟹时往往要蘸姜汁，一方面制约蟹肉的寒性，另一方面解毒。这里要提醒大家，生姜对于虚寒性体质或性质属寒性的病症较适宜。热性体质或症属热或温热的病症要慎用或不用。

巧治肿胀

1794年，二月初四，有位姓陈的患者家属来请吴鞠通，说32岁的丈夫病得很重，吴鞠通一听，赶快就去了。到了一看，这位病人病得果然不轻，躺在床上，全身水肿，肚子胀得老高。吴鞠通赶快诊脉，脉是沉弦而细，仔细询问后得知，水肿是从头部开始的，现在口中经常有血块出现，耳朵已经听不到声音了，眼睛也似乎看不见东西，尤其骇人的是，只见患者鼓胀的肚子上，满是暴起的青筋。吴鞠通认为这是一个脾阳衰败、肝气郁勃的症候。

他让患者家属去买条大个的活鲤鱼，不去鳞甲，不开刀去内脏，直接扔锅里，加葱一斤，姜一斤，等到煮熟的时候，再加入醋一斤，然后给患者随意服用。

结果病人喝了鱼汤后，渐渐地能够看见东西了，耳朵也好使了，“神清气爽”，只是全身的肿胀还没有消除。

听说吴鞠通用鲤鱼汤见了效果，原来给治病的那些医生都跑回来，想看个究竟。

吴鞠通说："《内经》里面说这种病，如果是从身体的上部先开始肿，最后是下面肿得厉害的，别管下面肿得多厉害，也要先治疗上部，这个病人，显然是从头开始肿的，那我就要用发汗之法，去掉上部的水肿啊。"于是就开了《伤寒杂病论》中的麻黄附子甘草汤，该方很简单，就三味药：麻黄、熟附子、炙甘草。这个方子刚刚写完，旁边一位叫陈颂帚的医生就撇起了嘴，说："这个方子绝对没有效果！"

吴鞠通很纳闷，就问："您怎么就知道没有效果呢？"

陈颂帚医生说："我当然知道，因为我使用过这个方子，没有效果嘛。"

吴鞠通笑了："陈先生您用这个方子没有效果，但是我吴鞠通用它可能就有效果！"

这个时候，在座的有一位叫王谟的医生就忍不住问了："这我们可就纳闷了，同样一个方子，药也就那么三味药，也没有什么加减，怎么陈先生用就不灵，你吴鞠通用就灵？"

吴鞠通看到大家如此奇怪，就解释道："这是有原因的啊，这位大夫性情忠厚，'其胆最小'，他当时一定是怕麻黄发汗的力道大，就少少地用了八分，附子保护阳气，就用了一钱，用附子来监制麻黄，然后又怕麻黄、附子两味药的药力大，又重用了药性和缓的甘草，用到最多，一钱二分，来监制麻黄和附子，等到这个方子用了一服，没有效果后，一定用了阴柔药较多的八味丸（金匮肾气丸）了，八味丸平稳，这才敢加大分量使用，这么个治法，怎么能取得效果呢？"

一位叫陈荫山的家属赶快进入内室，拿出了陈颂帚医生28日开的方子，一看，分量与吴鞠通所猜测的一点儿都不差，大家说："老吴先生你太神了，连这个都能猜出来？"

吴鞠通说："嗨，我和老陈太熟悉了，这些日子我们俩总一起去看病，我对他可是太了解了，说多少次了，他胆儿还那么小，没办法了。"大家于是就催着吴鞠通把药的分量添上，看看吴鞠通胆子能大到什么地步。吴鞠通提起笔，在每味药的后面加了分量：麻黄二两、附子一两六钱、炙甘草一两二钱。有手快的捂住吴鞠通的方子说：打住！我们说你胆子大，也没让你玩儿命啊，好嘛，麻黄二两，这不要了命了吗？！

吴鞠通说："怎么了，就是这个分量啊，没有写错，我附子用得少麻黄四钱，是为了让麻黄出头；炙甘草少附子四钱，是为了让麻黄和附子出头，炙甘草只要‘坐镇中州’就可以了，这有什么啊？”

大家都急了：“这，这麻黄有这么用的吗？”

这个时候，倒是陈颂帚医生说话了，他说：“没事儿，我敢担保没有问题。”

于是大家纷纷说：“你赶快靠边站着，别乱说话，还你担保，你麻黄才敢用八分，连一钱都没到，还敢担保这麻黄用到二两的？”

陈颂帚说：“我前两天在菊溪先生那里治疗产后郁冒，用了当归二钱，被老吴看到了，痛责了我一顿，说当归是血中的气药，气燥，最能蹿阳，产后阴虚，阳气本来就要上越，这个时候能够用当归吗？现在麻黄比当归的药力大的不止百倍，我用当归他都那么训斥我，如果心中没有把握，还敢用这么多的麻黄吗？”

吴鞠通这时向大家解释说：“各位也别担心，你们无非是怕麻黄量大，发太多的汗亡阳了，我虽然开的分量重，但也不一定非要喝那么多，我们是一小杯一小杯地喝，等要一出汗，后面的药就不用再喝了，所以各位也不用担心，反而我倒是觉得这个患者阴寒太重，这么多的药恐怕还发不出汗来呢。”

直到此时，患者家里人才放心，就让仆人去药店抓药，这个药店叫作仙芝堂，店家一看这个方子说：“这是什么医生，把麻黄二钱给写成麻黄二两了，拿回去改！”

仆人说：“就是这个方子，分量没写错。”

店家：“没写错？得，那您爱哪儿买哪儿买去，我们可不敢卖，好家伙，我打学徒到现在也在药行混了几十年了，也没见过这么开方子的。”

最后，还是病人家里人亲自来药店，算是买回来了药。结果把这些药都喝了，愣是没有出汗！

第二天，众人又都来了，一看，愣是没有汗？汗不出者死啊，这病怕是没救了。只有吴鞠通没有摇头，他说：“大家先别放弃，如果是死症，那前面服用的鲤鱼汤就应该没有效果啊，这样吧，我模仿仲景先师用桂枝汤后服粥助汗的法子来试试吧。”

原来，张仲景在桂枝汤的方子后面强调说明了服用的方法，就是在喝了桂枝汤后，要再喝上热稀粥一碗，以助胃气，这样才能使得身上微微地出一层汗，很多人都不注意这个服法，结果没有出汗，病也没好，就责怪说桂枝汤没有效果。

吴鞠通这次独出心裁，没有用热稀粥助胃气，而是选择了鲤鱼汤，他又让买来了一条四斤重的大鲤鱼，熬成汤，然后喝一小碗药，紧接着就喝一小碗鲤鱼汤。

结果，奇迹发生了，在患者服用了第一轮以后，家里人就发现，眉毛以上出汗了（汗至眉上）！于是，休息一下，再喝第二碗药，然后接着服用一碗鲤鱼汤，这回，上眼皮以上开始出汗了（汗至上眼皮）；再服一轮，汗就出到了下眼皮（汗至下眼皮）；再服一轮，鼻子以上开始出汗（汗至鼻）；再服一轮，上嘴唇以上开始出汗（汗至上唇），就这么着，每次出汗的部位向下移动一寸左右，结果一昼夜以后，正好服完了一服汤药，也把鲤鱼汤都给喝光了，汗已经出到了膝盖以上，肚脐以上的肿已经消了，但是肚子仍然胀大。

初七这天，吴鞠通再次出诊，患者的家属觉得这个病这么治下去该很快痊愈了。吴鞠通却皱起了眉，他说："《内经》说过，汗出如果没有到脚，那么患者仍然会死的啊，大家不要太乐观了，现在是身体下部水肿了，让我们开始利小便，让水从小便而出吧。"

于是，就开了五苓散这个方子（五苓散，《伤寒论》中的方剂，用来治疗水蓄膀胱，气化不利之证），这个方子也很简单，就五味药，有猪苓、茯苓、泽泻，再加上桂枝和白术，有温阳利水之功。结果，这个方子连着服用了15天，一点效果也没有，病情也没有任何的加重，这下病人家属有点沉不住气了，陈荫山把吴鞠通拉到一边，客气地说："吴先生，您前面用的麻黄那么的出神入化，这次却小便一点都不出来，怎么办？要不换个方子试试？"

吴鞠通叹了口气，说："这次的药之所以没有见效，是买的药质量不好啊，今天你一定去想办法买到上好的肉桂，如果仍然是前面买的那种，我明天就不来开方了，开了也没有用啊。"

吴鞠通吩咐了以后，患者家属不敢怠慢，赶快到处购买，结果第二天就买来了新鲜的紫油安边青花桂。

吴鞠通看到这个上好的肉桂，说："好！得此桂，一定会有小便的，只是怕小便出来后人会虚脱，因为他气虚啊。"

于是，把五苓散的分量加到二两，又多用了肉桂四钱，然后用了东北的人参三钱，同时吴鞠通告诉患者家属，多准备几个盆，放在床下，就让他在床上尿，等明天再换床。

从半夜子时开始，尿就通了，然后就开始了没完没了的尿，家里人就在床下面换盆，到了卯时（早5时至7时），一共尿了三盆半，吴鞠通在辰时（7时至9时）来到患者的家，一看患者，自己都不认识了，只见患者身上空得像个布袋。

于是，吴鞠通开始给陈先生调理脾胃，等到一百来天以后，这个患者就痊愈了。

为医林改错——王清任

【名医传记】

王清任（1768～1831），又名全任，字勋臣，清代直隶省（今河北省）五田县人。富有革新精神的解剖学家与医学家。他是第一位对传统医学体系提出严厉纠正的中国医生，并被清末西医德贞誉为“近代中国解剖家”。

1830年完成的《医林改错》（二卷），是我国中医解剖学上具有重大革新意义的著作。该书自第一版发行到1950年，共再版了40次，为古代任何一家之言的医学著作所不及，影响了一代医学思潮。

王清任自幼习武，是武庠生。青年时曾考取武秀才，系武科举出身。后捐资得千总衔（下级军官）。由于他性情磊落，耿直不违，在任职千总期间，目睹和经历了晚清官场的腐败，总是为他自己空有一身武艺，到头来还得花钱纳粟买个小官做而烦恼，逐渐形成了“不为良相、愿为良医”的愿望，改习岐黄，以医为业了。据说，当年的玉田县知县，要把鸦鸿桥收为“官桥官渡”，老百姓过桥渡船都要收费。王清任为了维护当地百姓利益，毅然为民请愿，果断反对收费，结果得罪了县太爷。县官怀恨在心，曾唆使经王清任治过病而没治好或死亡患者的家属去县衙告状，企图陷害王清任，迫使王清任只好远离故乡，在外地及北京行医。

王清任在20岁时于北京开设药铺“知一堂”，更是对许多药物的性味、功用了然于心。王清任根据自己丰富的实践经验，对疾病的病因、病理有独到的见解。经过多年实践，他发现古医书中对人体脏腑的记载存在许多矛盾或错误。比如，古代的医书《难经》说，肺像一个蜂窝，没有较大的孔窍，吸则满，呼则虚；但此书另一处又说，肺下部有24个大的孔窍通气。又如，有的古医书说思维产生于心，有的则说思维产生于脑，莫衷一是。

此时，王清任已对古书中有关脏腑的记载产生怀疑，在行医的过程中深感解剖知识的重要，“业医诊病，当先明脏腑”，否则“本源一错，万虑皆失”。他在研究了古代的一些脏腑书籍和图形后，发现里面存在着不少矛盾，于是感慨地说：“著书不明脏腑，岂不是痴人说梦，治病不明脏腑，何异于盲人夜行！”从此，开始了对人体结构的观察研究。

王清任30岁时，正在河北滦州稻地镇行医，时值瘟疫大流行，小儿尸裹甚多，王清任路过墓地，见到被狗拖咬的尸体内脏外露，他不嫌臭秽，天天清晨都去观看小儿尸体，连续10天观察了30多具，发现与古书所描绘的脏腑图形有不符之处。此后他在奉天和北京三次去刑场偷偷观察刑尸及其内脏，以了解人体脏腑结构。

1799年农历六月，他在奉天行医时，听说一名女犯将被判处剐刑（即凌迟，古时候对犯人的极刑之一，就是民间所说的“千刀万剐”。最早出现于五代年间），便准时赶赴刑场。行刑时刻，刽子手一刀刀割在女犯身上，引得惨叫连连。围观的群众纷纷抹泪或侧目，只有王清任目不转睛地盯着哀号的犯人。最后，观众都走光了，他还对着血淋淋的现场发呆。

刑场观察固然直观，但由于看的人太多，很难得到有关横膈膜形态和位置的第一手资料。经过再三考虑，王清任决定拜访经常带兵打仗、亲眼见过许多尸体的绥定知府恒敬（？～1832，原名伊尔根觉罗·恒敏，满洲正蓝旗人，清朝将领）。他求见恒敬时，被亲兵挡在门外许多次。某日，王清任正巧在官邸门前看到送客的恒敬，连忙挤上前去，说明了自己的想法。恒敬敬重王清任的治学精神，便邀请他进府，详细介绍了自己所看到的横膈膜的情况，并校正了王清任所绘的横膈膜样图。

经过一系列解剖和研究，王清任终于搞清了人体的内部结构。有了这些第一手资料，他便着手写一部医书。于是，他精心绘出了《脏腑图记》，并写成《医林改错》一书，时在道光庚寅年（1830）孟冬。前后历时42年，终于访验得确。

《医林改错》一书3万余言，有图谱25幅，自创新方31个，化裁古人妇产方剂2个。全书共分上、下两卷。

王清任作为一位杰出的医学革新家，在所著《医林改错》中，一是比较准确地描述了胸腹腔内脏器官、血管位置，较过去有改正，有发现；二是创活血化瘀新理论，拟出许多新方，于临床颇有奇效；三则否定胎养、胎毒等陈说及综成“灵机记性在脑不在心”新说，其贡献巨大，值得肯定。

遗憾的是，《医林改错》的诞生，不但没有起到“改良中医学”的作用，反而被强大的反科学狂飙所诋毁，遭到封建护卫大军的猛烈袭击。不少同行称王清任是“拿经典做靶子”，纯属“哗众取宠出风头”，并企图“凌驾圣人之上”……此书在北京隆福寺三槐堂书坊初刻后一年，王清任便抑郁而终，逝世于北京友人家中。后归葬故土鸦鸿桥河东村。

【后世影响】

王清任的杰出贡献，得到后世的认可。

医学界公推他为我国医学史上第一个解剖科学家。他创立的很多活血逐瘀方剂一直在中医界受到重视，并广泛应用于临床且疗效可靠，成为中国医学宝库中的一份重要遗产。因此，王清任被公认为活血化瘀派的代表人。

《中国医学史略》（范行准著）则评价，“就（王清任）伟大实践精神而言，已觉难能可贵，绝不逊于修制《本草纲目》的李时珍”；西方医学界则称王清任为中国近代伟大的解剖学家。

作为我国中医解剖学上具有重大革新意义的巨著，《医林改错》对后世医学的发展和进步有积极的推动作用。

1949年新中国成立后掀起“王清任热”，全国研究《医林改错》的论文和评注，一时竟达50余篇（册）。20世纪七八十年代，此书被节译为外文，对世界医学的发展也有一定影响。

【故事征引】

补阳还五汤

相传，清代嘉庆年间，清朝军机大臣卢荫溥中风后半身不遂、口角流涎、语言不利、小便失禁，经皇上派来的太医久治无效。这时，有人推荐在北京菜市口一带悬壶的王清任。

王清任应允前往探究，经望闻问切四诊合参之后，胸有成竹地准备纸墨，铺纸下方。这时，卢荫溥结结巴巴地问："依你之见，以前服用的药方是否恰当？"王清任边看太医的药方边说："当归通经活络、赤芍和川芎利血活血，红花和桃仁活血祛瘀，地龙化瘀通络，的确是剂活血通络方剂。"家人又问："服了这些药，却没有什么效果，原因又何在呢？"王清任不慌不忙地回答："因这方剂缺君药，方无主药何谈见效，因为人体五脏功能依赖气血运行。气为阳，血为阴，阴阳调和则人体正常无病。病者属中风之后遗症，多因气虚，无力推动血液运行，气滞血瘀所致。该方缺一味黄芪，故缺乏补阳之动力药，如果重用黄芪，气行则血行，人体方可复元。"

一席话，卢荫溥及家人听后连称高明。于是，果断遵王清任改方，加用黄芪，量重，三剂之后，症见好转。服药半个月后，便可下床移步，又通过王清任开方调理，外加功能锻炼，顽疾逐渐趋于康复。

事后，胡太医对王清任医术精深佩服得五体投地，特地登门求教："请问你拟的方剂名称？"王清任答："人体阳气有十成，左右各五成。凡一侧偏废，则已丧失五成之阳。本方意在补还五成之阳，故取名'补阳还五汤'"。胡太医无言以对，甚感学识过浅，羞愧无颜。

王清任生于乾隆三十三年，曾为武庠生，纳粟得千总衔，性磊落，精岐黄术。约20岁开始行医，曾游历滦州、奉天等地，后寓北京，他的医疗技术"名噪京师"。王氏治学严谨朴实，著《医林改错》之卷，对我国的临床医学和解剖学颇有贡献，特别是他的活血逐瘀法则，多为后世医家所推崇。

王清任善用黄芪，在所制的补气方中，黄芪的应用次数较多、用量亦重。补气方的配伍原则，多用活血药配伍，"补阳还五汤"是其代表方剂，多为后世医家沿用，成为治疗中风后遗症之经典名方。直到今天，"补阳还五汤"仍为治疗中风瘫痪不可多得的有效良方，被国内外医学界予以高度评价。

为医林改错

1797年河北滦州瘟疫流行，病死小儿甚多，贫苦人家无钱下葬，只好以草席包裹后草草掩埋，到了夜间常被野狗拖出撕咬，皆破腹露脏。有一个30岁左右的中年人不避污秽，每日清晨前往坟地，仔细地观察尸体的内脏，如此一连十天，看过较为完整的尸体30余具，基本弄清了一些前人未曾认识或认识模糊的人体器官及其解剖部位，如会厌、胰管、腹主动脉、上腔静脉、大网膜等，这个人就是被称为“挑战传统的医学家”王清任。尽管他看了很多小孩的尸体，但由于其所见之尸多已残破，对横膈膜始终没有搞清，直到30年后，他才从一个军官口中详细了解了横膈膜的位置与形状。前后历经42年，终于查明了人体脏腑的结构，写成了一本《医林改错》，在他逝世的前一年刊行。

《医林改错》纠正了前人在人体解剖中的很多错误认识，尽管他对解剖的认识仍然还存在很多不足，但是在当时疏于解剖学研究的社会环境中是难能可贵的。最重要的是他对“大脑”功能的认识，他提出了人的“灵机记性在脑不在心”的说法，是对上千年来中国人认为“心”是思维器官的大胆挑战，使得中医学关于大脑功能的认识大大提高。

王清任对于“中风病”也有独到的见解，他认为气血虚衰是人体患病的重要原因，如半身不遂的根本原因在气虚，血瘀的根本原因也是气虚。在此基础上，他列出了40种气虚证和50种血瘀证，并创立了补气活血与逐瘀活血两大治则，是对中医治疗学的重要贡献。

在王清任之前，古人对中风半身不遂的原因多以风、火、痰、湿论之，而王清任认为元气亏损是半身不遂的本源，要治半身不遂必须补气活血通络。他创制的“补阳还五汤”是一首治疗半身不遂的有效方剂。王清任说：“此方治半身不遂，口眼歪斜，语言謇涩，口角流涎，大便干燥，小便频数，遗尿不禁。”药由黄芪四两，归尾二钱，赤芍一钱半，地龙一钱，川芎一钱，桃仁一钱，红花一钱组成，配伍精当。该方具有补气行气、活血化瘀、通经活络之功效，为历代医家所推崇，沿用至今已170多年。

王清任对中医最大的贡献是其对活血化瘀法的运用，他创制了血府逐瘀汤、通窍活血汤、膈下逐瘀汤、少腹逐瘀汤等数十种活血化瘀方剂，疗效显著，为后世医家沿用至今。他所开创的活血化瘀理论研究，也成为现代中医研究的一个热点问题。中医活血化瘀的治疗方法作用主要在于“活其血脉”，可以改善心脑血管功能、血液物理化学性状、血小板及凝血系统功能、微循环等生理功能；“化其瘀滞”，可以抗心肌缺血、脑缺血，抑制血小板聚集，抗凝、抗血栓形成等病理状态。成为治疗冠心病、脑血管病等的基本方法。

在长期的封建社会中，封建礼教对人民思想的桎梏日益加深，儒家“身体发肤受之父母，不敢毁伤”的教义更使得人体解剖成为禁忌。长期以来崇古尊经之风弥漫医界，医家们对人体解剖的认识也唯《内经》《难经》是从，运用时生搬硬套、牵强附会，不敢越雷池半步。王清任能够突破禁锢、大胆创新的科学态度是非常宝贵的，对于推动中医学的发展起到了先锋和带头作用。

中医辨证论治大家——林佩琴

【名医传记】

林佩琴（1771～1839），字云和，号羲桐，清代丹阳后松卜村人。清代医学家。

林佩琴幼年随父读书，勤奋好学，其墨艺脍炙人口，蜚声干林。无论八股、古文、骈体、诗词，莫不娴熟精纯，为人所服膺。清嘉庆十三年（1808）应恩科乡试中经魁（五名内举人）。1809年，进京（北京）应试进士，未取，一气之下回乡开馆教书，学生越来越多。他教课之余，还精心钻研岐黄之学。

己巳（1809）后弃儒学医，潜心研读《灵枢》《素问》《难经》《伤寒》等诸家医书著作，无所不通，而不泥古。白天教授生徒，灯下披阅方书，历数十年。

他以擅长治疗温病闻名，对病人的病情观察和症状分析细致深入，对每一病例都认真诊断，根据病情遣方用药，善于化裁。经他治疗的病人，往往都收到奇效，当时人们称他为“良医”。

林佩琴济世之余，致力著作，总结数十年学医心得和临床经验。他看到当时的一些医生学业疏荒、心思肤浅、不求进取，加之各门派之间争名夺利，致使百姓遭难，心情十分沉痛。为纠正这些弊端，林佩琴勤奋钻研，持正诊断，以济世救人，他请病家送还本人处方，选择其中重要的写成医案，并加论证，将多年的心得体会编成《类证治裁》一书，初刊于咸丰元年（1851）。该书分为8卷，共34万字，分门别类论述各种症候。卷首为“内景综要”，简要介绍脏腑生理等内容；卷1～8论述病证，以内科杂病为主，列述中风、伤风、暑、湿、燥、疫、虚损、痨瘵、三消、泄泻等多种病证，兼有鼻口、齿舌、咽喉及肠痈、痔漏、白癜风等。妇科病证有经、带、胎、产、热入血室等病证。外科病证有诸疮、瘰疬、梅疮、结毒、疔毒、发背等。每类中，先是“论治”，其次是“脉候”，再次是“附方”，最后是附列自己临床验案。此书持论公正，古为今用，言简法备，一目了然，是一部学术价值很高的医著。

该书于清咸丰元年（1851），由其次子林芝本刻版印行500部问世，流传广远。光绪十年（1884）重刻，新中国成立后再版，很受中医学者欢迎。

林佩琴于道光十九年（1839）去世，享年67岁。

林佩琴除著有《类证治裁》外，还著有《米燕草堂四书文》五百余篇、《来燕草堂古文》2卷、《骈体文》2卷、《高卧楼古今体诗》2卷、《百鸟诗》1卷、《诗余》1卷。他的儿子林芝本，字筠石，也按医传行医。

【后世影响】

林佩琴博学通医，而不以医为专业，可作为儒医者代表。他编著的《类证治裁》强调治病重在辨证，列述内科杂证，兼及妇、外等科病证，概述其病因、脉证、治法、方药，并附医案。该书具有博采历代医家精论众长、取材审慎、编排分项明晰、方治便于检用等特点，是一部具有较高学术价值的综合性医书，在临床参考书中颇有影响，备受后世医家重视。

【故事征引】

教子学医救民

林佩琴膝下有一子名叫林芝本，他生性厚道，好学上进，白天随父亲读经史，晚上伴父亲学医道，从而文化、医学都大有长进。

一天，林佩琴问儿子：“你将来是打算习文还是业医？”

林芝本说：“儿心愿学医。”

林佩琴进一步问儿子：“你为什么要学医？”

一下子把林芝本问住了。

林佩琴语重心长地对儿子说："医学是一种纯洁、高尚的事业，业医不可图名好利，要以济世救人、仁寿斯民为本。否则，不但难以成事，而且会走到邪路上去。"林芝本把父亲的话牢牢地记在了心里。

从此，林芝本起早贪黑，跟父亲学医。为学好医书，他把其他书籍收了起来。一年过去了，林芝本的医术提高不大。

一天，林佩琴又把儿子叫到身边说："你一年来医术提高不大，知道什么原因吗？"林芝本摇头不语。

林佩琴说："你进步不快，一是我对你帮助不够，更主要的是你的学习方法有问题。要牢记，学贵博，思贵精，业贵专。学医要博学精思。学不博无以通其变，思不精无以烛其微。唯博也故腕妙于应，而生面别开；唯精也故悟彻于玄，而重关直辟。你虽然立志学医，但要多读诗文经史。只有博学，才能识多见广，触类旁通，应其万变，得心应手；只有精思，才能上阐经训，下启法门，心有主裁，发挥己长，自成大家。"芝本听了父亲的话，顿时大悟。从此，他博览群书，专思医道，学子研经，取长诸家，泛览沉酣，深造自得，医术日进一日。

林芝本从父亲呕心沥血的写作中学到了不少好品质，从父亲的书中学到了许多好医术。他决心像父亲那样行医、做人。很快，林芝本便成了当地有名的医生。为不辜负父亲济世救人之心，林芝本没把《类证治裁》一书私为家有，而把这部宝书献给了国家。此书于咸丰元年（1851）发行于世，拯救万民。

一指回春“黄神针”——黄石屏

【名医传记】

黄灿（1850～1917），号石屏，祖籍江西清江县大桥乡程坊村。民国时期著名的针灸医师，誉为“神针”。

父亲黄良楷是清道光元年（1821）武举人，武艺高强，在山东做官30余年，以平剿捻军“有功”，升迁泰武临道。

清端王默特贝勒曾偕御医聂厚生南下山东，为黄良楷庆“功”。聂厚生的儿子聂亮，是南北运河解饷镖师。他久闻黄良楷精通武术，就拜良楷为师。黄、聂两家因之过从甚密，结为莫逆之交。聂厚生御医精于针灸，遇有疑难病症，一针奏效。黄良楷深为敬佩，请聂授徒。聂厚生从良楷的14个子侄中，选中最小的黄石屏作为自己的徒弟。黄良楷去后，黄石屏又先后得到圆觉长老等人的指点，武功和针术都日渐纯熟，具有较深的造诣。

30岁时，黄石屏在淮阳富安任盐务官十年。他生性恬淡豪爽，厌于官场迎送，反而乐意以金针济人。任职时，常常用针灸方便百姓，后来干脆弃官行医，在上海、扬州、南通一带以“江右金针黄石屏”挂牌治病。黄石屏针法高超，举凡风劳、臌膈、耳聋、霍乱、痹症、癫症、调经、定胎、无嗣或绝育等，无不应手奏效。如：袁世凯患偏头风多方治疗无效，民国二年（1913），由张謇引荐，黄石屏抵京，经审证，主穴太阳，配穴合谷，不日见愈。袁世凯深为赏识，酬银圆两万，并题“一指回春”匾相赠。福州侯官谢叔元身患“未疾”五年，“全身牵掣，动转为难”，历经中外名医诊治，均不见效。后就诊于石屏，连针三次，背渐直、立渐稳、行渐易、坐卧渐安，几于健康。叔元谢酬金四万元，并撰《黄石屏先生医德序》广为印发。英人李那路下肢瘫痪、德人黛利丝、意人雷罗生赘疣、法人毗亚那石脚痿弊，屡经名医治疗，“患卒如故”，石屏切脉辨穴，均以“金针起故”，轰动西欧。

黄石屏口碑载道，还曾因治愈慈禧太后的腰病和清末状元、著名实业家张謇的腿疾而声誉远播。

黄石屏针法特点有三。其一，必须精少林拳术，内外气功；其二，纯用金针；其三，可针不可针，可灸不可灸，要反复审查。

黄石屏不仅医术高明，而且医德高尚，志在四方，不好逢迎权势。袁世凯称帝时，约为“御医”，南京督军齐燮元、上海督军卢永祥等拟聘为医官，均托辞未受。有一位德国医生博士登门求教，并许重金相酬，石屏当即谢绝说：“我之针法，虽非不传之秘，但决不为牟利而轻易传人。”当时，上海《申报》等报刊有关其医术医德，多有登载。黄石屏医疗态度严肃认真，运针时沉吟良久，立眉目，生杀气，将针慢慢以阴劲送入肌肉内，病者不觉痛苦，直达病所，而疾霍然。

黄石屏先生久居扬州，极少回乡。家乡称其为“二四老爷”，并有许多传奇色彩相当浓厚的故事流传。其中有一则说，有一次，石屏在厅堂里闲坐吸烟，一个大盗翻墙进入，埋伏在天井上静听，见没有他人在场，就取出一支镖枪，抬手一扬，那镖紧擦石屏的头顶，直直地插在石屏背后的柱上。石屏端坐不动，待吸罢一袋水烟，一口喷息纸媒，回手将纸媒往身后一掷，只见那纸媒不偏不倚恰恰打在那支镖上，使其“当”的一声掉在地上。强盗大惊失色，翻身下来，直伏在石屏面前谢罪。

黄石屏久居扬州，传说颇多，民国六年（1917）卒于扬州，终年61岁。

【后世影响】

黄石屏著有《针灸铨述》《黄氏金针》留世。

20世纪20年代，传奇小说家向恺然，将霍元甲、大刀王五、黄石屏等人的传奇人生以《近代侠义英雄传》连载于上海《红杂志》和《侦探世界》，并由世界书局结集出版。1986年，天山电影制片厂、中国香港电影制片公司以石屏为典型拍摄电影《魔针》。

【故事征引】

夙精针灸的神医

德国妇女黛利丝腰部长了一个碗大的赘疣。她素来相信中国医药的昌明，便请居于上海的中国民医诊治，但民医都认为药力难以达到，建议她请外科手术摘除。黛利丝害怕开刀，问：“除开刀以外，有没有别的办法？割治有没有生命危险？”

一位德国外科医生说：“根除这种赘疣，是非开刀不可的。至于有没有生命危险？这是另一个问题，那需要看手术情况才能断定。”黛利丝听了，拔腿便走。

后来，黛利丝经人介绍，到黄石屏诊所询问能否诊治，是不是要开刀。黄石屏仔细诊察以后说不用开刀，甚至也不需要用药。黛利丝大喜过望，立即深深施礼，恳求石屏给予诊治。黄石屏切脉辨穴，在脾俞、痞根、委中诸穴留针三分钟。那明光溜滑的赘疣就可以慢慢看到皱纹，开始内消了。黛利丝一边看，一边用手抚摸，也感到它变柔软了。第二天复诊，赘疣消了大半，只针三次就完全好了。黛利丝感激万分。

意大利人雪罗右腹部生了一个赘疣，多方诊治无效，也怕开刀而没有动手术。她的丈夫本来是不相信中医的。一年之后，雪罗的赘疣逐渐长大了，她说服丈夫，向黄石屏求助。每次两针，一针左足三阴交，一针右腹天枢，仅四次，赘疣全消。雪罗的丈夫在事实面前不能不承认中国医术的高明，惊叹这是奇迹。

德国人毗亚那右脚痿弊多年，外医难以治好，久闻黄石屏的名气而又不相信，后来亲见经石屏治好的患者，才同夫人及侍从人等，从德国远涉重洋，携重金来沪相访。一针见效，二次治愈，行走自如。他以重金聘黄石屏赴德国传授技艺，黄石屏说：“金针疗法是少林绝学，从来不传授给异国他人。我怎么能贪图财宝，为外国人张目，向他们去讲学传技，丧失我中华民族的人格呢！”了解这一情况的人没有不赞佩黄石屏的爱国精神的。

那时，在上海有一家德国人开的医院，院长叶氏，得知黄石屏是武林强手，善于点穴，而且甚是高明，能叫人立死，也能使人立生。叶氏本来就怀疑这种点穴法，认为纯系欺人之谈，毫无科学根据。他愿意亲自试试，即使为之献身，而能探索中国点穴的原理，也很值得。经过多次商议以后，就来黄石屏诊所要求一试点穴。

黄石屏说："这是不好试验的，你我是朋友，怎么好拿你来做试验品！"

叶氏道："我们西洋人为研究学术而牺牲生命的事是常有的。为研究贵国的点穴道理，我是心甘情愿的，请先生不必顾虑。"叶氏再三请求，石屏见他态度诚恳，只好答应轻轻地试试，但须有律师做证，依照一定的办法行事。叶氏一一照办。

第二天，叶院长偕同夫人及其医院的医师、翻译人员来到诊所，副总巡和两位律师也相继到齐。凭据证书写明："被点穴之后，或伤或痛，甚至因伤病而死，完全出于本人自愿，决不使点穴人担负任何责任。"四人在证书上签名之后，叶院长恭恭敬敬将证书递给黄石屏。黄石屏若无其事地同一干人等闲扯，却闭口不提点穴的事。叶氏忍耐不住，问道："今天可以试验吗？"

黄石屏说："今天怎么不能试验！"

叶氏问："要脱衣吗？"

黄石屏摇头说："不必，我治病行针都不用脱衣，点穴为什么要脱衣！"

叶氏于是走近前道："请先生动手。"

石屏笑道："早已点过穴了。"

叶氏大觉惊讶，问道："我怎么没有感觉？什么时候点的？"

黄石屏说："记得刚才在桌上移动茶杯请你用茶吗？本来应该点重一些，让你有感觉，但是，考虑到你现在在外边，所以特意留了点儿机动时间，好让你回去。现在你体内没有特殊感觉，到下午就会感觉到不舒适，吃饭时就会不省人事了。到那时，请赶快到我这儿来解救。如果拖到第三天上午，那就没有办法救了。"叶院长口里唯唯称是，内心却认为不过是胡吹而已。他回家后大吃大嚼了一顿午饭，若无其事。不久，果然感到身体不舒服，但还不放在心上。

第二天早餐，真的不能饮食了，这才相信真的有了变化，便对妻子说："假如我死了，不可求黄医生医治，应该设法解剖，好弄清点穴致死的原因。"挨到午后，叶院长就不省人事了。夫人焦急万分，立即驱车到黄石屏处求救。

黄石屏伸手抚摸穴道，霎时间叶氏苏醒了。再用金针调剂，叶氏院长顿时感到周身舒适，睁开眼来问道："我怎么来到这里？"夫人以实情相告。叶氏不禁责怪妻子和同来的两位医生没有按照自己的叮嘱办事。但是，不容讳言，叶氏对中国点穴术的神妙却是深信不疑，对黄石屏的手法之精湛、功力之深厚已非常钦佩了。他对石屏说：“过去只听人说过点穴法，现在亲身试验了一次，确是深信不疑了！贵国医学对人体的认识，是我们所不及的，佩服，佩服。”一个月之后，叶院长再次来到黄石屏诊所，竭诚求师，要求学习点穴法。黄石屏回答说：“点穴法不值得一学，没有一点益处。有道德的人学了，无益也不至于有害；没有道德的人学了，于人于己，害处很大。我国古人对于点穴决不轻易传人。如系品格高尚，学了也当无害。但你们西欧人最重实用，像这样极难学而又无用的方法，值得你学习吗？”叶氏院长只好作罢走了。

不久，又有一位德国医生从德国来到上海，听到叶院长的介绍，慕名前来与黄石屏相识，并要求再试一试。黄石屏答应轻试，使人有感觉就行了。只见黄石屏手指微微一动，德国医生感到浑身不适，手臂不能举动，请求解脱。黄石屏笑道：“你信服了就行了，给你解开。”手指又动了几次，德国医生便恢复正常了。从此，他对黄石屏先生更佩服得五体投地了。

学贯中西的医学泰斗——张锡纯

【名医传记】

张锡纯（1860～1933），字寿甫。祖籍山东诸城，河北盐山人。中西医汇通学派的代表人物之一，清末民初名医，近现代中国中医学界的医学泰斗。

张锡纯出身书香之家，少时广泛涉猎经史子集，习举子业，两次乡试未中，读书之暇随父习医，上自《黄帝内经》《伤寒论》，下至历代各家之说，无不披览。同时读了西医的一些著作。

1893年第二次参加秋试，再次落第。张锡纯绝意于功名，开始接触西医及其他西学。受时代思潮的影响，张氏萌发了衷中参西的思想，遂潜心于医学。

甲午之战，中国惨败，国人上下震动。为求富强免危亡，知识界多认为必须向日本学习，积极引进西学。1897年，他年近四十，竟开始刻苦自学代数和几何，后又及物理、化学、生物学等，为全面参考西医学术建立了较厚实的基础。

1900年前后十余年的读书、应诊过程，使他的学术思想趋于成熟。张锡纯反对崇古泥古，故步自封，并崇尚实践。毕生从事临床与研究著述，所著《医学衷中参西录》影响颇大。他重视药物研究。其于临床的主要贡献，是在中西医汇通思想基础上充分发挥生石膏治疗热病的功效，创"升陷汤"治大气下陷。在治疗急证、防治霍乱等方面有所建树。

1904年，中国废科举，兴学校，张锡纯成为盐山县唯一可教代数和几何学的教员。

1909年，完成《医学衷中参西录》前三期初稿，此时他年近五十，医名渐著于国内。1911年曾应德州驻军统领之邀，任军医正，以后任过立达医院院长、直鲁联军军医处处长等职。1912年，德州驻军统领聘张氏为军医正，从此开始了专业行医的生涯。1916年，奉天创办近代中国第一家中医院——立达医院，聘张氏为院长。1928年定居天津，创办国医函授学校。由于他有高明的医术和特殊的地位，医名显赫。1930年在天津创办国医函授学校，培养了不少中医人才。

张锡纯成名较晚，而桃李半天下。及门弟子如隆昌周禹锡，如皋陈爱棠、李慰农，通县高砚樵，祁阳王攻醒，深县张方舆，天津孙玉泉、李宝和，辽宁仲晓秋等均为一方名医。私淑其学问者不可胜计。当时国内名中医如汉口冉雪峰，嘉定张山雷，奉天刘冕堂，泰兴杨如侯，香山刘蔚楚，慈溪张生甫，绍兴何廉臣等均常与张锡纯讨论学术，为声气相孚之挚友。近代影响较大的中医杂志多聘其为特邀撰稿人。

代表著作《医学衷中参西录》是其一生治学临证经验和心得的汇集。由学苑出版社出版的《张锡纯医案》，是通过对张锡纯1909年所撰的《医学衷中参西录》研读与实践所得的一部张氏医案，书中从诊症、辨治、方药到方解、按语，明了清晰；书后附有该书作者撰写的“张锡纯医学思想探讨”等系列文章及张氏自拟方索引，既使人看到了张氏精湛的医术与仁厚之人品，也通过作者的笔加深了人们对张氏医学思想的理解。

所出版的张锡纯著作，多为将全部著作汇为一册的厚重开本。某出版社分卷出版恢复张锡纯生前对其医著的分册原旨，将《医学衷中参西录》系列医著分为五册：处方篇（即《屡试屡效方》）、药物篇（即《中药亲试记》）、医论篇（即《中医论说集》）、医案篇（即《医案讲习录》）、伤寒篇（即《伤寒论讲义》）。

张锡纯一生不避劳苦，自奉甚俭，常念学与年俱进，终身治学不辍。虽至晚年，每为人合药饵，必躬自监制；修订著作及复信答疑不肯假手他人。又力辟医不叩门之说，每遇疑难重证，辄辗转筹思，查考书籍，一旦有定见，虽昏夜立命车，亲赴病家调治。即或病在不治，亦勉尽人力，每救疗至殓服已具，不肯稍有懈怠。时人称之为一代大师，实当之无愧。

1933年秋天，张锡纯因病逝世，享年74岁。

【后世影响】

张锡纯作为卓越的临床家和中西医汇通派的著名代表，不愧为近代勇于实践的医学家；在中国医学史上占有重要的地位。学习其创新精神，发扬光大中医学具有重要的意义。

张锡纯所著《医学衷中参西录》是张锡纯先生毕生从医实践与理论的结晶，其丰富的中医学理论、中药、方剂、医案等内容，使其一直成为学习中医者的必读书，也是畅销不衰的看家书。张锡纯先生首倡尊崇中医参照西医的治疗理念，开中西医结合治疗之先河，对我国中医发展具有里程碑性的贡献。

【故事征引】

不计私利济世活人

为济世活人计，张锡纯治医不计私利，凡有心得发现，必于医界公布。刊印书籍有赠送惯例，每难盈利。至于他对静坐吐纳术（当时特风行于学校）的体会，更多向医界提倡，以为不仅益于养生且利于治学。他的朋友和病人既有军政界要人，也有城乡贫民，相处中均一视同仁，不见傲下媚上形迹。他不置产业，日常业务仅足维持生计。

1913年，黄河泛滥，有一灾区孤儿流落至大名，病饿垂危，张锡纯携至寓所救活。因不知其乡贯里居，即收为义子，取名张俊升，成人后为其成家立业，使其谋生于天津。张锡纯逝世前终于查清其为河南滑县卢姓，遂改名卢俊升，一时传为义举。

中药三七治大病

一天，有个牧童在山上放牛。其他几个放牛的孩子约好要恶搞这个牧童。于是，他们喊牧童过来。等他一跑过去，那几个伙伴就一拥而上，按住牧童的脑袋，把他的脑袋强行塞入牧童自己的裤裆里，然后，把他的两个胳膊倒背着绑了起来。他们管这个游戏叫“看瓜”。

这个恶作剧后果很严重。当牧童被人救出来的时候，已断了气息。那些淘气的孩子已经被吓跑了。大人们赶紧扶这个牧童坐起并把腿盘起来，然后捶打其腰背。好半天，这孩子的气息才缓过来。但是还像是有东西塞在他的胸口，使他呼吸不畅。严重时好似气息欲断，目翻身挺。人们都没有办法了，就把名医张锡纯给请来了。

张锡纯一问事情的经过，敢情是恶作剧搞的。他想，这一定是牧童在裤子里闷极之时，努挣不出，热血随努挣之气上溢而停于膈上也。也就是说，这是孩子在使劲的时候，瘀血上溢导致的。于是，张锡纯想到了三七这味药。三七可以化瘀血，又可以止血妄行，而且病愈以后还不至于使瘀血留于经络。于是，他就开了三七。并把它研成细粉末，让患者每次服用三钱，相当于现在的9克，用开水冲服。结果服用两次以后，这个孩子就痊愈了。

医林怪杰“范大糊”——范文虎

【名医传记】

范文虎（1870～1936），原名范文甫，字赓治，后改名文虎（晚年得到一方虎头汉玉印章，极为喜爱，遂将文甫改写为文虎），浙江鄞县人。自幼聪慧好学，才智过人，初习举子业，后无意仕途而弃儒从医。执医四十余年，蜚声杏林，门墙桃李，遍及江浙，为近代著名医学家。

范文虎为人性情豪爽，语多逞性，不拘小节，不畏权贵，自号“古狂生”，民间则称其“范大糊”（浙江宁波地区称狂人为“大糊”）。又因其医理、书法、诗文被申甬士林誉为“三绝”，故又有“医林怪杰”之称。

范文虎本是一介儒生，20岁为县学附贡生，因直言不讳，被取消附贡生资格。于是，他心灰意冷，无意仕途而另辟蹊径，移志医学，遂抱定“不为良相，宁为良医”的宗旨，当起了“大夫”。

起先从父亲范邦周处学疡伤外科，继而内外兼攻，但他总感到欠缺。去扬州游学时，遇到高僧茅蓬，尽得其疡伤外科秘方及针灸医术，并学到观色察颜诊病之法。于是，他又潜心研读《黄帝内经》《金匮要略》《伤寒论》，汲取名家实践经验，尽取各家之长，为己所用，治病因人因时而异，不泥古，不背今。治病有其独到之处，此时范文虎真可谓达到了“人无癖不可交，以其无性情也；人不痴难成器，以其不尽心矣”的程度，医术锐进。治病斟酌古今，好用峻剂，处方常出人意料，一方用药多至五六味，少则一二味，屡获奇效，名扬甬上、远及上海。

但是，范文虎不满足于单纯的疡科外科，在内科医疗上他下足了功夫，以至又精通内科，医疗上他不拘泥于某一现成处方，边行医边观察病人的病情变化，随时调整用药与剂量，目的无非是药到病除。他治病多用峻剂，处方常出人意料，并屡获奇效，因此也赢得了人们的赞许与认可。

1919年地方当局歧视中医，以考试才能取得行医许可证来刁难中医，范以试题古怪不合常理，撰文予以驳斥，使当局极为难堪。而他不折不挠矢志中医，经他发起成立宁波中医研究会，被推选任会长，又曾开办中医专业学校，招生授课，扩大中医学的影响力。同时，研究会还编印医刊，调解医商矛盾，颇负众望。

1927年夏，宁波霍乱流行，危及众生，范文虎在城区大沙泥街开设中医时疫医院，并请到了大名鼎鼎的沪上名医祝味菊给他当副手，在航船埠头分发防疫药方，一些贫病者据此药方，有当地中草药的就近采集，煎汤服用，以此救治了众多患病者，被乡民称为“救星”，至今被人传颂。

范文虎性格怪僻，终年穿一长领衫，头戴铜盆帽，一介书生模样，因生性耿直，口无遮拦，言行超常，被人们戏称为“大糊”，但他一笑置之，不予理会。他自己也称“鄮西古狂生”。曾用“水深波浪阔，人少畜生多”“但愿人长寿，何妨我独贫”作新年楹联贴于家门口，又写了“范太公在此，百无禁忌”，张贴在客堂墙壁上。

他在临诊时最讨厌病家的絮叨，故有一面行医，一面令学生背书，或与友人闲谈的习惯。见有重病者，高度重视绝不马虎，对小病小痛者往往加以嘲弄或猥语相讥。他常对友人说：“对那些无甚毛病的人，原只是无病呻吟，因为几个臭钱在作怪，所以我用秽语，以治其臭。”被人们视为“大糊”，则多了一层保护色，是有点“大糊”，你奈何他不得。

范文虎的诊金贫富有别，对富人是大宰特宰，如从宁波到慈溪出诊，仅二十余公里，收诊费四十八块大洋，这在当时也是一笔不小的数字。更有一次，到上海出诊，起价两百大洋，多耽搁一天加一百元。但对当地的一般患者的诊金常低于普通医师，仅收数角；对贫困的病人求医，他不收一分诊费，方笺加盖私章，嘱至某药店取药，年底由其结算。

范文虎自奉节俭，行医40余年，家无余资。他还十分重视培养中医人才，先后受业50余人，多有所成。

1936年，范文虎病逝，享年67岁。

范文虎医术极高，对医籍批注甚勤，遗作有《千金要方》《伤寒来苏集》

《外台秘要》，眉批本二十余种。此外尚有《外科合药本》一卷及临诊医案七十余册。逝世后，后人（弟子）整理出版的有《外科记录》《范文虎医案》《范文虎学习经验专辑》《范氏医案征求稿》等，另有诗稿一册。

【后世影响】

范文虎一生对中华民族医学发扬光大，颇有贡献。其医案传布广泛，已成为浙东之一流派。

《范文虎医案》由浙江省中医研究所和宁波市中医学会整理成集，1982年出版，2006年人民卫生出版社重印。2010年，宁波市邮政局和宁波市中医药学会发行《纪念范文虎诞辰140周年》纪念封一枚。

【故事征引】

笑窘督军

民国初年，军阀张宗昌拥兵数十万，督军山东。

某年夏季生病，闻范先生名重士林与医坛，就邀请他赴鲁治病，并借此以自重。范先生诊毕，知是湿困清阳，处方用天麻、苍术、荷叶。张宗昌一看，见案语简短，药物少而价廉。问先生："此方亦能治病乎？"

范答："用药如用兵，将在谋而不在勇，兵贵精而不在多。乌合之众，虽多何用？治病亦然，贵在辨证施治，用药精耳！"

因暗讥张宗昌，一时座上幕宾都吓得面色灰白，而范先生谈笑自若，旁若无人。张宗昌为了表示礼贤下士，虽心中恼火，也只好唯唯称谢。

于是"范大糊"的名字又传遍了山东。

扶贫济弱冷嘲权贵

一天，有个富豪请范文虎诊病，一再要求多用一些贵重药，一是为炫耀家中富有，二是以为贵重药材方，才能取得良效。范文虎听后，心中不快，口中却假意允诺。于是，他在处方后，又加列了黄马褂一件、石狮子一对。富豪差人取药，诸药均得，唯独没有黄马褂和石狮子。于是，他只得又请范医生明示，是否中药别名。范先生答曰：“此为真物，并非他药之别称。”

富豪又问：“为何取此两物作药？”

范先生答曰：“你不是一再要我用贵重之药吗？我只得照办。黄马褂为皇家之物，千金难买，可谓贵也；石狮子一对，重逾万斤，不能说其不重。”此时，富豪方悟其意，甚为羞愧，只得求范医生对症开方，不再要求贵重药品了。

镇海当地有一吝啬巨富，其妻难产，两昼夜未娩，奄奄一息，于是邀请范文虎急诊，范文虎诊后，笑曰：“不妨，我自有良方催产。”于是，开列一处方：用猪百斤（须急宰），取四蹄，大锅煎汁，顿服一大碗。主人照办，果然顺利产下一婴儿。同去门人大惑不解，便问范文虎：“活宰猪肉与市场出售的猪肉有何区别？”

范氏笑曰：“守财奴视钱如命，不如令其破费一下，大家也跟着享享口福。”

肉汤催产，其方出自《王孟英医案》，范文虎不仅运用自如，解救危急，同时又贬罚巨富，一举两得，令人捧腹。

宁波有一姓戴的富户，其妻心胸狭窄，无事生疑，常为鸡毛蒜皮的小事吵闹不休。一次，又为一点小事与其夫争吵后，卧床不起，不讲话，不吃不喝，一连几天，像生了大病似的。戴某遂邀请范文虎来家诊治。

范文虎对戴妻之性格已早有所闻。到了戴家，诊其脉，六脉平和；再观其面，面色红润；又验其舌，质与苔均无异常，唯有眉宇间显现出一股怒气。范文虎诊后胸中洞然，却故作惊骇之状，对戴某说：“尊夫人之病已入膏肓，目前应先救其急，煎一大碗粪水服之，服后看效果如何，明天再开他方，如再拖延今夜，到拂晓恐无法挽救矣。”说罢起身告辞而去。

范文虎走后，戴某之妻从床上一跃而起，开口大骂，“‘范大糊’糊涂透顶，算什么名医？我生什么病？给老娘灌粪水，岂有此理!”

范文虎回家对门生说：“用药治病如用兵，兵不厌诈，药不厌诈，治也不厌诈。心病需心药医。她诈病，我诈医，以其人之道，还治其人之身也。”

仁术济世誉满医林

一天，范文虎家来了一位衣衫单薄、愁容满面的老人，显然是“贫病交迫”的典型病例。问诊中得知年仅50岁，这使范文虎大吃一惊，一个七八十岁的老人，怎会仅仅50岁？问到什么时候出生时，老人的回答更使范文虎大吃一惊。怎么与自己年龄相同？为了好奇，再问下去得知是十二日白天十二点钟，竟然与自己是同年同月同日同时出生。

经过全套望闻问切的过程后，范文虎已知道他是“肝郁不舒，木失条达”的郁证，范文虎根据“心病还需心药医”的原则，向他介绍蒲松龄四进考场，都是名落孙山，但他绝不忧郁而写下自勉联来鼓励自己，其联为：

有志者，事竟成，卧薪尝胆，百二秦关终属楚；
苦心人，天不负，破釜沉舟，三千越甲可吞吴。

将故事作为心理疗法来辅助药物治疗。这位病人由此得到了启发。

同时，范氏又送一包银子给他，可是病人却严肃不欢而拒绝了。

范文虎乃说：“我与您是同年同月同日同时出生的，凭此奇缘，才送你银子的。既然你银子不受，那我送一副寿联总可以吧？”

“这可以的。”病人当即欣然接受。于是，范文虎便铺纸提笔书联一幅，联为：

十二月十二日，你我同生；
五十春五十秋，文金祝寿。

同时范文虎又真诚地赠送银两，此时病人非常高兴地接受了。经范文虎长时期的治疗和周济，最后此人病去身安，而且在宁波的商界里占有一席重要席位。

中华奇药云南白药创始人——曲焕章

【名医传记】

曲焕章（1882～1938），原名曲占恩，字星阶，彝族，云南江川县后卫赵官村人，后迁居通海、昆明。饮誉中外的中华奇药“云南白药”的创始人。民国时期中医外伤科著名医家。

清朝末年，曲焕章出生于云南省江川县赵官村的一个汉族贫苦农民家庭。曲占恩一生悲苦，7岁丧父，9岁丧母，幼时全靠老祖母及姐夫抚养，12岁的小小年纪就到姐夫袁恩龄家学习中医伤科、药物炮制和一些医药基础知识。他从小“性仁慈，有活人志”。17岁时娶本村李惠英为妻，生下了三个孩子。曲占恩成家后即独自行医，更加刻苦钻研医学，又博采众家之长。凡是上门来求医的，均耐心诊治，且疗效显著。两年后，成为江川一带小有名气的外伤科医生。

江川附近大山连绵，历来土匪较多，经常有受伤的土匪威逼曲占恩为他们治枪伤刀伤。26岁那年，有人到官府诬告曲占恩经常给土匪治病，行为是通匪，知县遂下令四乡捉拿，曲占恩闻讯慌忙逃到外地，在个旧一带摆摊行医，从此改名为曲焕章，以避官府。

有一天，天气酷热，曲焕章在医摊上忽然腹痛如刀绞，豆大的汗珠如注，痛倒在街上几乎晕死过去。这时，一位路过的老人见状停下脚步，从肩上的布袋中取出一种草药给曲焕章服下，没过一会儿疼痛缓解，再过一会儿疼痛全无，旁边看的人大为惊奇。

原来，此人便是远近闻名的“滇南神医”姚连钧。姚连钧得到民间高人的真传，精通外伤诸科，深谙百草奇药，能够起死回生，活人无数。清朝咸丰、同治年间，云南的回民起义军反清复明，当时清军组织清剿后伤兵很多，闻姚连钧的大名，把他请到军中治伤兵，结果疗效神奇，清军给予重赏并授以“提镇”官职，再三挽留他留军做医官，但他坚辞不就，仍旧鹤迹仙踪地出没在乡间农舍悬壶治病。

曲焕章多年苦觅名师不得，今日得遇又蒙救命之恩，于是就一定要拜姚连钧为师。姚连钧见他出身贱微，吃苦耐劳，心慈胆侠，便将他收为弟子。

曲焕章勤学好问，侍师如父，无论是上山采药，还是治病救人，他都终日不离左右。“落红不是无情物，化作春泥更护花”，姚连钧很喜欢这个徒弟，暗想这一身的绝技妙术终于有了传人，于是便和盘托出，把自己所掌握的医术秘方绝技奇药全部传授给曲焕章。不几年时间，曲焕章青出于蓝而胜于蓝，凡是疮疡、刀伤、扑跌等伤病，都能治愈。这时姚连钧去世，曲焕章如丧考妣，一人在孤灯草棚为师傅守坟多日方去。

曲焕章难忘师恩，牢记师训，犹如一个当代神农，背上药囊，怀揣医书，蓑衣斗笠，披荆斩棘，历游滇南名山大川，遍尝各地奇草异木，访寻名医妙术，虚心求教樵夫和采药人。凡听到哪里有奇方妙药，任凭山高路远水深浪激，他一定要亲自去看个究竟问个明白方才罢休。常年的跋山涉水，风餐露宿，他面色黧黑，形容瘦槁，但他医术大进，常常起生死拯垂危于指间罐旁，更为重要的是一种神药如晨曦一般孕育良久，即将喷薄而出。

“功夫不负有心人”，历经千辛万苦，经过无数次的反复改进配方和临床观察试验，曲焕章终于制成了一种疗效独特的伤科中药，取名“百宝丹”。百者集众多草药复方制成，宝者效验灵如珍宝。接着，他人不解甲，马不卸鞍，又研制了与之相配套的虎力散、撑骨散等著名的伤科系列药物。“百宝丹的功效以治疗刀枪伤及跌打为最。刀枪跌打，穿胸洞腹，伤及脏腑，只要身软不死，虽人事不省，均可救治。先入百宝丹，再服虎力散，气将绝者渐能苏醒；血流如注者，渐能停止。再用消毒散、洗创止血药，涂敷伤口。内部有子弹头的，改服撑骨散，弹头能自行退出。无论轻重伤，每日服用百宝丹、虎力散，轻者半月收功，重者月余即愈”。此外，百宝丹对皮肤科、妇科、儿科疾病都有许多意想不到的奇特疗效。

曲焕章真切地体会到民族民间医药是医药的重要宝库和源泉。他后来回忆道：“滇以产药著称于世，李时珍《本草纲目》及《滇南本草》所收而外，尚未经前人发现者不知凡几。而世人皆目为草药而轻之贱之，不足一盼，其可慨也。殊不知草药之中功用非常而不可思议之，可能出乎吾人意想者。村夫野老应用一草一木之微，常验如捋鼓、药到病除，良可叹也。”

曲焕章既重视单个草药的疗效，更强调对复方的深入研究。他说：“唯知其药除某疾，以单味独剂投之而已，至于如何变化，如何配制，固不得而知之，以致药力不能克尽其用，未免可惜。”

曲焕章成功了，但他失去了许多许多。其妻李惠英自他走后望眼欲穿，但音信杳无，有人从外面回来，说曲焕章早已死在他乡了，绝望了的李惠英只得改嫁他人。六年后曲焕章满心欢喜地回到家中，已是人去房空，四壁疮痍了。

曲焕章请村中长辈出面，与李惠英当场结具文书，双方盖手印脱离了夫妻关系。他只身远走到了通海县，一心一意挂牌行医。1913年与通海人缪兰英结婚，在县城开了一家曲焕章药室看病卖药。

1914年，曲焕章返回故乡，通过反复研制，终于发明了曲氏白药。1916年，曲焕章将白药、虎力散、撑骨散药方，呈送云南省政府警察厅卫生所检验合格，发给证书，允许公开出售。当时云南督军唐继尧，委任他为东陆医院滇医部主任兼教导团一等军医正。

1917年曲焕章到通海挂牌行医。将白药由纸包改为瓷瓶包装，销量骤增，继而销往全国。次年，吴学显受唐督招安，委以军长之职。吴学显感谢曲焕章治伤之情，函请曲焕章赴昆明开业，在南强街开设伤科诊所。翌年，滇军参与北伐，吴学显右腿骨被枪打断，经当时昆明的法国医院以及惠滇、陆军等医院诊治，皆认为截肢才能保命。转请曲焕章医治，终治好伤腿骨折，行走如故，使西医不得不对中国的传统医学深为佩服。吴学显赠以“效验如神”等匾额。一时曲焕章成为人们心目中的“妙手”“神医”，前往求医者甚多，门庭若市。

1922年，曲焕章迁居昆明南祥街开设伤科诊所。次年，唐继尧赠“药冠南滇”匾额。1927年，成功研制了“一药三丹一子”（普通白药丹，重升百宝丹，三升百宝丹和保险子）的精制白药。1928年，瓶装白药上市，远销中国香港、中国澳门、新加坡、日本等地。

1931年曲焕章在昆明金碧路建盖“曲焕章大药房”，又请人代笔编著《曲焕章草木篇》《曲焕章求生录》二书行世。为了增加白药的传奇色彩，曲焕章给白药另取名字“百宝丹”。白药生产达到顶峰时，销往省内外，年销量达40万瓶之多，并在中国香港、新加坡、泰国、缅甸等地开设了代销店。但因百宝丹的信誉高，销路好，不少人为牟取不义之财，便制作假白药出售。为维护白药的声誉，对顾客负责，曲焕章钻研出一种独特的方法：用一两粒特制的药片附加在瓶口的药粉中，既是特殊的标志，又是药力很强的药，专门用于危重病人，还可以保护药品经久不变，有“保险、防护”之意，因此，被人称为“保险子”，誉为“白药中的白药”“丹中之丹”。同时，在独家制售秘不外传的过程中，还另印出一种“辨真单”，打上凹凸钢印暗藏特别记号放入瓶内。

1933年曲焕章当选云南医师公会主席，并积极组织医学研究，为全省中医药事业做出了贡献。1933～1935年，随着白药声誉的不断扩大，继唐继尧题赠匾额之后，龙云题“针膏起废”，胡汉民题“白药如神”，杨杰题“百宝丹系百药之王”，蒋介石题“功效十全”等匾额。

1938年“七七事变”后，云南六十、五十八军北上抗日。曲焕章出于爱国之心，愿为抗战尽一份力量，捐献三万瓶百宝丹给两军全体官兵，对台儿庄战役的胜利做出了贡献。同年6月，国民党中央政府派专人将曲焕章接往重庆，住在中华制药厂内，该厂系“四大家族”创办，令厂主焦易堂出面，以抗日为借口，百般要挟曲焕章交出白药秘方，曲焕章严词拒绝，8月，因抑郁成疾而死，终年58岁。

曲焕章死后，其妻缪兰英继续主持大药房，生产百宝丹，从此“云南白药”为人民的健康发挥出更大作用。1951年，“百宝丹”在西南工业展览会上荣获一等奖。1956年2月，曲焕章遗孀缪兰英把白药秘方献给了新中国，由昆明制药厂生产，并且将曲氏白药更名为“云南白药”。

1971年，云南白药厂正式建成，1978年，白药产量已达到1956年的156.8倍。云南白药每年为国家换回数百万美元的外汇。曲焕章的名字与云南白药联系在一起，他的传奇式事迹永远在人民中传颂。

【后世影响】

云南白药，是中华医药文化遗产中的一朵奇葩，也是民族实业，它伴随着时代风云颠簸，是从艰难挣扎中蹒跚走出的一株不灭的火种。

云南白药，创始于20世纪之初，辉煌于抗战岁月，曾为千百万抗战将士和百姓解除伤痛之苦，然而它又饱受磨难，至新中国成立后方重获新生，得到长足发展，于今闻名遐迩，名震四方。问世百年来，云南白药以其独特、神奇的功效被誉为“中华瑰宝，伤科圣药”，也由此成名于世、蜚声海外。1995年，云南白药胶囊被列为国家一级保护品种，保护期20年。2002年，云南白药通过国家GMP认证，被国家工商行政管理总局评为中国驰名商标。

【故事征引】

从山野郎中到省府“药冠”

一天，有几个人来到药室，将曲焕章请到一处豪宅为他们的主人治伤，院内主人的众手下与眷属皆惊慌忙乱。曲焕章一看是胸部中弹，伤势严重，他成竹在胸，先用洗创止血药清洗创面，次用消毒散与金枪药涂敷伤口，再用百宝丹煎汤频服，不多时日竟豁然而愈。这时他才知道这人便是云南土匪魁首吴学显，他的名声一时大振。至此匪伍一般都不到通海骚扰，得一方平安的百姓们都感激他。

旧中国卫生行政界重西轻中，歧视中药更瞧不起民间中医，曲焕章偏不信邪。1916年，他将百宝丹、虎力散、撑骨散呈送云南省警察厅卫生所，申请列为正式药品。经化学检验和临床观察全部合格，主管部门给其颁发证书，允许在市场公开出售。他遂以灵芝图案作为商标注册，定名为“曲焕章万应百宝丹”公开出售。同时，将原来用纸包药改为精致小瓷瓶包装，一时间各地争相购买，并大量销往全国。

1918年，云南地方魁首吴学显接受云南省督军唐继尧（即省长兼总司令）的招安，被委任为军长。吴学显为报曲焕章治伤救命之恩德，派人执函到通海邀请曲焕章到昆明开业。这位在荒山野岭探寻求索的民间郎中，堂堂正正地在省府开设了他的伤科诊所，取名“曲焕章药房”。

翌年，孙中山在广东发动护法战争，云南滇军参加北伐，吴学显军长率军开赴广西讨伐军阀，后失败而回。吴学显在战斗中右腿骨被枪弹打断，请当时昆明最有名的一家法国医院以及惠滇、陆军等医院诊治，西医们都说要开刀截肢才能保住性命。吴学显转而又请曲焕章救治，曲焕章不用一刀一针，全用中药草药和伤科办法治好了伤腿骨折，使其行走如故。吴学显感激不尽，派滇军军乐队在昆明城内绕城奏乐游行，宣扬百宝丹的神效殊功，此药由此誉满春城。那家法国医院的法国西医教授们既感到奇怪，又不得不承认和佩服。这下子曲焕章的名字轰动了春城，响遍了西南，人们视他为“神医”和“药王”，他的诊所门庭若市，车马如织。吴军长亲自登门送上“效验如神”金漆大匾，唐督军也赐给他“药冠南滇”匾牌，唐继尧还担心这个活“滇宝”被外省挖走，当即委任曲焕章为东陆医院滇医部主任兼教导团一等军医正。

险中识白药

很久以前，在我国云南澜沧江畔的崇山峻岭之间，住着一位善良的采药老人。他没有亲人儿女，只有一条小白狗与他相依为命。

一天，他采药归来，发现小白狗被冲到家里来觅食的野狼咬得肚开肠绽，血流如注，撕心裂肺地惨叫着跑进山里。没料到几天后小白狗又活蹦乱跳地从山里跑回来了。老人非常奇怪，怀疑这山里一定有什么秘密。后来小白狗又被野猪咬伤，它又往山里跑，老人悄悄跟踪到山里，发现小白狗正在拼命地吃地上的一些野草。老人把狗吃过的那些草一样一棵拔起来，不多不少正好一百种。老人把草药带回家煎煮喝下，又把自己的手划破，没想到伤口很快就愈合了。这位老人就是曲焕章。

据传，曲焕章还是位猎手，擅于猎取凶猛动物。有一次，他打中了一只老虎，请人去抬时却不见虎的踪影。因而人们议论纷纷，说那是只“神虎”。曲焕章不信，就循着虎的踪迹观察，得出了虎是在受伤后，吃了一些野生植物伤愈而跑掉的结论。他把这种药送给山下的乡亲们，结果对很多病效验如神。后来，人们就把这种药叫作“百药”，因为这些草药没有名字，所以又叫“白药”。

后来，曲焕章综合动物神奇变化和自己平时疗伤止血的经验，现场采回了多种草药，后又经过漫长的筛选、试验，终于在1914年生产出“曲焕章白药”。他的成功很快在医学界引起了轰动，并逐步被广泛用于临床。经过百余年的提炼加工，成为今日驰名中外的“云南白药”。

张聋一帖药——张骧云

【名医传记】

张骧云（1855~1925），又名世镳，字君相，晚年号冰壶，男，汉族，上海人，以善治伤寒而闻名沪上。

张骧云出身上海中医名门世家，其家族世代习医，其父张玉书是同治年间上海县城晏海门（今老北门）一带有名望的老中医，至张骧云已传九世。张骧云继承父业，先设诊所于境内珊家园，后迁爱文义路（今北京西路）。因诊断准确，效果明显，名声渐盛。

光绪七年（1881），张骧云27岁，出诊治疗一位“烂喉痧”患者，看舌苔时，病人突然呕吐，直喷其面。回寓即染重病，最终导致两耳失聪，后来只有依赖“喇叭筒”助听应诊，故人称“张聋”。由于他医道高，医术精，医名日盛，“张聋”这个绰号很快便妇孺皆知，真名反鲜为人知。

张骧云家的门外，既不挂行医招牌，也不登广告，但上海市民尽识其门，求医者终日门庭若市。病家崇信张氏医术，尤敬重其医德。张骧云常以“医以救人，非以营业”“医无贫富，唯以实心求之”为信念，对待病人不论贫富贵贱，一视同仁，依次就诊，无有特殊。

他还常免费为贫苦病人施诊给药。当时，沪上名医的每次诊金一般为1.2元，张骧云却仅为几角钱。对贫苦病人他从不鄙视，一样悉心诊视，并常解囊相助。“待人和煦，蔼然可亲”，去其诊所看病，不论贫富贵贱，一视同仁，都得排号候诊，不设拔号、特诊，即出双倍或四倍诊金提前看病。他说这是“富者得而贫者失，我不为也”。

他一生秉性耿直，不慕势利。对达官贵人从不阿谀奉承，就诊时亦须依次排号。有衣着华丽者，反多劝其节俭；对声势显赫、重金相聘者，则多予拒绝。宣统三年（1911），有某银行行长又签巨款相促，张骧云返回其款，竟不往诊。富商盛宣怀因张氏治好其伤寒重症，以10万两白银聘其出任华医学院院长，也遭拒绝。于是沪商巨富、达官贵人虽有议论，但知他秉性耿直，反多敬服，如当时松江府大员钱宝传就对张氏说："强项令（强横之官）自古有之，如兄之强项医，古未有而今乃见之。"

张骧云精研伤寒原理，对望神、验舌、切脉、按诊、察斑、辨汗尤为重视。临床讲究审诊求因，辨证论治。实践中能融会各家学说，变革创新，形成独特"张氏流派"，诊治伤寒热病，以"张聋一帖药"而蜚声江南。张氏诊病一洗时医陋习，不以名医自居，不仅诊金低廉，而且不设"特号"，求诊者无论贵贱贫富，一律循序看病。即使名绅巨商，也绝不特殊照顾。遇有贫苦患者，免收医金还资助药物。对声势显赫，以重金相聘者都予以拒绝。

晚年在凤阳路珊家园筑"淞补读庐"，杂种花木，静养写作。著有《君扬诊余随笔》文稿。

民国十四年（1925）逝世，享年70岁。后裔张镜人等皆为当代名医。

【后世影响】

张骧云致力于伤寒热病的临床研究，倡导"治伤寒、温热于一炉"的学说，打破了温热学派对汗禁的清规戒律，提出了一套行之有效的治疗方法，丰富了伤寒热病的辨证施治内容，为伤寒临床开辟了广阔的治疗途径，成为独树一帜的上海张氏内科医学。同时世人对张骧云的医德医风极为推崇，关于其医德的故事至今仍广为流传。

【故事征引】

张骧云开砒霜药方

清末民初的一天，来了一个病人，肚大如鼓，骨瘦如柴，自称每天食米二斗还吃不饱，一天到晚总想吃，可身子却越来越瘦，四肢乏力，连坐也坐不稳了。张骧云切了脉，问了症状后，拍了拍病人的肚皮，略微思索一下，就开了一张药方，嘱咐病人须饿肚一日，才可食药，三天之内，病情就会好转。

病人高兴地拿了药方，回家一看，见上面只开一味药："砒霜四两。"这一看直吓得他吐出了舌头，心想，砒霜是毒药，谁人不知？更何况要吃四两！这不是要毒死我吗？再想想又觉得张骧云是个名医，绝不会乱开药方的。就决定先配二两砒霜吃了再说。

食药后，腹痛如绞，便出许多白色长虫，最长的竟达七寸。便后肚里顿觉轻松，肚皮也瘪下去许多，身上有了些力气，食量也比从前减少，感觉好多了。过些日子，他又到张骧云处复诊。

张骧云问清了情况后说："你没有照我的剂量服药，现在是毫无办法了！"

病人说："那我再补吃二两砒霜不就行了吗？"

张骧云道："不行了！不行了！原因是你腹中的虫子太多，只服二两砒霜，没能把虫子全部打下，现在再补吃，剩下的虫子已学乖了，不会再吃你服下的砒霜了。虫子不肯吃砒霜，砒霜之毒就会被身体吸收，你就会中毒而死。"张骧云说完连连摇头。

这病人回家后，左思右想，心想不吃药也是等死，最后还是补吃了二两砒霜，果真不到一刻钟的工夫，他就中毒死了。

黄马夹

张骧云医术扬名江南还有一个"黄马夹"的小故事。

当年，在张家位于北京西路温州路的寓所，由于慕名而来的病人每天都排长龙队才能轮到，因此出现了一些以帮忙排队"卖位置"的假病人。为了让先来的患者能得到及时医治，张家只好统一发给排在前几位的病人黄色马夹以示证明。

中医科学化的典范——金慎之

【名医传记】

金慎之（1887～1975），原名志康，字任之，浙江瑞安人，浙南著名的中医。

少承家学，曾在利济医院学堂深造（悉中西医），学成行医于东瓯，及浙南、浙东、闽北一带。

金慎之擅长内科，性格怪僻，为人不拘小节，但一生治愈不少疑难病，凡是疑难的病症一经他诊治，随即药到病除。时人称为“金癫”，并以此称呼闻名于浙南各地。

1933年，金慎之与潘澄濂联合建立温州国医学校。学校学制四年，以讲授中医经典为主，并开有解剖、生理等课。共招4期学生，每期20余人。该校系金、潘等个人集资所办，因经费不济，于1937年停办。

1954年，浙江省卫生厅将其确定为省名老中医抢救对象。金慎之精于内、妇二科，擅长伤寒杂病，善用经方，药喜温热，人称之为“经方派”。

金慎之于1956年服务于瑞安人民医院，1959年调往温州医学院附属医院主持中医科。金慎之临证尤善守方，常起沉疴痼疾，行医济世60余年，声望甚隆，成为近代浙南一代名医。

金慎之行医厚古而不薄今，兼顾中西，常说：“学医之道，首重生理。生理不明，病理何知？西医精生理，中医长治疗。中西并进，方能取长补短。”在望闻问切的同时，他还采用西医的听诊器、脉搏分时计数和察看血液化验来诊断病情，一旦确诊，即用重药医治，常能收效。新中国成立后，瑞安市第一次人民代表大会上，瑞安人民医院院长王湘衡曾称赞他是“中医科学化的典范”。

【后世影响】

温州医学校开创了浙江中医药专业人员现代教育模式的新历程。当时第一医院中医科是温州中西医学贯通的一个好样板。而金慎之始终处在治病救人第一线，治愈过不少疑难杂症，对中医事业做出了很大的贡献。

【故事征引】

“金癫”绰号的由来

有一次，一个富户家属患病，前来邀请金慎之先生诊治。先生知道这个人生性吝啬，平时一毛不拔，就要价300枚银圆。该富户不愿意。拖了一些时间，家属病情越来越重，只好再次邀诊，并一口答应了先生600枚银圆的要价。

先生应邀，治愈，先生乘小船回家，路上，将所得银圆一枚一枚扔在河中。因此得了一个“金癫”的绰号。

慎之不慎

有一次，一个病人患了头痛病，多方求医无效，听说金慎之先生医术高明，特来求医。金慎之先生给病人搭了脉后，诊断他为外感伤寒症，随即开了一剂“麻黄汤”。病家拿着金先生开的药方到附近的“三益”药店配了药，当晚给病人服用。不到半夜，只见病人浑身淌汗，四肢瘫软，两眼上翻，不一会竟断气了。

第二天，病家向官府告了金慎之一状，官府传他到堂，金慎之来到公堂，得知病家告他的药把病人吃死，觉得十分奇怪。他想，我平生从医谨慎，从未用错药，今日怎会出这样的事？他要求看一看自己开的药方。

官府将药方出示，金慎之仔细看了看，看不出自己的药方有失误之处，随即申诉说：“我是对症下药的，这方子没有错。会不会是药店抓错药了，请病家把药渣拿来给我看看。”

病家拿来了药渣，金慎之看了，大吃一惊，“啊呀，不好了！”药渣里桂枝一大堆，足足有五六钱！可我药方明明开的是桂枝尖一钱呀，这是怎么回事？

金慎之向官府申诉了情由，官府传来“三益”药店的店主。店主来到公堂，对一对药方和药渣，说：“这药方和药渣相符，并没有错呀！药方上桂枝不是明明白白写着六钱吗？”

金慎之说：“我这是桂枝尖一钱，你把这个‘尖’字误看成‘六’字了，这不是你的过错吗？再说，麻黄汤中放桂枝六钱会吃死人，这是常识，你抓药的应该知道。”

官府听金慎之申辩有理，于是惩办了药店店主。药店还承担病人全部的丧葬费用，而且还在坟墓旁边建起一座亭来，这个亭就叫“桂枝亭”，因为这件事就是因桂枝而起。

这场官司，金慎之先生虽然打赢了，但他心里总是不好受。因自己把“尖”字写得草了一点，才造成这种结果。他想他当年改名“慎之”，是以时时谨慎自勉，想不到现在却出了这种事故，真是痛心。

事后，他写了这样两副对联，以此告诫自己。即：

时来砒霜救人，运去桂枝丧命。

慎之不慎，三益无益。

沪上中医第一人——张镜人

【名医传记】

张镜人（1923～2009），名存鉴，男，汉族，上海市人，主任医师，终身教授，全国著名中医理论家、中医临床学家，首届上海市名中医，全国首届"国医大师"。曾任全国政协第七、八届委员会委员、政协上海市第六届委员会常务委员，中国民主同盟中央委员会委员，民盟上海市委员会副主任委员。

张镜人出身上海中医世家，其曾叔祖张骧云，以擅治伤寒、医德高尚而称誉社会，口碑极佳。张镜人幼承庭训，立志杏林，为张氏内科第十二代传人。祖先张君调，弃儒从医，悬壶济世，扭转了这个世居沪上、耕读传家的家族历史方向。自此，张氏医学代代相传，以治疗伤寒热病著称。在《上海县志》《上海续县志》等地方志书中，记载有张氏一门7代11人以医而名的事迹，可谓门楣光耀，名重一方。

因家族中立有长子必继祖业的规矩，张镜人童年时便被长辈寄予继承家族医学的厚望。他4岁时入家族私塾发蒙，习诵从《三字经》到《四书五经》的传统经典，也夹杂着《汤头歌》《本草经》一类篇目。到12岁，家中开始遍请名医，安排他半日习文，半日学医。少年时的张镜人偏爱文学，诗词歌赋，长卷短篇，爱不释手，也很喜欢挥毫泼墨，行书作画。

张家培养传人按部就班，颇有章法。张镜人从少年起即随长辈抄方，18岁单独随父张君益侍诊，偶尔单独应诊。每晚回家，都要接受父亲对接诊病例的剖析点拨，还要继续温习经典名著，又攻读《黄帝内经》《伤寒论》《金匮要略》《神农本草经》等中医经典著作，加以印证对照。这时，他虽属初出茅庐，但已崭露头角，脱颖而出，医名渐起了。

1946年，张镜人以家传医师的身份参加民国政府举办的抗战胜利后首届全国中医考试，在3000余名考生中脱颖而出，荣登不足300人的榜单。当时考试主要的项目是论文，题目是《亢则害承乃制论》，他古文医典烂熟于胸，一看即知语出《内经》，挥笔而就2000余言，条分缕析，议论备至。自此他被视为一代青年才俊，在上海中医界崭露头角。

新中国成立以来，张镜人不仅在国内讲学，还十余度应邀赴日本、澳大利亚等地讲学，交流中医药学术思想与临床经验，载誉而归。

20世纪60年代初，张镜人不断总结前人和自己的临证经验，先后撰写出了《上海张氏医学经验》《张骧云医学成就》等文章，系统阐述了张氏治疗伤寒热病的学术观点。

外感热病历来有伤寒和温病的争议，对此，张镜人主张：二者宜合不宜分，要熔伤寒、温病于一炉，灵活运用伤寒方和温病方。他曾撰文说："叶天士、吴鞠通分别倡导'卫气营血辨证'和'三焦辨证'，两家的理论和经验也完全是《伤寒论》辨证论治具体运用的发展和补充……毫无疑问，温病学说离不开《伤寒论》的理论指导，《伤寒论》得温病学说的结合，才更丰富和扩大了热病辨证论治的内容。"

张氏内科临证外感热病，擅用淡豆豉、豆卷、桑叶、牛蒡子之品，尤其是淡豆豉备受推崇。先辈用之如神，张镜人解其三昧。他总结指出，要以祛邪为要务，注重"表"与"透"：初则疏风解表发汗，进而清泄里热为主，透热转气，兼湿者必佐以化湿之品，热入营血者清营泄热，进一境，立一法，有规有章，"表"与"透"须贯穿始终。由此，张氏内科淡豆豉一味运用之妙"浮出水面"。

张镜人的研究推动了张氏医学走出家族范围流传，在中医界引起很大反响。有名家赋诗称赞：两字（表、透）名言客尽惊。

20世纪50年代是上海中医事业发展的"黄金"年代。张镜人与中医巨匠陆渊雷、程门雪、章巨膺、丁济民、张赞臣等主持筹建了上海市中医学会、上海市卫生工作者协会、上海市首家公费医疗中医门诊部、上海市首家中医专科医院、上海市第十一人民医院、全国首批中医高等学校上海中医学院，在全市综合性医院普遍设立中医科室。从此，沪上中医走上普及、发展、提高的正常轨道。

当时，张镜人终日奔忙于各大医院之间，为各医院开展中医业务而操劳。在那几年里，他门诊病人是看得少了一些，但宣传中医药学的文章却写了不少。他于工作闲暇时，常手不释卷，学习之勤，老而弥笃。他常言，对经典医著要经常读、反复读，所谓“书读百遍，其义自见”，用时即可信手拈来。他读书功力之深，在他应诊讲学时大段引用原著原文，就可见一斑。

至于勤写，历年来，他主编、参编了近20部学术专著，发表科研论文108篇，曾获多项国家级重大科研成果奖。

张镜人还积极组织开设中医学习班，对各大医院的中医师轮换进修培训。在党和政府的领导下，张镜人还与有关处室配合，制订规划，建立机构，引进了一大批中医人才。

在第一批中医带徒工作结束后，张镜人还牵头修订了《上海市中医师带徒暂行管理办法》，在固定师徒关系、临证口授的同时，改变过去“分散带”的方式，提倡“个别带，集体教”的新思路，要求各区县设立中医带徒班，由带教老师组成教研组，规定教学计划和课程，按各人所长，分工上课。这个办法既发扬了中医带徒的优良传统，又保证了教学质量，为中医师承教育改革开创了先河。他长期抓中医工作，为新中国成立后上海市中医政策的制定、各级中医机构的建立和建设、中医人才培养等都做出了巨大贡献。

1954年，张镜人接受上海市人民政府市长陈毅署名委任，担任市卫生局医疗预防处中医科副科长。他毅然关闭自己的私人诊所，放弃高薪收入，辞退保姆、司机，成为上海中医界加入公共医疗机构第一人。

他在主持上海市中医工作时，重点抓了全市的中医带徒工作，同时还在上海中医学院、上海医科大学等高校兼任教职，参与培养了成批的中医人才。他热忱培养传人，授之以术，育之以德；流风遗泽，润物无声，“愿效李时珍，泽惠神州，亿万人增寿”。

张镜人一生授业解惑，育人无数。他带教出严佩贞、张存钧、石蕴玉、张亚声、徐国缨、王松坡、沈遐君、宋安妮、朱凌云等一大批门人，其中许多成长为独当一面的业务专家，活跃在上海、外埠以及世界各地。多年来，先生讲学的足迹踏遍了澳大利亚、泰国、马来西亚、印度尼西亚、新加坡等许多国家，所到之处，人们无不为中医药的神奇魅力所倾倒。

他重视临床实践，自18岁行医开始，从未离开临床。他治疗内科杂病，强调脾胃学说和活血化瘀法的应用；他不为西医病名所限，同时主张“借助微观检测手段，为我所用”。认为中医学的研究，尤其是临床研究和科研工作，应积极运用现代科学技术、仪器设备及理化实验手段。比如诊治慢性胃炎时，他主张借助胃镜直观及病理组织活检的微观所见，了解胃黏膜病变情况，指导辨证用药。他认为，将微观所见参于中医辨证之中，可使中医望诊获得延伸和发展。“勤以补拙，谦以代骄，慎以戒言，博以广知”是张镜人的座右铭。“勤”字当头，一直被张镜人视为治学者的本分，他曾总结自己的治学经验为“五勤”：勤学，勤读，勤问，勤写，勤实践。即使担任公职，也要保证每周几个半天的出诊，“文化大革命”期间，他也寻找机会为干部群众看病。他在被任命为上海市卫生局副局长时，向上级提出的请求就是，允许他半天行政办公，半天门诊查房。同事们都知道，在公务繁忙之时，他门诊后往往顾不得吃上一顿正式的午餐。

历年来，张镜人取得了多项重大研究成果，如活血化瘀治疗慢性萎缩性胃炎，打破了胃黏膜腺体萎缩不可逆转的观点，为中医药防治胃癌开拓了新思路，荣获国家科技进步三等奖；研究和分析脉象客观化的成果获得国家中医药管理局科学技术进步二等奖；治疗慢性肾功能不全的成果获得上海市中医、中西医结合科研成果二等奖；另有治疗病毒性心肌炎、高脂血症、红斑狼疮等多项临床和实验成果获奖。

1973年起，他受上海市卫生局委托主持西医、中医学习班的教育工作。改革开放后，他任上海市第一人民医院中医科主任，开始在科室定期开展“读书会”活动，带领大家温习经典、医论医著；跨入21世纪，他以八旬高龄担任上海市优秀青年医学人才的指导老师。同时，他还作为全国和上海市名老中医药专家学术经验继承工作指导老师亲自带教多名学生。

对于读书之道，张镜人常教导学生：“读书当厚古而不薄今，要融汇诸说，务明真谛。治病应师法而不拘方，宜变化在我，唯求实效。”他组织“读书会”交流读书心得，进行专题讨论，形式活泼，气氛活跃，他所作的专题发言，从理论到临床体会，使大家获益良多。后来，他因年老体衰，把“读书会”活动转移到自己家中进行，一直坚持到他住进医院。

1982年退休后，他仍被上海市政府委任为市卫生局顾问，任中央保健委员会保健会诊专家，继续为上海中医药事业贡献才智。他在晚年曾作《醉花阴》一首，述及平生情怀，值得后人吟咏，其中写道：中医宝库称丰富，本草饶研究。愿效李时珍，泽惠神州，亿万人增寿。

2009年6月24日，国医大师表彰大会前夕，张老在上海华东医院溘然长逝，享年86岁。

张镜人撰写著作多种，有《辞海·中医学科》《中医症状鉴别诊断学》《中医症候鉴别诊断学》《中医诊断学》以及《中国中医鉴别》等。

【后世影响】

张镜人是一位不可多得的中医理论家，中医学家，对中医医疗卫生事业的执着、耕耘和无私贡献，为上海中医事业立下“开业奠基”之功。他一生急病人所急，悉心为病人解除苦痛，博得各界人士及广大患者的信任与称颂，在海内外享有盛誉，深受中医同道的爱戴与尊重。1992年中国香港《文汇报》专题介绍张镜人教授，并冠以“沪上中医第一人，堪称上海现代中医业奠基人”。

张镜人给后代留下了一笔巨大的精神财富——医德和医术，这笔珍贵的精神财富将永远普济大众，造福苍生。

【故事征引】

张镜人的“五勤”

张镜人诊病之余，手不释卷，学习之勤，老而弥笃，理论所得，必证之于实践。他的治学经验被归纳为：“五勤。”

一曰勤学。学无止境，不学则知识无以积累，亦无以更新，为了不断提高自己的理论与业务水平，他提倡向书学、向人学，相信“三人行必有吾师”，同时，还应带着问题学。张氏不仅经常诵习历代医学文献，浏览近代医学期刊，并善于带着问题深入钻研古籍，如应日本中医学研讨会邀请，主讲三焦和命门学说，他花了很大精力参阅古今论著，开拓了自己的学识领域，从而撰写论文，提出了精辟的见解。当临床遇到疑难病证，往往虚心请教前辈及同道，取长补短，不断充实自己的知识库，他的座右铭是“学，然后知不足”。

二曰勤读。勤学是治学的根本要求，而手段则是勤读。张氏认为需要对重点的书籍进行精读，有的篇章必须反复读。反复读，为的是加深理解，所谓

"读书千遍，其义自见"，有些内容，如药性、成方等还应熟读，背诵如流，在临床上可受到启迪。曾有一次在病房会诊中风病人，拟从痰火辨证，随口就对学生诵读《医宗金鉴·杂病心法要诀》中的一段话："风从外中伤肢体，痰火内发病心官……"并阐述了痰火立论的指导意义，可见其读书功夫之深。

三曰勤问。学习难免会碰到困难，释疑解惑最好的办法是发问，他善学又善问，20世纪50年代他自告奋勇地为程门雪先生整理校订《伤寒论歌诀》，即利用这一机缘，执弟子礼，就《伤寒论》的第四卷49有关问题虚心讨教，程老娓娓不倦"疑义相与析"，胜读十年书，裨益殊匪浅鲜，张氏为《书种室歌诀二种》一书作序说："镜人随侍程丈，筹建中医学院，纂修《辞海》，朝夕相聚，质疑问难，如坐春风……"

四曰勤写。就是把学到的知识技术，读到的文献资料，问到的见解经验，及时写好笔记、文摘，或写成总结、论文，扎下坚实的学术根基，锻炼酣畅的写作能力。他历年来参加了《辞海》中医分册、《中医症状鉴别诊断学》《中医证候鉴别诊断学》等书的编著，摘录了中草药性能的文摘500余张，发表论文50余篇，每当接受讲课或学术交流任务，都亲自撰写讲稿，一次应邀赴日交流肾病证治，临行前一周，日方提议增加温病学说的演讲内容，他伏案执笔，三天脱稿，写成《暑温与湿温的证治》一文，医理精湛，文采丰茂，观点明确，受到日本医界的好评。

五曰勤实践。理论与实践相结合，是学和用的关系，学以致用，是张氏的一贯宗旨。如对慢性胃炎的临床研究，既遵循中医理论，又借助现代科学手段，探索慢性萎缩性胃炎的病因、病机及辨证论治规律，创立了"调气活血法"，通过10余载坚持不懈的努力，理、法、方、药具备，疗效居国内领先地位，并首先打破了"胃黏膜腺体萎缩及肠腺化生不易逆转"的观点。

诺贝尔生理学奖获得者——屠呦呦

【名医传记】

屠呦呦（1930～），女，药学家，出生于浙江省宁波市，中国科技界第一个诺贝尔奖获得者。中国中医研究院终身研究员兼首席研究员，青蒿素研究开发中心主任。1980年聘为硕士生导师，2001年聘为博士生导师。多年从事中药和中西药结合研究，突出贡献是创制新型抗疟药——青蒿素和双氢青蒿素。2011年9月，获得被誉为诺贝尔奖“风向标”的拉斯克奖。

1930年12月30日，屠呦呦出生于浙江省宁波市。其名字“呦呦”，源自诗经中的句子“呦呦鹿鸣，食野之蒿”，其中的蒿就是指蒿类植物。自幼耳闻目睹中药治病的奇特疗效，小时候就对中药有了深刻印象，这促使她后来去探索其中的奥秘。1948年，屠呦呦进入宁波效实中学学习；1950年，进入宁波中学就读高三，这一年是新中国成立第一年。

1951年，她如愿考入了北京大学医学院药学系（后为北京医学院，北京医科大学，现为北京大学医学部），所选专业正是当时一般人缺乏兴趣的生药学。在大学4年期间，屠呦呦努力学习，取得了优良的成绩。在专业课程中，她尤其对植物化学、本草学和植物分类学兴趣浓厚。

1955年，屠呦呦进入中医研究院中药研究所工作。这一年，她25岁。正值初创期的中医研究院工作条件艰苦，设备奇缺，实验室连基本通风设施都没有，经常和各种化学溶液打交道的屠呦呦身体很快受到损害，一度患上中毒性肝炎。除了在实验室内“摇瓶子”外，她还常常“一头汗两腿泥”地去野外采集样本，先后解决了中药半边莲及银柴胡的品种混乱问题，为防治血吸虫病做出贡献；结合历代古籍和各省经验，完成《中药炮制经验集成》的主要编著工作，对苦杏仁的炮制工艺进行了研究。

1958～1962年，她在中药研究所工作之余，参加了卫生部全国第三期西医离职学习中医班。

1969年1月，北京中医研究院加入了国家"523计划"课题研究。"523计划"的名字来源于中国科学技术委员会和总后勤部于1967年5月23日在北京饭店召开的抗疟药物研究全国协作会议。这可是一个媲美两弹一星的大计划，区别就在于没有保密性。解放军总后勤部、卫生部、国家科技委员会负责领导，其协调办公室一直设在军事医学科学院。参与的单位遍布全国，一共37个单位，总计500多人。

此时39岁的屠呦呦，女儿才3岁，却被任命为科研组组长。没办法，她只好把女儿交给了老母亲抚养，独自去工作了。

1971年下半年，经过第190次实验失败后，他们在60℃用乙醚萃取，制成了一种无毒性的第191号中性抽提物。这就是传说中190次失败换来的青蒿素。此时的物质为黑色粗提物。研究组将191号中性抽提物最先在全体组员身上试服，确定了其安全性。1972年3月向会议报告结果时，她报告的题目是："用毛泽东思想指导抗疟中草药工作。"当时，全场振奋。之后，研究组又立即远赴海南昌江疟区挑选了21名测试者，无论恶性疟还是间日疟都立刻痊愈。一开始用片剂发现效果不好，原来是崩解不合格的问题。后来改用胶囊就全都治愈了。

1972年3月，屠呦呦向"523计划"南京会议报告了青蒿素试服的结果。此时的青蒿素还是乙醚萃取的中性抽提物。

作为科研组组长，屠呦呦带领团队追索我国历代抗疟方剂，总计达2000种中草药制剂，从中选出可能具有抗疟活性的640种，这就是《抗疟单验方集》。

军事医学科学院发现青蒿治疗疟疾的有效率为60%～80%，但是效果不稳定。此时屠呦呦发现了《肘后备急方》中的那句话："青蒿一握，以水二升渍，绞取汁，尽服之。"渍的意思是浸、沤。意思是说，不要加热，直接喝青蒿的浸汁。有人说，60℃以上青蒿素会完全分解，这是不对的。虽然青蒿素易溶于丙酮、醋酸乙酯、氯仿、苯及冰醋酸，可溶于甲醇、乙醇、乙醚、石油醚，在水中几乎不溶，但是乙醚也不是最易溶的溶剂。而且，中药复方配伍会使得某些不溶于水的化合物溶出增加，这是人所共知的。由于某些化合物能同时溶于水和有机溶剂，这些只溶于有机溶剂的化合物就会被牵连带出。只能说，在古代没有这么多有机溶剂的前提下，复方配伍水煎剂已经是最好的方法。而且复方配伍还有保护易分解化合物的作用。

1972年11月8日，屠呦呦的小组成员钟裕容成功分离出一种相对分子质量0.282kD的无色结晶，测得其分子式为$C_{15}H_{22}O_5$，熔点156～157℃，即“青蒿素Ⅱ”，同年，山东和云南也提取出来了相同的物质。

1975年，在中国科学院上海有机化学研究所、北京生物物理研究所协助下，刘静明、周维善确定了青蒿素的结构是倍半萜内酯。

1977年和1979年，青蒿素的研究成果正式在《科学通报》与《化学学报》上发表，署名为青蒿素结构研究协作组，当时的组长是屠呦呦。同年青蒿素的新分子及其报道很快被《化学文摘》收录引用。但是，屠呦呦制造出来的结晶效果并不是很好，有毒副作用。而云南制造出来的结晶则没有毒副作用。

1979年，中国国家科学与技术委员会向青蒿素研究组颁发了国家发明证书，以确认其抗疟疗效。但是并没有专利。

1987年，获世界文化理事会授予的“阿尔伯特爱因斯坦”世界科学奖。

1990年，我国政府与美国Norvartis制药公司签署共同协议，联合从事Coartem的开发、生产与专利申报。2001年，世界卫生组织又与Norvartis公司签约，同意在一些疟疾流行国家的地区分配出售Coartem。这意味着，在此之前中国人从来没有申请过青蒿素专利。事实上，1984年才通过了《中华人民共和国专利法》。

2011年8月，因发现青蒿素获得拉斯克医学奖临床医学研究奖。

2011年9月12日，美国阿尔伯特与玛丽拉斯克基金会（Albertand Mary Lasker Foundation，AMLF）宣布，药物学家屠呦呦因在发现抗疟新药——青蒿素中的关键作用而获得拉斯克底巴克临床医学研究奖。这才是真正的大事件。从此，屠呦呦终于进入普通人的视野。但是也只是部分对科技感兴趣的人。也有人开始预测屠呦呦会得诺贝尔奖，毕竟拉斯克奖的诺贝尔奖命中率是26%之多。

2012年1月16日，《纽约时报》发表长篇文章称，青蒿素的发现是对抗疟疾取得的重要成就之一，但拉斯克奖只授予屠呦呦一人也引起了多名研究者的质疑。

2015年，屠呦呦获得诺贝尔生理学或医学奖。从此，这个名字无法从中国科技史上抹去了。

现在，屠呦呦已经是中国中医研究院终身研究员兼首席研究员，青蒿素研究开发中心主任，博士生导师，享受国家特殊津贴待遇，兼任中国药学会植物化学分会委员、中国发明协会全国委员会委员、中国中医研究院专家委员会委员、《中国中药杂志》编委、北京市自然科学基金委员会委员。

2015年10月，屠呦呦获得诺贝尔生理学或医学奖，理由是她发现了青蒿素，这种药品可以有效降低疟疾患者的死亡率。她成为首获科学类诺贝尔奖的中国人。屠呦呦是第一位获得诺贝尔科学奖项的中国本土科学家、第一位获得诺贝尔生理医学奖的华人科学家。是中国医学界迄今为止获得的最高奖项，也是中医药成果获得的最高奖项。中共中央政治局常委、国务院总理李克强致信国家中医药管理局，对中国著名药学家屠呦呦获得2015年诺贝尔生理学或医学奖表示祝贺。

【后世影响】

青蒿素的发现和研制及其应用，是人类防治疟疾史上的一件大事，也是继喹啉类抗疟药后的一次重大突破。这一医学发展史上的重大发现，每年在全世界，尤其在发展中国家，挽救了数以百万计疟疾患者的生命。它的诞生对人类健康的改善所起的作用和意义是立竿见影的。世界卫生组织官员在报告中也指出："在理论上，任何一种新药物都具有新的结构和它的作用方式，这样才能延缓抗药性的产生，具有较长的生命力。显然，中国青蒿素是符合这一要求的。"青蒿素及其衍生物的发明，对各种抗药疟原虫具有高效、速效、低毒的特点，是一种很有发展前途的新药。

【故事征引】

舍家为业

屠呦呦和丈夫李廷钊是中学同窗，1963年结婚，育有两女。1969年屠呦呦加入"523项目"时，在冶金行业工作的李廷钊也同样忙碌，为了不影响工作，他们咬牙把不到4岁的大女儿送到别人家寄住，把尚在襁褓中的小女儿送回宁波老家。

夫妻俩这样做，也是情非得已。当年的她别无选择，因为青蒿素就是党和国家赋予她的使命。此前，中美两国的抗疟研究已经经历多次失败。美国筛选了近30万个化合物而没有结果；中国在1967年组织全国7省市开展了包括中草药在内的抗疟疾药研究，先后筛选化合物及中草药达4万多种，也没有取得阳性结果。

屠呦呦和同事们通过翻阅中医药典籍、寻访民间医生，搜集了包括青蒿在内的600多种可能对疟疾治疗有效果的中药药方，对其中200多种中草药380多种提取物进行筛查，用老鼠做实验，但没有发现有效结果。

后来，屠呦呦想到可能是因为在加热的过程中破坏了青蒿里面的有效成分，于是改为用乙醚提取。那时药厂都停工，只能用土办法，屠呦呦带领同事们把青蒿买来先泡，然后把叶子包起来用乙醚泡，直到第191次实验，她们才真正发现了有效成分，经过试验，用乙醚制取的提取物，对鼠虐猴虐的抑制率达到100%。为了确保安全，屠呦呦试到自己身上，大家也都争先恐后地愿意以身试毒。

那时候，屠呦呦脑子里只有青蒿素，整天不着家，没白天没黑夜地在实验室泡着，回家满身都是酒精味，而且还为此得了中毒性肝炎。

在屠呦呦获得诺贝尔生理学或医学奖时，她的丈夫李廷钊对媒体说："我心疼她也支持她，那个年代很多人都这样，她从没想得到这些荣誉。"

屠呦呦如何发现青蒿素

1967年5月23日，我国紧急启动"疟疾防治药物研究工作协作计划"，代号为"523"。1969年1月，屠呦呦以中医研究院科研组长的身份，参加了"523项目"。此前，国内其他科研人员已经筛选了40000多种抗疟疾的化合物和中草药，没有令人满意的结果。屠呦呦翻阅历代本草医籍，四处走访老中医，甚至连群众来信都没放过，整理出一张含有640多种草药、包括青蒿在内的《抗疟单验方集》。

在最初的实验中，青蒿的效果并不出彩，屠呦呦的寻找也一度陷入僵局。她再次翻阅古代文献，《肘后备急方·治寒热诸疟方》中的几句话引起了她的注意："青蒿一握，以水二升渍，绞取汁，尽服之。"原来青蒿里有青蒿汁，它的使用和中药常用的煎熬法不同，这让屠呦呦意识到温度可能是提取的关键。她改用沸点较低的乙醚在60℃的温度下制取青蒿提取物，获得了成功。

1971年10月4日，屠呦呦在实验室中观察到，用新方法提取的青蒿提取物对疟原虫的抑制率达到了100%。1972年3月，屠呦呦在南京召开的“523计划”工作会议上报告了实验结果；1973年，青蒿结晶的抗疟功效在云南地区得到证实，于是“523计划”办公室决定：将青蒿结晶物命名为青蒿素，作为新药进行研发。